Maria Calasanz Ziesche

Die letzte Freiheit

MARIA CALASANZ ZIESCHE

Die letzte Freiheit

Herausgeber:

Schwestern Unserer Lieben Frau, Rheinbach b. Bonn

12. Auflage 1995

Druck: Erasmusdruck GmbH, Mainz
Bilder: Th. Keller, Insel Reichenau
Umschlagbild: Maria Calasanz Ziesche
Einband: Großbuchbinderei Spinner,
Ottersweier
ISBN 3-9800449-0-4

Mittelzell, S. Maria und Marcus:
Hermann der Lahme

Hermann von Altshausen,
Mönch der Abtei Reichenau, lebt von 1013–1054.
Spätere Geschlechter geben ihm den Namen ›Contractus‹, aber sie nennen ihn auch ›das Wunder seines Jahrhunderts‹. Er spricht von sich als von dem ›Letzten der Armen Christi‹ und bezeichnet sich in echt schwäbischem Latein auch als ›noster amiculus liup Herimannulus‹ unser Freundle, das liebe Hermännle . . .
Und er ist all dies. Er ist der Contractus, der Lahme, der bresthafte Mensch, der hilflose Krüppel.
Aber er ist auch zugleich das Wunder seines Jahrhunderts; er erweist sich groß als Theologe, Astronom, Mathematiker, Naturwissenschaftler, Musiker und Historiker.
Der vom Leiden gezeichnete, ständig schmerzgequälte Mann darf sich ohne Übertreibung den Letzten der Armen Christi nennen; er ist immer auf die barmherzige Samaritertat anderer angewiesen.
Aber er ist auch der warmherzige, mitleidige und humorvolle Freund, der allen zu geben und in seinem Elend zu lächeln vermag – auch über sich selbst.
Hermann, der kongeniale Schüler und treue Jünger des großen Abtes Berno, dem ein heiliger Papst Leo IX. und Kaiser Heinrich III. ihre Bewunderung nicht versagen, ist ein demütiger, gehorsamer und frommer Sohn des heiligen Benedikt.
In hartem Ringen und in innerer Freiheit geht er seinen beschwerlichen und zugleich leuchtenden Weg. Eines seiner Worte mag ihn ausweisen:

»Die Güte des Himmlischen Vaters stehet immerdar vor meiner Seele.«

In der Erzählung »Die letzte Freiheit« werden die wesentlichen Züge seiner Gestalt nachgezeichnet. Sein Schüler Berthold hat sie uns überliefert. Um das Wesentliche zu verdeutlichen, mußte manche dichterische Zutat verwandt werden.
Das Kapitel »Umweg« bringt den nicht historischen Aufenthalt des Gelähmten in Aachen. Es hat die Aufgabe, das innere Ringen des jungen Menschen um ein Ja zu seinem schweren Los und seiner besonderen Berufung sichtbar zu machen.
»Der liebende und leidende Mönch von der Reichenau«, wie Otto Hophan ihn in seinem Marienbuche benennt, möge jenen, die ihn durch diese Erzählung kennen lernen, helfen, daß sie zu jenem Ziele gelangen, das er erreichte: die letzte Freiheit.

14. April 1967

Aus der Chronik des Berthold von Reichenau über Hermann von Altshausen:

»Er übte die christliche Nächstenliebe und Fürsorge, er war geduldig, gehorsam und keusch sein ganzes Leben. Froh half er der Armut, vertrat überall den Glauben. Er bezeugte und verteidigte unbesiegbar die Wahrheit, ein echter christlicher Lehrer, ein bescheidener Mann, enthaltsam in allem . . .

Im Psalmengebet und Gotteslob tat er mehr als seine Pflicht war. Vor und nach seinem Eintritt ins Kloster – etwa mit dreißig Jahren wurde er von dem frommen und weisen Abt Berno von Reichenau gewonnen – blieb er der rechtgläubige Verwalter seines heiligmäßigen Lebens.

Gütig, leutselig, fröhlich, gebildet in allen Wissenschaften, für jede geeignet, war er allen alles geworden. – Den Lieben liebten alle. –

Unermüdlich kämpfte er gegen Niedertracht, Gemeinheit und Ungerechtigkeit, besonders wenn es galt, für Gott einzutreten.

So ertrug er sein Leben bis an das Ende – und er war glücklich.«

»Wer nicht gelitten hat, was weiß der?«

Seuse

1 NEHMT MICH AUF

Die Flamme

Wenn er mühsam den Kopf hebt, sieht er nur den grauverhangenen Himmel, mehr nicht. Die Menschenmauer im gleichförmigen, stumpfen Schwarz der grobwollenen Kutten ist allzu dicht. Aber er weiß, daß der Gnadensee heute nicht leuchtet; daß er stumpf und regungslos liegt, tot und bleiern wie ein erblindetes Auge. Lau und matt streicht träger Wind durch das mannshohe Röhricht. Die fahlbraunen Halme zittern kaum. Irgendwo schreit eine Möwe hart und zänkisch, rufen Wasserhühnchen wie jammernde Kinder.

Hermann von Altshausen zürnt seinen Mitbrüdern nicht, die ihm in unbedachtem Eifer den Ausblick versperren. Er hätte nur gerne ein wenig freier geatmet. Im engen Winkel zwischen der Menschenmauer und dem Röhricht staut sich die für den Spätherbst widerlich milde Luft. Müde läßt der gelähmte Mönch den ohnehin gebeugten Oberkörper noch tiefer sinken. Er löst die mageren Hände von den hölzernen Seitenlehnen seines Rollstuhles, läßt sie in den Schoß fallen und schließt die Augen. Wäre er doch in seiner Zelle geblieben!

Rufe branden auf, jäh und erregend. »Der Heilige Vater!« Unwillkürlich öffnet der Sieche die Augen. Vergebens ... Die Menschenmauer ist noch dichter geworden. Die Mönche drängen nach vorne. »Der Heilige Vater!«

Und dann singen sie, freudig bewegt und zu laut, viel zu laut, das Begrüßungslied, dessen Weise Hermann geschrieben hat. »Ave, Pater et Pontifex! Augia, filia Dei et Mariae, exsulta in Domino. Benedic Christum, Insula. Lux fulgebit hodie: Fuit homo missus a Deo – Summum Pontificem Leonem quem totius Ecclesiae esse pastorem.«

Gruß dir, Vater und Pontifex! Reichenau, Tochter Gottes und Mariens, jauchze im Herrn. Insel, preise Christus. Heute wird ein Licht aufstrahlen: ein Mann ward von Gott gesandt, der Oberste Hirte Leo, den Er der ganzen Kirche als Hirten gewährt hat.

Die karge, nüchterne Stimme des Abtes ertönt. Herr Udualrich verliest die lateinische Begrüßungsadresse. Die Abtei Maria auf der Augia entbietet Papst Leo IX. ihre ehrfürchtige Huldigung. Hermann achtet nicht auf den Wortlaut. Er hat die Ansprache verfaßt. Eintönig und klanglos reiht Abt Udualrich Satz an Satz. Eine leise Unruhe fließt durch die Menschenmauer. Mit einem halbunterdrückten Seufzer wendet sich einer der Mönche um. Tradolf, der Bruder Cellerar, stutzt, als er dem Blick des Gelähmten begegnet.
»Vater Hermann«, brummt er, Bestürzung im gutmütigen Gesicht, »Ihr könnt ja den Heiligen Vater nicht sehen!«
Warnend legt der Sieche den Zeigefinger auf die Lippen. »Leise, guter Bruder. Sonst hören sie Euch auf der Herrenbruck.«
Aber der Kellermeister läßt es nicht bei einem Worte des Bedauerns bewenden. Seine Rechte rüttelt derb an der Schulter des versunken lauschenden Magisters Fridebolt. Unwillig sieht der alte Gelehrte auf den Störefried. Tradolf flüstert ihm eine nachdrückliche Weisung zu. Fridebolt rückt zur Seite, und auch die kräftige Gestalt des Cellerars gibt einen breiten Raum frei. Ehe sich die Lücke wieder schließen kann, erfaßt er den Rollstuhl und schiebt ihn mit raschem Ruck nach vorne. Den Siechen durchfährt ein schneidender Schmerz. Er möchte aufschreien, wimmern wie ein Kind. Kein Laut kommt über seine festgeschlossenen Lippen. Nur die blauen Augen verdunkeln sich für eine Weile.
Als Hermann wieder sehen kann, weiten sie sich in frohem Staunen. Nah, ganz nah steht Papst Leo IX. vor ihm. Gerade antwortet der Heilige Vater dem Abt mit ruhiger, tiefer und doch lebensvoller Stimme. Beherrschte männliche Gesten begleiten den steten Fluß der lateinischen Worte. Seine Sprache hat etwas Schwingen-

des, eine eigene Melodie. Die hohe Gestalt des Papstes wirkt ruhig, gelassen und erhaben. Dabei ist sie, wie seine Stimme, voller Leben. Dieser Priester strahlt eine verhaltene Glut aus. Sein hageres Antlitz wird beherrscht von den grauen Augen unter dunklen Brauen. Die steile Stirne, die schmalen Lippen und das kräftige Kinn verraten Klugheit, Weisheit und Festigkeit. Abt Udualrich spielt unsicher mit der schweren Goldkette seines Brustkreuzes. Hat er den Schein von Güte in den Augen des Papstes nicht bemerkt und nicht das Lächeln der Milde um die schmalen Lippen? Für ihn ist Herr Leo ein treuer Anhänger der Reform von Cluny, dem lebensfrohen Abte ein wenig sympathischer Gedanke.

Hermann von Altshausen hört die Worte des Heiligen Vaters, aber er nimmt sie nicht auf. Er ist ganz Auge, ganz Schauen, staunendes, aufleuchtendes, begeistertes Schauen. Er beachtet nicht, was um ihn herum vor sich geht. Auch das glanzvolle Gefolge des Papstes bemerkt er nicht.

Hätte ihn jemand gefragt, was denn mit ihm geschehen sei, so hätte er nicht in Worte zu fassen gewußt, was da auf ihn eingestürmt ist, ihn mitgerissen hat in das Licht einer überwältigenden Freude. Aus der Tiefe seines Unterbewußtseins taucht ein Bild auf, die Erinnerung an eine hohe, helle Gestalt vor grauverhangenem Himmel.

»Ja, ich bin ihm schon einmal begegnet«, murmelt er vor sich hin, und er weiß zugleich, daß dies unmöglich wahr sein kann. »Ich bin ihm begegnet ...« Und es kann doch nicht sein. Wider alle Vernunft hält er insgeheim daran fest, daß er Leo IX. kenne. Wider alle Vernunft ... Vor ein paar Monden erst wurde Leo gewählt, und nie zuvor hat er, der Grafensohn aus dem Elsaß und Bischof zu Toul, das Eiland im Bodensee betreten, die felix Augia.

Jetzt ist er gekommen, um Hermann von Altshausen kennenzulernen, den lahmen Gelehrten, von dem ihm in Toul Wunderdinge erzählt worden sind. Der offizielle Anlaß ist ein anderer – die Einweihung einer Kirche auf der Ergat und die Besichtigung des

ob seiner Gelehrsamkeit und Malkunst hochberühmten Inselklosters.
Immer noch sieht Hermann mit weitoffenen Augen auf den Papst. »Ich bin ihm schon einmal begegnet . . .«
Plötzlich ergreift jemand seinen Rollstuhl und lenkt ihn in hastender Fahrt zur Ergat. Wer es ist, fragt der Sieche nicht. Der zerbrechliche Gefährt macht den Umweg all derer mit, die vor dem Papst, dem Abt und dem Zuge der Großen im Kirchlein sein wollen, um einen guten Platz zu bekommen. Holpernd und schwankend bewegt sich der Rollstuhl über Unebenheiten und Steine des ausgefahrenen Feldweges inmitten eilender Mönche, Scholaren, Knechte und Fischer. Lachen und Reden, Rufen und Schreien umbranden ihn wie aufgewühlte Wogen einen Kahn im Sturmwind. Krampfhaft klammert der Lahme sich an die Seitenlehnen. Ungedämpft trifft Stoß um Stoß seinen armen Leib. Eine furchtbare Litanei der Schmerzen gibt Antwort. Der Mund bleibt stumm. Seine Schreie werden niedergehalten durch die strenge Selbstzucht, geübt in drei Jahrzehnten des Leidens. Zweige mit rotgelbem Herbstlaub streifen das Antlitz des Siechen. Er kann nicht einmal die Hand heben, um sie abzuwehren; auch nicht den Dornzweig mit brandroten Hagebutten, der seine Stirne peitscht und sie aufritzt. Niemals hätte ihn Berthold, der treue Gefährte, so achtlos über diesen Weg gefahren. Heute darf der junge Mönch Altardienst tun beim Heiligen Vater. Mitten in seinen Schmerzen nickt Hermann. Er freut sich mit Berthold über diese Gunst.
Der Rollstuhl gerät in ein Wegloch, hält jäh und schlägt beinahe nach vorne um. Hilflos hängt der Lahme am äußersten Rand, halb über der Erde. Eine kräftige Hand zerrt ihn zurück auf den Sitz.
»Weiter!« keucht Hermann. Er weiß nicht, daß ihm Tränen über die eingefallenen Wangen rinnen; Tränen, die ihm der übergroße Schmerz erpreßt. Er will sehen, schauen dürfen, sehen – den Papst sehen, auch in der Kirche auf der Ergat; den Papst, dessen Anblick ihm eine Freude schenkte, wie er sie seit dem Heimgange des Abtes Berno nie mehr erfahren hat. Dafür nimmt er den Schmerz auf sich.
Noch ein letztes Mal stößt der Rollstuhl mit heftigem Ruck. Dann

rollt er über die steinerne Kirchenschwelle. Schweiß perlt von der Stirne des Gelähmten, als das Gefährt an einer der graugelben Sandsteinsäulen steht, einer der Säulen, die dem Chorraum am nächsten sind. Hermann möchte dem stürmischen Helfer danken, aber seine Stimme gehorcht ihm nicht mehr. Mühsam ringt er nach Atem. Sein Herz pocht in rasenden Schlägen, als habe er den Weg von der Herrenbruck laufend zurückgelegt. Seine zitternden Hände irren wie suchend über seinen Schoß. Sie streifen etwas Kaltes, Glattes. Erschrocken sieht er nieder. Ach, nur ein Herbstblatt, ein zartgelbes, durchscheinendes Blatt. Trägt es nicht Sonne in sich, ein Blatt wie ein Licht?

Er schließt die Augen; Tränen und Schweiß im fahlen Antlitz. Regungslos wie eine Statue kauert er in seinem Wägelchen, der schmächtige, verwachsene Mönch mit einem gelben Herbstblatt auf dem Schoß. So trifft ihn Papst Leo IX. an, als er bei der Weihe der Kirche St. Adalbert zu jener Säule kommt, um Apostelkreuz und Leuchter zu weihen. Er erkennt den Siechen und verhält betroffen den Schritt beim Anblick eines solchen Elendes. Da öffnet der Gelähmte seine Augen. Aufleuchtend richten sie sich auf den Heiligen Vater, und das arme Antlitz wird von wundersamem Freuen verklärt. Langsam hebt der Papst seine Rechte und segnet den lahmen Mönch. Er zeichnet das Kreuz groß und weit. Seine Hand berührt dort die Stirne des Siechen, wo der Dorn sie blutig geritzt. Hermann ist es, als ob eine Flamme sich niedersenke und ihn einhülle, wärmend und tröstend, heilend und reinigend, eine heilige Flamme. Dieses Gefühl der Ergriffenheit währt nur einen Augenblick; aber einen jener kostbaren Augenblicke, die zugleich Ewigkeit sind. Der Gelähmte birgt die Kostbarkeit dieser Begegnung im Niederschauen auf das zitternde Gezelt seiner verkrümmten Hände. Vor ihnen leuchtet das gelbe Herbstblatt. Trägt es nicht Sommersonne in sich, ein Blatt wie ein Licht oder wie eine Flamme?

Um die Mittagszeit vereinen sich Papst und Klostergemeinde im Refektor der Abtei zu festlichem Mahle. Unermüdlich tragen junge Brüder auserlesene Gerichte auf – Geflügel vom Vogtshof, Wildbret aus den Wäldern des Hegau, Forellen, Felchen, Aale aus dem Bodensee, Gemüse und Kräuter, weißes Brot und herrliche Früchte. In den reichverzierten Bechern leuchtet goldgelber Inselwein oder süßer Rotwein aus den italienischen Landen der Abtei. Herr Leo spricht den Speisen, die sogar in der reichen Aue nur selten auf den Tisch kommen, mäßig zu. Seine grauen Augen nehmen aufmerksam wahr, was um ihn geschieht. Manchmal treffen sie sich in stillem Einvernehmen mit den dunklen, rastlosen Augen des Archidiakons Hildebrand. Oh, er ahnt manches von dem, was ihm der strenge und glühende Eiferer für die Kirche heute abend berichten wird... Scheinbar zwanglos unterhält sich der Papst mit dem Abt zu seiner Rechten. Herr Udualrich denkt selbstzufrieden, daß sich der Heilige Vater gewiß wohlfühle im Inselkloster. Er hat sich wieder einmal unnötige Sorgen darüber gemacht, ob die Abtei im Urteil des »Cluniazensers« bestehen könne.

»Wißt Ihr, wen ich vermisse, Herr Udualrich?« fragt Papst Leo nachdenklich.

»Den erkrankten Vater Abt von Einsiedeln, Heiliger Vater?« forscht Udualrich dienstbeflissen.

»Nein, einen Eurer Söhne von der Augia, den Siechen mit den klugen und kindlichen Augen, den ich vorhin in St. Adalbert sah.«

»Hermann von Altshausen meinet Ihr, Heiliger Vater?« Unverkennbar schwingt ein Unterton von Abwehr und Mißmut in der Stimme des Abtes mit. Seine vollen Lippen schürzen sich. »Er wird in seiner Zelle sein. Sein Siechtum hält ihn zumeist vom Konvent fern.«

Ein dienender Bruder nähert sich dem Papst: »Darf ich Eurer Heiligkeit den Becher nachfüllen?« fragt er ehrerbietig.

Lächelnd verneint der Papst: »Danke, mein Sohn. Das Getränk ist nur dann gut, wenn es bescheiden genossen wird. Wir möchten nicht müde werden. Der Herrendienst auf der Augia ist ja heuer noch nicht zu Ende. Bald beginnt schon die Vesper.«

Die bei aller Freundlichkeit entschiedenen Worte machen eine sichere Hoffnung des Abtes zunichte. Er hatte damit gerechnet, daß sich Leo nach dem Festmahle eine ausgiebige Ruhepause gönnen würde, und die Gottesdienstordnung in diesem Sinne geregelt.

»Die Vesper ... hm ...«, murmelt er unsicher. »Wollet Ihr nicht ruhen, Heiliger Vater? Die Vesper ... natürlich ... Euch zu Ehren besonders feierlich gestaltet ...«

Papst Leo IX. hat ihn verstanden. Udualrich hat nicht mit seiner Teilnahme an der Vesper gerechnet. Er beobachtet, daß der Prior dem Abt ein Zeichen gibt, bestürzt und verwirrt.

»Nicht die Vesper ... die Komplet ist feierlich gestaltet!« raunt der Prior drängend und deutlich vernehmbar.

Herr Udualrich zuckt die Achseln. Was soll er tun? Wer konnte ahnen, daß der Papst darauf bedacht ist, an allen Gottesdiensten teilzunehmen? Die meisten hohen Reichsprälaten ließen es bei einem Besuch auf der Augia gut und gerne bei einer einzigen Feier bewenden. Die Vesper mußte etwas Außergewöhnliches bieten.

Als Udualrich den Papst in ein Gespräch mit seinem linken Nachbarn, den Bischof von Konstanz, vertieft glaubt, läßt er Gunter, den Chormeister der Abtei, rufen.

»Welche Vesper hast du vorbereitet?«

»Die Vesper des Wochentages, Vater Abt«, gibt der Mönch mit leisem Unwillen zurück. »Ihr selbst sagtet, daß wir die Komplet ...«

Der Abt unterbricht ihn brüsk: »Ich sagte, ich sagte ... Das gilt nicht mehr. Der Heilige Vater kommt zur Vesper. Füge etwas Besonderes ein.«

Gunter beißt sich auf die Lippen. »Vater Abt, der Chor ward und wird über Gebühr beansprucht durch die verschiedenen Feierlichkeiten dieses Tages. Wir haben geübt und geübt und uns wirklich verausgabt«, erwidert der Chormeister in verhaltenem Zorn. »Etwas Besonderes, was den Ansprüchen Seiner Heiligkeit genügen würde, haben wir nicht mehr zu vergeben.« Was denkt sich der Abt, der die Mühen der letzten Wochen mit keinem Worte gewürdigt hat? Er weiß nicht, was es bedeutet, einem Mönchschor eine Anzahl völlig neuer Weisen einzuüben. Gilt Papst Leo IX. nicht zudem als Kenner und Könner im Reiche der

Töne? Hat der feinsinnige Bischof von Toul nicht sogar selbst Gesänge zur heiligen Messe verfaßt?
Zwischen den Brauen des Herrn Udualrich kerbt sich eine tiefe Falte ein. Seine kleinen Augen ziehen sich zu schmalen Schlitzen zusammen. Gunter kennt diese Anzeichen und kommt dem drohenden Ausbruche zuvor.
»Hermann von Altshausen hat einmal ein festliches Magnifikat geschrieben, das nie zur Aufführung kam, aber der Chor beherrscht die Weise nicht ...«
Udualrich atmet hörbar auf. »Gut, dann soll der Lahme sie singen. Er hat eine angenehme Stimme. Geh', sag' es ihm!«
Der Chormeister wagt einen letzten Einwand: »Nur ... es ist wider den Brauch, wenn ein Mönch alleine singt, zumal das Magnifikat bei der Vesper, Vater Abt.«
Lachend lehnt sich der Abt zurück. »So, so, nicht Brauch«, meint er höhnisch. »Nein, was mein tugendhafter Sohn für Bedenken hat!« Jäh beugt er sich vor und zischt: »Merke dir eines für immer, Gunter: auf der Augia ist das Brauch, was ich dazu mache!«
Diese Worte hat Papst Leo IX. gehört.

Stille

Hermann von Altshausen bewohnt eine kleine Eckzelle im Nordflügel der Abtei. Ihre Fenster schauen auf den Gnadensee. Nach der Anstrengung des Morgens ist der Gelähmte wieder ganz auf die Hilfe des jungen Mönches Berthold angewiesen. Der Gefährte muß ihn füttern. Sein linker Arm umfaßt stützend die Schultern des Siechen, derweil er ihm sorgsam Löffel um Löffel mit der kräftigen Suppe reicht.
»Nun bin ich wieder einmal hilflos wie ein kleines Kind«, lächelt Hermann. »Doch heute bin ich ein glückliches Kind, ein gesegnetes.«

»Wir haben einen guten und großen Papst«, sagt Berthold warm. »Wie freute ich mich, als er Euch segnete, Vater!«

»Mich dünkt, wir haben einen heiligen ... ja wirklich einen heiligen Vater, nachdem lange Zeit ein unwürdiger Streit um den Stuhl Petri geführt worden ist. Wir können Gott nicht genug dafür danken, daß Er Seiner Kirche einen Papst Leo gegeben. Übrigens, Berthold, es klingt unglaublich ... ich bin Herrn Leo schon einmal in meinem Leben begegnet ... irgendwie und irgendwo begegnet ...«

Erstaunt merkt Berthold auf. Nie macht der Vater sonst solch undeutliche, zögernde und wie im Traume gesprochene Andeutungen.

»Was habt Ihr, Vater?« fragt er erschrocken.

Mit klaren Augen begegnet Hermann seinem besorgten Blick. »Nein, nein, mein Sohn, ich träume nicht. Ich fühle deutlich, daß ich ihm schon einmal begegnet bin. Die näheren Umstände dieser Begegnung sind mir entfallen ...«

Nachdenklich stellt der junge Mönch den Teller zur Seite und greift nach dem Becher mit Inselwein. »Vater, ich verstehe Euch nicht. Ihr könnt nicht ...«

Leises Pochen an der Zellentüre unterbricht ihn. Behutsam entzieht er dem Gelähmten seinen stützenden Arm und bettet sein Haupt auf die Kissen. Er geht zur Türe und öffnet.

»Gunter? Wollt Ihr zum Vater?«

Betroffen betrachtet der Chormeister den Liegenden. »Vater Hermann, seid Ihr wieder krank? O weh! Ihr ... sollt singen ...«

Rasch will Berthold ihn abweisen. »Ihr seht, daß der Vater Ruhe und Schonung braucht. Er hat sich heute morgen viel zuviel zugemutet.«

Da tönt die Stimme des Siechen, mühsam und bestimmt: »Nicht so voreilig, Berthold! Gunter, bitte wartet ... Wer schickt Euch zu mir?«

»Abt Udualrich ...«

Finster starrt Berthold den Nähertretenden an. »Dann sagt dem Herrn und Vater Abt, daß ...«

»Berthold!« Die schwache Stimme des Lahmen wird scharf. »Gunter, was soll ich singen?«
Fast schüchtern erwidert der Mönch: »In der Vesper Euer Magnifikat. Wider Erwarten nimmt der Heilige Vater an der Vesper teil, und wir haben, gemäß der Weisung des Abtes, nur für die Komplet etwas Besonderes eingeübt. Euer herrliches Magnifikat soll ...« Der Chormeister läßt den Satz unvollendet. Verlegen blickt er zu Boden. Hätte er nur den Vorschlag nicht gemacht! Welch eine Zumutung bedeutet die Weisung des Abtes für den siechen Mann, der in diesem Zustande jedes gesprochene Wort seinen Schmerzen abringen muß.
Hermann von Altshausen nickt kaum merklich. »Gut, Gunter«, erwidert er mit heiterer Zuversicht und Gelassenheit. »Richtet unserem Herrn und Vater Abt aus, daß ich mein Magnifikat singen werde. Helft mir beten, daß es mir mit Gottes Hilfe bis zur Vesper wieder möglich ist.«
Nach fast überschwenglichem Dank verläßt der Chormeister die Zelle. Hermann wird singen. Deo gratias! Die Vesper erhält einen feierlichen Abschluß.
Unsicher reicht Berthold dem Gelähmten den Wein. Verdient er nicht einen Vorwurf für sein vorschnelles, abweisendes Reden? »Vater ... eh ... ich ...«, beginnt er zögernd.
Der Gelähmte läßt ihn nicht ausreden. »Berthold, du bist nachher bei mir in der Chorstalle, hilfst mir auf und hältst mich, derweil ich das Magnifikat singe. Weißt du, beim Hochgesang Unserer Lieben Frau mag ich nicht da hocken.«
Beschämt stammelt der Jüngere erneut: »Vater ... ich ...« Wieder fällt Hermann ihm ins Wort: »Wenn ich dich nicht hätte, mein treuer Sohn, wäre ich allzu arm. Das habe ich heute morgen so recht gemerkt, als du nicht bei mir warst«, sagt er gütig. »Mein Magnifikat sei darum auch ein Dank an unseren Herrn, da Er mir einen Johannes unter mein Kreuz gestellt hat.«

Nach der Vesper klingt das Magnifikat machtvoll durch die weihrauchduftende Münsterkirche, als käme die Stimme nicht aus der verkrümmten Brust eines von Schmerzen gequälten Krüppels.

Wohlgefällig und beifallheischend blinzelt Abt Udualrich unter den halbgesenkten schweren Lidern hervor. Leo IX. steht unbeweglich, straff und aufrecht vor seinem mit Samt und Brokat überladenen Betschemel. Ein unbequemer Mann, dieser Cluniazenser Papst . . . so fromm, so gelehrt, so aszetisch. Das Volk spricht ihn jetzt schon heilig. In Abt Udualrich lebt eine geheime Angst, daß dieser Besuch zur Visitation werden könne. Unbehagen beschleicht ihn beim Gedanken an die lateinische Huldigungsadresse, die er bei der Feier im Kapitelsaal verlesen muß. Dieser Hermann schreibt ein viel zu gewandtes Latein. Hoffentlich gibt sich Herr Leo zufrieden, wenn er ihm die Vita S. Adalberti des Siechen überreicht hat und reist ab.
Ach, manchmal ist es gut, daß man diesen Lahmen im Konvent hat; nämlich immer dann, wenn es gilt, einen Fremden von der Gelehrsamkeit und Heiligkeit der Augia zu überzeugen. Draußen erzählen sie angeblich Wundermären über den Lahmen.
Udualrich wird überrascht durch die Stimme des Papstes, die tiefe, klangvolle Stimme.
»Meine lieben Brüder und Schwestern in Christo«, hebt Leo IX. an. Er blickt in die erwartungsvollen Gesichter der Mönche und Brüder, der Bischöfe, Prälaten und Kleriker. Gütig haftet sein Auge auf dem Inselvolk, den Bauern, Fischern und Knechten, im Westwerk des Münsters und auf den frischen Bubengesichtern der Scholaren. Der Papst liest im Menschenantlitz wie in einem Buch. Er sieht die Spuren von Kampf und Leid, von Schmerz und Not, von Sünde und Wohlleben; er bemerkt Lauterkeit, Gelassenheit, Begeisterung, Fröhlichkeit und Frömmigkeit. Ein Blick tiefinneren Einsseins trifft die blauen Augen des Siechen. Sind sie nicht arglos wie die Augen eines Kindes und weise wie die Augen eines Greises an der Schwelle der Ewigkeit? »Dank für dein Magnifikat, Bruder Hermann«, sagt der Blick des Heiligen Vaters.

Seine hohe Gestalt strafft sich. Er breitet seine Hände aus, wie der Zelebrant bei der Präfation der heiligen Messe und betet, der erhabenen, ernsten Majestät des Christus am Kreuze des Hochaltares zugewandt:

»Herr Jesus Christus, erhabener König der Ewigkeit, Herr und Richter, allmächtiger Gott,
vor Dir neigen wir uns in dieser Stunde und wagen, in tiefer Ehrfurcht in das Gebet Deiner heiligsten Mutter, unserer Herrin, der lieben hohen Frau Maria einzustimmen.
Du einziger Herr und Meister dieser gesegneten Augia, Du einziger Herr und Meister Deiner Kirche, Du stehest in diesem Liede Deiner Mutter in Deiner Glorie vor uns, Du Ewiger Gott.
Wer sind wir, daß wir uns Dir nahen dürfen, Allerhöchster? Arme sündige Menschen allesamt, arme, bresthafte Kreaturen. Vor Dir gilt kein Ansehen der Person, keine Schönheit und Kraft des Leibes. Wir alle sind Dunkel, wenn Du uns nicht einen Funken spendest aus dem unendlichen Glutmeere Deiner Gottheit, Du Licht vom Lichte, Du wahrer Gott vom wahren Gott.
Wir sind, auch als Begnadete, nur Fünklein, armselig und schwach. Und dennoch, Herr Jesus Christus, was können wir anders tun, als zu Dir kommen mit dem Glauben des Simon Petrus, der einst auch in unserem Namen bekannte: ›Du bist Christus, der Sohn des lebendigen Gottes.‹
Wir nahen Dir auch mit der Beschämung und dem Vertrauen des Aussätzigen und zeigen Dir die häßlichen Wunden unserer Seelen. ›Herr, mache uns rein!‹ Strecke Deine Hand aus und heile uns.
Wir wollen bei Dir bleiben mit der Treue Deines Apostels Johannes. Sie führte ihn unter Dein Kreuz. Deine Liebe zu ihm war größer als sein menschlich enges Herz. Seine Liebe zu Dir ward mächtiger als seine Furcht.
Herr Jesus Christus, Dein Kreuz soll die Mitte, die Stätte unseres Lebens sein. Mit Dir wollen wir es tragen über harte und schmerzreiche Straßen; mit Dir wollen wir unter ihm ausharren in einer Treue, die stärker ist als die Not unseres kreatürlichen Seins; mit einer Liebe, die wahrlich mit Dir gekreuzigt ist, weil sie sich für die Ehre des Vaters verzehrt in rastlosem Sehnen nach dem Kommen Seines Reiches.
Wir werden uns täglich unser Opfer abringen müssen. Du kennst unsere Schwachheit und unsere Feigheit. Aber wenn wir unser Ja

sagen, dann wird Deine Gnade uns tragen; und so wird ein geheimer Jubel in uns leben, eine übernatürliche Freude, würdig befunden zu sein Deines Kreuzes.

Herr Jesus Christus, Dir gehören wir, die Lehensträger, die Boten, die Leibeigenen Deiner Liebe und die Herolde Deines Kreuzes. Vernimm den Treueschwur dieser Stunde: Dein sind wir, Herr. Wir wollen nichts außer Deiner Liebe. Richte Dein heiliges Kreuz hoch auf über dieser Insel und in den Herzen ihrer Bewohner, auf daß alles gesegnet sei und Dir zum Magnifikat werde. Amen.«

Tief neigt sich Herr Leo vor dem Altare und kniet nieder. Gebannt verharren die Mönche. Auch das einfache Inselvolk hat die Glut dieses Glaubens gespürt und betrachtet schweigend und ehrfürchtig den in sich versunken betenden Papst. Wie kann Leo IX. beten! Seine Inbrunst verwirrt Herrn Udualrich noch mehr. Ein unheimlicher Mensch voller Tiefen und Überraschungen ... Ärgerlich starrt der Abt in das leuchtende Antlitz des Gelähmten, das Antlitz eines Beschenkten und Beglückten. Und dabei war nur vom Kreuz die Rede.

Gedenkt der Papst noch lange zu beten? War man heute nicht allzu ausgiebig in der Kirche? Soll das Festmahl verbruzzeln? Abt Udualrich bemerkt die unzufriedenen Gesichter einiger Mönche. Wahrscheinlich raunen sie jetzt: »Abt Berno hätte einen würdigen Abschluß gefunden!« Sie trauern noch immer dem Toten nach. Abt Berno ... Voller Unbehagen denkt Udualrich an die rühmenden Worte des Papstes über den verstorbenen Abt.

Mühsam zügelt er seine schweifenden Gedanken. Der Papst betet noch immer. Er kann ihn schließlich nicht am Gewand zupfen und ihn mahnen. Was soll er tun? Ob der Altshausener noch ein Lied weiß? Dann wird Leo aufmerken, und er kann Schluß machen. Eigentlich hat dieser Hermann den ganzen Tag das Wort geführt. Alle Hymnen, Lieder und Verse stammen von ihm. Aber ... Papst Leo betet noch immer und so gesammelt, als habe er gerade erst zu beten begonnen.

»Hermann soll singen ... irgendwas«, raunt der Abt dem Prior zu. Der nickt und schleicht zu dem Siechen. Dort erfährt er keinen

Widerspruch. Ein kurzes Besinnen, dann hebt Berthold den Lahmen in aufrechte Stellung.
Welch unansehnlicher Krüppel! Bei seinem Anblick dehnt Herr Udualrich unwillkürlich die breiten Schultern unter der Kutte. Erbärmlich steht der blasse Altshausener in der Chorstalle, der Sohn eines der mächtigsten Grafen im schwäbischen Raum. Häßlich krümmt sich sein Rücken. Der schmale Kopf sitzt zwischen den hohen Schultern; das Haupt ist zu groß für den schmächtigen Rumpf. Die Hände an der Chorschranke sind an und für sich edel und schlank, aber die Krankheit hat sie verunstaltet, die Finger verbogen. Würde Berthold den Siechen nicht mit beiden Händen am Ledergürtel der Kutte halten, könnte er nicht einmal stehen. Abt Udualrich weiß nicht, daß ein seltsames Lächeln um seine vollen Lippen spielt, ein Lächeln, das von Hochmut, Widerwillen und Furcht erzählt.
»Sie nutzen den Vater aus und verachten ihn«, gärt es im jungen Berthold. Er hat den Abt beobachtet. »Er ist gut genug, um ihnen aus der Verlegenheit zu helfen.« Sein Griff am Gürtel wird so hart, daß Hermann leise abwehren muß: »Nicht so fest, Berthold, nicht ...«
Dann singt der Gelähmte. Sein Antlitz ist ruhig, unbefangen, gesammelt. Seine Stimme hat ihren besten Klang erreicht, klar, volltönend und warm. Er dankt dem Heiligen Vater für sein Gebet. Das gibt ihm die Kraft. Er singt für Papst Leo.
»Der Tod kann mich nicht zwingen. Du kamst ja, Herre Christ, um mir Dein Licht zu bringen, Der Du mein Leben bist. – Drob jauchzet Dir mein Herze und freuet sich Dein' sehr. Es singt in Kreuz und Schmerze und jeglicher Beschwer. Du bist mir Weg und Ende und Heimat, Herre Christ. Geb' mich in Deine Hände, Der Du mein Leben bist. – Alleluja, alleluja alleluja ...«
Hat das Alleluja je zuvor so jubelnd und stark durch das Marienmünster auf der Reichenau geklungen wie jetzt aus dem Munde eines bresthaften Krüppels? Seine glaubensstarke Gewißheit, in der Liebe Christi geborgen zu sein, klingt wie ein Echo auf Leos Gebet.
Christus. Weicht nicht für einen Augenblick der dichte Vorhang,

den natürliches Denken zwischen Zeit und Ewigkeit webt? Christus ist nahe, bestürzend, beglückend nahe.
Christus – Licht, Leben, Liebe.

Zuerst schüttelt Herr Udualrich den ihm unwillkommenen Bann ab. Ungeduldig naht er dem Papst. Leo IX. blickt auf. Seine hellen Augen werden fremd und streng. Pontifex maximus. Udualrich errötet unter seinem Blick und will eine Rechtfertigung stammeln. Der Heilige Vater erhebt sich, beugt tief das Knie vor dem Hochaltar und verläßt das Münster mit großen, unfeierlichen Schritten. Bedrückt eilt der Abt hinterdrein.
Gleich nach dem Liede hat Berthold den Gelähmten wieder hingesetzt. Soviel Eigenbewegung, daß er sich allein niedersetzen könnte, ist dem Altshausener nicht vergönnt. Erschöpft, mit geschlossenen Augen, wartet er, daß Berthold ihn zur Feier in den Kapitelsaal bringe. Er vernimmt Flüstern, Rauschen von Gewändern, Füßescharren und dann die Stimme des Bruders Eginhard: »Kommt, Magister Hermann.« Wo ist denn Berthold hingegangen? Eginhard hebt ihn in den Rollstuhl, fährt ihn ins Seitenschiff und murmelt: »Unser Herr und Vater Abt möchte Euch nicht mehr den Anstrengungen der Feier aussetzen, Vater. Er meint, es sei heute ohnehin zuviel für Euch gewesen.«
Der Sieche nickt und lächelt ein müdes, wissendes Lächeln, das nicht ganz frei von Bitterkeit ist. »Ja, es war heute zuviel, viel zuviel. Bitte, lieber Bruder, fahret mich ins Westwerk zum Grabe des Herrn Berno und lasset mich dort. Die Stille wird mir guttun.«
Eilfertig erfüllt Eginhard den bescheidenen Wunsch und entfernt sich. Er möchte nicht zu spät kommen. Hart fällt die Türe hinter ihm ins Schloß.
Der Gelähmte ist allein im Münster. Letztes Sonnengold ringt mit den dunklen Schatten zwischen den Pfeilern, Licht am Ende eines grauen Tages ... Nein, auch der Morgen hatte sein Licht, viel Licht. Durch das offene Fenster hinter der Kaiserloge fällt eine breite Sonnenbahn auf die Grabplatte des Abtes Berno. Überdeutlich zeichnen sich die Buchstaben ab: »Berno Abbas, † 1048«,

überdeutlich das strenge, fremde Relief des Gesichtes und das Abtswappen. Der Bruder Steinmetz hat den Vater Abt schlecht gekannt. Aber was macht das schließlich aus? Von einem Abt Berno braucht kein Bild von Stein zu künden. Seine Gestalt leuchtet im Evangelium auf, und er lebt weiter in Christus.

Bei Betrachten der Sonnenbahn aus der Kaiserloge sinnt Hermann einem Erleben nach, das ihm zuteil geworden, als er das letzte Lied gesungen.

Mit einem Male war es ihm gewesen, als schaue er, freilich nur geistigerweise, eine große lichte Einheit, eine Lichtbahn, vom Herrn ausgehend. Sie hatte zu vielen hingeführt, sie erreicht und umfaßt ... Abt Berno, Papst Leo, die Mutter, Burkhard, Arnulph von Rahnwyl, Frau Veronika, Ruodpert, Berthold, Irmingard ...

Der Mann im Rollstuhl faltet die Hände. Sie hatte auch ihn erreicht, umschlossen, die große lichte Einheit in Christus. Er fühlt es, schaut es nun wieder ganz ruhig, ganz fest, ohne eine Spur von Zweifel und Bangen, daß ihn das Licht Christi umfließt.

Wie am Morgen beim Segen des Papstes durchströmt ihn ein wohltuendes Gefühl des Geborgenseins. Er möchte beten. »Herr ...«, beginnt er und hält inne. Sein Gebet braucht keine Worte mehr. Die Stille umschließt ihn und durchdringt ihn. Die Stille ist Licht, ist Flamme. Sie hat nichts Beängstigendes, diese lichte, flutende Stille. Sie läßt ihn vergessen, daß er, ein siecher Krüppel, allein im dämmerigen Münster kauert, derweil sie den Papst mit seinen Versen und seinen Liedern feiern und ihm sein Werk überreichen. Diese Stille kennt keine Bitterkeit mehr, kein Wünschen, kein Sorgen und Planen. Es ist eine Stille, in der es weder Zahlen noch Formeln, weder Sternenbahnen noch Neumen gibt.

Nichts, gar nichts hat in dieser Stille Wesenheit, nicht einmal der ziehende Schmerz in den Gliedern. Er verstummt.

Diese Stille kennt eine Gegenwärtigkeit: Gott. Der Sieche denkt nicht mehr an sich. Er ruht in der lebendigen Stille, im atmenden Schweigen der göttlichen Nähe, wie ein Kind im Arme der Mutter, wunschlos, geborgen, daheim. Und doch ist er ganz wach, ganz offen und ganz bereit. Aber sein Wachsein ist Lauschen auf Gott.

Durch die offenen Kammern seiner Seele flutet Gottes Licht, und sein Bereitsein ist wie ein Selbstgespräch Gottes.
Dann hat er einen Atemzug lang das Empfinden, als stürzten alle Stunden seines Lebens wie ein brausender Strom zusammen und ergössen sich in das fremde Lichtmeer, in das gesuchte und geliebte Meer der Liebe Gottes. Ist das der Tod, das Ende? Aus dem Unterbewußtsein kriecht kreatürliche Angst. Aber er hat das Licht, das Schweigen, die Stille Gottes eingelassen, und so gibt er sich, sein Wollen, ohne jeden Widerstand in den Liebeswillen Gottes.
Hermann von Altshausen weiß nicht, daß diese Liebe ihn sich selbst wieder zurückschenkt, auf daß er weiter Zeugnis von ihr ablege unter seinen Brüdern.

Oblatio

Berthold muß den Gelähmten einige Male anrufen, ehe er ihm Antwort gibt, und dann ist es nur ein schmerzlich enttäuschtes Murmeln: »Noch nicht? Noch nicht?« Betroffen betrachtet der junge Mönch das traurige Antlitz seines Meisters. Müde blicken dessen Augen in das Windlicht, fremd und dunkel vor unergründlichem Schmerz.
»Vater, was ist Euch?«
»Ein weiter Weg ... Laß mich noch eine Weile am Grabe unseres Vaters Berno.«
»Es ist schon spät, Vater. Ihr waret lange allein. Bald beginnt die Komplet.«
»Lange, mein Sohn? Nein, nicht lange. Es war nur ein Augenblick.«
Bitter entgegnet der andere: »Die Feier und das Festmahl ohne Euch währten immerhin mehr als drei Stunden.«
»Drei Stunden? Und wenn, Berthold? Was sind drei Stunden Ewigkeit?« lautet die rätselhafte Antwort.

Drei Stunden Ewigkeit? Was meint der Vater? Gerade will Berthold ihn danach fragen, da hat Hermann innerlich erfaßt, wie bitter die Stimme seines Getreuen geklungen hat. Er tastet nach der Hand des Erregten. »Gräme dich nicht darüber, daß ich nicht bei der Feier war, Freund. Glaube mir, hier war gutsein. Ein solches Maß wäre mir drüben nimmer zuteil geworden. Doch du bist übermüde nach dem anstrengenden Tag. Bringe mich zur Ruhe.«

Langsam, mit behutsamer und ehrfürchtiger Zartheit, lenkt der Mönch das leichte Gefährt ins linke Seitenschiff und von dort in den Kreuzgang. Er braucht nicht zu fragen, welchen Weg er nehmen soll. Der Vater liebt den kleinen Umweg, die Fahrt um den Binnenhof, ehe ihn die Enge der Zelle einschließt für eine meist schlaflose Nacht.

In der Küche klappern die Klosterknechte mit dem Geschirr. Ein schwerer Geruch von Braten, Fett und Gemüse hängt im Kreuzgang. Gelächter und Männerstimmen tönen in das Rauschen der alten Linde im plötzlich aufgekommenen Abendwind.

Mit kaum zurückzuhaltender Sehnsucht verlangt die Seele des Gelähmten nach der gottnahen Stille im Münster; nach der Stille, in der auch das Wissen um das eigene Sein so selig verstummt war. Jetzt zerren und ziehen die Schmerzen wieder, und die Gedanken bestürmen den armen Kopf. Aufbegehrend möchte er Berthold zurufen: »Warum hast du mich dieser Stille entrissen?«

Er gibt sich die Antwort: »Weil der Herr es gewollt. Wie Petrus dachte ich mir, auf Tabor eine Hütte zu bauen. Aber da rührte Er mich an, und ich sah niemanden als Ihn allein, Ihn ... in der erbärmlichen Wirklichkeit meines alltäglichen Daseins.«

Mit leichtem Ruck hält der Rollstuhl. Hermann schreckt aus seinen Gedanken auf. Eine Menschengruppe naht, allen voran jemand in hellem Gewand, der Heilige Vater. Berthold hebt, ohne sich lange zu besinnen, das Windlicht so hoch, daß sein Schein auf den Meister fällt. Sogleich bleibt Leo IX. stehen.

»Hermann von Altshausen!« ruft er erfreut aus. »Endlich sehe ich Euch wieder. Ich habe Ausschau nach Euch gehalten. Könnt Ihr mir heute abend ein wenig Gesellschaft leisten? Gut, dann schenken wir uns die Komplet.«

Abt Udualrich verzieht unwillig sein Gesicht. Dafür hat er die Komplet besonders feierlich gestalten lassen! Doch Hildebrand, der gestrenge Archidiakon der Römischen Kirche, schenkt dem Siechen ein Lächeln.

»Bis zur Pfalz ist es für Euch zu mühsam, Hermann. Kommt mit mir in die Bibliothek.«

Berthold fährt seinen Meister neben dem Papste her. Eine große Freude erfüllt ihn. Endlich erfährt der Vielgeschmähte wieder eine Ehrung, wie er sie verdient. Aber dann fällt dem jungen Mönch das Nachtmahl ein, das in der Eckzelle auf den Meister wartet. Seit dem Mittagessen hat er nichts mehr zu sich genommen.

»Seid mir herzlich willkommen, Vater Hermann!« sagt der Papst, als der Gelähmte ihm am Tische gegenübersitzt. »Ich habe Euch übrigens vorhin bei der Feier und beim Festmahl vermißt. Wo waret Ihr denn derweil?«

»Im Münster, Heiliger Vater«, entgegnet Hermann nicht ohne Befangenheit.

Da bemerkt Herr Leo den zögernd verharrenden Berthold. »Nun, mein Sohn, hast du noch einen Wunsch?«

»Ja, Heiligkeit ... es ist ... Der Vater hat zum Mittagsmahl nur ein wenig Suppe genommen und seither nichts mehr genossen«, stammelt der Mönch verlegen, rot bis in den dunklen Haarschopf über der breiten Stirn.

Erschrocken hält der Gelähmte den Atem an. Als ob das so wichtig wäre! Warum hat Berthold davon angefangen? Soll er hier beim Heiligen Vater sitzen und mit seinen zitternden Händen das Brot brechen? Er möchte dem Eifrigen zürnen ob der befürchteten Peinlichkeit.

»Hole die Speisen, mein Sohn«, ordnet Leo an. Die geheime Not seines Besuchers ist ihm keineswegs entgangen. »Ich hoffe, daß sie dem Vater in meiner Gegenwart munden werden.«

Eilfertig verläßt Berthold die Bibliothek. Hermanns Blick irrt un-

sicher über die Rücken der breiten Folianten, ehe er dem Blicke des Papstes zu begegnen wagt.
»Ihr habt einen treuen Gefährten«, meint Herr Leo anerkennend.
»Ja, Heiliger Vater«, Hermann seufzt und lächelt. »Manchmal will er mir sogar zu treu erscheinen.«
»Das habe ich bemerkt«, gibt Leo zurück.
»Ihr werdet erfahren, daß es keineswegs erbaulich ist, bei meiner Mahlzeit anwesend zu sein, Heiliger Vater«, warnt ihn der Sieche.
»Wenn ich es mir nun wünsche, weil ich für die Dauer des Mahles nicht auf Eure Gesellschaft verzichten will, Hermann? Ich bin nämlich eigentlich Euretwegen auf die Reichenau gekommen. Ist nicht jeder Augenblick unseres Beisammenseins kostbar?«
Bertholds Eintritt enthebt den Lahmen einer Antwort. Der junge Mönch stellt einen irdenen Teller mit Brot und Käse und einen Becher Wein auf den Tisch. Dann entfernt er sich leise.
Hermann betet still und beginnt das schwierige Werk der abendlichen Mahlzeit. Sein hageres Gesicht ist so angestrengt und gesammelt wie bei einer geistigen Arbeit. Seine zitternden Hände zerkleinern langsam und mühsam Brot und Käse und führen die Stückchen zum Munde.
Unwillkürlich senkt Papst Leo IX. die Lider, als schäme er sich, solch qualvollem Mühen zuzuschauen. Welch erbärmliches Leben führt dieser berühmte Gelehrte der Augia, wenn eine solch gewöhnliche Handlung ihm kaum möglich ist! Wie muß er an seinem Dasein tragen, das ständig auf Hindernisse, Grenzen und Fesseln stößt, wenn andere mit spielerischer Leichtigkeit ihr Tun verrichten! Muß es nicht bitter machen, ein solches Leben der Abhängigkeit und Hilflosigkeit in allen, auch den persönlichsten Belangen?
Eben suchen die zitterigen, gekrümmten Finger ein paar Brotbröckchen aufzulesen, die auf die glatte Tischplatte gefallen sind. Sie entgleiten ihnen immer wieder.
Treffen auf diesen armen Mann nicht die Worte zu, die bei Isajas im 53. Kapitel zu lesen sind: »Nicht Schönheit hat er noch Ge-

stalt; sicht man ihn an, so hat er nichts Anziehendes, daß man seiner begehre. Verachtet ist er und der Letzte unter den Menschen; ein Mann der Schmerzen, der weiß, was Siechtum ist . . .«?

Papst Leo wendet den Blick von den Händen des Siechen ab und betrachtet das Antlitz. Das Leiden hat es geprägt. Wangen und Schläfen sind hager und eingefallen. Aber die leuchtenden blauen Augen und die gewölbte klare Stirne erzählen dem Beschauer von der Lauterkeit, der Weisheit und der Herzensgüte dieses Mannes. Leo wird wieder an die Arglosigkeit eines Kindes erinnert und an die ewigkeitsnahe Weisheit eines Greises.

»Und wann trinkt Ihr Euren Wein, Vater Hermann?«

Mit ratloser Geste hebt der Gelähmte die zitternden Hände. »Heute würde ich ihn gewiß verschütten, Heiliger Vater, und es ist Festwein. Darf Berthold ihn mir später geben?«

Sanft verneint der Papst, steht auf und hebt den Becher an den Mund des Kranken. »Trinkt ihn jetzt. Der Wein tut Euch gut.« Umsichtig hilft er ihm, bis der Becher geleert ist. Dann schiebt er Teller und Becher zur Seite, rückt die Kissen im Lehnstuhl des Kranken zurecht und zieht die Kerzen näher heran.

»Ich danke Euch, Heiliger Vater«, sagt Hermann schlicht. Seine Befangenheit ist einer guten Freude gewichen. »Heute war die Augia wirklich wieder eine reiche Aue, so reich wie nie mehr seit dem Tode des Herrn Berno. Ihr brachtet viel Segen mit, Heiliger Vater. Kirchweih . . . Hätten wir nur die Vesper zur Kirchweih gesungen! Ihr Kapitel ist just für diesen Tag gemacht. ›Vidi civitatem sanctam, Jerusalem novam, descendentem de caelo a Deo, paratam sicut sponsam ornatam viro suo.‹«

»Deo gratias«, respondiert Herr Leo. »Ihr habet recht, Hermann. Auch mir ist bei der Kirchweih immer zumute, als ob sich der Himmel auf unsere Erde niedersenken würde. ›Locus iste sanctus est.‹ Eigentlich ist es so, nicht wahr? Wo unser Herr Jesus weilet, da ist der Himmel. Wir nehmen viel zu selbstverständlich hin, daß Er in unserer Mitte wohnet. Dabei ist dies das erhabenste, schauervollste und beglückendste Geheimnis unseres Glaubens, daß Er . . . kommt, wenn ein Menschenmund die Worte der Consecratio spricht. Mysterium fidei . . .«

»Und unser Herr kommt auch in anderer Weise. Wie tröstlich für den Priester, der das heilige Opfer nicht feiern kann«, sagt der Sieche leise.

»Ihr könnt es nie, Vater Hermann?«

»Seit meiner Priesterweihe war es mir zweimal vergönnt, Heiliger Vater, und dafür bin ich dem Herrn unendlich dankbar. Denn sehet ...« Er zeigt dem Papst seine Hände mit den verkrümmten Fingern. »Mit diesen Händen kann ich nicht einmal jeden Tag das natürliche Brot brechen. Meist muß ein anderer es für mich tun. Ein anderer führt für mich den Löffel, die Feder, den Schreibgriffel. An manchen Tagen kann ich nicht einmal ein Blatt umwenden, wenn ich lesen möchte.«

»Könnt Ihr nicht all dies in das heilige Opfer Christi geben, Hermann?« fragt der Papst, bewegt durch die Gelassenheit, mit der sein Gegenüber das herbe Geschick trägt. »Zudem, Ihr sagtet eben selbst, kommt unser Herr auch in anderer Weise zu uns, zu Euch – durch Sein Wort, durch Seine Gnade, durch Sein Kreuz. Und gewiß gilt auch für diese Stunde Seine Verheißung: ›Wo Zwei oder Drei in Meinem Namen beisammen sind, da bin ich mitten unter ihnen.‹«

In der Sanduhr am Bücherbord rinnen viele rotbraune Körnlein nach unten, und die Kerzen lassen dicke weißgelbe Wachstränen rinnen, ehe Herr Leo das Schweigen bricht: »Ja, wo Christus ist, da ist der Himmel. Er ist der Himmel, unsere Seligkeit. Wären unsere Augen nicht gehalten, wir würden Ihn schauen.«

»Heute ist der Vorhang auf der Augia zerrissen, Heiliger Vater. Der Herr war nahe. Doch Seine Nähe muß Geschenk sein. Sie läßt sich nicht erzwingen. Nicht selten läßt Er uns lange auf Seine Ankunft harren, und dann kommt Er plötzlich wie ein Dieb in der Nacht ... Die Nächte Gottes können viele Stunden haben. Man muß geduldig harren, nüchtern und wachsam ... Als Kind hab' ich mir den Himmel einmal ertrotzen wollen.« Der Gelähmte lacht vor sich hin. Sein Antlitz ist mit einem Male jung, durchsonnt von der Erinnerung aus Kindertagen.

»Erzählet mir davon«, bittet ihn der Papst. Der Verweilen in einem glücklichen Erinnern ist für Hermann offensichtlich ein Geschenk. Leo IX. möchte ihm recht viel schenken.

»Heiliger Vater, Ihr werdet enttäuscht sein. Es ist eine kleine Begebenheit aus meiner Kindheit.«

»Erzählet sie mir, Hermann, wenn Ihr möget. Die einfachen Geschichten sind immer die schönsten.«

Der Sieche wundert sich nicht darüber, daß der Papst aus Rom von ihm eine Geschichte hören will. Der ausgesprochene Wunsch genügt ihm, der immer bereitwillig auf den anderen Menschen eingeht. Über das Warum macht er sich keine Gedanken. Und so erzählt er:

»Meine Frau Mutter und der Burgkaplan hatten mir den Himmel in den herrlichsten Farben geschildert, als ich untröstlich war, weil zwei meiner Geschwister gestorben waren. Nur meine Frage, wo denn eigentlich dieser wunderbare Himmel sei, wurde nicht richtig beantwortet. Darum machte ich mir selbst ein Bild davon. Ich war überzeugt, daß der Himmel da beginne, wo die Erde dem Augenscheine nach zu Ende ist. Ein Vorhang von riesigen Ausmaßen mußte beide voneinander trennen. In einer Predigt hatte es nämlich zu meinem Erstaunen geheißen, daß nur ein dünner Vorhang Erde und Himmel, Zeit und Ewigkeit, trenne. Im Tode würde er sich heben und den Blick in die ewige Seligkeit freigeben. Ich wollte mir den Himmel zu Lebzeiten anschauen. Gewiß würden sich Vater und Mutter freuen, wenn ich Grüße von den Geschwistern mit heimbrächte. Mein Großvater würde wahrscheinlich brummen, weil ich daheim weggelaufen war. Aber ich würde den heiligen Bischof Udualrich von Augsburg sehen, einen Ohm meiner Großmutter Berchta. Oh, ich hätte längst beschlossen, zu werden wie er, ein Bischof, der den Harnisch des Ritters trug, wenn wilde Horden die Heimat bedrohten.«

Kopfschüttelnd sinnt Hermann dem Knabentraum nach. Davon ist wirklich nichts in Erfüllung gegangen. Nichts? Papst Leo IX. schaut nachdenklich in die Kerzenflammen. Gibt es nicht ein größeres Heldentum als das des Kämpfers?

»Meine jüngere Schwester Irmingard war leicht für meinen Plan zu gewinnen, und an einem schönen Sommertag brachen wir erstmals auf, um am ›Ende der Welt‹ durch den dünnen Vorhang in den Himmel zu schlüpfen. Wir liefen und liefen, bis Irmingard

müde wurde und weinend heimbegehrte. Zornig brachte ich sie zur Burg zurück. Einige Male machte ich mich alleine auf, um den Himmel zu suchen. Seltsam, die Großen schienen es gar nicht gerne zu sehen. Irgendwer fand mich und brachte mich heim.
An einem grauverhangenen Herbsttag entwich ich zum letzten Male. Einer unserer Knechte hatte das Burgtor offen gelassen. Eilig lief ich den Hügel hinab, quer über Wiesen und abgeerntete Felder. Eigentlich fühlte ich mich einsam und unbehaglich. Ich war ein kleines Kind, ein Bub von sieben Jahren. Aber ich wagte mich trotz inneren Widerstrebens in den Wald. Bunte Blätter regneten auf mich nieder, und stellenweise raschelte das Laub schon so herrlich unter meinen Füßen, daß ich wieder und wieder hindurchfuhr und bei diesem Spiel beinahe den Himmel vergaß.
Noch ein Stück Weges legte ich zurück. Der Wald war so still, und ich war müde. Schließlich tat sich das offene Hügelland vor mir auf. Traurig hockte ich mich ins feuchte Gras, um ein wenig auszuruhen. Eine unerklärlich drängende Sehnsucht erfüllte mich, als ich in den grauen Himmel sah. Er schien mir weiter entfernt denn je . . .«
Mit einem Ausruf des Erstaunens unterbricht der Sieche seine Erzählung. »Heiliger Vater, jetzt weiß ich es wieder. Darum waret Ihr mir so vertraut, als ich Euch heute morgen auf der Herrenbruck sah.«
»Als Ihr mich saht? Hermann, was habe ich denn mit Eurem Kindheitserlebnis zu tun?« fragt Herr Leo verwundert.
»Was ich damals schaute, und woran mich heute Euer Anblick erinnerte, Heiliger Vater, das war nur ein Traum. Ja, es muß ein Traum gewesen sein, gewoben aus meinem starken Wunsche, den Himmel zu sehen und seine strahlende Herrlichkeit. Es muß ein Traum gewesen sein, denn plötzlich war es mir, als ob da Einer stehe gegen den grauverhangenen Himmel; Einer in hellem Gewand; Einer, der groß war und erhaben. Er war wie ein Licht, wie eine Flamme. Ich fürchtete mich nicht, denn das Antlitz des Mannes war auch vom Lichte erfüllt, und seine Augen waren gütiger als die meiner Frau Mutter. Dann hob Jener die Hände, aufbrechenden Lichtstrahlen gleich, als winke Er mir, ich solle

kommen . . . oder als wolle Er mich segnen. Und ich wollte zu Ihm gehen, zur Flamme, zum Licht . . .
Als mich die Knechte fanden, lag ich am Fuße des Hügels und schlief.
Es muß ein Traum gewesen sein; aber vielleicht einer jener Träume, die geheimnisvolle Wirklichkeit in sich bergen.
Daheim gab ich mich wie immer. Den Tadel der Frau Mutter nahm ich ohne sonderliche Reue hin und fragte sogar: ›Ist es denn etwas Böses, den Himmel zu suchen?‹ Eine Frage, die meine Frau Mutter entwaffnete.
Beim Nachtmahl spottete Irmingard, weil ich wieder vergeblich den Himmel gesucht hatte.
›Vielleicht habe ich heute etwas davon gesehen. Und ich gehe wieder!‹
›Das hat dir die Frau Mutter verboten.‹
Gab es dagegen einen Einwand? Ich hatte einen. Zwar war ich mir meiner Theologie nicht ganz sicher, aber Irmingard sollte schweigen.
›Den Himmel muß man suchen. Das will der liebe Gott.‹
Beim Nachtgebet kamen mir ernste Bedenken. Wollte Gott denn nicht auch, daß Kinder gehorsam seien? Beim Gutenachtgruß zog ich die Mutter zu mir und flüsterte ihr ins Ohr: ›Bitte, bitte, erlaubet mir, daß ich den Himmel suche, Frau Mutter!‹
Sie strich mir über das Haar. ›Das ist nicht so einfach, wie mein kleiner Bub sich das träumt.‹ Aber sie gab mir die Erlaubnis, den Himmel zu suchen. Ich mußte ihr versprechen, es nie mehr alleine zu versuchen. Sie wolle mir dabei helfen. Glücklich schlief ich ein.
Meine Frau Mutter hat diese scheinbar unwichtigen Kleinigkeiten getreu in ihrem Gedächtnis, in ihrem Herzen, bewahrt, auch den . . . Traum . . . von der Gestalt, die wie eine Flamme war. Ich hatte ihn ihr flüsternd anvertraut. Sie vergaß nichts von alledem, und sie war es, die in mir durch ihren Bericht nach Jahren das damalige Geschehen wieder aufleben ließ. Wahrscheinlich hat sie es so gut behalten, weil wir keinen Abend mehr so zusammen sein durften. Am nächsten Morgen . . .«

Hermann stockt jäh und krampft die Hände zusammen. Er atmet rasch und stoßweise. Feine Schweißtropfen erscheinen auf seiner Stirne. Unruhig flackert sein Blick.

Das Kreuz zeichnet sich scharf, schwarz, schmerzhaft dunkel auf der grauweißen Wand der Bibliothek ab.

Nach einer Weile spricht Hermann weiter, ruhig und gefaßt: »Am nächsten Morgen war ich gelähmt, unfähig zu sprechen, unfähig mich zu bewegen. Frau Hiltrud, meine gute Mutter, hielt mich Stunde um Stunde im Arm, ohne zu klagen und ohne zu weinen. Einmal beugte sie sich über mich und flüsterte mir ein seltsames Trostwort zu, das ich erst viel, viel später, Jahre später, verstehen lernen sollte: ›Mein Kind, nun hat dich der Himmel gefunden.‹«

Der Papst reicht dem Siechen die Hand. »Hermann, Ihr habt eine wunderbare Mutter. Mit Euch danke ich dem Herrn für diese Gnade. Frau Hiltrud wird, dessen bin ich sicher, nächst Unserer Lieben Frau für Euch zu einer ›Porta caeli‹. Habet Dank, daß Ihr mir den Blick in schmerzlichste und segensreichste Stunden Eures Lebens gewährt habt!«

»Darf ich Euch für die Geduld danken, mit der Ihr mir lauschtet, Heiliger Vater? Ihr schenktet mir viel von Eurer Zeit.«

»Und Ihr ließet mich an Eurer Gottverbundenheit teilnehmen, Vater Hermann. Was wiegt dagegen die Zeit?«

»Eure Zeit, die Zeit des Obersten Hirten der Christenheit, ist ein gar kostbar' Ding.«

Papst Leo schüttelt das Haupt. »Sie ist nicht kostbarer als die Eure, Hermann, und wie die Eure Christi Eigentum. Wahrscheinlich ist Eure Zeit sogar kostbarer in den Augen des Herrn, Eure mit Leiden und Dulden randvoll gefüllte Zeit.«

»Ihr leidet und duldet mehr, Heiliger Vater. Ihr habt den größten Anteil an Seinem Kreuze. Welche Not muß die Verweltlichung der Kirche für Euch bedeuten, da Ihr den Herrn auf Erden vertretet und Ihm die Kirche als makellose Braut darstellen sollt. Wie schwer müßt Ihr allein um Byzanz tragen!«

Da beugt Herr Leo sich jäh vor, so weit, daß sein goldenes Brustkreuz hart auf die Tischplatte schlägt. Im Schein der sechs Kerzen wirkt sein Antlitz verzerrt. »Byzanz«, flüstert er erregt. »Hermann, Ihr griffet in eine frische Wunde. Byzanz ... Muß ich den Kelch trinken, oder wird er an mir vorübergehen? Wird die Trennung kommen?« Der Papst starrt in die Kerzenflammen und preßt die Lippen zusammen, als müsse er einen Schrei zurückhalten, einen Schrei übergroßer Not. Mit brüchiger Stimme fährt er fort: »Patriarch Michael hat auf meine versöhnliche Grußbotschaft nach meiner Wahl gar nicht geantwortet. Und ich möchte den Frieden, die Einheit ...«

Traurig blickt Hermann in das gramerfüllte Antlitz des Heiligen Vaters. Selten sah er fremden Schmerz so hüllenlos in einem Angesicht. »Ihr tragt das Erbe fremder Schuld. Nicht immer war ein Pontifex auf dem Apostolischen Stuhle. Nicht immer wollte Rom Brücken bauen über den Strom der Gegensätze, wie Ihr es tun möchtet. Nicht selten stürzte Rom sogar durch Unklugheit und falschen Eifer einen Pfeiler um, den Byzanz in den Strom gesetzt hatte. Stolz, Unduldsamkeit, Buchstabentreue und Fanatismus, Herrschsucht und Enge waren hüben und drüben tätig. Die Menschen suchten sich und ihr vermeintliches Recht und vergaßen darüber, daß sie dem einen Werke zu dienen hatten und dem einen Herrn.«

Leo IX. liebt edlen Freimut und verübelt dem Gelähmten die kühne Rede nicht. »Ihr habt recht, mein Freund, nur allzu recht. Nun wird Patriarch Michael jedweden Pfeiler stürzen, den ich in den Strom zu bauen suche. Ich fühle es, er wird mir nicht entgegenkommen wollen.«

Da streckt der Mönch dem Papst seine Hand entgegen, bittend und flehend. »So lasset das Schifflein Petri übersetzen und bittet im Namen des Herrn um Frieden, um Vergebung für das Unrecht früherer Geschlechter.«

Papst Leo IX. fährt auf. »Wißt Ihr, was Ihr da fordert, Hermann? Der Patriarch ist stolz, so stolz, daß ihn mein Bitten um Vergebung noch anmaßender machen würde.«

»Wird Demut ... ärmer, wenn sie bittet?« fragt Hermann leise.

Einen Augenblick hat es den Anschein, als wolle Zorn den Papst übermannen. Unmutig sehen seine Augen auf den Mönch. Der hält ohne Wimpernzucken dem strengen Blicke stand. Leos Züge glätten sich, und er entgegnet ruhig: »Demut wird nicht ärmer, wenn sie bittet. Dennoch – in diesem Falle muß ihr Bittgang von Erfolg begleitet sein, oder die Trennung wird noch unausweichlicher. Petrus darf bitten, aber er darf sich – um der Wahrheit willen, um Christi willen – nicht selbst aufgeben, und das verlangt der Patriarch.«

Herr Leo birgt sein Antlitz in den Händen. Seine Stimme klingt dumpf, als er weiterspricht: »Hermann, wenn es ein Mittel geben würde, das ich benutzen könnte, ohne der Kirche Christi zu schaden, ein Mittel, um den Patriarchen zu versöhnen, ohne die Wahrheit preiszugeben, ich würde es anwenden ... ganz gleich, was es für mich persönlich an Opfer und Verzicht bedeuten würde. Wäre meine Person das einzige Hindernis, das der Einigung entgegenstünde, wie gerne würde ich die Schlüssel Petri in die Hände eines Würdigeren legen! Aber es geht nicht um mich, Hermann. Es geht um das Amt des Petrus, und Petrus kann nicht von seinem Amte scheiden, ohne Verrat an der Weisung des Herrn zu üben, Der ihm befohlen hat: ›Weide meine Lämmer, weide meine Schafe!‹«

»Wird unser Herr den Petrus verlassen, Heiliger Vater? Ob Er der Kirche die Trennung nicht schickt, weil sie in West und Ost die harte Buße braucht? Will Er die Einheit, wird sie werden. Dann läßt Er Euch wie Moses Wasser aus dem Felsen schlagen, Wasser des Heiles und der Versöhnung. Unser Herr verläßt den Petrus nicht. Aber Er erläßt auch dem Petrus nichts. Er gürtet ihn und führet ihn, wohin er nimmer wollte ...«

Immer noch hält der Papst die Hände vor dem Gesicht. Er sitzt regungslos da. Auch der Sieche schweigt, aber er wartet ohne innere Unruhe. Und er hat sich nicht getäuscht. Als Leo die Hände sinken läßt, ist sein Antlitz entspannt.

»Petrus wird die Kirche treulich durch die Wüste dieser Zeiten führen, auch wenn er das gelobte Land der Versöhnung nicht schauen darf. Aber – Ihr müßt mir dabei helfen, Hermann! Ich baue auf Euch. Weitet Eure Zelle im Geiste, bis sie Rom umfaßt. Nehmt Rom auf und den Papst. Nehmt mich auf! Die Kirche braucht Euch. Leo braucht Euch. Christus braucht Euch für die große Missa orbis, für die Consecratio mundi.«

Verlegen und verwirrt durch diesen eindringlichen Aufruf senkt der Sieche die Augenlider. »Für die Missa orbis? Ach, Heiliger Vater, zu was wär' ich da nütze? Nicht einmal ein Tröpflein Wasser im Kelch des Hohenpriesters Christus ...«

»Nein, Hermann von Altshausen, so leicht dürft Ihr es Euch nicht machen«, sagt Herr Leo mit fordernder Ungeduld. »Wer wie Ihr die Flamme schaute, von dem wird mehr verlangt!«

»Mehr?« Der Gelähmte hebt das hagere Antlitz unter dem weißen Haar dem Lichte entgegen.

»Mehr?« Die Schmerzenslinien um den schmalen Mund gleichen tiefen Furchen im Ackerland.

»Mehr?« Der Kerzenschein huscht über die gekrümmten, schwachen Hände. »Mehr?«

Ein Gefühl des Mitleids läßt den Papst zögern. Aber dann sagt er mit erhobener Stimme: »Ja, Hermann, der Herr will mehr von Euch! Er will, daß Ihr Euer Leiden und Lieben Ihm täglich, stündlich, unablässig in neuer, klarer und harter Bewußtheit opfert, zur Opfergabe macht. Stellt Euer Leiden in das heilige Opfergeschehen auf Golgatha, bejaht es aus ganzem Herzen bei allem Widerstreben Eurer Natur; liebt es als Teilhabe am Opfer Jesu Christi. An Eurem Leibe dürft Ihr ergänzen, was am Opfer des Herrn mangelt, wie der Apostel Paulus sagt. Ihr sollt auch die Verachtung lieben, die Ihr erfahret, weil Ihr ein Krüppel seid ... und das noch schmerzlichere Mitleid der Gesunden.

Opfergabe mit Jesus Christus, für Jesus Christus zu sein in der Missa orbis, das sei Euer großer Dienst an der Welt, Euer herrliches Amt, Bruder, das Eure Zelle zum Gotteshaus macht, wenn Ihr dort in Eurem Leiden, durch Euer Leiden das Brot bereitet für die Opferung ... Brot für Seine Hände ... Oblatio. Unser Herr bricht das Brot, das Er segnet und austeilt. Fürchtet Ihr Euch davor?«

»Soll ich unseren Herrn fürchten, Heiliger Vater? Er nimmt immer, um zu geben«, erwidert der Gelähmte still. Traurigkeit zieht wie eine Wolke über sein Antlitz. »Mein Brot ist nicht rein ...

Meine Gabe ist nicht wert, geopfert zu werden. Ich habe oft schlechtes Korn mit verbacken. Ich wollte ausruhen im Eigenen, suchte Teilnahme und Menschennähe, ließ nur meine Ansicht gelten, zürnte rasch und heftig. In mir ist viel Ungutes, das dem Herrn mißfallen muß. Wieder kam eine Flamme über mich.«

»So lasset die Flamme das Ungute ausbrennen, Hermann. Die Flamme des Heiligen Geistes kann brennen, ohne das Heile zu zerstören.« Gütig neigt sich Herr Leo dem Gelähmten entgegen.

Ein Lächeln kindlicher Aufrichtigkeit antwortet ihm. »Noch heute abend werde ich es tun, Heiliger Vater. Darf ich morgen irgendwann um Euren väterlichen Segen bitten zum neuen, bewußteren Leben, Lieben und Leiden für Christus und Seine Kirche, für Euch, für die Welt?«

»Darf ich von Euch nehmen, was Euch bedrückt, Hermann?« fragt Herr Leo mit ehrfürchtiger Behutsamkeit.

»Ihr selbst wollt es tun, Heiliger Vater?« Aus dem Staunen des Siechen wird freudiger Dank, stilles Gebet, ernstes Nachsinnen, wird zuversichtlicher Aufblick zum Herrn in Reue und ruhigem Versprechen.

Papst Leo IX. wendet sich zum Kreuze und lauscht ergriffen dem schlichten Bekenntnis. Einen Punkt der Anklage greift er auf. »Ihr dürfet nicht mehr um Abt Berno trauern, Vater Hermann, wie Ihr es bislang getan habt. Eure Trauer um ihn würde zur Sünde wider die Liebe zu Gott und zu den Menschen, wenn Ihr länger Euer Talent vergraben würdet. Gott will, daß Ihr singt. Fortan schreibt Ihr wieder all das nieder, was Euch der Geist Gottes an Liedern und Hymnen schenkt. Es sei Eure Buße, ein Gebet für Uns zu verfassen, das Uns auf Unseren Wegen geleitet, und das Uns stetig an Euer Versprechen erinnert, Uns liebend und leidend beizustehen.«

Noch breitet der Papst segnend die Hände über das weißhaarige Haupt des Lahmen, da klopft es an die Türe, fordernd und laut. Ehe sich Herr Leo äußern kann, wird die Türe schon geöffnet. Breit und gewichtig erscheint Abt Udualrich im Türrahmen.

»O ... verzeihet, Heiligkeit! Ich wußte nicht ... eh ... ich meinte,

Ihr hättet gerufen.« Ein Blick mißbilligender Neugier streift den Siechen.
»Wir haben nicht gerufen. Ihr ließet Uns gar keine Zeit dazu, Abt Udualrich!« tadelt der Papst schroff. »Kommt nur herein. Wir haben Euch ohnehin etwas zu sagen.«
Zögernd kniet der Abt vor dem Gestrengen nieder. Papst Leo IX. ist jetzt nicht mehr der gütige Vater, nicht mehr der brüderlich nahe Freund in Christo, nicht mehr der barmherzige Verwalter des Bußgerichtes. Seine Stimme klingt ernst, und seine Augen blicken ernst auf den Abt der Augia.
»Wir haben beschlossen, noch nicht abzureisen, Abt Udualrich. Wir wollen uns nämlich zuvor von dem geistigen, geistlichen und wirtschaftlichen Stand der Abtei überzeugen. Es würde Uns eine aufrichtige Genugtuung bereiten, wenn Wir daraufhin jenen unguten Gerüchten entgegentreten könnten, die Uns über die Reichenaue sogar in Rom zu Ohren gekommen sind.«
Der Abt verneigt sich tief. Nun ist das Unheil doch hereingebrochen, das er mit Zittern und Zagen befürchtet hat, die päpstliche Visitation.
»Wie Ihr wißt, sind Wir ein vortrefflicher Kenner der Regeln und Gebräuche Eures heiligen Ordensvaters. Wir wollen Uns vergewissern, daß sie ohne einen Abstrich im Geiste der Reform von Cluny in Eurer Abtei beobachtet werden. Es würde Uns sehr ... schmerzlich berühren, wenn man sie nach eigenem Ermessen ausgelegt oder gar verändert haben würde. Das Frühmahl wollen Wir alleine einnehmen. Danach erwarten Wir die gesamte Klostergemeinde im Kapitelsaal. Dort werden Wir Unseren Entschluß kundtun. Wir wünschen nicht, daß Ihr ihn zuvor jemandem mitteilt. Wir ordnen an und befehlen, daß alles in dem Zustande belassen wird, in dem es sich zur Zeit befindet. Sorgt, daß Eure Mönche pünktlich versammelt sind, Abt Udualrich. Wir müssen in wenigen Tagen vieles tun. Wir danken Euch ...« Eine Handbewegung bedeutet dem Abt, daß er sich entfernen möge. Der Papst reicht ihm nicht die Hand zum Ringkuß. Mit auffallender Hast verläßt Udualrich die Bibliothek.
Müde streicht sich Papst Leo IX. über die Stirne. Sein Antlitz und

seine Stimme verlieren die Strenge, als er sich dem Siechen wieder zuwendet: »Sagt mir ehrlich, Hermann, ob die Augia noch so ist, wie sie zur Zeit des Herrn Berno war.«

»Kann sie das sein, Heiliger Vater?« fragt Hermann zurück. »Abt Berno prägte nicht nur den Geist unserer Abtei, er verkörperte ihn am reinsten. Er war uns lebendiges Vorbild, Ansporn und Halt. Er führte uns geradlinig zu Christus.«

»Und Abt Udualrich?«

»Auch er ward der Augia vom Herrn gegeben, Heiliger Vater. Gott will uns durch Herrn Udualrich sagen, daß wir Seinen Weg unbeirrt und unbeirrbar gehen müssen, wenn Sein Licht nicht mehr deutlich wahrnehmbar aus Wort und Weisung, Tun und Haltung eines Obern aufleuchtet. Gott ist bei uns ... in den Nächten ohne Sterne. Selig, die nicht sehen und doch glauben.«

Der Gelähmte lächelt dem Papste zu, als ob er sagen wolle: »Ihr versteht, was ich meine ...« Laut fügt er hinzu: »Gott schenkt uns viel Vertrauen, und Er erwartet es von uns.«

»Und Euch gab Er heute durch mich besonderen Auftrag, Hermann, auch für die Abtei Maria von der Au. Er fordert viel von Euch.«

Nach diesen Worten erhebt sich der Papst, geht zur Türe und ruft den Mönch Berthold, der die ganze Zeit im Kreuzgang betend gewartet hat.

»Der Herr möge Euren Schlaf behüten, Vater Hermann.«

Sterne brennen wie reine Flammen über dem Gnadensee und über der Insel Reichenau. Der Sieche spürt keine Furcht vor dem Kommenden. Er empfindet eine tiefe Freude, einen guten Frieden und eine reiche Dankbarkeit. Gottes Fordern ist immer Liebe.

2 NACH DRÜBEN

Rote Dornen

Atemlose Spannung liegt über der Gruppe der Mönche, die sich im Kapitelsaal versammelt haben. Abt Udualrich kann seine innere Unruhe nicht verbergen. Seine Augen irren hin und her, bis sie auf dem stillen, gesammelten Antlitz des Gelähmten haften bleiben. Der hat gut beten, der Freund des Papstes.

Herr Udualrich kann nicht ahnen, daß sich Hermann von Altshausen wie inmitten eines Gießbaches befindet. Ein Strudel von Melodien, Bildern und Versen möchte sich in ihm formen, drängt zur Gestaltung. Eine Überfülle von Gedanken und Vorstellungen stürmt auf ihn ein. Das mahnende und zugleich lösende Wort des Heiligen Vaters hat den Staudamm der Trauer eingerissen, hinter dem sich der Strom eines ganzen Jahres gesammelt hatte. Nun ist Hermann den Fluten ausgeliefert.

Aber er verliert mitten im Ansturm nicht das Steuer. Die brausenden Wogen treiben das Schiff seines Herzens und Geistes in die eine Richtung, dem Herrn entgegen. Immer hat der Sieche empfunden, wenn Neues in ihm ward, daß es vom Herrn kommt und wieder zu Ihm führt – Gnade, Geschenk, Gabe und Last. Oft, allzu oft ist das arme Gefäß seines gebrechlichen Leibes zu eng, um die Gaben zu bergen; sind Mund und Hände zu schwach, um die Fülle auszuschöpfen. Das Leiden des Geistes, den die Ohnmacht des Leibes fesselt, kennt Härten, die mehr verwunden als äußere Pein. Und dennoch – auch die ungenutzte Fülle der Gaben verwandelt sich nicht in schales, abgestandenes Wasser. Demütiger Dank leitet den Strom zum Herrn zurück. Es gibt keinen Stillstand in diesem Leben. Nein, es wird keinen mehr geben, nachdem der Bann der Trauer gebrochen ist, der das Schaffen des Siechen auf der kargen und engen Bahn der aufgetragenen Pflichten gehalten hat. Er kann mehr geben, und er muß mehr geben, wenn Gott ihm gibt.

Ein Wort, das Herr Berno im Kapitel über den heiligen Augustinus gesagt hat, fällt dem Sinnenden ein:

»Er kann dem Heiligen Geiste nicht wehren, wenn Er über ihn kommt. Er kommt über ihn wie Tau und Regen über dürstendes Land. Kann die Erde sich dieser Gaben des Himmels erwehren? Augustinus ist Erdreich des Heiligen Geistes und gibt sich willig dem himmlischen Tau. So schreibet nicht er, obwohl er die Feder führet. Es schreibet aus ihm der Heilige Geist. Und das Erdreich trägt reiche, überreiche Frucht für die heilige Kirche.«

Papst Leo IX. tritt ein. Im milden Morgenlicht wirkt sein Antlitz gütig und väterlich. Seine Stimme entbehrt nicht der Wärme, als er nach kurzem Gebet zu den Mönchen sagt, daß er keine amtliche Visitatio halten wolle. Dazu reiche die Zeit doch nicht aus. In der Nacht habe ihm ein Kurier eine wichtige Nachricht gebracht, die ihn zu baldigem Aufbruch dränge.

»Aber Wir wollen es Uns nicht nehmen lassen wie ein sorgsamer Hausvater in der von Uns geliebten Abtei Maria auf der Augia einmal Umschau zu halten. Als Hirte der Uns von Christus anvertrauten Herde wollen Wir die Schäflein und Lämmer dieser Insel durch Mahnwort, Ermutigung und heilsame Lehren neu um den höchsten Herrn und Hirten sammeln. Vielleicht haben Wir auch hie und da ein unbedachtes, ein vorwitziges Schäflein aus den Dornen zu lösen, in die es sich verstrickt hat. Wir wollen es in Behutsamkeit und Liebe tun und Uns Mühe geben, nach dem Vorbilde des Herrn Jesus Christus zu handeln, Der Uns die Weisung hinterlassen hat: ›Lernet von Mir, denn Ich bin sanftmütig und demütig von Herzen!‹«

Gütig betrachtet Herr Leo die schwarze Schar zu seinen Füßen. Bei seinen freundlichen Worten ist ein spürbares Aufatmen durch die Reihen gegangen.

»Laßt uns gemeinsam das eine Werk tun, geliebte Brüder und Söhne im Herrn. Laßt uns gemeinsam Ihm Heimstatt bereiten in unseren Herzen; gemeinsam Ihm Heimstatt bereiten in dieser Welt, auf daß Er uns Heimstatt bereiten möge bei Seinem Vater. Lasset uns beten, wie unser Herr uns zu beten gelehrt . . .«

Der Papst und die Mönche der Reichenau beten das Vaterunser.

Wer sich die Hoffnung gemacht hat, Herr Leo würde sein Vorhaben so weit aufgeben, daß es bei einigen unverbindlichen Ratschlägen, Anregungen und Ermahnungen bliebe, der hat sich getäuscht. Abt Udualrich erfährt, daß Leo IX. strenge Rechenschaft von ihm fordert; Rechenschaft darüber, wie er das Erbe des Herrn Berno verwaltet hat, unter dessen Regierung die Abtei vierzig Jahre der Blüte erleben durfte. Der Heilige Vater ruft auch die Mönche und Brüder zu sich oder sucht sie unerwartet an den Stätten ihrer Arbeit auf. Dabei hält er, was er im Kapitelsaal versprochen hat. Seine Ermahnungen sind vom Geiste der Sanftmut und Demut Christi getragen. Darum geben jene, die guten Willens sind, seinem Werben für Christus erschüttert Gehör. Papst Leo IX. wirbt für den Herrn um die Seelen der Mönche und Brüder im Inselkloster auf der Augia.

Mehr denn je braucht Christus Getreue, die rückhaltlos für Ihn leben. Müßten sie nicht in den Klöstern, den Hochburgen des Glaubens, den Häusern Gottes, zu finden sein?

Weizen und Unkraut trifft der Papst im Konvent an. Er legt sich die Frage vor, ob er beides miteinander wachsen lassen dürfe bis zur Zeit der Ernte. Kann er einen Udualrich im Amte belassen? Noch ward ihm keine Antwort, als er sich zur Zelle des Gelähmten begibt. Diesen Besuch hat er bis zum letzten Tag verschoben, sich diese Freude aufgespart.

Hermann sitzt im Lehnstuhl an seinem Arbeitstisch zwischen den beiden Fenstern, von denen eines nach Norden und eines nach Osten auf den Gnadensee schaut. Sein verwachsener Oberkörper hat festen Halt in einer eigens für ihn angefertigten Einbuchtung des Tisches. Seine Linke ruht auf einem Pergament. Die Rechte führt langsam und mit großer Anstrengung den Gänsekiel. Er sieht nicht auf, als sich die Türe öffnet. Er kann sich nicht umwenden, um zu sehen, wer kommt. Zudem vermutet er, daß es

Berthold ist, der in der gewohnten Weise still einen Liebesdienst verrichten will.

Papst Leo IX. setzt sich auf den Schemel neben dem Lager des Siechen und betrachtet die karge Armut der weißgekälkten Zelle und das gesammelte Antlitz des Schreibenden. Liegt nicht ein Freuen über dem abgezehrten Gesicht des reichsten Armen, den Leo je gesehen?

Freude und Friede – hier wohnen sie, hier vor allem. Wie freudlos ist dagegen Herr Udualrich, wie friedlos in seiner Unrast, die Güter dieser Welt zu erhalten und zu genießen! Ein großes Mitleid mit dem Abt ergreift den Papst. »Denn er hatte viele Güter ...«, so heißt es von dem reichen Jüngling im Evangelium; viele Güter, aber nicht das eine Gut.

Ein Mönch, der nicht von der Liebe Christi und für die Liebe Christi lebt, ist furchtbar arm, da er sein Leben dessen beraubt hat, das ihm den einen und einzigen Sinn zu geben vermag.

»Ich will ihn nach ernster Vermahnung im Amte belassen, damit er die Zeit habe, an Gütern arm zu werden und in Christus reich. Und die eigentliche Seelsorge auf der Augia, das Herabholen der Gnade in die Seelen der Brüder, übertrage ich dir, Freund Hermann. Du hast dafür zu sorgen, daß sie hinausströme in die Kirche, in die Welt. Ich verlange sehr viel von dir, mein geliebter Sohn, und doch nur das Eine, was du schon tust, daß du liebst ... «

In das innere Gespräch, das der Papst lautlos geführt hat, tönt es heiter scherzend vom Fenster her: »Du hast mir eine Feder von einer Gans gegeben, die draußen das Gras rupft. Sie muß sehr widerspenstig sein, denn die Feder ist sogar noch lebendig in meiner Hand. Das schwarze Gekrackele, das ich mit ihr zustandegebracht habe, sieht aus, als ob mir eine Gans zuerst durch die Tinte und dann über das Pergament gelaufen wäre. Komm, Berthold, sieh es dir an!« Einem leichten Auflachen folgt ein Seufzer des Verzichtes. Der Papst tritt hinter den Gelähmten. »Sieh es dir nur an, Freund! Ein recht Wohlwollender mag von Bäumen, von Zweigen im Herbststurm reden, wenn er meine Buchstaben betrachtet, so schwanken sie hin und her. Es tut mir leid, Berthold, aber du mußt alles noch einmal abschreiben. So gerne ich es dieses eine Mal selbst getan hätte, dem Heiligen Vater kann ich mein Geschreibsel unmöglich anbieten. Hoffentlich reicht die Zeit für die Neuanfertigung.«

Da zieht Herr Leo den Schemel vor den Arbeitstisch und setzt sich dem Lahmen gegenüber. »Nein, Vater Hermann, das erlaube ich nicht. Berthold schreibt keine einzige Zeile neu.«

»Ihr, Heiliger Vater!« Die blauen Augen leuchten auf. »Berthold, warum hast du mich nicht darauf aufmerksam gemacht, daß der Heilige Vater gekommen ist?«

»Das konnte der gute Berthold nicht tun, Hermann, weil er nicht bei Euch ist. Ihr habt die ganze Zeit mit mir vorlieb genommen.«

»Habe ich Euch von der lebendigen Gänsefeder erzählt?« fragt Hermann ein wenig entsetzt, aber dann stimmt er in das herzliche Lachen des Papstes ein.

Mit Nachdruck nickt Leo IX. »Das habt Ihr getan, und ich weiß jetzt auch, daß die Gans zuerst durch die Tinte und dann über Euer Pergament gelaufen ist.«

Die zitternde Rechte des Gelähmten bietet ihm das Schriftstück dar. »Bitte, Heiliger Vater, überzeuget Euch selbst, daß es wirklich so ausschaut.«

Herr Leo nimmt das Schriftstück. Das schwarze Heer der Buchstaben stolpert und zittert, schwankt und wankt. Kaum ein Buchstabe zeigt die beharrliche Neigung mit seinem Nachbarn in der gleichen Reihe zu bleiben. Dieser will höher hinaus, und jener hat das Bestreben, sich unter die anderen zu stellen; dieser meint, er müsse geradewegs nach oben; jener will nach links, sein Nachbar nach rechts. Doch die Schrift ist leserlich. Ehe der Papst sich in die Worte vertiefen kann, reicht Hermann ihm ein zweites Pergament, eine sorgfältig ausgeführte Malerei.

»Berthold hat dieses Wappen gemalt.«

Ein wenig ratlos betrachtet der Heilige Vater das Bild. Es stellt drei rote Dornzweige dar, übereinander angeordnet, mit dem kleinsten beginnend, kräftige Zweige mit starken, spitzen Dornen, roten Dornen auf goldenem Grund.

»Darf ich es Euch erklären? Beinahe wäre dies, nur geringfügig verändert, das Wappen unseres Geschlechtes, der Grafen von

Altshausen, drei rote Hirschstangen auf goldenem Grund, Symbole der Kraft, der Macht und der Tapferkeit. So aber sind es drei Dornzweige, Symbole der Ohnmacht, des Leidens und des Preisgegebenseins – das Wappen derer, die sich für die Missa orbis bereiten, für die Consecratio mundi. Wenn Ihr jetzt meine Verse lesen wollt, Heiliger Vater? Das Gebet deutet zugleich den Sinn der roten Dornzweige. Oder darf ich es Euch vorlesen? Meine Buchstaben werden Euch gewiß zuviel Mühe bereiten.«

Leo gibt ihm das Pergament zurück. »Lest Ihr, Vater Hermann, aber nicht wegen der Mühe, die mir das Lesen bereiten könnte. Ein solches Gebet empfängt sein tiefstes Leben nur, wenn es der spricht, der es zuerst gebetet hat.«

Der Heilige Vater schaut hinaus auf den Gnadensee, auf die ruhende, glänzende Wasserfläche unter dem wolkenlos klaren Himmel des Herbstes.

»Du, Herr meines Lebens, Herr Jesus Christus!

Du mein Anfang, meine Begnadung, mein Weg, meine Freude, mein Hoffen, mein einziges Ziel. Ich bete Dich an, und ich flehe zu Dir: lasse Blüten aufbrechen am dürren Gezweig meiner Dornen, Blüten aus lichtgoldenem Gnadengrund. Du hast sie Selber um meine Stirne gewunden, um meine Stirne und um mein Herz. Du schenktest sie mir als Siegel und Unterpfand göttlicher Liebe.

Herr Jesus Christus, ich flehe zu Dir: lasse sie blühen und fruchtbar werden wie die Krone der Dornen, die Du getragen auf dem Weg Deiner Schmerzen unter dem Kreuz. Lasse sie blühen und fruchtbar werden.

Schenke Leben aus dem goldenen Grunde der Gnade dem kleinsten meiner bitteren Zweige, dem Dornzweig der Pein, des Siechtums, der Schmerzen. Einst hast Du dem Kinde den Dornzweig gereicht, den erst der Mann als Gabe begriff. Lasse ihn blühen und fruchtbar werden.

Schenke Leben dem Zweig mit den größeren Dornen, mit den Dornen der inneren Not und der Reue, den scharfen Qualen ringenden Geistes, des brennenden Heimwehs nach Deiner Nähe. Lasse ihn blühen und fruchtbar werden.

Schenke Fülle, Überfülle des Lebens dem größten meiner bitteren Zweige; dem Zweig mit den Dornen vergeblichen Mühens um Dich in den Seelen der lieben Brüder: des Leidens um jene, die Dich nicht kennen; der Tränen um jene, die Dich nicht wollen; der Klagen ob Deiner mißachteten Liebe und Deiner verkannten, verratenen Gnade, der drängenden Not um Dein heiliges Reich; um die Welt, für die Du am Kreuze gestorben, die Du heimholen willst, Herr Jesus Christus, auf daß sie werde ein Opfer des Lobes zur Ehre des Vaters.
Herr Jesus Christus, ich flehe zu Dir: laß Blüten aufbrechen am dürren Gezweig meiner Dornen. Lasse sie blühen und fruchtbar werden.
Jener will ich sie huldigend tragen, die als reinste Blüte sich bräutlich dem Geiste erschloß und Dich uns geschenket, die heiligste Frucht gebenedeiter Jungfrauenschaft.
Deiner seligsten Mutter, der Jungfrau Maria, dem milden Licht in den Stunden der Trübsal, der Helferin, Trösterin, Herrin und Mutter barmherziger Liebe, ihr will ich, Herr, meine Blüten bringen.
Mir lasse die Dornen ... als Siegel und Unterpfand göttlicher Liebe.«

Als der Gelähmte das Gebet beendet hat, dauert es lange, bis sich Papst Leo IX. zu ihm wendet. Ein stilles Licht leuchtet in seinen hellen Augen. Seine Rechte, der die Gewalt gegeben ward, zu binden und zu lösen im Namen Christi, seine geweihte Rechte, legt sich auf die schmale Hand des Krüppels.
»Dank, Bruder«, sagte der Heilige Vater und ein zweites Mal, »Dank!«
Der Mönch antwortet nicht. Was soll er auch sagen? Er wartet ruhig, die zitternde Hand noch immer unter der Rechten des Papstes geborgen. Abschiednehmend sieht Papst Leo IX. in das hagere, vom Leiden gezeichnete und doch so freie, so gelöste und edle Antlitz.
»Ein Mehr der Worte zwischen uns wäre ein Zuviel, mein Bruder in Christo. Wir haben einander gesagt, was wesentlich ist. Ihr

werdet der Augia geben, was Ihr zu geben vermöget, denn Ihr teilet meine Sorgen um sie. Sollte es in Gottes Plan liegen, daß dieser ehedem strahlende Stern Seiner Kirche erlischt, geht irgendwo ein neuer auf. Gott wird immer wieder Mensch in jenen, die Ihm die Kammern ihrer Seele auftun. In ihnen und durch sie geht Er Seinen Weg in die Welt, den Weg der Erlösung, den Weg des Kreuzes. Eure Dornzweige blühen. Gott ist getreu.«

Langsam löst der Papst seine Rechte von der Hand des Lahmen und segnet ihn. Dann nimmt er die beiden Blätter, Bild und Gebet von den roten Dornen auf goldenem Grund ...

»Wir reisen noch heute!« befiehlt Papst Leo IX. Nur der Archidiakon Hildebrand zeigt keine Bestürzung.

»Heiligkeit, es wird eine Weile dauern, bis alles gerüstet ist«, jammert der päpstliche Geheimsekretär. »Der Tag ist schon fortgeschritten. Wir werden in der Dämmerung über den Gnadensee fahren müssen.«

Feiner Spott zeigt sich auf Leos Zügen. »Ach, und Ihr befürchtet, daß das Schifflein Petri auf dem Gnadensee kentern würde?« Mit plötzlichem Ernst fährt er fort: »Monsignore, wir reisen noch heute, weil der Tag fortgeschritten ist und die Nacht heraufsteigen will. Es ist hohe Zeit. Der Herr ruft Uns. Hier ist Unsere Arbeit getan. Wir müssen jede Stunde für Christus nutzen, die Er Uns noch läßt. Überall müssen aus den Dornzweigen Blüten brechen, überall, nicht nur auf der Augia.«

Das weiße Schiff des Papstes fährt über den Gnadensee. Wenige Mönche stehen am Ufer. Herr Leo hat sich jede Kundgebung verbeten. Hermann verfolgt vom Fenster seiner Zelle aus das ruhige Gleiten des Schiffes durch die silberne Flut. Bald wird der See rotgolden leuchten, wenn die Sonne im Westen versinkt ...

Berthold weilt bei ihm. Eben hat er ihm Grüße des Heiligen Vaters überbracht und ihm von einem Auftrag erzählt, den der Papst ihm gegeben hat.

»Schreibe die Vita Hermani auf, Berthold. Laß dir sein Leben erzählen. Dränge ihn aber nicht. Bitte ihn nur in meinem Namen, er möge dir so viel und so weit erzählen, wie er es mit der zarten Scheu, über sein Leiden zu sprechen, vereinbaren kann. Beginne bald, Berthold, bald ... wenn möglich heute schon. Ich werde dem Abt die entsprechende Weisung hinterlassen«, hat Herr Leo zu dem jungen Mönch gesagt. »Hermann darf nicht vergessen werden. Sein Leben macht durch seine Armut reich und durch seinen Reichtum arm. Sein Kreuz macht uns froher und seine Größe macht uns demütiger. Diese Gaben wollen wir vielen gönnen.«

Dem Meister hat Berthold nicht den genauen Wortlaut des Auftrages gesagt. Fast schüchtern hat er ihm die Bitte Leos vorgetragen, und nun wartet er auf die Antwort, gespannt und ein wenig besorgt, weil Hermann lange schweigt.

Wird der Vater zu ihm sprechen? Wird er ihm, seinem Schüler, Geheimnisse seines Lebens anvertrauen, die ein Abt Berno mit in die Ewigkeit genommen hat? Mit einem Male begreift der junge Mann, wieviel der Heilige Vater damit von dem Gelähmten verlangt. Könnte er das weiße Schiff zur Herrenbruck zurückholen! Kniefällig würde er Papst Leo IX. bitten, dem Vater und ihm den Auftrag zu erlassen. Er soll in das verborgene und stille Reich dieses Lebens eindringen, er, der als Knabe zu Füßen des Meisters das erste Latein gelernt hat; er, der unerfahrene Mönch, mit dessen Ungestüm der Vater immer wieder Nachsicht haben muß...

»Vater«, würgt er hervor. »Der Papst bat Euch nur. Es war kein Befehl. Wenn Ihr nicht wollt...«

Gerade ist das Schiff des Papstes am anderen Ufer gelandet. Hermann wendet den Blick vom Gnadensee ab. Erstaunen steht in seinen großen Augen, Erstaunen über die letzten Worte seines Getreuen.

»Aber – wer sagt dir denn, daß ich nicht will, dummer Bub?« weist er ihn liebreich zurecht.

»Ihr ... Ihr schwieget so lange.«

Der Gelähmte seufzt. »Verzeihe, mein Sohn! Ich ahnte nicht, daß du es eilig hast. Ich nahm Abschied von unserem Heiligen Vater. Natürlich werden wir seiner Bitte entsprechen, Berthold. Das ist für mich ein geringeres Opfer, als du vermuten magst. Warum sollte ich deiner Treue nicht mit meinem Vertrauen antworten? Mancherlei läßt sich wahrscheinlich gar nicht erzählen. Ich will versuchen, dir ein Bild meines Lebens zu zeichnen. Der Wunsch unseres Heiligen Vaters ist mir Begründung genug für unser gemeinsames Werk. Einer anderen bedarf es nicht. Zudem wüßte ich auch nicht, warum es sich lohnen sollte, mein Leben aufzuzeichnen.«

»Um die Erbarmungen unseres Herrn Jesus Christus zu preisen, mein Vater, die in Eurem Leben sichtbar werden.«

Eifrig stimmt der Sieche zu: »Ja, mein Sohn, ja! Nun hast du mich beschämt. Dank für diese Lehre. Wir wollen sogleich beginnen. Ich erzähle dir, als ob es sich um einen Dritten handeln würde. Das macht uns beiden die Sache leichter, nicht wahr? Du hörst mir zu und schreibst später auf, was dir des Aufschreibens wert zu sein scheint.

Wohin sollen wir uns zuerst begeben? Nach Altshausen? Nein, zum Gnadensee, zu meinem geliebten Gnadensee. Er war mir ein treuer Gefährte. Aber ich wäre ihm beinahe für immer untreu geworden. Du blickst erschrocken drein, Berthold? Auch das gab es in meinem Leben. Freiwillig trennte ich mich von der Reichenau.

Komm, wir gehen im Geiste miteinander zum Ufer des Gnadensees. Denke dir die Stimmung eines schönen Vorfrühlingstages aus. Es war ein Märztag im Jahre 1030 ...«

Der Lahme macht ein Kreuzzeichen. Dann legt er die Hände in den Schoß und beginnt zu erzählen, den Blick auf den friedlichen See gerichtet, der nunmehr rotgolden glänzt.

»Im März des Jahres 1030 ...«

Das Vöglein möchte fliegen

Wie mattes Perlmutt schimmert der Gnadensee. Braun stehen die spitzen Lanzen des Röhrichts gegen den blaßblauen Himmel. Sie erzittern dann und wann unter dem werbenden Streicheln einer weichen Vorfrühlingsbrise. Regungslos kauert ein Knabe im wintergelben Ufergras, den schmalen, gewölbten Rücken der

Abtei Maria von der Au zugewandt. Von dort haben ihn die Mitscholaren soeben heimlich ans Ufer getragen, weil ihnen sein Bitten und Betteln lästig geworden ist. Der Dillinger Vetter hat ihm ein paar kümmerliche Marienblümchen gebracht mit häßlich zerfranstem grauweißem Strahlenkranz um das schmutzig gelbe Krönchen. Aber da hat er ihr Mitleid gespürt, ihr Mitleid mit seiner jämmerlichen, verwachsenen Gestalt. Plötzlich hat er sie angeschrien: »Geht! Geht! Laßt mich allein!«

Mit nachsichtigem Achselzucken haben sich die Scholaren entfernt. Sie kennen seine jähen Ausbrüche und verübeln sie ihm nicht. Ein Siecher hat seine Launen, die man ihm verzeihen muß.

Jetzt ruft eine Glocke mit kurzen munteren Schlägen von der Abtei, der Gottesfeste im Bodensee mit ihren wehrhaften Mauern und Türmen. Der Knabe beachtet das Läuten nicht. Unruhig suchen seine großen Augen von einem seltsam leuchtenden Blau das andere Ufer zwischen den Halmen zu erspähen. Schade, sie haben ihn zu nah ans Röhricht gesetzt! Unkindlich hart spannt sich sein Mund. Seine mageren Hände umkrampfen einander. Mit lockendem Ruf streicht ein Vogel aus raschelndem Ried. Hermann von Altshausen sieht ihm nach. Der fliegt nach drüben, nach drüben, in die Freiheit ...

Drüben ... dort ist das Leben ... Städte und Dörfer, Ritter und Reisige, Kaufleute und Bauern, Männer und Frauen in bunten frohen Gewändern ... Leben. Er denkt an die einsame Zelle, die schweigenden Mönche, die in ihrem gesunden Übermut manchmal rauhen und gefühllosen Mitscholaren, an die Tage und Nächte qualvoller Schmerzen ... Er möchte nach drüben, davonfliegen, entfliehen. Vogelschwingen müßte er haben!

Wie ein Erwachender fährt er sich über die Stirne. Er sieht auf sein dunkles Scholarengewand und die schwachen, immer schmerzenden Füße. Mühsam läßt er sich auf die Seite fallen, weil er die kauernde Haltung nicht länger erträgt. Das Ufergras ist feucht und kühl. Herb duftet die Erde. Ein paar Schritte von ihm entfernt steht eine alte, knorrige Weide. Könnte er die erreichen, sich an ihren Ästen hochziehen und das andere Ufer ohne störendes Halmengewirr betrachten ... Aber wie soll er bis zu der Weide kommen? Ein paar Schritte nur auf dem langsam ansteigenden Uferrand ... Ein paar Schritte nur ... Er kann keinen einzigen Schritt tun. Er kann nicht einmal auf den Füßen stehen ohne einen besonderen Halt, ohne Krücken oder helfende Hände.

So liegt er im Ufergras und überläßt sich dumpf dem bitteren Gefühl seiner Ohnmacht. Doch die alte knorrige Weide und mehr noch der freie Blick nach drüben sind eine zu mächtige Versuchung. Ein paar Schritte nur ... Er widersteht nicht länger. Wer nicht gehen kann, muß kriechen. Den anderen Scholaren würde der Anblick gewiß Freude bereiten. Der Altshausener mit dem unheimlich klugen Kopf, der die lateinischen und mathematischen Formeln besser handhabt als mancher Bub seinen Löffel bei der Suppe, kriecht wie ein Wurm über die Erde. Hermann kriecht. Er schiebt sich mit Händen und Armen über Gras, Kies und Steine voran. Er gewinnt immer nur eine ganz geringe Spanne des Weges, dann ruht er keuchend mit dem Antlitz im Gras. Bei dem mühsamen Kriechen schürft er seine Hände auf, die er rücksichtslos in den Boden krallt, und beschmutzt sein dunkles Gewand mit Erde und zerdrücktem Gras.

Ein paar Schritte nur ... Wie weit sind sie für ihn. Dann hat er endlich die Weide erreicht, umklammert den borkigen Stamm und zieht sich näher und näher heran. So – und nun muß er höher hinauf. Er vergißt, daß er nicht beide Arme gleichzeitig lösen darf, fällt schwer und prallt mit der Stirne hart auf das knorrige Wurzelwerk. Der Schmerz reizt ihn zu einem neuen Versuch. Mit verbissenem Zorn müht er sich ab. Seine Rechte erreicht den untersten Ast. Er zerrt und zieht, bis die Linke einen anderen Ast ergreifen kann ... Und er vollendet das Begonnene mit fast übermenschlicher Anstrengung. Gestützt von den Ästen, gelingt es ihm nach mehrmaligen Versuchen sogar, seinen Körper zu wenden. Der Knabe steht aufrecht, zwei starke Äste unter den Achseln und starrt mit bitterem Triumph im beschmutzten, zerschundenen Antlitz zum anderen Ufer. Wahrlich, diesen Blick hat er sich teuer erkaufen müssen. Sein Triumph hat nichts mit echter Freude zu tun. Er fühlt sich matt und zerschlagen, hat heftige Schmerzen und zittert im stärker werdenden Wind.

Gegen Abend findet ihn Ekkehard, der Infirmar. Grimmig betrachtet er das seltsame Bild, den Knaben, der am Baume hängt. Unwillig löst er ihn aus den Ästen und nimmt den leichten Körper auf seine Arme wie ein kleines Kind. »Nichts als Last hat man mit dir!« grollt er auf dem Wege zur Abtei.
Hermann schweigt mit zusammengepreßten Lippen. Ekkehard bringt ihn zum Abt. Den Tadel fürchtet er nicht, aber ihn bangt vor der Begegnung mit Herrn Berno, weil er den Abt verehrt und liebt. Vor der Abtszelle stellt Ekkehard ihn auf den Boden, hält ihn unter den Armen und schiebt ihn wie ein Bündel in den Raum. Schamröte brennt auf den mageren Wangen des Lahmen. Ein Altshausener hat seinen Stolz, auch wenn er ein hilfloser Krüppel ist.
Mit sichtlichem Befremden nimmt Abt Berno das Bild in sich auf. Warum bringt Ekkehard ihm den zerschundenen, beschämten Scholaren? Er wendet sich an den Knaben und fragt ruhig: »Nun, Hermann, was hat das zu bedeuten?«
Der Gelähmte weicht seinem forschenden Blick aus und stößt hervor: »Ich habe veranlaßt, daß sie mich zum Ufer des Gnadensees gebracht haben, ohne bei Magister Burkhard eine Erlaubnis einzuholen.« Die Röte auf seinem Antlitz vertieft sich zu einem einzigen Flammen. Wird er in Gegenwart des Infirmars eingestehen müssen, daß er über die Erde gekrochen ist wie ein Wurm?
Herr Berno bemerkt seine Not. »Setze ihn in den Lehnstuhl, Ekkehard«, ordnet er an und gibt dem Enttäuschten einen Wink, er möge sich entfernen.
Hermann atmet auf. Der Trotz ist aus seinem zerschundenen Gesicht gewichen. Die aufgeschürften Hände nesteln unruhig an seinem Gewand.
»Und was hast du am Gnadensee getan, mein Sohn?«
Stockend berichtet der Scholar: »Zuerst saß ich am Ufer, aber das Röhricht verwehrte mir die freie Sicht. Sie hatten mich zu nah davor gesetzt. Da ... da ... kroch ... ich zu einer alten Weide ... und zog mich daran hoch. Dann konnte ich meine Stellung nicht mehr ändern, bis Bruder Ekkehard mich fand.«
Gütig schaut Herr Berno auf die zusammengesunkene Gestalt im

breiten Lehnstuhl. Eigentlich hat der arme Krüppel heute nachmittag eine große Leistung vollbracht. Würde er seinen außergewöhnlich starken Willen nur nicht immer wieder für solch sinnlos trotziges Tun einsetzen! Oder sollte mehr dahinterstecken als ein knabenhaftes Erproben, was der Wille dem siechen Körper abzuringen vermag?

Hermann wartet auf ein Wort des Abtes. Der Schmerz zwingt ihn, seine Schultern tiefer zu beugen. Gerne würde er dem Abt ein Wort der Abbitte sagen. Aber kann er dem Vater, seinem großen Wohltäter, den Schmerz zufügen, daß er ihm wahrheitsgemäß sagt: »Ich will fort, Vater Abt. Sie ward mir zu enge, die Abtei Maria auf der Augia, in die mich die Meinen als lahmes Kind von sieben Jahren gebracht. Ich ertrage sie nicht länger, auch nicht aus Dankbarkeit.«

Wenn ihm ein Mensch teuer ist auf dieser Erde außer seiner Frau Mutter, so ist es Abt Berno, sein geistlicher Vater, sein Lehrmeister, sein Führer und Freund. Stumm fleht er: »Helft mir, Vater! Helft! Sonst errietet Ihr stets meine Not.« Er beugt sich noch tiefer beim Ansturm der Schmerzen, als könne er sich in sie verkriechen.

»Hermann, zieht es dich am Ende fort von der Augia?« Der Abt hat sanft gefragt, doch der Knabe zuckt zusammen wie unter einem Schlag und starrt den Mönch aus angstgeweiteten Augen an. Lautlos bewegen sich seine Lippen.

»Möchtest du nach einem Jahrzehnt bei uns wieder heim nach Altshausen?«

»Nein, nein«, wehrt der Gelähmte hastig ab. Im Geiste sieht er das drohende Gesicht des Grafen Wolfrad, seines leiblichen Vaters. »Nicht heim, nicht heim, Vater Abt ... Ich möchte ...« Entmutigt hält er inne.

In den dunklen Augen des Herrn Berno wohnt verstehende Teilnahme, als er ruhig meint: »Aber du möchtest fort, nicht wahr?«

Ratlos hebt Hermann die mageren Hände. Die Geste ist von rührender Hilflosigkeit. »Ja, Vater Abt, ich möchte fort, und ich möchte zugleich bleiben. Ich liebe unsere Abtei, und ich möchte doch fort. Manchmal liebe und hasse ich sie zu gleicher Zeit. Ich weiß nicht, wie ich es benennen soll. Die Eingeschlossenheit, die Mauern, die Stille, das Schweigen und ... auch das Gebet und das Studium ... alles, alles kann mir so zuwider sein, daß ich einen wahren Ekel davor empfinde, und ich liebe es dennoch weiter ...«

Wieder hält der Bedrängte inne, verwirrt wie ein kleines Kind, das sich verlaufen hat. Abt Berno scheint nicht einmal erschrocken zu sein. Hat er dies kommen sehen?

»Was möchtest du denn, Kind? Du trägst ein bestimmtes Sehnen in dir.«

Da antwortet der Sieche. Er schreit beinahe. Hat die einfache Frage des geistlichen Vaters die letzten Dämme eingerissen? »Das Leben! Das Leben! Ich will nicht nur aus Büchern wissen, was das Leben ist. Ich will ihm begegnen. Der ärmste Fischer drunten am See ist reicher als ich, weil er lebt.«

Herr Berno blickt in das leidenschaftliche Gesicht des Gelähmten. Er könnte ihn zurechtweisen und ihn grober Undankbarkeit zeihen. Hat die berühmte Augia es nötig, einem behinderten Krüppel Heimstatt zu bieten? War es nicht ein großes Vorrecht, daß er überhaupt bleiben durfte, als Graf Wolfrad II. ihn im Jahre 1020 mit den Worten gebracht: »Zum Mönch mag er wohl noch taugen?« War nicht jahrelanges Mühen erforderlich, um den völlig Gelähmten so weit zu bringen, daß er wieder sprechen und seine Glieder in beschränktem Maße gebrauchen konnte? Der Abt könnte ihn darauf hinweisen, daß Burkhard, Tatto und er selbst sich seiner angenommen und seinen wachen Geist geschult hatten. Mehr noch – der Vater Abt könnte ihn an das zähe Ringen erinnern, das er um die Seele des Lahmen geführt, die sich in Einsamkeit und Verbitterung verkapseln wollte. Er könnte ihn der Undankbarkeit und fast des Verrates an ihm, dem geistlichen Vater, bezichtigen. Herr Berno tut nichts dergleichen. Er mahnt nicht und tröstet nicht. Er weist ihn nicht auf den großen Reichtum geistiger Gaben hin, den der Herr ihm verliehen hat.

Der Knabe stellt eine gerechte Forderung. Dieser vom Herrn ausgesonderte und zweifellos berufene junge Mensch muß erfahren, was Leben ist. Später würde seine Welt, daran glaubt der Abt auch jetzt, eine Klosterzelle sein. Dann mußten Herz und Blick weit bleiben für die Welt und für das Leben.

»Ein Mensch wie Hermann von Altshausen soll der Kirche und der Welt mehr geben als diese oder jene wissenschaftliche Abhandlung. Nein, er darf nicht werden wie mancher Mönch, der im engen Radius um sich kreist, den Blick gebannt auf das Eigene geheftet, auf sein Arbeiten, sein Beten, seine Aszese, seine oft so kleinen Beschwerden und Schwierigkeiten, ohne noch um das Ganze zu wissen. Durch sein Siechtum ist Hermann dieser Gefahr mehr ausgesetzt, wirft ihn die Lähmung doch immer wieder auf sich selbst zurück. Die Fessel ist oft eng. Darum muß seine Seele weit werden, ganz weit und frei für andere, für Christus. Ich wage es. Er soll hinaus in die Welt.«

Herr Berno sagt nach längerem Schweigen fast heiter: »Unser Vöglein möchte fliegen.«

Überrascht hebt Hermann den Kopf, der sich während der langen Stille tiefer und tiefer gesenkt hatte. Aufs neue steigt Röte in seine Wangen. Treibt Herr Berno Scherz mit dem Elend eines Krüppels? Ein solches Entsetzen spricht aus seinen Augen, daß der Mönch hastig fortfährt: »Hermann, das Kleid unseres Ordens soll nur der tragen, der von ganzem Herzen danach verlangt. Du weißt, was ich in der entscheidenden Stunde zu den Novizen sage, wenn ich ihnen die Regula weise: ›Siehe, das ist das Gesetz, unter dem du fortan Kriegsdienst leisten sollst. Wenn du es bewahren kannst, tritt ein. Wenn du es nicht kannst, gehe frei dahin.‹«

Bitter murmelt der Knabe: »Habe ich eine Wahl? Zu was wäre ein Krüppel draußen nütze? Der Vogel im Ried, der Wurm . . .« Er stockt bei dem Wort und wiederholt es dann nachdrücklich, indem er an seine Kriecherei zur Uferweide denkt: »Ja, der Wurm, der sich von Erde nährt; sie sind freier als ich, denn ich bin gebunden durch die Pein meiner Glieder. Gibt es für mich eine Wahl, zumal meine Eltern mich der Abtei als Gottesgabe überantwortet haben?«

»Von der Verpflichtung der Oblation entbinde ich dich, Hermann. Gott will das freie Ja des freien Herzens. Du warest viel zu jung, um dich zu entscheiden ... Inzwischen habe ich weiter darüber nachgedacht, wie wir es einrichten können, daß du die Welt kennen lernst. Die Lösung ist mir, glaube ich, auch bereits eingefallen. Wie du weißt, komme ich aus dem Land westlich des Rheins und war Mönch zu Prüm, ehe mich der Wille des Kaisers als Abt zur Augia geführt. In der alten Kaiserstadt Aachen wohnen Verwandte von mir, mein Vetter Arnulph von Rahnwyl und seine Gattin, die edle Frau Veronika. Bei ihnen hast du Umgang mit der höfischen Welt, mit Gelehrten, Predigern, Klerikern und Domherren. Du wirst nun einwenden, du könnest dir fremden Leuten nicht zur Last fallen. Für Frau Veronika bedeutest du eher einen Trost in ihrem Leid um ihren kürzlich verstorbenen Sohn und Erben. Herr Arnulph wird dir helfen, weiter in das Reich des Geistes einzudringen. Er ist ein selten feingebildeter Mann. Um dir jedes Gefühl der Abhängigkeit zu nehmen, gibt die Abtei den Ertrag des Fronhofes zu Isny für deinen Unterhalt in Aachen. Deine Frau Mutter wird für deine Betreuung gewiß einen eurer Diener aus Altshausen schicken. Das schwefelhaltige Wasser der berühmten heißen Quellen zu Aachen wirkt vielleicht heilkräftig auf deinen Körper ein.« In Gedanken fügt der Abt hinzu: »Und die bitteren Tränen des Heimwehs nach der Reichenau heilkräftig auf deine Seele.«

Staunend hat Hermann die ruhige Entwicklung des Planes verfolgt. Eine Fülle neuer Möglichkeiten eröffnet sich ihm, dem Krüppel, der eben noch über die Erde gekrochen ist wie ein Wurm, um wenigstens einen freien Blick nach drüben zu haben. Ungläubig forscht er in den vertrauten Zügen: »Ihr wollt mich wirklich nach Aachen senden, Vater Abt?«

Herr Berno legt ihm die Hand auf die Schulter. »Ja, Hermann, ich sende dich hinaus in die Welt, in das Leben, das kräftig sich regt in der alten Kaiserstadt. Du sollst frei wählen, ganz frei entscheiden, ob draußen deine Heimat sein soll oder bei Unserer Lieben Frau auf der Augia und ...« Unwillkürlich umfaßt Herr Berno sein Kreuz. »Und am Kreuze unseres Herrn Jesus Christus.«

Der Gelähmte hat die letzten Worte nicht aufgenommen. Wogen

der Dankbarkeit, der Erwartung wollen ihn überfluten. Da fällt ihm ein, daß er gutzumachen hat. Angesichts der Großmut des geistlichen Vaters schämt er sich seines kindischen Trotzes und Ungehorsams.

»Herr und Vater Abt, darf ich Euch um Vergebung bitten, weil ich heute nachmittag eigenmächtig gehandelt habe und auch andere Scholaren veranlaßte, wider den Gehorsam zu fehlen?«

»Die Vergebung sei dir gewährt ... dir und den anderen. Die Buße hast du dir bereitet.«

›Welche Buße?‹ denkt Hermann verwundert und erleichtert. Abt Berno erhebt sich, geht in ein Nebengemach und kommt mit einigen Tüchern zurück. »Gib mir deine Hände!«

Gehorsam streckt der Sieche die Hände aus, ohne zu begreifen, was der Vater von ihm will.

»Umwenden!« ordnet Herr Berno an.

Die zerschrundenen und nicht eben sauberen Handflächen bieten sich dar. Der Abt legt sie auf seine Knie und reinigt sie sorgsam von Schmutz und Blut. Bei diesem demütigen Dienst des Abtes ist es Hermann zumute wie dem Apostel Petrus am Gründonnerstag. Wie jener möchte er ausrufen: »Herr, in Ewigkeit sollst du mich nicht waschen!« Jetzt versteht er, was Herr Berno mit der selbstbereiteten Buße gemeint hat.

Mit sachlicher Gründlichkeit nimmt sich der Abt auch das Antlitz des Gelähmten und sogar sein Gewand vor. Der Sieche duldet die Hilfe mit brennender Scham und Not, aber er ist zugleich dankbar, denn eine solche Buße kann nur ein Vater ersinnen.

»So, Hermann, und nun komm mit zu Unserer Lieben Frau ...«

Mit Hilfe eines anderen Mönchs bringt ihn der Abt durch den Kreuzgang zum Münster. Sie tragen ihn zum steinernen Bilde der Gottesmutter.

Lange verweilt der Sieche in innerem Schweigen. Müßte es nicht jubeln in seiner Seele? Er darf hinaus in die Welt. Draußen wartet das Leben, nach dem er sich gesehnt, seit ihn die furchtbare Krankheit befiel. Lange wußte er nicht zu benennen, was als unstillbares Weh in seinem Herzen gebrannt, bis es immer deutlicher wurde – eine fordernde Stimme. Und nun muß er ihr folgen. Er

will es Maria sagen, der Herrin der Augia, seiner geliebten himmlischen Mutter.
»Mutter, liebste Mutter Maria, ich darf . . .«, beginnt er, aber er fährt nicht fort. Ob sie gutheißt, daß er die ihr geweihte Stätte verläßt?
»Mutter, ich kann nicht anders. Nicht wahr, du verstehst mich?«
Als habe er die glückliche Lösung gefunden, die der Mutter zur Freude gereicht, betet er: »Mutter, ich gehe, weil ich gehen muß. Hilf du mir, daß ich wieder heimkehre.«
Irgendwie dringt der Gesang der Mönche in sein Bewußtsein. Sie singen die Komplet. »Te lucis ante terminum . . .« Der Sieche stimmt mit ein. Er ahnt nicht, daß der weite Weg seiner Heimkehr zur Reichenau bereits begonnen hat.

3 UMWEG

Öl im Kruge

Langsam hebt der Mann seine Hände aus der Schale. Seine Bewegung verrät ein deutliches Zögern. Glasklare Wassertropfen perlen über die glatte braune Haut, rinnen über die kurzen Finger, gleiten über die spitz zulaufenden Fingerkuppen und fallen in die Schale zurück. Jeder Tropfen, der unten aufschlägt, verursacht einen neuen Kreis aus der Wasserfläche, und so zittert dort ein verwirrendes Ineinander von kleinen Kreisen.
Hat der griechische Arzt, Magister Theophilos, den Bürgern der Kaiserstadt Aachen ist er nur unter seinem Beinamen Cheirisophos bekannt, nichts Wichtigeres zu tun, als müßig dem Spiel der Wassertropfen zuzuschauen?
Sein weicher roter Mund ist unwillig verzogen; seine dichten dunklen Brauen sind zusammengefaltet. Mit jäher Ungeduld schüttelt er die letzten Tropfen von seinen Händen und trocknet sie mit dem weißen Linnentuch. Raschen Fußes durchmißt er das große Wohngemach mit der schweren Balkendecke. Er bewegt sich mit lautlosen Schritten, geschmeidig und gewandt. Seine kleine, zierliche Gestalt wirkt seltsam schmächtig in dem reich und streng ausgestatteten Raume. Die wuchtigen Tische und Stühle, Schränke und Truhen aus dunklem Eichenholz sind für ihn von erdrückender Mächtigkeit. Ein Fremdling schleicht leise durch das Gemach im Hause des Edlen von Rahnwyl zu Aachen. Ein Geräusch aus dem Nebenzimmer läßt ihn aufhorchen und stehen bleiben. Unruhig streicht seine Rechte über das glänzende schwarze Haar. Kommen sie schon? Ungeduldig stöhnt er auf.
Was soll er dem jungen Menschen als abschließendes Ergebnis

seiner Untersuchung mitteilen? Was? Bitte, was? Soll er ihm die Wahrheit sagen, die ganze, die volle, die furchtbare Wahrheit? Soll er sie mitten in das neu aufgekeimte Hoffen schleudern? Soll er für den unheimlich starken Lebenshunger des Siechen nur die eine Antwort haben: »Ihr seid und bleibt ein Krüppel?«

Magister Cheirisophos nimmt seine Wanderung wieder auf. Ohne zu beachten, was er tut, umrundet er den Eichentisch, immer wieder, immer wieder. Hat er nicht schon damit begonnen, den Gelähmten zu täuschen? Beim Anblick der armen, abgezehrten Glieder hat er sein Erschrecken hinter nichtssagenden unverbindlichen Worten verborgen, und seine freundliche Miene hat nichts von dem Entsetzen verraten, das ihn angesichts dieser Jammergestalt befallen hat.

Und dabei ist es ihm zumute gewesen, als habe ihm der Diener mit unsagbar behutsamen Bewegungen, die bei dem grobknochigen Riesen beinahe erheiternd wirkten, den Leib eines Verstorbenen enthüllt. Dieser Leib war von einer durchscheinenden Transparenz, geradezu ein unkörperlicher Körper – und doch durch sein Gebrechen der Erde verhaftet. Seine Blässe erinnerte an das Wachs edler Kerzen.

Aber wieviel Leben sprach, nein, sprühte aus den Augen, aus den blauen, klugen und unheimlich wachsamen Augen. Mit gespannter Aufmerksamkeit waren sie seinen Bewegungen gefolgt, als er vorsichtig die schmalen Gelenke untersuchte und die Muskelstränge abtastete. In diesem forschenden, durchdringenden Blick hatten Mißtrauen und Hoffnung um die Vorherrschaft gestritten, und zutiefst hatte eine entsetzliche Angst gelauert, eine grauenhafte Furcht vor einem vernichtenden Urteil des Arztes.

Cheirisophos seufzt, tritt zum Fenster und starrt blicklos auf die schmale, schmutzige Straße. »Ja – und da habe ich eben Theater gespielt wie ein Gaukler und Scharlatan, habe das getan, was ich bei meinen Zunftgenossen immer zutiefst verachtete. Ich habe Worte fallen lassen, die in dem armen Menschen Hoffnung hervorrufen mußten, kurze Bemerkungen, scheinbar zu mir selbst gesprochen. ›Ah . . . das geht ja noch. Besser, als ich dachte . . .‹ Und die Angst ist aus den Augen mehr und mehr gewichen. Dabei hätte ich ihm sagen müssen: ›Lieber Freund, gebt Euch gar keiner Hoffnung hin. Seht, die steifen Gelenke, seit Jahren verhärtet, die erstorbene Muskulatur der Beine, die starke Wölbung des Rückgrates – so etwas kann sich nicht mehr geben. Zudem weiß ich Eure Krankheit nicht einmal recht zu benennen, wenn wir Ärzte sie auch mit dem Sammelnamen Gicht belegen und fromme Weise gar von dem Wirken der Dämonen reden mögen. Ihr seid und bleibt ein Krüppel. Im günstigsten Falle, das hoffe ich Euch mit ziemlicher Sicherheit versprechen zu können, gibt es für Euch einige Linderung der Schmerzen, mehr nicht. Ihr lernt das Leben nur vom Tragsessel oder vom Rollstuhl aus kennen. Ihr bleibt ein Zuschauer und werdet nie ein Mitspieler. Findet Euch damit ab.‹ Warum hatte und habe ich dazu nicht den Mut? Warum bin ich zu feige, um diese entschiedene und ehrliche Aussage zu machen? Ach, die Alten bei uns in Sparta taten gut daran, einen solchen Menschen gar nicht aufzuziehen. Sie löschten ein sinnloses Dasein rechtzeitig und möglichst schmerzlos aus. Sinnlos? Ja, es ist sinnlos! Was könnte dem Leben eines ständig von Schmerzen gequälten Krüppels einen Sinn geben? Kann man in diesem Falle überhaupt von Leben sprechen? Wäre es nicht menschlicher, dieses Dasein einfach auszulöschen? Wäre die Nacht des Todes für einen solchen Menschen nicht die größte Barmherzigkeit, die man ihm erweisen könnte?«

Der Arzt spürt, daß dieser Gedanke zur lockenden Versuchung wird. Soll er dem anderen auf diese Weise helfen? Er denkt an ein gewisses weißes Pulver, das rasch und fast schmerzlos wirkt. Soll er dem Siechen diese »Barmherzigkeit« erweisen? Wieder nimmt er seinen Rundgang um den Eichentisch auf, die Hände auf dem Rücken verschränkt, als müsse eine die andere festhalten, um sie vor unklugem Tun zu bewahren.

Denn er vernimmt auch eine andere Stimme in seinem Innern, eine Stimme, die wider sein natürliches Fühlen, wider sein gesundes Heidentum, dem erbärmlichen Dasein des Altshausener Grafensohnes einen Wert zugesteht. Und dieser Lahme will leben, mehr leben als der Arzt, den das Leben irgendwie langweilt in seinem schalen Einerlei. Cheirisophos versteht sich selbst nicht mehr. Warum setzt ihm dieser Fall viel mehr zu als die alltäglichen Fälle unter seinen vielen Patienten? Er hat sich im allgemeinen längst daran gewöhnt, die Kranken mit unpersönlicher Liebenswürdigkeit und ohne innere Anteilnahme zu behandeln. Manches Mal kann er bei langen Schilderungen der ausgestandenen Leiden nur mühsam ein Gähnen unterdrücken. Dieser Krüppel, der nicht klagt, beunruhigt ihn.

Eben trägt Walter, der Diener, den Gelähmten ins Wohngemach. Der breitschulterige Bauernsohn aus Schwaben hält die leichte, gekrümmte Gestalt auf den Armen wie eine Mutter ihr Kind. Mit ungelenker Sorgfalt setzt er Hermann in die weichen Kissen des Lehnstuhles. Nun verhüllt wieder das dunkle Gewand den gemarterten Leib. Nur das hagere Gesicht mit der hohen Stirne unter dem Blondhaar und die schmalen Hände sind hüllenlos. Die großen Augen sind noch beherrschender und unausweichlicher. Eine zwingende Kraft geht von ihnen aus. Fast spöttisch lautet die Frage des Siechen:

»Sagt, Magister Cheirisophos, behandelt mich mein guter Walter nicht allzu vorsichtig? Er geht mit mir um, als ob ich ein kostbares Gefäß wäre, das er nicht zerbrechen möchte.«

Zerbrechliches und kostbares Gefäß? Bei diesen Worten zuckt der Arzt unwillkürlich zusammen. Erinnert der gezeichnete Leib nicht wirklich an eines jener zerbrechlichen Gefäße aus Alabaster, aus durchschimmerndem, geädertem Alabaster, wie er sie von Korinth her kennt? Daheim besaßen sie Alabasterkrüge mit kostbarem Inhalt, für den Knaben geheimnisvoll verschlossen, und Alabasterschalen mit schwimmendem Öllicht. Ein eigenartiger Vergleich ...

»Bitte, setzt Euch, Magister«, fordert der Gelähmte mit einladender Geste auf. »Setzt Euch zu mir und verkündet mir Euer gestrenges Urteil.«

Die blauen Augen forschen und fragen. Auch der Bauernbursche hinter dem Lehnstuhl starrt den Arzt an, als ob er ihn warnen und seinen Herrn beschützen wolle.

»Vor meinen Lügen«, denkt der Magister Cheirisophos bitter. Soll er ... kann er die Wahrheit sagen? Er zögert und nimmt die Unterlippe zwischen die Zähne. Die Hand des Lahmen nähert sich; die zitternde, gekrümmte Hand bittet um eine Antwort. Da lächelt er das zuversichtliche und beruhigende Lächeln des erfahrenen und überlegenen Heilkundigen. Hat er nicht der Natur ihre Gesetze abgelauscht, und ist er nicht fähig, sie zu verbessern? Darf er sich nicht solches zutrauen, auch wenn die Aussichten sehr gering sind? Gibt es nicht oft eine überraschende und unvorhergesehene Wendung in einem Krankheitsverlauf?

»Mein Urteil?« Seine Stimme klingt mild und geschmeidig wie die Stimme einer Frau. »Nun, Ihr habt gut daran getan, daß Ihr nach Aachen kamet, Graf Hermann. Ich verspreche mir viel, recht viel für Euch von täglichen Bädern in den heißen Schwefelquellen. Nach dem Baden wollen wir regelmäßig Eure Muskeln und Gelenke massieren.«

Unerträglich diese Spannung in den blauen Augen! Durchschaut der Altshausener seine Gaukelei? Spürt er den ziemlich plumpen Beruhigungsversuch?

Mit brüchiger Stimme fragt der Sieche: »Ihr versprechet Euch viel, Magister? Aber . . . was nennet Ihr viel?«

Beteuernd legt der Arzt die schönen Hände auf die Brust: »Eure Schmerzen werden nachlassen . . .«

Hermann macht eine geringschätzige Bewegung, als sei das unwesentlich. »Und was ist sonst noch zu erreichen?«

Mit geheimem Ekel vor sich selbst stößt der griechische Magister hervor: »Auf die Dauer werden Eure Glieder zweifellos eine größere Beweglichkeit erlangen. Das nimmt viel Zeit in Anspruch. Ihr müßt Geduld haben, denn der Genesungsprozeß kann sich nur ganz langsam vollziehen. Ein Jahrzehnt lang waren Eure Gelenke versteift. Die Beinmuskulatur ist völlig erschlafft. Mit einer raschen Genesung könnt Ihr auf keinen Fall rechnen. Wir wollen gleich morgen mit der Behandlung beginnen.«

Rasch erhebt sich der Arzt, um die unangenehme Unterredung zu beenden. Er möchte fort aus dem Bannkreis seiner freundlichen Lügen und aus dem Blickfeld dieser durchdringenden Augen.

Ehe er entfliehen kann, erreicht ihn die heisere Stimme des Gelähmten. Sie überschlägt sich vor Erregung. »Werde . . . werde . . . ich gehen . . . wieder gehen lernen?« Zitternd, mit keuchendem

Atem erwartet Hermann von Altshausen die Antwort, die gekrümmten Hände in sein Gewand gekrallt.
Am liebsten würde Cheirisophos losschreien: »Nein, Ihr Narr, nein! Bin ich ein Zauberkünstler? Kann ich Wunder wirken?« Aber er weicht geschickt in eine Gegenfrage aus. »Warum sollte das nach längerer Behandlung nicht möglich sein, Graf Hermann? Freilich, Ihr müßt mich beharrlich unterstützen und unermüdlich üben. Dann werden wir es mit vereinten Kräften schaffen. Seht her, Ihr müßt auch mit den Händen üben, immer wieder üben, damit die Kraft in die Muskeln zurückkehrt und die Gelenke wieder beweglich werden.«
Der Arzt legt seine Rechte gekrümmt auf die Tischplatte wie die Hand des Lahmen. Seine Linke drückt sie nieder, auf und nieder, auf und nieder, auf und nieder . . .
Aufmerksam verfolgt Hermann sein Tun. Wie einfach sieht das aus!
»Und nun entschuldigt mich für heute. Andere Patienten warten auf mich.« Mit einer hastigen Verneigung verläßt Magister Cheirisophos den Raum.
Hermann sitzt wie ein Verzauberter da. Er hat den Worten des Arztes nur eines entnommen . . . »Ich werde wieder gehen lernen«, murmelt er ein über das andere Mal. »Gehen! Dann, ja, dann wird das Leben beginnen. Ich werde wieder gehen können . . .«
Und es ist ihm zumute, als spüre er schon die feste Erde, die knirschenden Steine und das weiche Gras unter seinen Füßen wie vor mehr als einem Jahrzehnt.
»Ich werde wieder gehen können«, lallt er, trunken vor Freude. »Ich werde nicht mehr auf fremde Hilfe angewiesen sein . . . wieder gehen, wieder gehen . . .«
Er bemerkt nicht, daß Walter diesen Freudenausbruch mit einem zornigen Aufstöhnen beantwortet. Der Diener greift ungeschickt nach dem Waschbecken des Arztes. Wasser schwappt über. Ein feiner Lügner, dieser Cheirisophos!
Das einfältige, gerade Gemüt des jungen Bauernsohnes hat das Unwahre seiner Worte gespürt und leidet um den Betrogenen, ohne seine Empfindungen ausdrücken zu können. Finster putzt er

die Wasserlache auf, derweil sein Herr in stammelnder Freude wiederholt:
»Ich werde gehen können ... gehen. Dann wird das Leben beginnen ...«
Arnulph von Rahnwyl tritt ein. Der alte Edelmann bleibt im Türrahmen stehen und lauscht bedrückt dem Gemurmel des Siechen. Er sieht seine Rechte auf der Tischplatte und die Linke, die sich unablässig bemüht, die gekrümmten Finger nach unten zu drükken, unermüdlich und vergeblich. Der harte Bogen der Rechten bleibt gespannt.
Herr Arnulph nickt dem Diener zu und wundert sich flüchtig über dessen finsteres, gerötetes Gesicht. Dann tritt er zum Lehnstuhl.
»Hermann?«
Freudig hebt der Gelähmte seine Augen zum greisen Gastgeber empor. »Ihr, Herr Arnulph? Wißt Ihr es schon?«
Wie strahlend und überwältigend leuchtet die Freude aus diesen Augen; wie jubelnd schwingt sie in dieser Stimme mit!
»Ich werde wieder gehen können. Denkt nur ... nach zehn Jahren, nach zehn langen Jahren. Der Arzt sagte es mir eben.«
Betroffen schweigt der Greis und setzt sich zu seinem Gast. Walter verläßt den Raum. Hermann ist unfähig, den Jubel in seinem Innern zu bemeistern. Freudentränen rinnen über seine hageren Wangen.
»Was das für mich bedeutet, kann wohl nur der nachempfinden, der das gleiche Los erlitt. Seit mehr als einem Jahrzehnt habe ich nie mehr recht auf den Füßen stehen und keinen einzigen Schritt tun können. Immer war ich auf fremde Hilfe angewiesen; immer mußte ich darauf warten und darum bitten. Und sie wurde nicht immer willig und gerne gegeben. Wie oft habe ich mich meiner Hilflosigkeit geschämt! Wie oft habe ich geweint ob meiner furchtbaren Armut. Nun werden sich meine Fesseln lösen ... Herr Arnulph, könnt Ihr Euch meine Freude vorstellen?«
Ernst nickt der weißbärtige Mann. »Ich kann mir vorstellen, was diese Hoffnung für Euch bedeuten mag, Hermann, aber seid Ihr nicht gar zu ...«

Der Gelähmte unterbricht ihn, ohne es zu bemerken. »Mir ist zumute, als sei ich aus finsterem Grabe zu neuem Leben erwacht. So muß Lazarus empfunden haben, als der Herr rief: ›Lazarus, komm heraus!‹ – und als Er ihn dem Leben zurückschenkte, dem Leben.« Andächtig spricht Hermann das Wort ›Leben‹ aus. All seine Hoffnung, all seine Erwartung, all seine Freude legt er in dieses eine kurze Wort.

Er sieht nicht die Anzeichen von Trauer und Verstörtheit im Antlitz seines Gastgebers. Arnulph ist gekommen, um ihm die Hoffnung wieder zu nehmen, die Magister Cheirisophos fälschlich in ihm erweckt hat. Der Grieche hat dem Hausherrn eingestanden, daß er zu feige gewesen ist, um dem Siechen die Wahrheit zu sagen.

»Ich habe wie ein Betrüger gehandelt. Hermann von Altshausen bleibt ein Krüppel.«

Aber nun verschließt die Glückseligkeit des jungen Menschen dem Edelmann den Mund. Er kann es einfach nicht übers Herz bringen, ihn in die tiefe Nacht der Hoffnungslosigkeit zu stürzen, nachdem die Freude so strahlend und übermächtig hervorgebrochen ist und die Erwartungen einen solchen Höhenflug gewagt haben.

Vielleicht bringt er es ihm besser langsam, nach und nach bei. Jetzt ist gewiß nicht der rechte Augenblick dafür. Und wenn Hermann die heißen Quellen aufsucht, könnte es unter Umständen wider Erwarten besser mit ihm werden. Wenn nicht – nun, dann ist immer noch Zeit, um einzugreifen. So verteidigt Herr Arnulph sein Schweigen vor sich selbst; aber ein deutliches Schuldgefühl verrät ihm, daß er nicht an eine Besserung glaubt. Darum geht er mit geheimer Verlegenheit auf ein anderes Thema über.

»Hermann, Ihr wolltet gerne meine Bücher und Schriften sehen? Mit der reichen Bibliothek der Augia dürft Ihr meine bescheidene Sammlung nicht vergleichen; doch ich bin recht stolz darauf. Möchtet Ihr meine kleine ›Schatzkammer‹ besichtigen?«

Begeistert folgt der Gelähmte der freundlichen Einladung. Walter trägt ihn in die Bücherkammer, wie Herr Arnulph den holzgetäfelten Raum nennt. Er legt dem Siechen seine Schätze einzeln vor und freut sich, wenn die gekrümmten Finger ein Buch mit verstohlener Zärtlichkeit streicheln. Wie innig vertraut ist diesem jungen Menschen die Wunderwelt des Geistes!

Ein Pergament reicht Herr von Rahnwyl seinem Gast mit betonter Feierlichkeit. Das wird ihm die größte Freude bereiten.

»Abt Berno schrieb uns dies ...«

Abt Berno ... Jäh wechselt der Ausdruck des schmalen Gesichtes, der blauen Augen. Das Leuchten der Freude erstirbt, verlöscht so unmittelbar wie eine Kerzenflamme im Sturmwind. Abt Berno ... Eine Maske scheint gefallen. Was sich dem Greis nun im Antlitz des Lahmen regungslos darbietet, ist nackter Schmerz, Einsamkeit, Heimweh. Abt Berno ... Die zitternde Hand findet keine Gebärde scheuer Zärtlichkeit für das schöngeschriebene, mit feiner Initiale verzierte Pergament. Sie ist nicht mehr das Instrument innerer Freude. Kraftlos liegt sie auf dem gelben Blatt, als wäre sie ausgeliefert an Leid und Weh.

»Abt Berno schrieb uns dies ...«

Zweimal muß Herr Arnulph fragen, ob Hermann einige Schriften zum Studium mitnehmen wolle. Gedankenlos bezeichnet der Sieche dieses oder jenes Buch, und er weiß nicht, daß er auch auf das Pergament des Herrn Berno zeigt. So findet er es später auf seinem Tische wieder. Er schreckt zurück, dann liest er den Satz, der mit der Initiale L beginnt. Durch zartes Rankenwerk schwebt eine Taube nieder.

»Liebe ist das Lebensprinzip der Allerheiligsten Dreifaltigkeit ...«

Er starrt auf die Taube, er starrt auf die Buchstaben. Er liest die Worte, ohne ihren Sinn zu begreifen. Wie ein Blinder sitzt er vor dem Schriftstück und kann sich der auf ihn einstürmenden Gefühle nicht erwehren.

»Abt Berno schrieb uns dies ...«

Leben? Gehen lernen? Gibt es so etwas überhaupt? Warum ist er hier? Alles, was er in Aachen erlebt und erfahren hat, erscheint ihm sinnlos, ferne und unwirklich.

Die Reichenau, Abt Berno, sie haben wieder Macht und Wirklichkeit. Fast vermeint er, den Gnadensee leuchten zu sehen und das Rauschen der Wellen zu hören, die an die kiesigen Ufer rollen . . .

Rein und mild atmet sich die Luft auf der Augia . . . Wie gut konnte er beten in der weiten Halle des Münsters! Alles ist ihm dort vertraut, Heimat, nach der ihn ein wildes Weh ergreift . . .

Heimat . . .

Abt Berno . . .

»War ich ein Narr, daß ich nach Aachen gereist bin? Was will ich eigentlich hier? Warum habe ich die Heimat, die Abtei, die Geborgenheit verlassen? Warum floh ich Abt Bernos väterliche Leitung? Warum?«

Er versteht sich nicht mehr.

»Liebe ist das Lebensprinzip der Allerheiligsten Dreifaltigkeit . . .« liest er erneut. Soll er heimkehren zur Augia . . . heim?

Da sieht er die gekrümmte Rechte auf der Tischplatte. Heimkehren? Nein, er will leben. »Liebe ist . . .« Nein, er soll üben, immer wieder üben.

Heimkehren? Nein, gehen lernen, leben . . . leben. Seine Linke legt sich auf die Rechte und bemüht sich, den harten Bogen niederzudrücken. Üben! Üben!

»Liebe . . .«

Nein, üben! Üben! Er schiebt das Pergament des Herrn Berno auf die Seite. Er kehrt nicht heim. Er bleibt in Aachen. Er will leben.

Sie tragen ihn durch die sonnenhellen Straßen der Stadt Aachen. Eigentlich ist er todmüde nach dem Bad in den heißen Quellen und der Behandlung. Die widerlichen Schwefeldämpfe verursachen ihm stets Übelkeit. Aber er hält die Augen weit offen und nimmt das Bild der Straßen fast gierig in sich auf, obwohl er es nun schon monatelang sieht.

Da kommen Wagen aus Flandern mit Getreide, Wagen vom Rhein und aus Burgund mit Fässern voll Wein, Wagen aus fernem Welschland mit Gewürzen und Stoffen. Fuhrleute im blauen Kittel pfeifen, fluchen und schwingen die Peitschen. Vornehme Reiter in farbenprächtigen Gewändern sprengen vorbei und stolze

Ritter in glänzender Rüstung. Gelassen schreiten dunkelgewandete Priester und Mönche durch die bunte Menge. Frauen und Mägdlein wandeln züchtig einher und halten verstohlen Ausschau nach den würdigen Männern und jungen Burschen. Kinder tollen und schreien, laufen und lachen. Für den Gelähmten in seinem Tragsessel ist alles Musik – Rufen und Lachen, Schreien und Pfeifen – alles eint sich für ihn zu einer starken und mitreißenden Melodie. Sie ist nicht immer schön und harmonisch, aber gewaltig und berauschend – Leben.

Ein Blick aus erschrockenen Frauenaugen gleitet über ihn hin, und er vernimmt die Worte: »Der arme Mann in der Sänfte!«

Hermann gesteht sich nicht ein, daß der Blick Erschrecken und die Worte Mitleid verrieten, Mitleid mit seiner verwachsenen Gestalt. Gewiß galt der fremde Blick nur seinem weiten dunklen Gewand. Ein Mönch in der Sänfte, das hat die Frau befremdet . . .

»Sie sollen mich nicht länger für einen Mönch halten!«

Ein Gefühl der Beschämung beschleicht ihn. Belügt er sich am Ende selbst?

»Nein, ich bin kein Mönch. Ich bin nie einer gewesen. Mein Herr Vater hat sich geirrt. Ich tauge nicht zum Mönch.«

Aber das innere Unbehagen läßt sich nicht vertreiben. Gerade darum befiehlt er barsch: »Zum Tuchhändler, Walter!«

Verwundert dreht sich der Diener nach ihm um. »Herr, gleich beginnt die Vesper im Dom.«

»Hast du mich nicht verstanden? Ich sagte: zum Tuchladen!« antwortet der Sieche gereizt.

Vom Dom her läuten die Vesperglocken, laut und mächtig. Sonst freute er sich an ihrem schwingenden Klang, der ein erhabenes Gotteslob ist. Rufen sie heute nicht seinen Namen, den Namen des Verräters?

»Ach, Unsinn! Ich bin und werde kein Mönch.«

Die Glocken läuten und läuten. Sie sollen schweigen! Er muß sie hören, bis er beim Tuchhändler ist, und die Sänfte im kühlen Gewölbe steht.

Meisterhaft verbirgt der stattliche Kaufherr sein Erstaunen über

die verkrüppelte Gestalt seines Käufers. Mit kundigem Blick hat er sogleich erfaßt, daß es sich bei diesem jungen Siechen um einen Menschen edler Abkunft handelt. »Ihr wünschet, Herr?«
»Tuch für ein Gewand oder zwei«, erwidert Hermann unsicher und gerade darum unhöflich kurz.
Auf einen Wink des Kaufmannes bringt sein Gehilfe Tuche herbei – Linnen und Wolle, feines und grobes Gespinst in schneeigem Weiß, blutendem Rot, lichtem und tiefem Blau, sattem Grün, fröhlichem Gelb, herbstlichem Braun und mancherlei Schattierungen. Mit fast trunkener Freude tauchen die Augen des Gelähmten in das Meer der Farben, jene Augen, die ein Jahrzehnt lang nur das gleichförmige Schwarz der Kutten und die milden Farben der Bodenseelandschaft geschaut; jene Augen, die nach Schönheit hungern, für die sie so empfänglich sind.
Hermann erlebt einen wahren Rausch beim Anblick der vielen Farben. Ist nicht jede Farbe wie ein Ton, der im Herzen nachhallt? Jede Farbe ein Ton, und die vielen Töne einen sich zu einer Melodie, zu einer brausenden, mitreißenden Melodie. Auch hier spürt der Gelähmte das Leben. Ist nicht im Rausche der Farben bewegtes und bewegendes Leben? Fast hätte er sich von der Woge der Empfindungen mitreißen lassen, von der erlauschten und doch nur in seinem Innern erklingenden Melodie, hinaus in das ganze weite Meer. Ist das nicht das Leben?
Die nüchterne Stimme des Kaufherrn ruft ihn an die kargen Gestade der Wirklichkeit zurück. »Wie gefällt Euch dieses Tuch aus Flandern, Herr?«
Geschäftige Hände breiten einen leichten Wollstoff vor ihm aus, feingesponnen, fehlerlos gewebt, im zarten Rotbraun der Buchenblätter im Herbst.
»Ein auserlesen schönes Tuch ...«
Hermann muß an die schlanken Buchen im Walde auf der Augia denken, an ihren glatten silbrigen Stamm, der geradlinig zum Himmel strebt. Manches Mal hat er im Buchenwald geweilt und sich im Frühjahr am lichten Grün und im Herbste am warmen Rotbraun der Blätter gefreut. Daß er die Reichenau nicht vergessen kann ...

»Das Tuch sagt mir zu«, murmelt er abwesend. »Meßt reichlich ab für ein Gewand und einen Mantel aus gleichem Tuch. Für mich wird der Schneider mehr verbrauchen.«
Liebkosend gleiten seine Hände über flaumigen Wollstoff aus Frankreich. Das Gelb leuchtet wie Sonnenschein, wie ein freundliches Lächeln. Es ist wie ein hell klingender Ton. Diese Farbe stimmt froh. Haben nicht viele Jungmänner auf den Straßen ein solches Gewand getragen?
Erwartungsvoll beugt sich der Kaufmann vor. »Möchtet Ihr auch dieses Tuch nehmen, Herr?«
Der Gelähmte bejaht. Er sieht nicht, daß der Handelsmann mit einem Ausdruck spöttischen Bedauerns auf ihn blickt. Er sieht nur das sonnige, freundliche Lächeln und vernimmt den hellen Ton der Freude. Zutiefst fühlt er sich befriedigt, denn dieser Kauf brachte ihn wieder einen Schritt weiter, einen Schritt dem Leben entgegen. Ist er nicht mitten darin, noch ehe er zu gehen vermag?
Walter holt einen Schneider in das Haus derer von Rahnwyl, einen hutzeligen Alten, aber flink wie ein Wiesel. Geschäftig huscht er um den Siechen herum, den der Diener in aufrechter Stellung hält, und nimmt murmelnd Maß.
Mit einiger Überwindung stellt Hermann die Frage: »Läßt sich einiges ausgleichen von den Mängeln meiner Gestalt?«
Eilfertig nickt der Alte: »Gewiß, gewiß, edler Herr. Manches läßt sich ausgleichen. Ihr kauftet reichlich Tuch, nicht wahr? Dann kann ich durch Falten, einen großen Kragen und hochangesetzte Ärmel vieles verdecken.«
Der Sieche begrüßt diese Auskunft und empfindet zugleich eine peinliche Scham. Muß der Schneider seine Mängel, seine häßliche Gestalt so ausgiebig betrachten?
»Den Stoff, Walter«, befiehlt er rasch.
Der Diener setzt ihn in den Lehnstuhl. »Immer geht er mit mir zu vorsichtig um«, denkt Hermann in ungerechtem Ärger. Walter bringt die Tuche herbei. Begeistert schlägt der Alte die Hände zusammen, als er den rotbraunen Wollstoff vor sich liegen hat. Mit kundigen Fingern prüft er die Qualität.

»Welch wunderbares Tuch! Welche Farbe! Herr, Ihr konntet nichts Passenderes wählen zu Eurem Blondhaar, Euren blauen Augen und Eurer hellen Haut ...«
In knabenhaftem Unwillen errötet der Gelobte. »Nach diesen Gesichtspunkten habe ich das Tuch nicht ausgesucht. Ich bin keine Dirn, die sich schönmachen will.«
Verlegen greift der Schneider zu dem gelben Stoff und stutzt. Nur einen Augenblick währt sein Zögern. Dann wandelt sich der Ausdruck seines Gesichtes wieder in diensteifrige Beflissenheit.
»Ihr entschiedet Euch auch für Gelb. Diese Farbe ist heuer sehr beliebt. Viele der jungen Herrn tragen Gelb. In unserer regenreichen Stadt wirkt Gelb an düsteren Tagen wie ein Sonnenstrahl, der übrigblieb.«
Er redet und redet, doch seine Worte verhallen ungehört. Der feinfühlige Kranke hat sein Zögern bemerkt und richtig zu deuten gewußt. Wie kann ein Krüppel nur nach einer derart auffallenden Farbe greifen? Zwar ist er jung wie die andern, die Gelb tragen können; er ist aus reichem Hause wie die andern; aber er ist ein Krüppel. Er ist nicht wie die andern, nie und nimmer. Er darf kein Gelb tragen, weil er ein Krüppel ist ...
Seine Augen sind voll Schatten, als er mit erzwungener Ruhe anordnet: »Ich habe mir die Sache anders überlegt. Laßt das Gelbe zunächst zurück. Fertigt aus dem Rotbraunen Gewand und Mantel an, wenn möglich in kurzer Frist.«
Die tiefe Verneigung des Alten nimmt er nicht wahr. Er wehrt ab, als Walter den gelben Stoff in die Truhe legen will. »Laß ihn hier und laß mich allein!« Zögernd entfernt sich der Diener.
Hermann von Altshausen kauert in seinem Lehnstuhl und starrt auf das gelbe Tuch, herrlichen flaumigen Wollstoff aus Frankreich, wie ihn viele tragen auf den Straßen ... Aber nun ist das Gelb für ihn keine lächelnde Freude mehr. Blanker Hohn grinst ihn an. Statt des frohklingenden hellen Tones hört er einen häßlichen Mißton, hart, schrill und so scharf, daß er seinem empfindsamen Gemüt tiefe Wunden reißt.
»Krüppel! Nichts für dich, Krüppel!«

Bitterkeit überflutet ihn. Sein Rücken krümmt sich noch mehr, und seine zitternden Hände zerren und ziehen in ohnmächtigem Zorn an dem gelben Tuch.
»Eine Schere, eine Schere ... ich will es zerfetzen, bis es ein wertloser Lumpen ist!«
Plötzlich hält er inne und sitzt eine Weile bewegungslos. Dann hebt er langsam, ganz langsam den Kopf und starrt auf das große Kruzifix, das sich dunkel und streng von der grauen Wand abhebt.
»So, das ist das Leben, das Du mir zugedacht hast. Ein feines Leben, ein herrliches Leben, wahrlich wert, gelebt zu werden, nicht wahr? Immer anders sein als die andern, immer ausgesondert, immer gezeichnet und verachtet, ein Krüppel.«
Sein Blick wird wild und böse, sein Sprechen zum Schreien. »Es muß Dir unendlich viel Freude machen, wenn ich mich hier winde und quäle wie ein getretener Wurm, Gott! Warum ließest Du es sonst zu? Wie ein Wurm ... wie ein Wurm.«
Im Geiste kriecht er wieder über den Ufersand, keuchend und schmutzig, mit aufgeschürften Händen, kriecht, kriecht wie ein Wurm.
»Man hat nichts als Last mit dir«, grollt der Infirmar Ekkehard, als er im Baume hängt, hilflos wie Jener am Kreuz. »Nichts als Last? Ich bin nichts als Last ... nichts als Last in Altshausen, nichts als Rast auf der Reichenau, nichts als Last für die Rahnwyls hier, nichts als Last ... und mir selbst die größte Last. Und warum? Wofür? Was hast denn Du davon, Gott, wenn ich Wurm bin? Ist das für Dich erheiternd, mir dabei zuzuschauen?«
Aufschluchzend preßt er den Kopf in den flaumigen Wollstoff, in das leuchtende Gelb, das wie Sonne ist.

Die alte Frau Veronika von Rahnwyl erschrickt, als sie ihn ein paar Stunden später aufsucht. Wie ein böser Gnom kauert er vor dem Tuche. Harte, alte Linien graben sich um seinen Mund, Linien der Bitterkeit und beinahe des Hasses. Grüßend neigt er sein Haupt, aber sein Mund findet nur bittere Worte.

»Was meinet Ihr, Frau Veronika, würde ich, mit diesem Tuche bekleidet, nicht einen prächtigen Gaukler abgeben, einen Komödianten, über den alle lachen müßten? Wäre mein Dasein dann nicht sinnvoll und ... Gott ... und den Menschen zur Freude?«

Besorgt beugt sich Frau Veronika zu dem Gelähmten nieder. »Hermann, was ist Euch widerfahren? Sagt es mir.«

Seine blauen Augen blicken kalt und ablehnend in ihr gütiges Altfrauengesicht. Spöttisch verzieht er die schmalen Lippen.

»Ihr fragt, was mir widerfahren sei, vieledle Fraue? Nicht eben viel, nicht mehr als sonst. Ich durfte mich nur wieder einmal als das fühlen, was ich in Wahrheit bin, als Krüppel, als Aussätziger, als Wurm ...« Mit grimmigem Hohn kostet er das letzte Wort aus. »Ja, als Wurm. Aber gebt nichts darum, Frau Veronika. Nehmt es nicht weiter wichtig. Meine Mitscholaren haben schon erkannt: so ein Siecher hat nun einmal seine Launen.«

Kummervoll betrachtet die Hausfrau das aufgewühlte Antlitz. Gerne würde sie den armen jungen Menschen mütterlich in die Arme schließen.

»Hermann, Ihr grämt Euch um Euer ... Anderssein?« forscht sie leise.

»Ihr habt es erraten, Frau Veronika. Denkt Euch nur, ich möchte einer von vielen sein«, spottet er.

Sie zürnt ihm nicht, sondern erwidert fest: »Ihr werdet immer Hermann von Altshausen sein müssen. Ihr werdet nie in der Menge aufgehen können, Ihr nicht ... auch dann nicht, wenn Eure Gebrechen von Euch genommen würden.«

Versteht er sie? Will er sie verstehen? Ein fremdes, böses Lauern liegt in seinem Blick, als er mit unmelodischem Lachen fragt: »Wie meint Ihr das? Soll das heißen, daß Ihr mich, mich für einen Auserwählten haltet?«

»Gott hat Euch gerufen«, sagt sie schlicht.

Da ballen sich die kraftlosen Fäuste zusammen. Das Antlitz verzerrt sich in wütender Abwehr. »So? Gott hat mich gerufen? Meint Ihr das wirklich? Wozu gerufen? Wenn ich nun freiwillig drauf verzichte? Ich will nur Mensch sein, Mensch, Mensch,

sonst nichts, gar nichts. Ich will leben wie die andern. Versteht Ihr, Frau Veronika: leben wie alle andern ... leben, leben!« Seine Lippen zucken, als müsse er erneut aufschluchzen vor Zorn, Weh und Bitterkeit.
Frau Veronika möchte ihn trösten wie eine Mutter ihr Kind. Aber sie unterdrückt diese Regung. Sie muß ihm auf andere Weise helfen. Sie muß scheinbar hart sein. Ihre Antwort überrascht ihn und trifft ihn, obwohl sie leise und sanft gegeben wird.
»Ihr werdet leben, Hermann, sobald Ihr Euch Seinem Willen unterwerft, und Ihr werdet Ihm für Euer Leben danken.«
Seine Augen weiten sich. Für einen Augenblick sieht Frau Veronika deutlich darin, daß ihre Worte ihn getroffen haben. Dann senken sich seine Lider. Die Lippen schließen sich fester zusammen, so fest, daß der Mund nur noch einen schmalen Strich in der hochmütig ablehnenden Maske seines Gesichtes bildet. Ist sein Schweigen ein Nein? Oder verbirgt sich hinter diesem Schweigen das unsichere Tasten und Suchen nach einer Umkehr? Streckt hinter der Mauer des Stolzes ein Kind seine Hände aus und ruft nach dem Vater, er möge zu ihm kommen?
Von dieser Stunde an findet Hermann kein Wort und keine Geste des Gebetes mehr. Sein Herz und seine Seele bleiben stumm. Der Anblick des Kreuzes berührt ihn nicht mehr. Was mit Gott zusammenhängt, geht ihn nichts mehr an. Keine Glocke ruft ein Echo in seiner Seele wach, auch keine Ablehnung. Er leugnet nicht ab, daß es einen Gott gibt; aber sein Gott ist ferne, unendlich ferne von den Menschen. Ein Versuch, Ihn zu erreichen, ist ein sinnloses und törichtes Unterfangen. Hermann bewahrt eine Scheinruhe, einen Scheinfrieden. Gott hat aufgehört für ihn eine Frage zu sein.
Arnulph von Rahnwyl und seiner Gattin begegnet er höflich und ritterlich, aber er gewährt ihnen keinen Einblick in seine innere Welt. Er will ganz allein sein, und er gesteht sich nicht ein, daß er Heimweh hat. Nur durch seine Träume geistert das Bild der Augia, das Bild des Gnadensees. Aus dem wachen Bewußtsein wird es unbarmherzig verbannt.
Auch Magister Cheirisophos merkt, daß der Sieche verändert ist.

Besorgt murmelt er etwas von vermehrten Leiden durch die ungünstige Wetterlage. »Der viele Regen gehört zu den großen Nachteilen der Stadt Aachen.«
Der Kranke sieht ihn so lange schweigend an, bis der Grieche verlegen fragt: »Aber, was ist denn? Was habt Ihr, Graf Hermann?«
»Merket Euch eines für immer, Magister Cheirisophos: Euer Mitleid brauche ich nicht!« entgegnet Hermann schroff. »Ich will nur Eure Heilkunst, um endlich leben zu können. Vor ein paar Tagen habe ich mir gelbes Tuch gekauft, weil mir die Farbe gefiel. Sie sah . . . fröhlich aus. Man machte mir alsbald klar, daß es sich für mich ganz und gar nicht schicken würde, so auffallend gewandet zu sein. Nun, Ihr wißt den Grund. Sagt mir die Wahrheit: werde ich je wie die anderen sein?«
Eine peinliche Frage. Der Grieche spürt wachsendes Unbehagen. Soll das ein Verhör werden? Mit gespielter Verwunderung schüttelt er den Kopf. »Ist das Euer Ziel? Ist das wirklich Euer Ziel? Wollt Ihr unbedingt gelbes Tuch tragen wie die Gaffer und Laffen auf den Straßen?« Mit theatralischer Gebärde hebt er die Hände. »Zugegeben, zu ihnen paßt ein solches Gewand mit Schnüren und Fransen, Knöpfen und Borten und anderen Torheiten. Seid Ihr Euch nicht zu schade dafür? Seid Ihr nicht mehr als sie? Könnt Ihr zumindest nicht mehr werden? Seid Ihr schon ganz Ihr selbst, Hermann von Altshausen?«
Unwillig verzieht der Gelähmte das magere, blasse Gesicht. »Bitte, speist mich nicht mit gutgewählten Sprüchen ab, Magister. Sie vermögen mich nicht über mein Elend hinwegzutäuschen. Wann wird es endlich besser mit meinem Siechtum?«
»Habt mehr Geduld!« fordert Cheirisophos streng. »Sagte ich Euch nicht gleich zu Beginn meiner Behandlung, daß bis zu einer Besserung viel Zeit vergehen würde? Erinnert Ihr Euch an meine Worte? Habt mehr Geduld mit Eurem Leib und mit Eurem Arzt. Nutzt derweil die Freiheit, die Ihr besitzt. Vor Eurer Ankunft berichtete mir der Edle von Rahnwyl, Ihr wäret ein geistig reger und ungemein tätiger junger Mensch, eifrig darum bemüht, Euch in den Wissenschaften zu vervollkommnen. Verzeihet mir meine

Offenheit, aber davon ließet Ihr mich in diesen Monden wenig merken. Habet Ihr überhaupt ein einziges Buch angerührt?«
Beschämt senkt Hermann die eben noch herausfordernd blickenden Augen. Der Grieche hat ihn empfindlich getroffen. Er sagte die Wahrheit. »Ihr habt recht, Magister. Seit ich in Aachen bin, habe ich mein Studium nicht mehr aufgegriffen und nur daran gedacht, wie ich der Herr meines Siechtums werden könne.«
Triumphierend lächelt der Arzt auf den Siechen nieder. Sein Schachzug ist geglückt. Er hat ihn abgelenkt. »Macht Euch keine Vorwürfe, Graf Hermann. Die Zeit des Einlebens und der Umstellung war gut und notwendig für Euch. Aber nun reget Eure Schwingen und flieget in jenes Reich, dem kaum Grenzen gesetzt sind. In der Klosterschule habet Ihr gewiß eine gute Grundlage erworben. Wenn Ihr wollt, werde ich Euch ein wenig beim Weiterbauen helfen. Darf ich Euch nach Hellas führen, damit Ihr die alte Kultur meiner Heimat kennen und lieben lernet? Dann reisen wir, wenn Euer Geist nach weiterer Nahrung verlangen sollte, in den geschwisterlich nahen Orient. Dort erwartet Euch eine neue Zauberwelt. Lernt Griechisch und Arabisch. Studiert die strenge Wissenschaft der Arithmetik und Geometrie, der Philosophie und Astronomie. Erfreut Euch an der lieblichen Dichtkunst der Völker und am feierlichen Ernst unserer Dramen. In unseren Brunnen findet Ihr mehr Wasser, als der durstigste Geist ausschöpfen kann. Sagt, was hindert Euch daran, diesen kühnen Flug in das Reich des Geistes zu unternehmen? Nichts, gar nichts ... Ihr seid herrlich frei, und Ihr werdet Euch mit jeder geistigen Eroberung dieser Freiheit mehr und freudiger bewußt. Zugleich sammelt Ihr wie bei uns ein guter Hausvater Öl in Euren Krug, damit Ihr reich an geistigen Vorräten seid, wenn ...« Der Arzt schluckt einige Male, ehe er den Satz vollendet: »Wenn für Euch das Leben beginnt.«
Dankbar blickt der Gelähmte zu dem Arzt auf, denn das Sehnen nach dieser Freiheit hat ihn erfaßt. Sein Geist möchte am liebsten sofort die Schwingen regen, um den Höhenflug anzutreten. Seine blauen Augen leuchten erwartungsvoll.

Der Arzt erzählt ihm von einigen Schriften, die er besitzt. »Es sind Abschriften von Paulusbriefen in griechischer Sprache, aber auch Texte heidnischer Weisheit, vor allem von Platon und Aristoteles. Wollt Ihr sie lesen oder fürchtet Ihr gar den Einfluß der alten Heiden?«

Hermann lacht über diese Frage und fühlt sich dennoch verletzt. Wehrt sich in ihm der junge Mensch, der nicht mehr wie ein Kind behandelt werden will? Oder wehrt sich der zum Schweigen verurteilte Christ?

Viele Stunden verbringt der berühmte Magister Cheirisophos fortan bei dem Siechen. Zuerst widmet er sich ihm aus einem uneingestandenen Schuldgefühl, da er bei ihm als Arzt und Mensch kläglich versagt hat. Aber bald treibt ihn echte Begeisterung an, den aufnahmebereiten und wachen Geist seines Schülers mit neuer Nahrung zu versorgen. Er führt ihn weiter und weiter voran. Dabei will es ihm vorkommen, als meisterten Hermanns starker Wille und seine umfassende Klugheit mit fast spielerischer Leichtigkeit die Schwierigkeiten der fremden Sprache und der fremden Schrift. Zudem zeigt der Lahme eine außergewöhnliche Gedächtniskraft. Auch den Stoff, den er nicht niederschreibt oder nachliest, gibt er nach Tagen mit großer Treue wieder. Er ist nicht immer in der Lage, seine Hände zu gebrauchen. Oft zwingt ihn die körperliche Schwäche, dem Vortrag des Griechen scheinbar tatenlos zu lauschen. Aber sein Geist ist immerfort tätig, wie ein Feuer, das sich unaufhörlich weiterfrißt. Er nimmt in sich auf und denkt das Übermittelte gründlich durch. Wenn es ihm möglich ist, entwickelt er den Gedankengang selbständig weiter. So vergehen viele Monate. Hat er nun das Leben gefunden?

Die Welt des Geistes nimmt ihn gefangen. Sein Mühen in diesem Bereich könnte ihn das Elend seines Leibes beinahe vergessen lassen, wie er bei den Göttern Griechenlands den einen Gott vergessen hat. Sein Wesen scheint ausgeglichener und heiterer, obwohl sich sein Befinden nicht entscheidend bessert. Zeitweise lassen die Schmerzen nach, und im allgemeinen kann er seine Finger müheloser bewegen, länger und deutlicher schreiben. Doch immer wieder kommen Tage, an denen ihn unvermutet die alte Kraftlosigkeit befällt; Tage, an denen ihm die Gabe der Sprache versagt bleibt; Tage, an denen Walter dem Griechen mit finsterer und bekümmerter Miene mitteilen muß, daß die Lähmung den armen Körper seines Herrn völlig beherrscht.

Magister Cheirisophos hat ein Paar Krücken anfertigen lassen, mit deren Hilfe Hermann das Gehen erlernen soll. Als er sie ihm bringt, erlebt er eine seltsame Überraschung. Der Sieche fährt mit den Fingerspitzen über das glatte Holz und fragt: »Buche?« Mehr sagt er nicht. Wortlos stellt der Arzt die Krücken in eine Ecke. Ihm selbst graut es vor dem ersten Üben und vor der Enttäuschung. Warum hat Hermann keine andere Frage gehabt. Ahnt er etwas? Monate gehen ins Land.

Und eines Tages ist es so weit. Magister Cheirisophos spürt ein Grauen vor dem geistigen Hunger und Durst, mit dem der Gelähmte nach immer neuen mathematischen, philosophischen und astronomischen Problemen verlangt.

»Wie viele Krüge habt Ihr nun voll Öl, Hermann, statt des einen, den ich Euch zu sammeln empfahl?«

»Ich sammele einen großen Vorrat, Magister. Ich will ein reicher Mann werden«, gibt Hermann auf den vermeintlichen Scherz lachend zurück.

»Sammelt nicht so rasch. Die Oliven müssen nachreifen. Ihr wollt ernten, wenn die Bäume in Blüte stehen.«

Erstaunt läßt der Sieche sein Wachstäfelchen sinken. »Nicht so rasch? Aber warum sollen wir nicht weitergehen, wenn ich fertig bin? Um mit Euch im Bilde zu sprechen, Ihr braucht doch nicht auf eine neue Ernte zu warten; Ihr habt ja lauter reife Oliven.«

Schon wandern sie durch die arabische Kulturwelt, als der Arzt dem Hausherrn seufzend gesteht: »Bald bin ich mit meiner Weisheit zu Ende. Euer junger Gast nimmt mir in seinem rastlosen Eifer einen Trumpf nach dem anderen aus der Hand. Heute gab er mir eine Erklärung, die ich mir für morgen aufgespart hatte. Ich fürchte, daß die Brunnen meiner Weisheit versiegen.«

Nachdenklich betrachtet der greise Edelmann den Griechen. »Eure

Brunnen versiegen? Gibt es nicht unerschöpfliche Brunnen der Weisheit, Magister Cheirisophos, die auch einen solchen Durst zu stillen vermögen?«

Der Arzt schweigt. Er weiß, worauf Herr von Rahnwyl anspielt, aber aus diesem Brunnen schöpft ein Magister Cheirisophos nicht.

Ich bin auf Gott hin

Wenn Gäste im Hause Rahnwyl weilen, die sich zu ernstem Gespräch um den feinsinnigen Hausherrn vereinen, sitzt der Gelähmte als stiller Teilnehmer in der Runde der Gelehrten, Mönche und Domherren. Mancher Besucher betrachtet nachdenklich das schmale, ausdrucksvolle Gesicht des jungen Menschen. Stirn und Augen verraten wachen Geist und ungeteilte Aufmerksamkeit. Hermann kauert in seinem Lehnstuhl und lauscht gebannt, wenn die Herrn vom Geschehen im Reiche, vom Kaiser, von den Händeln und Nöten der Großen, von den Leiden, Siegen und Ärgernissen in der Kirche berichten. Nicht selten wendet sich das Gespräch den letzten und ewigen Dingen zu. Noch lauscht Hermann nur, wenn auf dieses Thema, wenn auf Gott die Rede kommt. Er antwortet nicht, aber er wehrt auch nicht ab. Er nimmt auf.

Die Männer um Arnulph von Rahnwyl greifen mit ehrfürchtigen Händen nach den Sternen. Irgendwie sind sie im Ewigen beheimatet. Sie sind wesentlicher, lauterer und absichtsloser als der Magister Cheirisophos. Der Sieche ahnt dies, aber er kann die Wurzel dieses Andersseins noch nicht erkennen. Er fühlt sich mehr und mehr zu diesem Kreise hingezogen und wartet bald den ganzen Tag auf die Abendstunden.

Nach einer abendlichen Gesprächsrunde über die Gnade als Wirkkraft des Guten im Menschen und freie Gabe des Allmächtigen an Sein Geschöpf, das kein Anrecht und keinen Anspruch hat, wagt Hermann ein erstes Stammeln zu Gott hin. Er zittert ob seiner Kühnheit, aber er versucht es wieder und wieder. Das Stammeln formt sich zum Satz, der Satz zum Gebet.

»Herr, laß mich Dich wieder sehen. Ich habe kein Anrecht darauf. Ich weiß es. Dennoch bitte ich Dich: zeige Dich mir. Gib Dich mir zu erkennen, damit ich Dich erkennen kann. Herr, gib mir von Deiner unverdienbaren Gnade. Du kennst meine Armut und Blindheit. Herr, lehre Du mich. Ich möchte wie jene Männer um Dich wissen dürfen.«

Eine neue drängende Sehnsucht ist in dem Siechen erwacht, ein neuer Durst. Kann ihn Magister Cheirisophos stillen?

Am anderen Tage schenkt Hermann den Ausführungen des Magisters nur halbe Aufmerksamkeit. Mit einem Male unterbricht er ihn sogar und ruft mit drängender Ungeduld: »Magister Cheirisophos, Platon möchte aus seiner Höhle!«

Betroffen lehnt sich der Arzt zurück. Soll das ein Scherz sein? Nein, auf dem hageren Antlitz seines Gegenübers zeichnet sich kein Lächeln ab.

»Wollt Ihr mir eine Probe Eures Humors vermitteln, Graf Hermann?« fragt er spöttisch.

»Nein, durchaus nicht, Magister. Mir ist nicht zum Scherzen zumute. Ich habe heute nacht nur ein wenig meditiert, Rückschau gehalten auf das, was ich bei Euch gelernt habe. Oder – wenn Ihr diese Ausdrucksweise lieber hören möget – ich habe meine Ölkrüge gezählt.«

»Und zu welchem Ergebnis gelangtet Ihr?«

Der Sieche seufzt und hebt ratlos die hohen Schultern. »Nun, meine Krüge sind mit bestem griechischen Öle gefüllt. Ich bin Euch zu großem Danke verpflichtet, Magister Cheirisophos. Dennoch . . .«

Ach – der Grieche glaubt zu wissen, was kommen wird. Hermann hat die Grenzen seines Wissens erkannt und möchte weiter. Er hat es erwartet. Soll er ihn an Arnulph von Rahnwyl verweisen, an dessen unerschöpfliche Brunnen? Ein unbehaglicher Gedanke, hat er doch bewußt vermieden, der christlichen Gedankenwelt in seinen Unterweisungen irgendwie Raum zu gewähren.

»Magister, Ihr wißt am besten, daß ich nach dem allumfassenden

Leben hungere, aber Ihr gabet mir nur ein Sinnbild des Lebens. Ihr reichtet mir ein paar einzelne Steine, wohlgeformte, schöne und bunte Steine, wie einem braven Kinde. Und Ihr wieset mich an: ›Setze diese zusammen. Dann hast du das Leben!‹«

Erregt springt der Arzt auf. »Schöne bunte Steine? Hermann, die ungeheure Weite unserer Kultur vergleicht Ihr mit Kinderspielzeug?«

»Ärgert Euch nicht über meinen Vergleich. Er mag hinken. Aber, so frage ich Euch, ist Hellas Kultur ... das Leben, Magister? Ist die beste Deutung des Lebens das Leben selbst? Nein, nein, Ihr könnt mich nicht hindern und nicht überzeugen: Platon will aus seiner Höhle. Er will nicht mehr nur die Schatten sehen, die ungenauen Bilder auf der Höhlenwand. Er will das Leben.«

Zornig wandert Cheirisophos im Zimmer auf und ab. Der Wunsch des jungen Menschen kommt ihm wie ein Hohn auf sein eigenes Weltbild vor. Dann bleibt er vor dem Lehnstuhl stehen. Er beugt sich nieder. Böse funkeln seine schwarzen Augen den Gelähmten an und begegnen ruhiger Gelassenheit.

»Für Platon, dessen ehrfurchtgebietenden Namen Ihr Euch leichtfertig zuzulegen beliebet, sind die Bilder, die Ideen der höchste Ausdruck der Wirklichkeit und alles Seiende ...«

Hermann weist auf den Stuhl. »Bitte, setzt Euch wieder, Magister, und versuchet, mir einmal in Ruhe zuzuhören! Ich habe Platons große Gedanken in mich aufgenommen und bewundere diesen überragenden Geist. ›Alles Seiende hat nur insoweit Bestand, wie sich in ihm die Ideen des Wahren, Schönen und Guten verwirklichen.‹ Je mehr ich Platons Lehre in mich aufnahm, um so mehr begriff ich, zuerst mit dem Herzen und dann mit dem Verstand, daß sie nicht das Leben sind.«

»Wer befragt sein Herz, wenn es um Ideen geht?« brummt der Grieche unwillig und verächtlich. »Und was gehört Eurer Meinung nach unbedingt zum Leben?«

Ohne Umschweife antwortet der Sieche: »Glück! – Seid Ihr glücklich, Magister Cheirisophos?«

Ein seltsames Wort, eine seltsame Frage aus dem Munde eines bresthaften Krüppels. Aber sie trifft den Arzt an dem Punkt, den er bisher bewußt vermieden hat. Glück? Wie kommt Hermann nur darauf? Ein eigenartiger und gefährlicher Grübler. Würde Cheirisophos ahnen, daß der Domherr Manegold gestern abend in der Runde um Arnulph von Rahnwyl von der ewigen Glückseligkeit gesprochen hat, vom ewigen Glück ...

Der Magister lacht ein unfreies, gezwungenes Lachen. »Glück? Was ist das schon? Ihr seid ein unmöglicher Philosoph. Gewiß, auch die Alten kennen das Wort Glück. Aber habt Ihr nicht begriffen, was sie im Grunde genommen damit meinen? Glück ist eine Erfindung des menschlichen Geistes wie etwa der ganze Götterhimmel des Olymp. Glück? Nein, nur Rausch und Ekel. Sich abfinden, anständig durchhalten, die Grenzen erweitern, das Beste aus dem erbärmlichen Dasein machen, das ist menschliche Würde und Freiheit. Wenn Ihr an dem Begriff Glück hängt, könnt Ihr eine Art Glück darin sehen, daß wir unsere Persönlichkeit zur größtmöglichen Entfaltung bringen können. Das schenkt uns eine Art Befriedigung. Nennt sie meinetwegen Glück.«

»Auf welches Ziel hin entfaltet sich unsere Persönlichkeit?« Die Augen des Siechen leuchten. »Die Knospe entfaltet sich zur Blüte, um Frucht zu werden. Und die Knospe unseres Geistes und unseres Herzens?«

»Sie reift den Urideen des Guten, Schönen und Wahren entgegen. Sie will ihnen möglichst nahekommen. Wirklich vollendet wird ein Mensch nie. Er ist und bleibt ein Torso.«

Hermann beugt sich vor, als ob sich seiner eine große Spannung bemächtige. Selbstvergessen zerrt seine Hand am seidenen Ärmel des Arztes. »Das glaubt Ihr? Das glaubt Ihr wirklich, Magister? Dem Menschen als dem einzigen Geschöpfe dieser Erde soll seine Vollendung versagt bleiben, weil er nicht nur Stoff, sondern auch Geist – Seele ist? Nein, nein, das ist in sich widersinnig und widerspricht der Logik Eures Gedankengebäudes. Die Schöpfung läßt die Geschöpfe sich vollenden und nimmt sie als reife Frucht in ihren Schoß zurück. Nur der Mensch soll Torso bleiben? Wie widersinnig, ja wie grauenhaft sinnlos wäre dann das Menschenleben!«

Der Magister schüttelt die Hand des Siechen ab. Der merkt es nicht und fährt beinahe heftig fort: »Nein, Cheirisophos, nein! Ihr gabet mir keine Antwort auf meine Frage nach dem letzten Sinn des Seins, Ihr nicht und Platon nicht und Aristoteles nicht. Leben ist mehr. Leben ist . . .«

Er ringt um den rechten Ausdruck. Dann bekennt er: »Leben ist auch Mysterium. Leben kann sich nicht erschöpfen in dem allzu engen Rahmen, den Ihr spannt. Leben ist etwas ganz Großes, Einmaliges und Wunderbares. Vergaßet Ihr nicht auch, daß Leben Empfangen und Geben ist?«

Der Arzt hat das Gefühl, als sei der arme, gekrümmte Leib gewachsen. Die blauen Augen leuchten in einem fremden, sieghaften Glanz. Der Geist des Krüppels ist ihm entwachsen. Er kann ihn nicht mehr nach seinem Gutdünken leiten und formen. Angelegentlich beschäftigt er sich mit den Falten seines kostbaren Gewandes und spielt mit der Gürtelschließe, derweil er ein Zugeständnis macht:

»Ich sprach nicht eigens davon. Natürlich kann man zur eigenen Bestätigung und in klugen Grenzen gelegentlich vom eigenen Reichtum anderen Menschen geben. Betreibet solches nicht zu eifrig! Die anderen Menschen sind nämlich immerfort zum Nehmen bereit.«

»Wann soll ich geben?«

»Wenn Ihr Lust dazu verspürt.«

Hat ihn der Arzt nur aus Lust und Laune mit seinem Wissen bereichert? »Wem soll ich geben?«

»Nur dem Würdigen. Wäget vorsichtig ab, ob der andere Eure Gabe verdient. Verschwendet nie das Geringste an einen Menschen, der Euch nicht zu danken und Eure Gabe nicht zu schätzen weiß. Bewahrt Euer Herz vor zu großem Mitgefühl mit der Bedürftigkeit anderer, sonst werdet Ihr ausgeplündert. Mir scheint, Ihr habet ein weiches Herz.«

»Muß ich nicht immer und nicht jedem geben, Magister? Fließt denn ein Strom nur manchmal und nur für jene, die seine Kraft und seine Schönheit zu schätzen wissen?«

»Ihr seid ein Schwärmer, Hermann! Immer geben, jedem geben? Welch eine Torheit! Ihr wäret allzu rasch verausgabt . . .«

Unwillig schlägt der Gelähmte mit der Hand auf den Tisch. »Aber nein«, ruft er aus, »Ihr versteht mich nicht! Wer leben will, der muß den Strom weiterleiten, damit neues Wasser nachfließen kann. Wer nicht gibt, ist unfähig zu empfangen und bleibt unfruchtbar an Herz und Geist.«
Magister Cheirisophos atmet auf und lehnt sich erleichtert zurück. »So meinet Ihr das! Panta rhei – alles fließet. Das Sein ist ewige Bewegung.«
Hermann wehrt ab. Seine Stimme verrät deutlich seine Ungeduld. »Nein, so meine ich es nicht. Man muß geben. Man darf sich nicht abkapseln und in selbstsüchtiger Weise dem Leben verschließen, wenn man Leben erhalten will ... Leben ... Ich meine damit jenes unfaßbare und unmeßbare und doch wirkliche Reich ...«
Er stockt und senkt den Kopf. Scheu verschließt ihm den Mund. Zu einem Magister Cheirisophos kann er nicht von der Gnade sprechen, vom Kreislauf der göttlichen Gnade.
Verwirrt betrachtet der Grieche den Schweigenden. Wüßte er nur, was in ihm vorgeht! Er versteht ihn nicht mehr.
Nach einer Weile hebt Hermann den Kopf und fährt mit Nachdruck fort: »Ein Leben wie das Eurige genügt mir nicht, Magister Cheirisophos, ein Leben für die Wissenschaft. Ich habe mich ernstlich geprüft, welches Gebiet mich ausfüllen könnte. Ich fand keines. Ich sah lauter einzelne Steinchen aber kein fertiges Mosaikbild, kein allumfassendes Leben.«
Gereizt erwidert der Arzt: »Ihr seid unersättlich, Hermann, und beinahe unerträglich in Eurem Hunger nach dem ganzen Leben, das es nicht gibt. Ihr werdet noch lernen, Euch zu bescheiden. Der Torso Mensch bleibt nämlich ein Torso. Gebt Euch drein. Laßt das unnütze Grübeln und Ringen. Euer schwacher Körper könnte sonst Schaden leiden.«
Er legt ein Pergament auf den Tisch, vergilbt und unansehnlich.
»Hier leset einmal die Abschrift eines Briefes, den ein anderer Glühender verfaßt hat, der Donnersohn Johannes. Er ist Euch irgendwie verwandt mit seiner Unbedingtheit, die Feuer auf jene

herabwünscht, die nicht an seinen Meister glauben ... an das vermeintliche Leben. Ich habe die Schrift im Getto für Euch aufgetrieben. Ein Israelit überließ sie mir nach langem Feilschen. Lest sie, überprüft dabei Eure griechischen Kenntnisse und beruhigt Euch bei diesem Spiel mit einem ... schönen bunten Steinchen.«
Der Arzt geht. Hermann blickt auf die verschlossene Türe und lauscht auf die sich entfernenden, kurzen Schritte. Wie fremd war ihm der Arzt an diesem Nachmittag, der Gefährte so vieler Stunden, der Führer durch Hellas und durch die arabische Welt, fremd und kalt wie das Reich der Ideen.
Als Frau Veronika ihren täglichen Besuch bei ihm macht, fragt er sie bescheiden, aber doch mit einiger Spannung: »Bitte, saget mir, Frau Veronika: gibt es eigentlich Glück?«
Sie weist seine Frage nicht als Torheit zurück, wie Cheirisophos es getan hat. Ein gutes Licht liegt über ihren Zügen, die auch im Alter eine edle Würde bewahrt haben.
»Ja, Hermann«, bekennt sie ruhig und fest, »es gibt Glück. Ich habe es erfahren und erfahre es noch.«
»Ihr seid glücklich?«
Sie lächelt über seinen Unglauben. »Ich bin glücklich. Ihr bezweifelt es, weil mein Sohn gestorben ist, nicht wahr? Hermann, ich weiß, so weit das ein Mensch vom anderen überhaupt wissen kann ... und eine Mutter weiß viel von ihrem geliebten Kinde ... daß mein Sohn vollendet hat, was ihm von Gott aufgetragen ward. Er war ein lauterer und gläubiger Mensch. Nun ist er daheim. Soll ihm seine Mutter das Glück der frühen Vollendung neiden? Muß ich mich nicht mit ihm freuen?«
Hat Hermann ihre Worte nicht verstanden? »Frau Veronika, was ist Glück? Glück im eigentlichsten Sinne ... und doch hier auf Erden?«
»Geliebtwerden, Hermann, und lieben dürfen. Das tiefste, eigentlichste und dauerndste Glück erfahren wir im Geliebtwerden von Gott. Es wird uns nicht selten unter dem Kreuze zuteil. Wenn wir Menschen lieben und von ihnen geliebt werden, ist das ein wenig von jenem ganz großen Glück, das nur in Gott zu finden ist.«

»Unter dem Kreuze?« Der Gelähmte staunt Frau Veronika aus großen Kinderaugen an. »Dann müßte ich doch eigentlich glücklich sein?«
»Ihr müßtet glücklich sein, Hermann. Ich hoffe, nein, ich bete darum, daß Ihr Euer Glück erkennen möget . . .«
Sie erhebt sich, aber die Stimme des Siechen hält sie fest.
»Meine Frau Mutter . . .«, stammelt er aufgeregt, »meine Frau Mutter könnte glücklich sein mit einem solchen Sohne?«
»Ihr könnt zu ihrem Glücke viel beitragen, Hermann. Jetzt wird sie noch traurig sein, wenn sie an Euch denkt. Aber ich bin überzeugt, daß Ihr sie bald glücklich machen werdet.«

Kaum hat Veronika von Rahnwyl das Zimmer verlassen, als Hermann seinen Diener ruft. »Walter, sag, war Frau Hiltrud traurig, als ich nach Aachen wollte?« Mit ängstlicher Spannung hängen seine Augen an dem breiten Gesicht des Mannes, als wäre seine Antwort wichtig und entscheidend.
Bedächtig reibt der Altshausener Bauernsohn seine breiten Hände. Dann nickt er: »Ja, ja, Herr, es war schon so. Euer Herr Vater, der Graf Wolfrad, war recht zufrieden über Euren Entschluß, aber die Frau Hiltrud seufzte. Sie war traurig. Als wir allein waren, trug sie mir auf . . . verzeihet mir, Herr, aber sie sagte es so . . . ich möchte gut auf Euch achthaben. Ihr wäret dabei, einen gar gefährlichen und beschwerlichen Umweg zu machen, ehe Ihr wieder zu Euch selbst heimfinden würdet. Ich habe nicht verstanden, was die Frau Gräfin damit gemeint hat . . .«
Versteht der Sieche die Worte seiner Mutter? Er schweigt lange. Dann murmelt er: »Willst du ausgehen? Du hast freie Zeit bis zum Nachtmahl.«
»Herr, darf ich bei Euch bleiben? In der Stadt fühle ich mich fremd.«
»Noch immer, Walter?«
Der Diener sieht fast schuldbewußt drein. »Herr, ich kann es nicht ändern. Hier sieht man in manchen Gassen kaum den Himmel, und ich bin unser freies Land gewöhnt mit seinen Hügeln, seinen Feldern und Wäldern.«

»Du hast recht, Walter. Es soll so sein. Wir mußten hier Fremdlinge bleiben.«
Walter freut sich, weil sein Herr auch fremd in Aachen geblieben ist, und er weiß doch nicht, warum das wichtig ist. Er bleibt im Zimmer und mit ihm die Worte der Frau Hiltrud vom gefährlichen und beschwerlichen Umweg vor der Heimkehr zum eigenen Selbst.
Heimfinden? Wie denn? Wohin denn? Welchen Umweg meinte Frau Hiltrud? Wie soll Hermann sie glücklich machen? Die Rückkehr nach Altshausen ist nicht gemeint. Sie würde vom Vater niemals gutgeheißen. Heimfinden? Umweg? Was meinte die Frau Mutter nur damit?
Ach, er will nicht grübeln. Dann liest er lieber das Pergament, das Cheirisophos ihm hingelegt hat, den Brief des Johannes. Er kennt ihn und überfliegt fast gelangweilt den Text in der wohlklingenden Sprache, die ihm geläufig geworden ist. Nein, er ist nicht recht bei der Sache. Bekannte Stellen, bekannte Sätze, allzu bekannte ... Soll er sich nicht besser das arabische Gedicht vornehmen?
»Gott ist die Liebe.«
Er stutzt und liest den Satz ein zweites Mal.
»Gott ist die Liebe.«
Welch ungeheuerliche Behauptung stellt dieser Johannes auf! »Gott ist die Liebe.« Schon oft hat er diesen Satz gelesen. Erstmals ergreift er ihn.
»Gott ist die Liebe.« Wenn das wahr ist ... Gott, der Allmächtige, Allwissende, der Allerhöchste, der Herr, der Richter, Schöpfer und Erhalter, ist die Liebe. In einen solch einfachen Satz läßt sich das Wesen Gottes fassen?
Gott ist kein Rächer, kein Gott der Willkür, der wahllos Unschuldige schlägt. Er ist die Liebe. Er hat nicht nur die Überfülle der Liebe. Er Selbst, Sein Wesen, Sein Wille ist Liebe.
Noch denkt der Gelähmte nicht zu Ende, was diese Erkenntnis für ihn, für sein Siechtum bedeutet; welchen Sinn sie seinem gefesselten und erbärmlichen Dasein zu geben vermag. »Gott ist die Liebe«. Geblendet und hilflos steht er vor dem hellen Lichte

dieser entscheidenden Aussage über Gott. Ahnend tastet er umher. Jetzt braucht er eine Hand, die ihn hält und führt, und er erinnert sich ... Schrieb nicht Abt Berno über die Liebe Gottes auf jenem Pergament, das ihm vor langer Zeit Arnulph von Rahnwyl gegeben hat?

»Walter, komme rasch! Wo ist das Pergament des Herrn Berno? Erinnerst du dich noch daran? Herr Arnulph hat es mir vor Jahren geschenkt, in der ersten Zeit unseres Aufenthaltes in Aachen.«

Nach längerem Suchen findet der Diener das Pergament, vergessen und verstaubt. Mit vorsichtigen Fingern entfernt Hermann die Staubschicht. »Wie konnte ich es so vergessen?«

Abt Berno schreibt über die Liebe Gottes. Andächtig liest der Sieche die damals mißachteten Worte seines geistlichen Vaters, und es ist ihm, als vernähme er dessen wohlvertraute Stimme.

»Liebe ist das Lebensprinzip der Allerheiligsten Dreifaltigkeit. Liebe ist auch der eine und einzige Sinn des menschlichen Seins, weil der Mensch auf Gott hin ist. Die Liebe Gottes zu uns ist das Ja des Vaters zu Seinem Kinde und das Aufnehmen in Seine Lebensgemeinschaft, die wir Himmel nennen. Liebe des Menschen zu Gott ist demütiges und vertrauendes Offensein für die Gnade, das Licht, die Liebe und das Leben Gottes; ist ehrfürchtiges Heimwärtstragen des göttlichen Geschenkes und nicht selten ein einsamer und harter Weg des Glaubens durch Nacht und Prüfung dem Morgen des Lichtes entgegen. – Ich bin auf Gott hin, und Gott ist die Liebe.«

Der Atem des Lahmen geht rasch. Seine Augen leuchten. »Ich bin auf Gott hin, und Gott ist die Liebe.« Dank für dieses Wort, Vater Berno, Dank!

Heimfinden? Umweg? Meinte die Frau Mutter dies? Er ahnt, daß er sie bald verstehen wird. Schon weiß er: »Ich bin auf Gott hin, und Gott ist die Liebe.«

Fehlt nicht nur noch ein Stein, ein Mosaikstein, in dem Bilde, das Hermann im Geiste, zitternd vor Freude und Furcht, zusammenfügt; ein Stein nur, und das ganze Bild leuchtet auf, das Bild, das Leben?

»Dank für den Brief des Johannes, Magister Cheirisophos! Hättet Ihr geahnt, welchen Dienst Ihr mir mit diesem ›schönen bunten Steinchen‹ erwiesen habt!«

Der Glanz des gelehrten Arztes verblaßt. Er sieht ihn als Armen, als Wanderer ohne wahre Heimat. »Hellas ist Lüge, Freund, schillernde Lüge, aber nur Lüge ohne Gott. Kunst und Wissenschaft sind tot, wenn man sie wie Ihr zu Götzen macht. Lebensatem haucht den Dingen, auch dem kühnsten Wagen großen Menschengeistes, nur ihr Bezogensein auf Gott ein. ›Ich bin auf Gott hin, und Gott ist die Liebe.‹«

Am Abend weilt Hermann wieder im Kreise um den Edlen von Rahnwyl. Heute ist er, der sonst so stille und zurückhaltende Zuhörer bei den Gesprächen der Alten, irgendwie verwandelt. Sein hageres Antlitz hat viel von seiner Schärfe verloren. Ein gelöstes und entspanntes Lächeln spielt um seinen Mund, seine Augen strahlen, wie die eines Menschen, dem Neues und Schönes beglückend begegnet ist.

Aufmerksam betrachtet der greise Domherr Manegold die Veränderung. Überraschend legt er Hermann die Frage vor: »Euch ist heute Gutes widerfahren, nicht wahr? Ihr seid fröhlich, oder täusche ich mich da?«

Der Sieche atmet tief und wendet ihm sein Antlitz zu. »Nein, Ihr täuschet Euch nicht, ehrwürdiger Herr. Ich habe heute einen herrlichen ... Lehrsatz gefunden.«

Eine neue Freude und ein neuer Ernst lassen sein Gesicht reifer und männlicher erscheinen. Sollte Hermann im Bereiche des Geistigen, seinem eigentlichen Bereiche, der Liebe begegnet sein? Der Domherr schmunzelt. Er merkt, daß alles im andern zur Aussage drängt. Hier gilt es, ein übervolles Herz von seiner Last zu befreien und zugleich durch Mitfreude zu beschenken.

»Einen neuen Lehrsatz? Wer schenkte Ihn Euch? Verratet es mir. War es Platon, Euripides, Aristoteles, Pythagoras, Euklid, Tertullian, Paulus, Augustinus ...?«

Der junge Mann lacht herzlich über die willkürlich zusammengestellte Reihe der Großen im Reiche des Geistes. Wenn das Magister Cheirisophos gehört hätte!

»Ihr habt es nicht erraten. Einer der Geber ist der Apostel Johannes und ...«

Nun sehen ihn auch die anderen Herrn an und freuen sich über sein leuchtendes Antlitz.

»Verratet uns jetzt, wer der andere Geber ist, Hermann«, fordert Herr von Rahnwyl.

Freimütig begegnet Hermann seinem Blick. »Der andere Geber ist unser Vater Abt.«

Nur mühsam vermag Arnulph seine freudige Überraschung zu verbergen. Unser Vater Abt ... Gestern erst hat er Botschaft von Abt Berno empfangen: »Wann gibt uns die Kaiserstadt Aachen unseren geliebten Sohn in Christo zurück? Wir meinen, er weile allzu lange fern der Heimat, die ihm in Christus Jesus die Augia ist ...«

Domherr Manegold scheint die Antwort nicht zu begreifen. »Euer Vater Abt? Wen meinet Ihr damit?«

Jetzt versteht der Gelähmte, was er vorhin gesagt hat, aber tapfer wiederholt und vollendet er: »Meinen neuen Lehrsatz verdanke ich dem Apostel Johannes und unserem Vater Abt Berno von Reichenau.«

Er kann nicht verhindern, daß seine Stimme unsicher schwankt, als er den Namen der Insel nennt. Nach Monden sagt er dieses Wort zum ersten Male wieder.

»Dürfen wir Euren neuen Lehrsatz erfahren? Ihr habt uns neugierig gemacht.«

Mit einem Male wird es ihm schwer, von dem neuentdeckten Schatz zu sprechen. Nimmt das nicht etwas von seinem Wert? Aber er hat davon angefangen. Mit zusammengebissenen Zähnen stößt er hervor, abweisend und schroff vor Verlegenheit: »Ich bin auf Gott hin, und Gott ist die Liebe.«

Seine Wangen brennen, als habe er Ungehöriges gesagt und ein unaussprechlich zartes Geheimnis einfachhin ausgeplaudert. Er schämt sich.

Still nickt der greise Domherr vor sich hin. Er hat recht gehabt mit seiner Vermutung. Dieser junge Mann ist im Bereiche des Geistes der Liebe in ihrer Höchstform begegnet. Irgendwie ist das Wort des Johannes lebendige Wirklichkeit für ihn geworden, noch Ahnung und doch schon viel mehr. »Und es wird noch mehr werden, Hermann. Ich freue mich für Euch, daß Ihr den Anfang gefunden. Wer soviel leidet wie Ihr, der ist zu großer Liebe fähig, wenn er liebend leidet.«

In das nachdenkliche Schweigen der Herrn tönt wieder die Stimme des Gelähmten: »Erlaubet mir, daß ich mich zurückziehe, Herr Arnulph!«

Freundlich gewährt ihm der Hausherr die Bitte. Mit höflicher Verneigung verabschiedet sich Hermann von den Gästen des Hauses Rahnwyl. Ein Diener hebt ihn aus dem Lehnstuhl und schiebt ihm die Krücken unter die Achseln. Zitternd umkrampfen seine Hände das zweite Querholz. Er zögert. Obwohl er die Krükken seit einigen Tagen benutzt, schreckt sein Leib immer wieder davor zurück, sich der Qual des »Gehens« auszusetzen. Vorsichtig schiebt er die Krücke ein Stückchen voran und zieht das Bein nach, dessen Knie er nicht beugen kann. Dann schiebt er die andere Krücke vor ... Nein, das ist kein Gehen. Die Krücken gehen. Er zieht und schiebt nur die kraftlosen, steifen Beine und Füße hinterdrein. Schmerzhaft schneidet das Krückenholz unter den Achseln. Sein ganzes Körpergewicht ruht darauf. Ist der Boden nicht tückisch glatt? Die stützenden Krücken geben ihm kein Gefühl der Sicherheit.

Beobachten ihn die Herrn? Es ist ganz still im Zimmer. Niemand sagt ein Wort. Das Schweigen bereitet ihm zusätzliche Pein. Er vermeint, die beobachtenden Augen auf seinem Rücken zu spüren.

Der Diener schlägt den Türvorhang zurück. Hermann geht bis zur Türe und lehnt sich ausruhend gegen die Türfüllung. Hinter ihm hat sich der Vorhang wieder geschlossen. Der Flur jenseits der Türe ist lang, darum braucht er neue Kraft und neuen Mut für den weiten Weg bis zu seinen Zimmern. Zitternd vor Schwäche steht er im engen Verlies zwischen Türe und Vorhang in der Dunkelheit. Vom Holze her strömt ihm der satte Harzruch der

Wälder zu, und der Vorhang riecht wie trockenes Gras, wie Heu auf sommerlichen Wiesen. Mehr als gesunde Menschen hat der Gelähmte von Kind an gelernt, sich die Dinge vertraut zu machen.
Jetzt erreicht ihn die Stimme des Domherrn Manegold, die freundliche Greisenstimme, in der das ganze Wohlwollen des Priesters mitschwingt: »Herr Arnulph, Euer junger Schützling ist immer noch Hermann von Reichenau.«
Der Gelähmte horcht auf. Was wird Herr von Rahnwyl antworten? Wird er zustimmen? Die dunkle Stimme des Hausherrn klingt freudig bewegt, als er erwidert: »Gott sei Dank! Hermann wird wieder, was er gewesen ... und eigentlich immer geblieben ist.«
Der Mann im dunklen Winkel legt die Stirne an das kühle Holz. Er weiß nicht, daß er lächelt. »Hermann von Reichenau? Hermann von Reichenau? Ich werde wieder, was ich gewesen und eigentlich immer geblieben bin ... Hermann von Reichenau. Nicht Aachen, nicht Hellas, nicht einmal Altshausen – Reichenau. Ist das wahr?«
Und er wünscht sich mit der ganzen unverbrauchten, starken Kraft seines jungen Herzens, mit einem großen und reinen Sehnen, daß es wahr sein möge.
Mühsam und vorsichtig schiebt er sich über den Flur. Er achtet kaum mehr der Mühe und der Schmerzen.
»Hermann von Reichenau? Der Lahme, das bin ich, Hermann der Lahme.«
Mitten im Flur bleibt er stehen, schwer auf die Krücken gestützt.
»Hermann der Lahme werde ich bleiben. Die Grenze ist erreicht.«
Lange hat er sich gegen diese Erkenntnis gewehrt und mehr, viel mehr von den heißen Schwefelquellen und der Heilkunst des Magisters Cheirisophos erwartet und gefordert. Nun weiß er, daß die Lahmheit bleiben wird.
»Bin ich Hermann von Reichenau?« lautet die Frage, die ihn bewegt. »Ist dieses Glück nicht für immer vorbei, freiwillig vertan und vergeudet durch meine Abreise nach Aachen?« Die Frage wird zur bohrenden Qual. Nur eine einzige Stimme spricht in

seinem Innern dagegen, daß das Glück vorbei sei. Aber gibt diese Stimme eine Antwort?
»Ich bin auf Gott hin, und Gott ist die Liebe.«
Kann die Liebe Gottes ihm nicht den Kelch der Bitterkeit unstillbaren Heimwehs nach dem vertanen Glück reichen? Wie eine Betäubung bemächtigt sich die ungelöste Frage seines zarten Gemütes und seines überwachen Geistes. In dieser Nacht flieht der Schlaf seine Augen. Sie starren unverwandt ins Dunkel. Die Stille verdichtet sich zu der einen Frage:
»Bin ich Hermann von Reichenau?«

Lumen Christi

Beim Anblick des Siechen runzelt Magister Cheirisophos die Brauen. »Warum seid Ihr heute morgen nicht ins Bad gekommen?« fragt er und haucht in seine Hände. Härter als die Aachener empfindet der Mann aus dem warmen Hellas die Kälte des feuchten Vorfrühlingstages. »Ich habe vergeblich auf Euch gewartet. Und wie seht Ihr wieder aus, wie ein Gespenst!«
Dunkle Ringe lassen die Augen des Gelähmten größer erscheinen. Im grellen Mittagslicht wirkt sein hageres Antlitz geisterhaft blaß. Seine Lippen sind blutleer, und seine Hände zittern heftiger als gewöhnlich. Aber seine Stimme klingt ruhig, fest und beinahe heiter.
»Ihr braucht im Bad nie mehr auf mich zu warten, Magister. Ihr wißt am besten, daß sich keine Genesung erreichen läßt. Was für mich geschehen konnte, ist geschehen. Im übrigen bin und bleibe ich gelähmt.«
Cheirisophos erblaßt, will beschwören und beteuern. Das hat er so bald nicht erwartet.
Hermann hebt die zitternde Rechte. Die Geste entbehrt jedes Vorwurfes, jeder Feindseligkeit. »Laßt gut sein, Magister. Sprecht nicht vom Gewesenen. Es war herrlich, eine Weile hoffen zu dür-

fen. Nein, ich zürne Euch nicht, wenn Ihr mir zuviel Hoffnung gemacht habt. Ihr habt das Menschenmögliche getan, um meine Schmerzen zu lindern und meine engen Fesseln zu lockern. Dafür danke ich Euch von ganzem Herzen. Bitte sagt nichts! Ich bin Euch nicht gram, weil Ihr mir damals die Wahrheit vorenthalten habt. Wahrscheinlich hätte ich sie nicht einmal ertragen können. Alles mußte so sein, so kommen ... Umweg ...«

Das Antlitz des jungen Menschen verliert seine Heiterkeit. »Einen anderen Vorwurf kann ich Euch nicht ersparen!«

Einen anderen Vorwurf? War das nicht seine Schuld, daß er Hoffnung auf Heilung erweckt hatte, obwohl es nur Linderung gab; daß er vom Gehen gesprochen, obwohl nur eine qualvolle Kriecherei mit Hilfe der Krücken möglich war?

»Ihr habt mich betrogen, Magister Theophilos!«

Wie unter einem Schlage zuckt der Arzt zusammen. Theophilos! Warum nennt ihn Hermann erstmals bei seinem halbvergessenen Taufnamen, bei seinem bewußt vergessenen Christennamen? Und wie soll er ihn betrogen haben, wenn nicht durch die Vorspiegelung einer möglichen Heilung? Unsicher sieht er den Gelähmten an. Der antwortet ihm mit dem gereiften, offenen Blick eines Mannes. Das ist nicht mehr der Knabe, den er überreden und mit einigem Geschick in die gewünschte Richtung bringen kann.

Hermann von Altshausen hat, auf dem Wege zu sich selbst, sein Geschick in seine eigenen Hände genommen. Er hat sich sein Urteil gebildet mit der Klarheit seines durchdringenden Verstandes. Worauf will er hinaus? Der Arzt fühlt sich in dieser Ungewißheit äußerst unbehaglich.

»Ihr waret mein Arzt, Magister Theophilos, aber Ihr hattet zugleich, mehr als gemeinhin ein Arzt, meinen Geist und meine Seele in Eurer Macht. Lange war ich Eurem Einfluß ausgeliefert, durch mein Vertrauen zu Euch wehrlos ausgeliefert, zumal ich hier meines geistlichen Führers entbehren mußte. Ihr habt mir nie von Gott gesprochen.«

Die Worte sind leidenschaftslos gesprochen und doch eine furchtbare Anklage.

»Bin ich ein Priester?« begehrt Cheirisophos in törichtem Verteidigungsversuch auf.
»Nein, Ihr seid kein Priester, Magister Theophilos«, stellt Hermann gelassen fest. Schon wieder nennt er diesen Namen! Ist es nicht unerträglich heiß im Gemach? Der Arzt möchte die Fenster aufreißen, aber er bleibt sitzen, geduckt, der Stimme des andern und seiner ruhigen Unerbittlichkeit preisgegeben.
»Aber Ihr habt Euch priesterliche Rechte angemaßt. Ihr wieset mir einen neuen Kult zur Verehrung neuer Götter . . . Wissenschaft und Kunst. Ihr zeigtet sie mir, losgelöst vom Ewigen, als absolute Werte, und Ihr maltet mir eine scheinbar heile und helle Welt ohne Gott aus. Ein solches Weltbild ist Lüge, ist furchtbarer Betrug. Es besteht die große Gefahr, daß ein junger, unerfahrener, nach dem Leben hungernder und dürstender Mensch in dieser Scheinwelt ohne Gott sein Genüge findet und an diese Fata Morgana glaubt. Dann wird er in der wasserlosen, unfruchtbaren Wüste einer Welt ohne Gott elend zu Grunde gehen. Betrug, Magister, oder Traum? Traum eines Stolzen, eines Geistes, welcher der Versuchung der dunklen Engel erlag, weil er sich nicht beugen, nicht demütig anbeten will? Non serviam! Magister Theophilos, gestehet mir eines: glaubt Ihr etwa an eine heile und helle Welt ohne Gott?
Ihr schweigt. Das sagt genug. Aber Ihr wollt an sie glauben. Ihr redet sie Euch ein, diese Scheinwelt, dieses Wunschbild Eures Stolzes. Ihr macht Euch selbst heimatlos, weil Ihr einer Gaukelei nachlauft. Ihr beraubt Euer Leben des einen und einzigen Sinnes und Wertes. Dabei leidet Ihr unter Eurem Stolz und Eurer selbstgewählten, unfruchtbaren Einsamkeit, Ihr Wanderer in der weglosen Wüste, weil Ihr den Weg verschmäht habt.«
Die Erstarrung des Griechen löst sich. Hermann hat ihn erkannt und zutiefst getroffen. Nun wehrt er sich heftig und begreift nicht einmal, daß gerade sein Aufbegehren die Aussage des Gelähmten bestätigt. Nicht mehr der Freund spricht zum Freunde. Mit feindseligem Glitzern in den schwarzen Augen fährt er den Siechen an: »Und wenn es so wäre, Graf von Altshausen? Was geht Euch das an? Was hat Euch zu bekümmern, wie es in mir aussieht?

Erspart Euch bitte dies Bemühen um meine ›Seele‹, deren Vorhandensein ich bezweifle. Mir ist meine Welt genug. Ich bedarf der Euren nicht, und ich wünsche, versteht Ihr, ich wünsche keinerlei Angebot aus ›apostolischer Gesinnung‹! Meinetwegen liebt die Schlinge, mit der die Kirche Euch bindet. Ich liebe meine Freiheit, die Freiheit dessen, der sich keinem Gotte beugt.«

Keuchend hält er inne. Rasch fällt Hermann ein: »Begreifet wenigstens, daß nur Dankbarkeit und Zuneigung mich solch offene Rede wagen ließen, Magister Theophilos ...« Die Stimme des Gelähmten ist von verhaltener Trauer erfüllt. »Was sollte ich sonst für einen Beweggrund haben? Ihr tut mir unendlich leid, denn Ihr seid nicht frei. Eure Seele verkümmert, gefangen im engmaschigen Netz Eures Stolzes. Und sie muß nach der Freiheit in Gott hungern und dürsten, wie es die meine getan hat, als sie sich nur in der Welt der Wissenschaft beheimatet glaubte. Ihr bringt Eurer Seele manches, Tand und Wertvolles, aber Ihr verweigert Ihr das Eine, das eine Notwendige ... Ihr seid auf Gott hin, und Gott ist die Liebe ... Wenn dieser Bezug fehlt, ist alles, auch Eure geliebte Wissenschaft und Kunst, Torheit, Bruchstück, Torso und Fragment. Unser Leben wäre eine erbärmliche Sinnlosigkeit und nicht wert, gelebt zu werden, würde es nicht über das irdische Dasein hinausweisen und sich vollenden. Auf Gott hin, aber nur auf Gott hin, hat auch mein Dasein einen Sinn, das Leben eines bresthaften Krüppels.«

Eine Bitte, ein Werben und Flehen, ist durch die letzten Sätze geklungen. Aber der Arzt verweigert dem Anruf den Einlaß. Sein Antlitz bleibt verschlossen, seine Stimme klingt abweisend. Er erhebt sich.

»Herr Graf, wir sprechen zweierlei Sprache. Schade! Ich nehme an, daß Ihr meiner nicht mehr bedürfet.«

Er verbeugt sich leicht und geht zur Türe, ohne dem Siechen die Hand zu reichen, ohne sich noch einmal umzuwenden. Sein Weggang gleicht einer Flucht.

»Ich bedarf Eurer nicht mehr, aber ich bleibe Euer Freund«, ruft Hermann ihm nach. Als die Türe hinter dem Griechen ins Schloß fällt, weiß der Zurückbleibende, daß damit ein Abschnitt seines

Lebens beendet ist. Heißt der nächste wieder »Reichenau«? Wird ihm vergönnt sein, wieder an jener Stätte zu weilen, aus der sein Wesen ein Jahrzehnt lang seine Nahrung bezog, und in der es immer verwurzelt blieb? Eine Antwort ist ihm nicht geworden. Er ahnt zwar, daß die Lösung nahe bevorsteht, und er ersehnt sie mit der ganzen Kraft und Lauterkeit seiner Liebe.
Der Bruch mit Cheirisophos schmerzt. Ohne weiteres löst er sich nicht von einem Lehrer, der ihn jahrelang zu leiten und zu begeistern vermochte. In diesen Wochen führt er manches gute Gespräch mit Arnulph von Rahnwyl. Dennoch wagt er nicht, den letzten Schritt zu tun. Einige Male legt er ein Pergament zurecht und nimmt die Gänsefeder in die Hand. Er will Herrn Berno schreiben und um die Erlaubnis zur Heimkehr bitten. Aber er schreibt nicht. Er spürt, daß ihm etwas Wesentliches fehlt. Er darf die Bitte noch nicht stellen.
»Betet für mich, Frau Veronika«, sagt er am Karfreitag vor dem Gottesdienst. »Ohne besondere Gnade Gottes weiß ich nicht mehr weiter. Ich möchte gerne Seinen Willen tun, aber nun sind meine Augen gehalten.«
»Ihr verlanget nicht mehr nach der Heilung, Hermann?«
»Nein, Frau Veronika, ich bitte nurmehr um das Erkennen dessen, was Gott von mir will. Zu meinem Anders- und Ausgesondertsein habe ich mein Ja gesagt.«
Da legt sie ihre welken Hände gütig auf die seinen. »Ihr werdet erkennen, Hermann. Und Gottes Liebe wird Euch tragen, weil Ihr nicht mehr die Heilung begehrt.«

Hat sich Frau Veronika in ihrer Voraussage geirrt? Müde und mißmutig wohnt der Sieche dem Gottesdienste bei. Beim Passionsbericht des Apostels Johannes rührt ihn keines der Worte innerlich an. Er fühlt nur seine Schmerzen, ist kraftlos und verdrossen. Der ergreifende Bericht gibt ihm so wenig, als würden sie die Geschichte eines völlig Fremden verlesen. Er erschrickt zutiefst über seine Kälte und teilnahmslose Erstarrung. Wo ist das Hoffen und Sehnen der letzten Wochen geblieben, das Ringen und Ausschauen nach dem Herrn?

Zwischen Gott und ihm ragt eine unübersehbare Mauer auf. Er fühlt nichts und sieht nichts. Er ist ganz Ohnmacht. Da löst sich aus seiner Schwäche und Verkrampfung ein Gebet wie ein Schrei. Aus der Tiefe seiner neuen Not steigt es brandend empor mit der Wucht innerer Bedrängnis: »Herr, erbarme Dich meiner!«
Und die Mauer stürzt ein. Vor dem Herrn fleht ein Mensch, tiefgebeugt im ganzen Elend menschlicher Not, um Erbarmen. Seine Seele neigt sich bis in den Staub angesichts der Größe Gottes und der eigenen Unwürdigkeit und Ohnmacht.
»Herr, erbarme Dich meiner!«
Sein Gebet findet keine anderen Worte.

Da stimmt der Chor die Improperien an: »Popule meus, quid feci tibi?« Mein Volk, was habe Ich dir getan? . . . Schmerzvoll hallen die Heilandsklagen durch den Kaiserdom zu Aachen. Die Gläubigen lauschen ergriffen, aber niemand wird so von ihnen getroffen wie Hermann von Altshausen. Keine Mauer schützt ihn mehr vor dem Kommen Gottes . . .
Christus fragt ihn: »Was hätte Ich mehr tun sollen und tat es dir nicht? Als Meinen auserlesenen Weinberg pflanzte Ich dich an. Aber wie bist du Mir bitter geworden.«
Wie in einer Schau erfaßt Hermann die Begnadung seines Lebens, die Gaben Gottes an ihn, die Fülle der Gaben Gottes. Hätte sich ohne die Lähmung dem Sohn des Altshauseners je ein Klostertor öffnen dürfen? Auch die Lähmung ist Gabe.
»Herr, Du gabest mir immerfort, alles, alles, aber ich haderte mit Dir. Du gabest mir die Augia, und ich wollte fort. Ich ward Dir bitter, lehnte mich gegen Dich auf, wollte Dich vergessen, floh vor Dir. Ich ward Dir bitter. Herr, erbarme Dich meiner!«

Und der Chor nimmt den Ruf um Erbarmen auf und singt in griechischer und lateinischer Sprache: »Heiliger Gott, heiliger, starker Gott, Heiliger, Unsterblicher, erbarme Dich unser.«
Dann klagt es durch den Kirchenraum: »Du hast Mich in Meinem Durste mit Essig getränkt, und du hast deinem Erlöser mit der Lanze die Seite durchbohrt . . .«

Und Hermann nimmt die Klage an, als habe der Herr sie ihm gesagt. »Ja, Herr, der Essig für Deinen Durst waren meine Klagen und Anklagen, Launen und Härten, meine Enge und meine Empfindlichkeit. Die Lanze, die Dein Herz durchbohrte, ward geschmiedet durch meinen Mangel an Vertrauen, an Glauben, meinen Zweifel an Deiner Liebe. Herr, erbarme Dich meiner!«
Der Chor singt. Aber Christus steht vor Hermanns Seele. Und die Worte »Antworte Mir!« sind Seine Aufforderung an ihn ...
Jäh überfällt den Gelähmten eine Erkenntnis von schneidender Helle und betäubender Wucht.
»Mein Leiden, mein Siechtum ist Anteil am Kreuze des Herrn.«
Mehr kann er nicht denken, gar nichts anderes mehr, nichts. Er kann nur still ausharren, geblendet vom neuen, überhellen Licht, das schmerzt und beglückt, beschämt und tröstet ... und lautere Gnade ist.

Auf dem Wege zum Hause der Rahnwyls schweigt er, noch blasser und in sich gekehrter als sonst. Daheim schickt er den Diener fort, nachdem er ihm bedeutet hat, daß er in dieser Karfreitagsnacht nicht zur Ruhe gehen werde. Walter würde lieber bei ihm bleiben, aber sein Widerspruch erstirbt beim Anblick der fernen Augen, die an ihm vorbeisehen. Er zündet eine Kerze an und schleicht davon.
Kaum hat sich die Türe hinter ihm geschlossen, da rafft der Gelähmte sich auf. Er greift nach seinen Krücken. Erst nach wiederholten Versuchen kann er sich erheben. Die große Anstrengung treibt ihm den Schweiß auf die Stirne. Merkt er es überhaupt? Langsam schiebt er sich vorwärts zum Kreuz. Vor Jahren hat er auf dieses Kreuz gestarrt, ein Stück gelbes Tuch in den Händen, und bittere Worte der Anklage geschrien. Könnte er jetzt niederknien! Er stellt sich vor das Kreuz, schwankend und zitternd auf seinen Krücken. Er stellt sich dem Kreuz.
Gott ist die Liebe. In dieser Karfreitagsnacht vor dem Kreuze versteht er, soweit dies einem Menschen überhaupt gegeben sein kann, was es um die Liebe Gottes ist, um die erbarmende Erlöserliebe zu ihm, dem Hermann von Altshausen. Und der Herr läßt

ihn erkennen, daß sein Lahmsein, seine Pein, seine Schmerzen und sein Ausgesondertsein mehr sind als Last. Sie sind Anteil an Seinem Kreuze und somit Gnade und Angebot. In dieser Stunde vernimmt er die Frage Gottes in seinem Leiden:
»Hermann, Sohn des Wolfrad, liebst du Mich, und bist du bereit, mit Mir die Welt heimzuholen in die Liebe des Vaters durch dein liebendes Leiden?«
Da birst das letzte Eis in seiner Seele. Frei, von allen Fesseln gelöst, fließt der Strom dahin.
»Ja, Herr, ja! Ich möchte Dich lieben ...«
Neues Leben, Neuwerden in Christus ... der letzte Mosaikstein ist eingefügt. Das Bild zeigt Christus, den Herrn. Christus ist das Leben, das allumfassende Leben.
»Christus ist mein Leben!«
Das innere Glück droht die arme Hülle des siechen Körpers zu sprengen. Hermann hebt die zitternden Hände empor.

Am anderen Morgen findet Walter den Gelähmten auf den kalten Steinplatten, gerade unter dem großen Kreuz. Vorsichtig hebt er ihn auf und trägt ihn auf sein Lager. Hermann öffnet mühsam die Augen.
»Herr, habt Ihr starke Schmerzen?«
Die blutleeren Lippen versuchen ein Lächeln. »Mach dir keine Sorgen, Guter. Das geht vorbei, und wir kehren heim«, flüstert er. In den blauen Augen steht ein Ausdruck, den sich der Diener nicht erklären kann. Wie sollte er auch jenen Frieden verstehen, den die Welt nicht zu geben vermag; und jene Freude, die inmitten der Trübsal das Herz mit Jubel erfüllt? Die körperlichen Qualen sind furchtbar, aber er ist glücklich und geborgen in der Freude und im Frieden Christi.
Frau Veronika betrachtet besorgt die wächserne Blässe seines Gesichtes. Er sucht sie zu beruhigen. Aber sie schickt den Diener nach Cheirisophos aus und wacht derweil am Bette des Kranken. Regungslos liegt Hermann da, die Augen geschlossen. Er muß heftige Schmerzen haben, wie ein Zucken seiner Lippen verrät.
Einmal flüstert er. Sie beugt sich zu ihm nieder. »Meine Frau

Mutter . . .«, versteht sie, »meine Frau Mutter braucht nicht mehr traurig zu sein . . . Dank für Euer Gebet.«
Da weiß sie, daß er vollends zu Gott und zu seiner besonderen Berufung gefunden hat.
Gegen Abend bringt Walter den Magister herbei. Er hat ihn in der ganzen Stadt suchen müssen und ihm lange zugeredet, bis er bereit war, mit zum Hause derer von Rahnwyl zu kommen. »Nein, Euer Herr bedarf meiner nicht mehr«, hat er ablehnend gesagt. Schließlich hat er sich dem starren Trotz des treuen Dieners gebeugt und ihn widerwillig begleitet.
Beim Scheine mehrerer Kerzen untersucht er den Kranken. »Wie konnte das nur geschehen?« fragt er gereizt, als er die blutunterlaufenen Schwellungen gesehen hat, die zahlreiche Stellen des armen Leibes verunstalten; zudem ist der rechte Knöchel gebrochen.
»Es mußte geschehen«, haucht die schwache Stimme des Siechen als einzige Erklärung.
Unwillig hält der Arzt mit dem Verbinden inne. »Ihr sprecht in Rätseln, Graf Hermann. Nun, jedenfalls bezahlt Ihr dieses geheimnisvolle ›Muß‹ mit einem langwierigen und schmerzreichen Krankenlager. Ein allzu hoher Preis, nicht wahr?«
»Nein . . . ein allzu niedriger, Magister . . . Theophilos. Allzu niedrig. Ich . . . habe . . . das Leben . . . ge . . . funden, den . . . letzten Stein . . . zum Mosaik.«
Darum leuchten die Augen des Schmerzgequälten so unerträglich und überglücklich! Neid überkommt den Magister. Ein Glück, das über die Qualen des Körpers zu triumphieren vermag, muß riesengroß sein. Instinktiv ahnt er, daß dieses fremde Glück für ihn eine Gefahr bedeuten könne.
»Ach«, bemerkt er darum in verletzendem Spott, »wirklich? Und welch herrliches Bild hat sich nun vor Euch enthüllt?«
Der Kranke sieht ihm eine Weile stumm in die dunklen, unruhigen Augen. Dann gibt sein Mund Zeugnis, wenn auch nur flüsternd und stockend, leise wie ein Hauch. Der Grieche muß sich niederbeugen, und er tut es mit einer ihm selbst unverständlichen Hast.

»Freund . . .«
Diese Anrede entwaffnet den Arzt und erschreckt ihn zu gleicher Zeit.
»Freund, ich bin... glücklich... geborgen... reich. Das Leben... unser Herr Jesus Christus... Er ist... das Leben... mein Leben.«
Erschüttert blickt der Grieche auf den Gelähmten. Wirkt sein Zeugnis nicht wahr, nicht glaubhaft, da er es freudig gibt in einem Zustand äußerster Schwäche? Besitzt Hermann von Altshausen nicht eine wunderbare Freiheit? Sein Geist hat über den armen Körper gesiegt. Die gelähmten Glieder tragen enge Fesseln, aber sein Geist erhebt sich in Freiheit über Not und Pein, über Schwäche und Versagen.
Cheirisophos spürt, daß sein Spott sich in Ehrfurcht wandelt, in Ehrfurcht vor einem einmaligen Sinn dieses Daseins. Lange steht er vor dem Bette, seltsam ratlos und verstört. Schließlich murmelt er: »Verstehen kann ich Euch nicht, Hermann. Aber ich freue mich für Euch, daß Ihr eine Heimat gefunden habt.«
Da öffnet der Leidende die Lider, die sich vor Schwäche geschlossen hatten, und lächelt.
»Die Heimat . . . ja . . . die Heimat . . . meine und . . . Eure, Freund. Ihr versteht mich . . . nicht . . . noch nicht. Ich . . . weiß. Aber ich gehe . . . Euch . . . nach, verlasse . . . Euch . . . nicht. Bis Ihr auftut . . . nur Schale . . . Schale . . . sein wollt . . . für das Öl . . . aus dem Krug . . . Er ist Licht . . . Er gibt . . . Euch Licht. Ihr seid . . . auf . . . Gott hin. Das . . . das . . . ist auch . . . Euer Glück. Es . . . gibt Glück . . . Christus . . . Eure Freiheit . . . Eure Heimat . . . Theophilos.«
Stumm verneigt sich der Arzt vor dem blassen, aber von innen heraus leuchtenden Antlitz, vor der ihm unfaßbaren Freude und Seligkeit. Er nimmt die zitternde Rechte, die schwach nach ihm tastet, und kann nichts sagen. Was hätte er diesem Hermann von Altshausen noch zu geben? Der Gelähmte blieb Sieger. Soll er, der Besiegte, sich von ihm beschenken lassen? Er weiß nicht, ob er sich beschenken lassen will.
Walter bringt ihn zur Haustüre. »Wird der Herr leben?« forscht er in banger Sorge.

»Euer Herr lebt. Er fängt jetzt erst an zu leben, Walter«, erwidert der Grieche und geht hinaus in die Nacht.
Der Magister Theophilos Cheirisophos geht hinaus in das Dunkel der Osternacht, die sich über die Kaiserstadt Aachen senkt, tiefes schwarzsamtnes Dunkel ohne Sterne. Er geht durch die Nacht.
Bald wird ein Licht diese Nacht erhellen, »Lumen Christi«. Und der Diakon wird im Exsultet das Lob dieser wahrhaft heiligen Nacht verkünden, der Nacht, da der Tod vor dem Leben weichen mußte; der Nacht, da Christi Licht siegreich das Dunkel überwand.
»Lumen Christi! Deo gratias!«
Magister Theophilos Cheirisophos geht durch die Nacht.

4 DAS LIED

Heimkehr

Schwerfällig rumpelt der Wagen über die ausgefahrene Straße. Der Fahrer brummt mißvergnügt vor sich hin. Warum muß er einen solchen Umweg machen und über dieses Fischerdorf Allensbach fahren? Warum will der gnädige Herr unbedingt von dort aus zur Insel Reichenau übersetzen? Und warum dieser Aufbruch in aller Herrgottsfrühe, noch vor Sonnenaufgang?
Aber trotz seines Unmutes weiß der Mann, daß gegen den Willen des jungen Edelmannes nichts auszurichten gewesen wäre. Die verwachsene Gestalt im losen schwarzen Gewand sieht zwar erbärmlich und mitleiderregend aus, doch die blauen Augen haben einen klaren, fordernden Blick.
Hermann hat das bequeme Lager verschmäht, das Walter ihm im Wagen bereitet hat. Er kauert auf der harten Bank, von seinem Diener gehalten. Er will das Land sehen. Mit weiten Augen, brennend von der durchwachten Nacht in einer schlechten Herberge, blickt er umher. Er sagt nichts. Das wundert Walter nicht mehr. Seit sie von Aachen aufgebrochen sind, hat Hermann wenig gesprochen. Die Beschwerden der Fahrt hat er ruhig und heiter ertragen. Dabei ist er innerlich nicht so gelassen. Eine steigende Spannung hat sich seiner bemächtigt.
Wie wird Abt Berno ihn aufnehmen? Gott hat in unbegreiflichem Erbarmen trotz seiner Untreue Sein Ja zu ihm gesagt. Ist Herr Berno verpflichtet, das nämliche zu tun? Gewiß, er hat damals den Knaben in die Welt, in das Leben, hinausgeschickt. Aber hat er es nicht nur getan, weil das Drängen des jungen Menschen kein längeres Verweilen in der Abtei zuließ?

»Wie wird Abt Berno mich aufnehmen?« hat er Arnulph von Rahnwyl gefragt, nachdem sich der Bote mit seinem Briefe auf den Weg zur Augia gemacht, mit der Bitte, heimkehren zu dürfen.
»Wie ein Vater«, hat die gütige Antwort des Greises gelautet.
Wie ein Vater? Abt Berno ist ihm in dem Jahrzehnt auf der Reichenau ein Vater gewesen, der es bei aller Güte nie an jener Strenge, an jener Offenheit fehlen ließ, die schmerzliche Wahrheiten und ernsten Tadel aussprechen kann und dennoch Liebe ist.
»Wer einem Menschen helfen will, der muß ihm die Wahrheit sagen, auch wenn sie bitter ist, damit er zu sich selber komme«, hat ihm Frau Veronika mit auf die Fahrt zur Augia gegeben, als er sich bei ihr für ihre Hilfe bedankte. »Einmal, so schien es mir, habt Ihr mir meine Worte sehr verübelt, Hermann, nicht wahr?«
»Damals wollte ich Euch nicht verstehen, Frau Veronika, aber Eure Worte lebten insgeheim in meinem Innern fort, sie wirkten weiter und waren da, als Gottes Stunde kam. Ich habe Euch viel zu verdanken ...«
Hermanns Gedanken lösen sich von der mütterlichen Frau und wenden sich dem Magister Cheirisophos zu. Sobald er auf dem Wege der Besserung war, hat er ihn nicht mehr zu Gesicht bekommen. Er hat gespürt, daß der Arzt ihn floh und in ihm den Herrn. Darum hat er viel und innig für ihn gebetet. »Es geht das Gerücht, Cheirisophos wolle Aachen verlassen ...« hat Herr Arnulph ihm vor der Abreise berichtet. Wie dem auch sei, möge Gott dem Magister Theophilos Cheirisophos gnädig sein, damit er sein falsches Weltbild aufgebe und anbetend die Knie beuge und so seinem eigenen Wesen gerecht werde ...
»Ich bin auf Gott hin, und Gott ist die Liebe.« Stammt dieser aufrichtende und beglückende Satz nicht vom Abt der Augia? Vom Vater Abt ... Vater? »Er wird mich wie ein Vater aufnehmen?« Dem Siechen steht sein leiblicher Vater vor Augen: Graf Wolfrad II. von Altshausen. Vater? Er erinnert sich an das Entsetzen in den Augen seines Vaters beim Anblick des kleinen Krüppels, an seine Ungeduld über sein Unvermögen und seine Langsam-

Das Münster zu Reichenau / Mittelzell mit Gnadensee

keit, an sein Unverständnis für seine feinsinnige Wesensart. Ein völlig nutzloses Geschöpf war er durch die Lähmung in den Augen seines Vaters geworden, gerade gut genug, um ein Mönch zu werden.

Vater Abt? Wie ein Vater? Er wird sich dem Urteilsspruche des Herrn Berno fügen, wie er auch ausfallen mag. Er wird ihm rückhaltlos von seinem beschwerlichen und gefährlichen Umweg berichten, von seinen törichten und schuldhaften Versuchen, das Leben zu ergreifen.

Hermann ist kein finsterer Grübler. Er hat den Frieden gefunden, aber er weiß, daß er damals, als er das gelbe Tuch kaufte, einen Bruch mit der Abtei Maria von der Au vollzogen hat. Er wird dem Vater Abt alles bekennen. Im tiefsten hat er immer um seine Berufung gewußt, auch damals, als er der Frau Veronika ungestüm zurief, daß er auf die Auserwählung verzichte. Er hat den Herrn verleugnet.

Die Morgenkühle läßt ihn frösteln. Sorgsam zieht Walter den Mantel fester um seine Schultern. Wie blaß ist der Herr heute wieder, und wie unheimlich groß und fiebrig glänzen seine Augen!

»Geht es Euch schlecht, Herr? Sollen wir eine Rast einlegen?«

Beruhigend lächelt der Sieche ihm zu. »Nein, mein Guter. Zudem haben wir keine Zeit zu rasten. Weißt du, der verlorene Sohn hat einiges Herzklopfen, wenn er endlich heimkehrt.«

Seine Lippen zucken ein wenig bei diesem Bekenntnis. Würde es angehen, hätte Walter seinen Herrn getröstet und ihm seine breite Rechte beruhigend auf die mageren Hände gelegt, die zitternd auf dem Schoße hin und her tasten.

Grauen Schattengebilden gleich umsäumen die Bäume den holperigen Weg. Die Morgenluft ist von einer sauberen Kühle, die an einen Trunk frischen Quellwassers erinnert. Dumpf stampfen die Hufe der beiden Pferde; mürrisch knarren die Räder. Vögel zwitschern im Geäst, halblaut und verschlafen.

»Und ich habe einmal gedacht, nur im Lärm sei Leben. Wieviel Leben west in der Stille.«

Hermann wünscht, er könne sich aus dem Wagen heben lassen,

um das glatte Stammholz einer Buche zu betasten, den Holzruch einzuatmen und sich so seiner Heimkehr vergewissern. Er hat die Bäume immer geliebt und in der Stadt vermißt. Wie stark und stetig wachsen sie nach oben, reich und schön in der grünen Fülle ihres Blattwerks im Sommer; Aufleuchten und Aufflammen der Farben im Herbst, zartes Filigranwerk der Zweige im Winter und weiches Knospen im Frühjahr. Stunden einsamer Lernzeit hat der lahme Knabe im Binnenhof der Abtei verbracht unter der alten, breitästigen Linde. Er hat die Sonnenkringel am Boden verfolgt, die im Auf und Ab des Blattwerks schwankten und tanzten. Er hat dem vielstimmigen Vogellied und dem Summen der Insekten gelauscht. Wenn die Tiere schwiegen, sang der Baum seine eigene Melodie. Dann rauschte, raschelte, wisperte und flüsterte es in den Blättern. Ob die alte Linde noch steht? Ob er den Buchenwald im Westteil der Insel wiedersehen wird? Und die alte, knorrige Weide am Ufer?

»Ich will zu der Weide gehen. Von dort begann eigentlich mein Weg nach drüben, mein Weg in die Welt, mein Umweg. Wie ein Gekreuzigter habe ich in ihren Ästen gehangen, aber ich wollte Kreuz und Opfer nicht. Mein Herz war voller Stolz und Fluchtgedanken.«

Gerade rumpelt der Wagen aus dem Wald. Der Fahrer weist mit dem Peitschenstiel nach vorne. »Allensbach«, knurrt er, ohne die Zähne voneinander zu lösen. Niedrige Häuser ducken sich ans Seeufer.

In freudiger Erregung hebt Hermann seine Hände an die Brust. Vor ihm schimmert in weichem Morgenlicht der Gnadensee. Heimwehkrank hat er sich in den Jahren des Fernseins nach ihm gesehnt, nach der glänzenden Wasserfläche, die wie in einer Schale zwischen den Ufern ruht, einer Schale, die sich offen dem Himmel darbietet und ihn widerspiegelt. Der Sieche läßt seinen Blick über das Wasser gleiten, hinüber zum anderen Ufer, zur Augia.

Noch weben die Dunstschleier des Frühmorgens geheimnisvoll um die Insel Reichenau, um ihre Mauern und Zinnen, um ihre

Dächer und Türme. Am Himmel steht ein letzter Stern, strahlend und groß.
»Da sie den Stern sahen, empfanden sie eine überaus große Freude ...«
Der Stern über der Augia, der Stern über der Abtei.
»Und da drinnen werde ich das Kind finden und Seine Mutter.«
Die Freude droht den schwachen Leib des Gelähmten zu überwältigen. Walter spürt sein Zittern und hält ihn fester. Hermann weiß nicht darum. Er schaut und schaut. Sonne goldet das vertraute und lange entbehrte Bild seiner geliebten Heimat. Der See leuchtet auf, und die Gebäude, die Bäume und Büsche auf der Insel heben sich nun deutlich hervor. Von ferne, wo die Insel in Richtung Konstanz endet, grüßt der strenge Karolingerbau der Kirche St. Georg, der Hattozelle. An der Nordwestspitze der Insel ragt die Kirche St. Peter und Paul in den hellen Morgenhimmel, die Kirche des Bischofs Egino von Verona. Der Blick des Siechen bleibt auf dem Münster und den Klosterbauten in der Mitte der Insel haften, der Gründung des heiligen Wanderbischofs Pirmin. Die Bauten liegen so nahe am Gnadensee, daß sie sich im Wasser spiegeln. Aus dem lieblichen Spiel der Formen und Konturen im zarten Zwielicht des Frühmorgens wird strenger und grauer Ernst. Wie ein Anruf, der an ihn ergeht, wie eine unausweichliche Forderung, kommt ihm jetzt die Abtei vor. Sein Herz pocht in hastigen, unregelmäßigen Schlägen. Doch er wird der Forderung nicht ausweichen, und sie wird ihn ganz und für immer ergreifen. Seine Hände werden feucht. Schweiß perlt von seiner Stirne. Seine Natur fürchtet sich vor dem, was auf sie zukommt, wenngleich sein Wille es bejaht. Noch einmal steigt jäh die Versuchung in ihm auf, sich der etwaigen Demütigung einer Absage durch Herrn Berno gar nicht erst auszusetzen. Soll er sofort weiterfahren nach Altshausen oder zu seiner Schwester Irmingard und deren Ehegemahl ...
»Nein!« ruft Hermann plötzlich so laut, daß die Pferde ihre Ohren spitzen. »Nein!« Seine Hand bezeichnet Stirn, Mund und Brust mit einem Kreuzzeichen. Drüben auf der Insel beginnen die Glocken zu läuten.

»Adjutorium nostrum in nomine Domini, qui fecit caelum et terram . . .«
Der Wagen hält am Seeufer. Einige Fischer flicken dort ihre Netze. Ruhige Blicke streifen das Fuhrwerk und den verwachsenen Mann im Arme des Dieners.
»Kann einer von euch uns zur Reichenau übersetzen?« fragt Hermann freundlich.
Wortlos erhebt sich ein älterer Mann und geht voraus zu seinem plumpen Kahn. Der Sieche bleibt im Wagen, während Walter und der Fahrer die Bündel zum Boot tragen. Seine Augen lassen die Abtei nicht los. Langsam wandern seine Blicke über die Gebäude, betrachten jeden Mauervorsprung, jedes Sims, jedes Fenster wie die Züge eines geliebten Antlitzes. Der Erweiterungsbau des Marienmünsters, das Westwerk, ist gewachsen. Stattlich reckt sich der stumpfe Würfel des Turmes empor, flankiert von zwei doppelgeschossigen Vorhallen. Hermann weiß, daß Herr Berno diesen Bau liebt, der eine neue, dem heiligen Markus geweihte Kirche darstellen wird.
»Herr, die Sachen sind im Boot. Darf ich Euch hinbringen?« Hermann nickt seinem Diener zu. »Lasse den Fuhrmann hier warten. Es könnte sein, daß wir seiner noch bedürfen.«
Der Kahn neigt sich zur Seite, als Walter mit seiner Last hereinsteigt. Vorsichtig setzt er den Siechen auf eine rohe Holzbank und hält ihn mit starkem Arm. Die Rechte des Gelähmten krampft sich um den Bootsrand. Sein Haupt beugt sich vor. Im hageren Antlitz sind die Muskeln gespannt. Jetzt gibt es kein Zurück mehr.
Der Fischer stößt den Kahn vom Ufer ab. Zischend weichen ein paar Halme zur Seite. Die Fahrt über den Gnadensee beginnt.
Gleichmäßig schlagen die Ruder ins Wasser. Langsam gleitet das klobige Boot über den glatten Wasserspiegel. Der Gnadensee ist klar und tief.
»Ich möchte das Wasser berühren«, bittet der Gelähmte leise. Sogleich biegt Walter ihn behutsam nach rechts, bis er seine Finger in das kühle Wasser tauchen kann. »Danke, Walter!« Hermann segnet sich mit der feuchten Hand. »Wasser vom Gna-

densee«, murmelt er erklärend und wie entschuldigend. Der See, dieses eigenartig stille und friedliche Gewässer, muß dem Herrn viel bedeuten.

Die Insel rückt näher. Die Abtei wächst den Ankommenden entgegen. Sind ihre Mauern und Türme jetzt nicht von drohender und überwältigender Mächtigkeit? Unwillkürlich kauert sich der Sieche im stützenden Arm seines Begleiters zusammen.

»Wovor fürchtet sich mein Herr nur?« überlegt Walter besorgt. Er weiß nicht, wie er ihm helfen kann.

Vor vielen Jahren hat sich auch der kleine Bub Hermann gefürchtet, als er erstmals die Abtei sah. Staunen und Furcht und eine zage Freude hatten das Herz des gelähmten Kindes erfüllt, das im Arme der Frau Hiltrud kauerte, und sogar schon eine scheue Liebe. Die Liebe zur Augia ist geblieben, und sie ist anders geworden, in Leiden und Leid gereift. Er wird Hermann von Reichenau sein, auch wenn sie ihn in der Abtei nicht mehr haben wollen.

Knirschend bohrt sich die stumpfe Nase des Kahnes in den kiesigen Ufersaum. Der Gelähmte läßt sich ins Ufergras setzen. Die Halme sind grün, aber die Bäume beginnen sich bunt zu färben. Seine Krankheit hat ihn lange in Aachen zurückgehalten. Der Knöchelbruch wollte nur langsam verheilen. Über der beschwerlichen Fahrt ist es Herbst geworden. Ob die Trauben in den Weingärten der Augia wohl schon reif sind?

Hermann sieht zu, wie die Männer die Reisebündel ausladen. Fragend wendet sich Walter an ihn: »Sollen wir Euch zuerst zum Kloster bringen, Herr?«

Er verneint entschieden. »Das habe ich mir anders gedacht. Hilf mir aufstehen und gib mir die Krücken.«

»Herr, Ihr wollt gehen? Der Weg ist zu weit für Euch. Zudem steigt er ein wenig an ...«

»Wahrscheinlich hast du recht, Walter. Aber es muß sein. Ein letztes Mal muß ich die Krücken noch gebrauchen ... für meine Heimkehr. Wer stolz auszog, muß demütig heimkommen. Sage ihnen, daß ich unterwegs bin. Komm, guter Freund, hilf mir auf! Bringe mit dem Fischer die Bündel zum Kloster, entlohne ihn reichlich und warte an der Pforte auf mich. Mache nicht solch besorgtes Gesicht. Ich kenne den Weg, den ich gehen muß.«

Bedrückt befolgt Walter die Anordnungen. Er kennt den festen Unterton in der Stimme seines Herrn. Dann duldet er keinen Widerspruch.

Während die beiden Männer mit den Bündeln zum Kloster ziehen, steht der Sieche, schwer auf seine Krücken gestützt, am Uferrand. Heute wirft er keinen Blick nach drüben, zum anderen Ufer. Mühsam arbeitet er sich zu der alten Weide hin. Mehrmals muß er erschöpft innehalten.

»Nennt Ihr das Gehen, Magister Cheirisophos? Nur das Holz bringt mich voran. Fortan wird mir nicht einmal mehr das Holz der Krücken bleiben, um mich darauf zu stützen.«

Hermann spürt, daß dies die letzten »Schritte« sind, die er aus Eigenem tut. Mehr denn je werden fremde Hände ihm behilflich sein müssen. Endlich erreicht er die Weide. Doch wie anders ist alles geworden, seit er zuletzt hier war! In ihm regen sich keine Gefühle des Triumphes, des Trotzes, kein unruhiges Aufbegehren gegen die Fessel des Siechtums, kein Hunger nach dem Leben, keine Bitterkeit. Im Eigentlichen ist er daheim und geborgen.

Kurze Zeit lehnt er sinnend und ausruhend am knorrigen Stamm. Dann beginnt das letzte Stück seines Heimweges. Mit qualvoller Mühe arbeitet er sich zum Weg. Kaum kann er noch die Beine nachziehen. Der schlecht verheilte Knöchel schmerzt. Er fühlt das zunehmende Zittern in Händen und Armen. Sein Blick muß auf der Erde haften, da er Steinen und Unebenheiten sorgfältig ausweichen muß. Wahrlich, dieser Alleingang des Hermann von Altshausen wird zum Bußgang.

Immer wieder muß er eine Pause einlegen, um das rasch pochende Herz zu entlasten und zu Atem zu kommen. Er bemerkt nicht, daß ein Mönch in einem der Weingärten steht und ihn erstaunt betrachtet. Tradolf, der Cellerar, hält mit der Inspektion der Trauben inne. Sieht er recht? Das ist doch der Altshausener, der Hermann! Soll er ihm helfen? Ein Blick in das schweißglänzende Antlitz läßt ihn von seinem Vorhaben absehen. Der muß seinen

Weg alleine machen, weil er es will. Tradolf wendet sich den Trauben zu. Sie versprechen eine gute Ernte ...
Immer langsamer, immer tastender setzt Hermann seine Krücken. Liegt die Klosterpforte nicht in unerreichbarer Ferne? Er hebt den Kopf. Die Mauern sind nah, aber für ihn dennoch weit entfernt. Wird er das letzte Stück des Weges bezwingen? Er führt langsam aufwärts. Ein größerer Stein löst sich unter dem Druck seiner Krücke und springt fort. Beinahe wäre der Sieche gestürzt. Nur mit großer Anstrengung bewahrt er das Gleichgewicht.
Jetzt kann er nicht mehr weiter. Wie soll er die Spitze der Krücke aus dem Loch ziehen? Dazu reicht seine geringe Kraft nicht aus. Könnte er sich nur einen Augenblick an den Wegrand setzen, um auszuruhen! Schwer lastet sein Oberkörper auf den Krücken; wie unter dem Druck einer unsichtbaren Last senkt sich sein Kopf tiefer und tiefer. Gegen die Abtei geneigt, steht er da wie ein Priester, der das Schuldbekenntnis betet; wie der Zöllner im Tempel, der nicht aufzuschauen wagte, aber gerechtfertigt nach Hause ging.
Am Münsterturmbau beginnt das Hämmern und Pochen der Steinmetzen. Der Gelähmte schwankt, als würden ihn die Schläge treffen. Wie lange wird er noch stehen können?
Sein geschärftes Ohr hört Schritte, die sich eilig nähern. Der Betreffende läuft beinahe. Gottlob, Walter kommt, um ihn zu holen! Mit bescheidenem Lächeln will er den treuen Diener um jene Hilfe bitten, die er zuvor nicht gewollt hat.
»Siehst du, ich habe es nicht geschafft«, sagt er und hebt mühsam den Kopf.
Da funkelt und gleißt ein goldenes Kreuz auf schwarzem Gewand.
»Abt Berno, Vater!« stammelt er, die blauen Augen mit dem glückseligen Staunen eines Kindes auf die hochgewachsene Gestalt gerichtet. Furcht und Bedenken sind vergessen. »Vater! Vater!«
Mit der gleichen Liebe wie ehedem umfangen die Hände des Abtes die gekrümmten Schultern des Krüppels. »Hermann, mein lieber Sohn in Christo!«
Der Heimgekehrte vergißt in seinem Glück die Krücken. Er läßt

sie los, weil seine Hände die Rechte des Abtes suchen, aber er fällt nicht. Die Linke des Herrn Berno stützt ihn sicherer als die beiden Buchenstäbe des Magisters Cheirisophos.

»Komm nach Hause, Hermann.«

Nach Hause? Er darf bleiben?

»Habt Ihr meinen . . . meinen Brief erhalten, Vater Abt?«

»Dein Brief kam just zur rechten Zeit, Hermann«, gibt der Abt lächelnd zurück. »Ich wurde langsam ungeduldig, weil ich lange nach dir Ausschau halten mußte.«

»Ihr habt nach mir Ausschau gehalten, nach mir?«

»Ja, glaubst du denn die Augia hätte dich einen einzigen Tag vergessen, mein Sohn?«

Der Sieche fühlt, daß ihn Rührung übermannen will. Doch er wird der Antwort enthoben. Tradolf kommt herbei und begrüßt ihn. Die beiden Mönche bringen ihn zur Münsterkirche. Berno kniet neben dem Stuhl des Lahmen auf den Fliesen. Hermann findet keine Worte. Sein Gebet ist stummer Dank und Jubel. Gott weiß ohnehin, was er Ihm sagen möchte.

Nach einer Weile bringen sie ihn in die Abtszelle und setzen ihn in den gleichen Lehnstuhl, in dem er vor Jahren gekauert, verwirrt und zerschunden, an jenem Abend, an dem Herr Berno entschieden hatte, daß er nach Aachen gehen solle. »Warum habe ich nur die Augia verlassen?«

Der Raum ist unverändert. Wie damals brennt vor dem steinernen Bilde Unserer Lieben Frau ein Öllicht. Neben der Betbank des Abtes steht ein Tonkrüglein mit Öl zum Nachfüllen. Öl im Kruge. Hermann lächelt flüchtig. »Theophilos, ich bin zuhause. Möge auch Euch eine Heimkehr beschieden sein.«

Eine Weile schweigen beide. Abt Berno will dem Siechen Zeit lassen, sich zu fassen. Aufmerksam, mit ruhigem Wohlwollen, betrachtet sein prüfender Blick das magere, gereifte Antlitz. Knabentrotz hat sich in männlichen Ernst verwandelt. Freimütig und bescheiden erwidert Hermann den Blick mit der alten Offenheit und einer neuen Bereitschaft.

»Es ist gut, daß du wieder daheim bist, mein Sohn«, meint der Abt nachdenklich und lehnt sich zurück. Die Jahre haben seinem

Antlitz nichts anhaben können, aber er spürt eine vermehrte Müdigkeit.
»Darf ich Euch danken für Euer Gebet, Vater Abt, dem ich gewiß meine ... Heimkehr zuschreiben muß? Danken möchte ich Euch auch dafür, daß Ihr den verlorenen Sohn so liebreich aufgenommen habt.«
»Den verlorenen Sohn?« Herr Berno schüttelt den Kopf. »Nein, du warest für mich nie ein verlorener Sohn. Ich vertraute auf deine Heimkehr.«
Der Gelähmte sieht auf seine Hände nieder. Haben sie nicht das Leben mit Gewalt in den Griff bekommen wollen? Das, was er für das Leben hielt? Wieviel gefährliche Torheit war in seinem Beginnen!
Ein Bruder bringt einen Becher Inselwein, aber noch während die zitternde Hand den Becher nach kurzem Schluck wieder absetzt, bittet Hermann: »Vater Abt, darf ich Euch berichten? Ich ging, wie meine Frau Mutter geahnt, einen gefährlichen und beschwerlichen Umweg.«
»Erzähle mir, was du erzählen magst, mein Sohn.«
»Ich möchte Euch alles erzählen, Vater Abt.« Schonungslos gegen sich selbst berichtet er über die Jahre in Aachen. Einiges weiß der Abt aus Briefen seines Verwandten, des Edlen von Rahnwyl. Aber erst jetzt erfährt er, wie schwierig und gefährlich die Zeit für den jungen Menschen gewesen ist. Er erlebt seine rastlose Suche nach dem Leben, sein falsches Bemühen, sich der Welt anzupassen, die Torheit mit dem gelben Tuch, die Gier nach Heilung, die Verbitterung und Verhärtung gegen Gott, das Streben nach Wissen und endlich das langsame Erwachen aus dem falschen Traum vom Leben zum wahren Leben.
Der Gelähmte läßt nichts aus. Mit rückhaltloser Offenheit gesteht er seine Schuld, und mit kindlicher Demut erzählt er von seiner Begnadigung. Was geschehen ist, durch ihn und an ihm, legt er in die Hände des Herrn Berno.
Erschüttert verfolgt der Abt den schweren Kampf des Knaben, das harte Ringen, das ihn zum Manne gemacht, und mit großer Erleichterung erlebt er den Durchbruch der Gnade, die Hermann

sein Siechtum in neuem Lichte sehen, verstehen und bejahen läßt.

»Vater Abt, eigentlich brachte Euer Wort die Entscheidung: ›Ich bin auf Gott hin, und Gott ist die Liebe.‹«

»Und ... was soll nun werden, Hermann?«

»Würdet Ihr mir den Weg weisen, Vater Abt?«

»Möchtest du bei uns bleiben?«

»Vater, ich kann mir nichts Schöneres denken und wünschen!«

Das Antlitz des Herrn Berno wird streng. »Aber ich verlange, daß du deinen Diener heimschickst nach Altshausen, Hermann. Du sollst wieder ganz abhängig werden, ganz angewiesen sein auf fremde Barmherzigkeit. Du weißt, daß sie dir nicht immer willig erwiesen wird. Auf der Augia bist du nicht der reiche Graf von Altshausen, der das Recht hat, Ansprüche zu stellen.«

»Hier bin ich der Letzte der Armen Christi«, erwidert der Gelähmte still. Er übertreibt nicht, denn er, der immer auf fremdes Wohltun angewiesen ist, besitzt weniger als der letzte Bettler, wenn er keinen Diener mehr hat, dem er befehlen kann.

»Ja«, der Abt nimmt das Wort auf und wiederholt es mit Nachdruck, »du bist hier der Letzte der Armen Christi ... nicht mehr. Willst du bleiben, Hermann von Altshausen?«

»Ich bitte Euch darum, Vater Abt, wenn die Last meines Siechtums für die Abtei tragbar ist.«

»Mit deinem Bleiben leben alle Verpflichtungen deiner Oblation wieder auf. Du gehörst dir nicht mehr. Du bist Gottesgabe. Ich nehme in Seinem Namen diese Gabe an. Du magst bleiben.« Das Antlitz des Abtes verliert seine Strenge. »Seit ich deinen Brief erhielt, wartet im Nordflügel eine besondere Zelle auf dich, aus deren Fenstern du auf den Gnadensee schauen kannst. Dort wirst du alleine wohnen, wenngleich die Regula einen solchen Fall nicht vorgesehen hat. Vor ein paar Tagen erhielt die Zelle ein neues Kreuz, ein großes Kreuz aus der Burgkapelle von Altshausen. Die edle Frau Hiltrud sandte es uns.«

»Meine Frau Mutter? Ich habe ihr nicht mitgeteilt, daß ich zur Augia zurückkehren würde. Woher wußte sie es denn?«

»Mütter ahnen mehr, als ihre Söhne wissen, Hermann. Dein Diener wird ihr einen Brief von dir mitbringen. Und dir möge das Kreuz aus der Udualrichskapelle zu Altshausen Trost spenden in Stunden der Trübsal. In dieser Welt ist unser Friede immer gefährdet.«

In der Zelle warten die Reisebündel auf den Gelähmten. Er hält keine Umschau in dem kleinen Raum. Mit freudigem Eifer nestelt er an den Verschnürungen der Bündel. Abt Berno muß ihm zu Hilfe kommen. Dann legt Hermann seine Schriften, seine Ausarbeitungen und Notizen, die Pergamente, die ihm Magister Cheirisophos gab, und das Pergament des Herrn Berno dem Abte hin. Mit geheimer Freude betrachtet dieser die lateinischen, griechischen und arabischen Texte, die mathematischen und astronomischen Notizen, die Zeichnungen und Neumen. Sogar ein Astrolabium ist dabei, der Versuch die Sternenbahn auf eine Ebene zu projizieren mit einem beweglichen Horizonte darüber.

»Das Astrolabium mußt du mir bald einmal erläutern«, sagt Abt Berno und greift zu einem kunstvoll verzierten Zirkel.

»Ein Geschenk des Herrn Arnulph für Euch, Vater Abt. Er gab mir auch viel gutes Pergament mit.«

Der Sieche ahnt gar nicht, wie reich er heimgekommen ist. Aus dem letzten Bündel zieht er ein Stück gelben Tuches. »Der Beweis meiner Torheit.«

»Er werde zum Dank für die Gnade, daß du das Leben finden durftest. Warum soll hinter dem Standbilde Unserer Lieben Frau im Münster nicht ein gelber Wandvorhang leuchten?«

Begeistert stimmt Hermann zu. Nun lächelt das Gelb wieder, wird zum hellen Ton der Freude. Alles wird gut. Er ist daheim.

»Magister Hermann« – so nennen sie ihn mit Ehrfurcht, die jungen Schüler der äußeren und der inneren Schule der Abtei und die Mönche. Für die Scholaren gibt es bald nur den einen Magister. Dabei trägt Hermann von Altshausen nicht einmal das Ordenskleid des heiligen Benediktus. Jahre vergehen, und er ist noch immer Oblate.

Wie könnte er bei seinem Siechtum die Bitte aussprechen, in die Gemeinschaft der Mönche aufgenommen zu werden? Ist es nicht ein großes Vorrecht, daß er im Klosterflügel eine eigene Zelle bewohnen darf? Seine Tage vergehen im steten Gleichmaß von Gebet und Arbeit.

Christophorus

Hermann hat die Scholaren entlassen. Müde kauert er in seinem Lehnstuhl am Fenster und wartet auf sein Mittagsmahl. Ein Wachstäfelchen liegt griffbereit neben ihm auf dem Tische. Seine kleine Geschichtschronik, die er geschrieben hat, befriedigt ihn nicht. Sie umfaßt einen zu engen Zeitraum und ist ungenau. Er möchte eine große Weltenchronik verfassen, die mit dem Jahre der Geburt des Herrn beginnt. Ob ihm das je gelingen wird? Wieviel vorbereitendes Studium muß einem solchen Werke vorausgehen! Von Herrn Berno ermutigt, hat er Auszüge aus einigen dickleibigen Folianten gemacht. Einige Male durfte er sie seinem Bruder Werinher diktieren.
»Ein verwirrendes Durcheinander«, hat der junge Scholar geseufzt und unwillig den blonden Kopf geschüttelt. »Ich würde bei dieser Kleinarbeit den Mut und die Geduld verlieren.«
Leise lacht der Sieche vor sich hin. Werinher und die Geduld, die beiden treffen sich recht selten. Der lebensfrohe Werinher hat zuviel vom Vater geerbt, um lange geduldig zusehen zu können, um eine Sache langsam werden und reifen zu lassen. Die Mönche der Augia sind immer wieder erstaunt darüber, wie verschieden das Brüderpaar ist. Werinher ist groß, stark und gesund. Er hat ein rundes, gutmütiges Gesicht mit derben Zügen und flinken Grauaugen. Er will immer etwas tun, etwas erleben, etwas erobern, braust leicht auf und ist ebenso rasch versöhnt. Seine Frömmigkeit ist geradlinig und echt, aber ein wenig zu karg und zu nüchtern.

Wenn er den Rollstuhl des Gelähmten über den Hof fährt, würde ein Außenstehender in den beiden niemals Brüder erkennen. Der kleine Krüppel mit dem hageren, geistvollen Antlitz gleicht ihm nicht.

Als Hermann seine Gemüsesuppe löffelt, stürmt Werinher herein, ohne seinen Ruf abzuwarten. Sein rundes Gesicht glüht vor Erregung.

»Hermann«, ruft er ungestüm, »Hermann, ich bin so glücklich! Du sollst der erste sein, der es erfährt. Ich bin zum Noviziat zugelassen.« Übermütig dreht er sich um die eigene Achse, daß sein weites Gewand fliegt. »Ich bin zugelassen! Ich bin zugelassen!«

Der Gelähmte läßt den Holzlöffel sinken. Mit einem Male zittert seine Hand zu stark. »Ich wünsche dir von Herzen Glück und Gottes Segen, Werinher.« Schwingt nicht geheime Trauer in seinen Worten mit?

»Nicht wahr, du freust dich doch mit mir, Bruder?«

»Ich freue mich für dich«, erwidert Hermann in feiner Unterscheidung und schiebt die Schüssel zur Seite.

Ein paar Atemzüge lang hockt sich Werinher auf den Schemel. »Nicht länger Scholar ... Endlich geht es weiter, endlich!«

»Wem sagst du das, Werinher? Müßtest du nicht spüren, daß deine Freude den verwunden muß, bei dem es nie weitergehen darf und kann?« denkt der Sieche und beißt sich auf die Lippen, damit ihm kein unbedachtes Wort entfährt. Endlich geht es weiter, und er, Hermann, ist der Letzte der Armen Christi – auch hier, auch in dieser Weise.

»Habt ihr nicht Chorprobe, Werinher?«

Der Jüngere springt auf. »Die Probe hätte ich vergessen. Wie gut, daß ich dich habe ...« Lachend eilt er davon. Hermann horcht auf die rasch verhallenden Schritte und zieht den Teller wieder heran. Aber er ißt nicht. Bedrückt bemerkt er, daß Bitterkeit in ihm aufsteigt. Ist er neidisch auf den Bruder, dessen Opfer Gott angenommen hat?

»Nein, ich bin nicht wie Kain. Mein Opfer ward auch angenommen, ein anderes Opfer. Aber ... was habe ich dem Herrn denn zu geben? Werinher bringt ihm seine ganze Freiheit und junge Kraft ...«

Wie körperliches Unbehagen spürt er die Bitterkeit, gegen die er sich vergeblich zur Wehr setzt. Er wendet sich seiner kalten Suppe zu und löffelt sie aus.

Als Abt Berno an diesem Nachmittag seine Zelle betritt, findet er ihn, leise vor sich hinsummend, über sein Wachstäfelchen gebeugt.

»So guten Mutes, mein lieber Sohn?«

»Ich müßte es sein, Vater Abt«, erwidert Hermann offen, »aber ich bin es nicht. Seit heute mittag muß ich gegen ein recht häßliches Gefühl ankämpfen. Seit ich erfuhr, daß Werinher zum Noviziat zugelassen ist, regt sich Bitterkeit in mir, vielleicht sogar Neid.«

»Beurteilst du dich nicht zu streng, Hermann?«

Ruhig blickt der Gelähmte ihn an. »Ihr wißt, daß ich sehr wachsam sein muß, Vater Abt, da ich von Natur nicht sanft und duldsam bin. Meine Natur streitet oft hart wider meinen Willen.«

»Gott ist mit dir. Du kämpfst einen guten Kampf. Selig, die kämpfen um Seinetwillen – und nicht jene, die nichts zu kämpfen haben.«

»Ja, Vater Abt«, gibt Hermann nachdenklich zu, »ich muß immer wieder über Gottes Güte und Herablassung staunen, mit denen Er mir beisteht im Kampfe. Meist sehe ich dies recht und möchte Ihm mein Magnifikat singen, wenn mich mein körperliches Elend nicht geradezu betäubt. Seht, ich habe auf meine Weise versucht, dem Herrn und Seiner Liebe zu singen.« Er zeigt auf sein Wachstäfelchen.

Herr Berno nimmt es vom Tische und liest, was der Sieche dort mit zittrigen Schriftzügen niedergeschrieben hat.

»Ich bin auf Gott hin, und Gott ist die Liebe.«

»Eure Worte waren mir die Arznei gegen meine Bitterkeit.«

»Meine Worte? Hermann, die Tiefe dieses Satzes ist mir erst durch dich aufgegangen. Durch dich habe ich das Staunen wieder erlernt. Mit der Zeit kann uns alles selbstverständlich werden, auch die Liebe Gottes. Ah, du schriebst eine Melodie zu den

Worten ... Was sollen die Buchstaben zwischen den Neumen bedeuten?«

»Darf ich ein wenig weiter ausholen, um Euch meinen bescheidenen Versuch zu erklären, Vater Abt? Mein Siechtum zwingt mich zu stillem Verweilen an dem Platz, an den mich ein anderer Mensch gebracht hat, sei es in der Zelle, unter der Linde im Binnenhof, am Ufer des Gnadensees oder im Münster. Ich habe warten gelernt und schauen und lauschen. Ich muß einfach warten und danke auch für diese Gabe des Herrn. Wie Ihr wißt, sind meine Nächte ein Warten auf Schlaf, der nur selten kommen mag. Wenn in der Dunkelheit die Augen des Geistes alleine zu schauen vermögen, tun sich ihnen viele Bilder kund.

In den Nächten lausche ich auch, denn sie haben ihre eigene Melodie.

Vater, es ist nicht leicht, das, was ich Euch sagen möchte, in Worte zu fassen ... Ich empfinde, daß die ganze Schöpfung ihr Lied singen möchte zum Lobe ihres Schöpfers. Aus dem Leben und Weben der Tiere und aus dem Sein der unbelebten Schöpfung steigt dies Lied auf. Aber nur dem Menschen ward das Vorrecht zuteil, den Herrn bewußt zu erkennen und Ihn zu preisen. Sollte uns da nicht vergönnt sein, das Lied der Schöpfung aufzunehmen in unser Gotteslob? Wir singen mancherlei Weisen zum Lobe des Herrn. Sind sie nicht arm und eintönig, wenn wir den Reichtum, die Vielfalt der Töne erlauschen, die Seine Schöpfung Ihm singt? Wäre es nicht ein Heimholen der Kreaturen in die Erlösung, wenn wir ihre Melodien aufnehmen würden in unser bewußt geübtes Gotteslob?«

»Und wir müßten sie nicht nur aufnehmen und singen, Hermann. Wir müßten sie besser und genauer festhalten und anderen Menschen und Zeiten mitteilen können, wie wir ihnen unsere Gedanken durch die Sprache weitergeben.«

»Ja, Vater Abt, die Musik bedarf ihrer eigenen Sprache. Sie braucht ein genau überlegtes System. Aber dieses System darf ihr nicht gewalttätig und künstlich aufgezwungen werden. Es muß aus der Ordnung der Musik erwachsen. Ich habe den Versuch gewagt, die Gesetzmäßigkeit der Tonfolge mehr zu ergrün-

den und zu erfassen. Ob sich mein System durchführen läßt, weiß ich freilich nicht. Es müßte erprobt werden, ob es für die praktische Anwendung tauglich ist.
Sollten meine Erkenntnisse von einigem Wert sein, so ergäbe sich daraus eine einfache Art, Gesänge aufzuzeichnen. Die Buchstaben zwischen den Neumen, die Eure Aufmerksamkeit erregten, stellen die Schritte von einem Ton zum anderen dar. Der Wohlklang einer Melodie liegt ja in der Art der aufeinanderfolgenden Intervalle. Schreiben wir diese auf, ist die Melodie eindeutig bestimmt. Darum habe ich die verschiedenen Intervalle mit Buchstaben bezeichnet. Ein Punkt unter einem Buchstaben besagt, daß ein Intervall abwärts gesungen werden soll. Aus den hier aufgezeichneten Neumen und Buchstaben ergibt sich folgende Melodie . . .«
Mit wohlklingender Stimme singt der Gelähmte eine einfache, dem Wortlaut entsprechend fromme Weise: »Ich bin auf Gott hin, und Gott ist die Liebe.«
»Meines Wissens nach werden ähnliche Versuche auch in Italia und Byzanz gemacht, Hermann. Fahre in deinem Bemühen fort. Wenn du meine Bestrebungen auf dem Gebiete der Musik übertriffst, würde ich mich freuen. Du bist nicht nur ein Musikus des Verstandes. Deine Musik kommt aus dem Herzen«, meint Abt Berno zustimmend. Seine eigenen Kompositionen und musiktheoretischen Schriften sind in den Klöstern des Benediktinerordens bekannt und berühmt. »Dein Tun, mein lieber Sohn, dient einem Ziele: es ist bewußt geübtes Gotteslob. Ich frage mich nur, warum du in deinem Lebensliede den schönsten Wohllaut vermissen läßt.«
Betroffen sieht Hermann ihn an. Was meint der Vater damit? Was hat er sich zuschulden kommen lassen? Hat er Wesentliches versäumt oder vergessen? Ehrerbietig bittet er: »Würdet Ihr mir aufzeigen, worin ich es fehlen lasse, Vater Abt?«
»Du weißt nicht, was ich meine?«
»Nein, Vater Abt.«
Da richtet sich Abt Berno zu seiner vollen Größe auf. Der Gebieter der Augia steht vor dem kleinen, verwachsenen Krüppel.

»Hermann von Altshausen, im Namen unseres Herrn Jesus Christus fragen wir dich: bist du bereit, dem Herrn das Letzte zu geben? Willst du Ihm als Mönch nach der Regel unseres heiligen Vaters Benediktus und im Geiste der Erneuerung von Cluny in Armut, Keuschheit und Gehorsam fortan dienen und keinen anderen Willen mehr kennen und anerkennen als den des Herrn Jesus Christus, der dir kundgetan wird durch den Mund des jeweiligen Abtes? Willst du, Hermann von Altshausen?«
Der Sieche möchte antworten, aber seine Stimme versagt ihm den Dienst. Er, der Krüppel, soll zugelassen werden? Vorbei sind die Jahre, da er wegen seines Siechtums die Bitte nicht zu stellen wagte. Der Abt bat ihn. Christus bat ihn. Christus will ihn. Hermann ahnt nicht, welch harten Kampf der Abt im Konvent geführt hat, bis die Mönche der Aufnahme des Siechen zugestimmt haben. Christus will ihn. Das ist Glück, unfaßbar großes Glück.
»Ihr fragt mich, ob ich will?« stammelt er endlich. »Vater, seit meiner Rückkehr habe ich keinen größeren Wunsch in mir getragen. Ich wagte nicht davon zu sprechen, weil ein Bresthafter nicht in eine Gemeinde der Gesunden gehört. Ich will! Ich will! Vater, wie habt Ihr mich beschenkt!«
Erschüttert beugt sich der Abt zu ihm nieder. »Christus beschenkt dich, mein Sohn. Er, Dem du fortan gehören und ungeteilt dein Lebenslied singen darfst... immer stärker, immer schöner, immer reiner. Schaffe Raum in deiner Seele, Hermann, Raum für den Herrn allein. Wenige wagen dies. Sie überlassen Ihm eine schlechte Kammer und bewohnen selbst das ganze Haus. Lasse du den Herrn immer mehr ein und fürchte dich nicht, wenn Er im Zeichen des Kreuzes zu dir kommt. Auch im Kreuz ist Freude ... Ich werde dich trotz deines Siechtums zum Priester weihen. Dann schenkt dir der Herr gewiß die Kraft, Sein Kreuzesopfer darzubringen. Aber singe dem Herrn jeden Tag das Loblied deines gekreuzigten Lebens.«
Am gleichen Abend schreibt Hermann ein Lied nieder, eine herrliche Vertonung des Magnifikat.
»Großes hat an mir getan, Der da mächtig ist...«
Droben kreisen die Sterne in erhabenen Bahnen. Und der Gott,

Der diese riesigen Himmelskörper geschaffen, liebt ihn, den kleinen Krüppel auf der Augia. Kann es ein größeres Glück geben für ein Menschenherz? Gott hat Sein Ja zu ihm gesagt.

Gemeinsam mit dem Bruder darf Hermann sich vorbereiten. Nachdem er das Ordenskleid erhalten hat, übernimmt Abt Berno selbst die geistliche Leitung des außergewöhnlichen Novizen. Christus ist der eigentliche Meister dieser Seele. Da könnte ein Nichtverstehen zerstören. Behutsam und ehrfürchtig läßt Herr Berno dem Wirken der Gnade weiten Raum.
Aber er trägt auch Sorge für das leibliche Wohlergehen des übereifrigen Gelehrten und Novizen. Bruder Wigbertus, der Zimmermann, fertigt mit viel Geschick einen leichten Rollstuhl für den Gelähmten an, ein fast zerbrechliches Gefährt aus Holz und Weidenruten. Nun ist er nicht mehr auf die Sänfte angewiesen. Ein Mönch allein kann ihn ins Freie bringen. Ekkehard erhält zu seinem Mißvergnügen den Auftrag, ihn täglich zum Gnadensee zu fahren. Der Infirmar gehört zu jenen, die gegen die Aufnahme des Siechen in den Konvent gestimmt haben. Wie ehedem ist ihm dieser Hermann von Altshausen eine unwillkommene Last, die er nur widerwillig auf sich nimmt. Bei jedem Dienst, den er ihm erweist, läßt er ihn dies fühlen, nicht in Worten, aber in der Art und Weise, wie er ihm hilft. Der Gelähmte hat in diesen Jahren viel ertragen müssen und dazu geschwiegen. Barmherzigkeit ohne Liebe ist ein Almosen, das dem Empfänger vor die Füße geworfen wird. Täglich erfährt und erlebt der Sieche von neuem, daß er der Letzte der Armen Christi ist. Oft muß er sein Herz gleichsam in seine Hände nehmen, um nicht in Worte der Bitterkeit auszubrechen. Aber er schweigt ... auch Herrn Berno gegenüber.
Am Gnadensee wendet der Infirmar seine eigene Methode an, die Befehle des Abtes nach seinem Gutdünken auszulegen. Er bringt den Lahmen an den See und läßt ihn dort eine Stunde allein, statt ihn über die Insel zu fahren. Derweil unterhält er sich mit dem Vogt, den Fischern oder den Knechten und verbringt eine Mußestunde.
Hermann ist gerne allein. Er liebt die stille Stunde am Gnadensee.

Mit gleichmäßigem Plätschern rollen die kleinen Wellen ans Ufer. Haubentaucher, Wasserhühnchen und Möwen beleben die Wasserfläche. Manchmal fährt ein Fischerkahn vorbei, oder das weiße Segel eines größeren Bootes leuchtet in der Sonne. Jeder Tag hält kleine Überraschungen für ihn bereit. So landet ein Käfer auf seiner Hand und läßt ihm Zeit, seinen grünschillernden Panzer zu bewundern, ehe er wieder davonsummt. Eine Bachstelze äugt ihn neugierig an und wippt dazu anmutig mit dem langen Schwanz. Ein anderes Mal staunt ein kraushaariger Fischerjunge den Mann im Rollstuhl aus großen Augen an und spielt unbefangen in seiner Nähe. Er schenkt ihm sogar einige rote, grüne und braune Steine, die ihm als Spielzeug dienen. Hermann nimmt sie in die Hand und muß dabei an die schönen bunten Steine des Magisters Theophilos Cheirisophos denken. Wo mag der Arzt jetzt sein? Ob er inzwischen gewagt hat, jene Steine zu wählen, die das Bild seines Lebens verändern?

An einem Sommertage brummt der Infirmar besonders schlecht gelaunt: »Heute kommt es mir gar nicht aus, mit Euch spazierenzufahren!« Mit einem Ruck schiebt er den Rollstuhl unter die Uferweide und läßt den Siechen wie üblich allein. Er hat dem Fischer Heimot aufgetragen, Kräuter vom Alpengau zu besorgen, und Heimot wohnt am Westufer des Sees, ein weiter Weg bei dieser Hitze ... Ekkehard denkt nicht daran, daß der Gelähmte nichts dafür kann, wenn ihm ein Gang lästig ist. Er hält es für recht und billig, an dem Geduldigen seinen Unmut auszulassen.
Hermann findet den See verändert. Die Stille hat etwas Drohendes. Die Weide gewährt ihm kaum Schutz vor der grellen, stechenden Sonne. Das Wasser zeigt eine gelbgraue Färbung. Kein Lüftchen regt sich. Über dem See schließt sich lautlos und unaufhaltsam eine Wand zusammen, grau, mit einem giftigen gelben Unterton. Der Sieche fühlt sich matt und zerschlagen. Er atmet mühsam in der drückenden Hitze und schließt die schmerzenden Augen. Erschöpft schläft er ein.
Plötzlich läßt ihn ein Windstoß auffahren. Sturm peitscht die Zweige der alten Weide, treibt Staub und Sandwolken vor sich

her und rüttelt an dem leichten Rollstuhl. Die Sonne ist verschwunden. Fahle Dämmerung liegt über der Landschaft, und darüber lastet eine schwarze Wolkenmasse.
Wo bleibt Ekkehard? Warum holt der Infirmar ihn nicht? Wütender tobt der Sturm. Die Wasser des Gnadensees kochen. Weiße Gischt krönt die hohen, wilden gelbschwarzen Wellen, die auf den Uferrand rollen. Klatschend schlagen die Weidenzweige gegeneinander und peitschen den ächzenden Stamm. Der Sturm heult, jault und pfeift, faucht und zischt. Wo bleibt Ekkehard? Käme er doch!
Einen Atemzug lang wird es still ... beklemmend, unheimlich still. Aber dann bricht die Hölle los. Mit rasender Schnelligkeit und mächtiger Wucht naht eine gewaltige Sturmbö. Hart trifft ihr Stoß das Wägelchen am Uferrand und drängt es voran zum Gnadensee, dem sich das Ufer an dieser Stelle entgegenneigt. Ehe der Gelähmte Zeit hat, sein Entsetzen herauszuschreien, graben sich die Räder in den Schlamm, graben sich so tief ein, daß die Fahrt in das Wasser nicht weitergeht.
Erste dicke Tropfen fallen. Blitze zucken grell, und Donner grollt langhallend von den Bergen wieder. Der Rollstuhl des Lahmen steht im seichten Wasser, steht im Gnadensee. Hätte der Schlamm nicht nachgegeben ... Kalt und erregt spült die weiße Gischt um die Füße des Mannes; die Wellen rollen gegen seine Beine.
Der Regen fällt jetzt in Strömen nieder. Hermann ist im Augenblick bis auf die Haut durchnäßt. Höher und höher kriecht die weiße Gischt. Näher und näher zucken die Blitze. Dröhnender hallt der Donner. Mit einem Male wird der Sieche ruhig und gelassen. Er ist nicht allein.
Ekkehard hat gerade das Westufer erreicht, als das Gewitter beginnt. Schnell eilt er in die Hütte des Heimot. Der ist zu allem Unglück nicht einmal zuhause. Finster starrt der Infirmar in den Regen. Soll er loslaufen, um den Lahmen zu holen? Ach, bis er dort ist, hat der ohnehin keinen trockenen Faden mehr am Leibe. Er wartet besser den schlimmsten Regenfall ab, ehe er sich auf den Weg macht, und er kann sich zudem darauf verlassen, daß Hermann sich beim Abt nicht beschweren wird ...

Der Scholar Berthold geht durch den Kreuzgang der Abtei. Er schaut unglücklich drein, denn er hat den Mechanismus der Wasseruhr nicht verstanden, den Magister Hermann mit Sorgfalt erklärt hat. Nun muß er den gütigen Magister bitten, ihm eine kleine Nachhilfe zu gewähren.

Berthold klopft an die Zellentüre und lauscht. Hat der Magister geantwortet? Das Gewitter hat die Worte wahrscheinlich übertönt. Nach einigem Zögern tritt der Scholar ein. Die Zelle liegt verlassen da; Regen peitscht durch das Fenster und durchnäßt die Pergamente auf dem Arbeitstisch. O weh, die kunstvolle Tabelle mit der Zeitrechnung der Griechen und Römer, der Araber, Juden und Christen, eine langwierige Arbeit des Magisters, verdirbt! Rasch entschlossen eilt Berthold zum Fenster und will die dünne Tierhaut, die an der einen Seite des Fensters befestigt ist, vor die Öffnung spannen.

Dabei fällt sein Blick unwillkürlich auf den tobenden Gnadensee, und seine Hand erstarrt mitten in der Bewegung. Er sieht den Rollstuhl mit dem Gelähmten im Wasser stehen. Die Tierhaut entfällt seiner Hand. Er rennt aus der Zelle, ohne die Türe zu schließen, eine Arbeit, die mit lautem Schlagen der Sturm besorgt.

»Magister Hermann!« ruft er laut und eilt wie gehetzt durch den dämmerigen Kreuzgang zur Klosterpforte. »Magister Hermann!«

»Was willst du? Hast du Erlaubnis?« herrscht der Pförtner den wirr dreinschauenden Scholaren an.

Berthold schiebt ihn einfach zur Seite. »Magister Hermann im See!« schreit er. Der Bruder starrt dem Davonlaufenden nach wie einem Irren. Ein greller Blitz läßt ihn rasch die Türflügel schließen. Er bekreuzigt sich. »Herr, erbarme Dich unser!« Donner brüllt auf ...

Hagelkörner prasseln nieder. Kälte und Nässe lassen den Gelähmten mehr und mehr erstarren. Er verliert jedes Zeitgefühl. Näher und greller zucken die Blitze. Die Wellen springen bis zu seinen Knien. Vom Lärm fast betäubt, hockt der Wehrlose in seinem Wägelchen, allem preisgegeben. Und doch ...

»In manus tuas Domine, commendo spiritum meum ...«

Da! Ein keuchendes Rufen: »Magister ... Magister Hermann!« Jemand springt neben ihm ins Wasser, ein junger Mensch im Scholarengewand, Berthold. Mit äußerster Kraftanstrengung will er den Rollstuhl zurückschieben, aber die Räder haben sich tief in den Schlamm eingegraben, der weiter nachgibt. Überhell zischt die grelle Lohe eines Blitzes nieder, nah, ganz nah. Aufschreiend preßt Berthold seinen Kopf gegen die Brust des Gelähmten. Am Uferrand lodert die alte, knorrige Weide auf.
Der Lahme findet die Kraft, seine beiden Hände schützend und tröstend um das Haupt des Scholaren zu legen. Dessen zitternde Furcht verleiht ihm ungeahnte Stärke. Er muß helfen.
»Herr Jesus Christus!« ruft er laut in das Toben. »Einstens hast Du Wind und Wellen geboten. Erbarme Dich unser und zeige Dich auch jetzt als Herr der entfesselten Naturgewalten.«
Berthold weiß nicht, wie lange er sein Gesicht gegen die nasse Kutte gepreßt hat. Als er endlich aufzuschauen wagt, ist es stiller am See geworden. Ferne grollt das Gewitter. Der Regen rauscht in sanfter Gleichmäßigkeit in den See. Wie beschämt haben sich die Wasser zurückgezogen. Muß er sich nicht seiner Furcht wegen schämen? Verlegen sieht er den Magister an. Hermann lächelt ihm zu mit starren, kälteblauen Lippen. »Wir haben es überstanden, Berthold.«
Schaudernd sieht der Scholar den qualmenden Stumpf der Weide. Wieder versucht er, den Rollstuhl ans Ufer zu schieben, aber wieder graben sich die Räder tiefer ein und trotzen jeder Anstrengung.
»Darf ich Euch tragen, Magister Hermann? Anders geht es nicht.«
»Hole dir Hilfe, Berthold«, erwidert Hermann, obwohl er vor Kälte und Schwäche zittert. »Ich kann warten.«
»Nein, das könnt Ihr nicht«, ruft Berthold, beugt sich nieder und nimmt, wenn auch mit großer Mühe, den Gelähmten in seine Arme und hebt ihn aus dem Rollstuhl. Stolpernd und schwankend, keuchend und blind vorantastend, erreicht er mit seiner Last den Weg. Fürwahr, ein seltsames Bild – der magere, hochaufgeschossene Scholar, dem das triefendnasse Gewand um die Beine schlägt, mit seinem verwachsenen Lehrer auf den Armen.

Die beiden bemerken nicht, daß sich ein Mönch vom Westteil der Insel her dem Gnadensee nähert. Bei ihrem Anblick bleibt er betroffen stehen, Ekkehard, der Infirmar. An der Klosterpforte fragt Berthold nach dem Krankenbruder, aber der Magister scheint die Frage nicht gehört zu haben. Statt dessen murmelt er mit schwachem Lächeln: »Berthold als Christophorus. Aber du hast kein Jesuskind auf den Armen.«
Der Pförtner starrt das seltsame Paar an wie eine Erscheinung aus der jenseitigen Welt. Darum hatte der Scholar vorhin ... Ehe er sich äußern kann, schwankt Berthold an ihm vorbei und stolpert hastig durch den Kreuzgang. Dabei hat er immer noch das furchtbare Bild vor sich, den Rollstuhl mit dem Magister im See.
»Gott sei Dank, daß ich den Mechanismus der Wasseruhr nicht verstanden habe!«
So ... da hat er endlich die Zelle erreicht. Mit dem Ellbogen drückt er die Türe auf und bettet den Gelähmten auf sein Lager. Dann bricht er in die Knie und hockt schweratmend auf dem Fußboden.
»Berthold, du hast dir zuviel zugemutet«, lallt Hermann besorgt, mühsam artikulierend mit steifen Lippen. »Du hättest mich warten lassen sollen ...«
Das bringt den Scholaren zu sich. »Ich hole Hilfe, Magister. Ihr müßt trockene Kleidung haben.« Umständlich und steif wie ein alter Mann richtet Berthold sich auf und tappt aus der Zelle.
Durch das offene Fenster pfeift kalter Wind. Hermann fühlt abwechselnd Frostschauern und siedende Hitze. Bewegt sich das Kreuz dort an der Wand? Es schwankt und kommt auf ihn zu, wird größer und größer ... Er zittert stärker. Wohin ist der andere gegangen, der, der Christophorus? Der richtige Name des Scholaren ist ihm entfallen.
»Christophorus ist ein schöner Name«, will er laut sagen und lauscht erstaunt auf seine kehlige, heiser lallende Stimme. Hat er das gesagt, oder ist noch jemand hier?
Ah, da geht die Türe auf. Wer kommt da herein? Kennt er den nicht? Aber natürlich ... es ist Magister Cheirisophos, Theophilos Cheirisophos, der griechische Arzt aus Korinth. Der kleine und plötzlich wieder große dunkle Mann starrt ihn böse an.

»Was tut Ihr hier, Magister Cheirisophos?« krächzt und lallt der Fiebernde. »War in Hellas auch solch ein Unwetter? Seht mich nicht so zornig an. Ich komme aus dem Bad. Ein feines Bad, Magister, ein heilkräftiges Bad, nur ein bißchen kühl. Geht jetzt bitte, geht! Ich bin müde ... furchtbar müde von Eurem feinen Bad.«
Entsetzt hat der Infirmar Ekkehard dem Gestammel des Gelähmten gelauscht. Leise nähert er sich dem Lager. Hermann hebt mit unerwarteter Kraft sein Haupt und starrt ihn mit geweiteten Augen drohend an. Er schreit abwehrend:
»Geht, geht, Magister Cheirisophos! Eure Welt ist eine Lüge. Gott ist die Liebe, die Barmherzigkeit. Ihr liebt nicht einmal Euch selbst, und Ihr seid unbarmherzig. Geht, geht ...«
Aus dem Schreien wird undeutliches Lallen. Erschrocken zieht der Krankenbruder sich einige Schritte zurück.
Abt Berno betritt die Zelle. Er eilt zum Lager, ohne Ekkehard eines Blickes zu würdigen, und beugt sich besorgt über den Kranken. »Hermann, Hermann, was ist dir?«
Da tastet die zitternde Hand des Angerufenen nach der Kutte des Abtes und krallt sich um das Kreuz. »Herr, bitte, lasse ihn nicht näher heran, nicht näher! Er ist unbarmherziges Dunkel«, lallt er angstvoll. »Du bist barmherziges Licht, Herr, gutes Licht ... Licht ...«
Abt Berno legt ihm die Hand auf die heiße Stirne. Sofort entspannen sich die verkrampften Züge. »Sei ganz ruhig, mein Sohn. Ich bin bei dir.«
»Du ... bist bei mir ... immer, immer. Christophorus soll auch ... bleiben.«
Aber als sich der Infirmar wieder dem Lager zu nähern sucht und fragt: »Vater Abt, soll ich ...«, bäumt sich der Kranke unter der Hand des Abtes auf und schreit entsetzt: »Nein, nein ... nicht Cheirisophos, Herr, nicht!«
»Geh«, sagt der Abt zu Ekkehard, »und berichte mir später genau, wie das geschehen konnte.«
Berthold bringt trockene Kleidungsstücke und Wäsche.
»Wen meint Magister Hermann mit Christophorus?«
»Mich, Vater Abt«, gesteht der Scholar verlegen.

»Ich bette ihn. Wechsele du derweil deine Kleider und komme dann zurück.«
Draußen bricht die Abendsonne durch die prachtvollen Türme der Gewitterwolken. Die Landschaft glänzt frisch und friedlich. In der Eckzelle leistet der Hochwürdigste Herr Abt und Reichsprälat Berno seinem gelähmten Novizen alle Dienste eines Krankenwärters. Hermann läßt es willig geschehen. Er nimmt auch von dem Heilkräutertrank, den Herr Berno ihm reicht. Besorgt lauscht der Abt auf die rasselnden und pfeifenden Atemzüge. Als Berthold kommt, muß er genauestens berichten, wo und wie er den Lahmen gefunden hat.
»Ekkehard hat ihn allein gelassen!« ruft der Abt empört. »Welche Strafe soll ich für ihn ersinnen?«
Der Fiebernde öffnet die glänzenden Augen. »Den glimmenden Docht nicht auslöschen, Herr ... nicht auslöschen. Ich gehe ... ihm nach ... Nicht auslöschen.«
Meint er nun Ekkehard oder den Magister Cheirisophos?
»Möchtest du noch etwas trinken, Hermann?«
»Trinken, Herr? Muß ich ... den ... Kelch trinken, Herr? Er ist so ... bitter, aber ... wie Du willst ... wie Du willst.«
Die zitternden Hände machen eine Bewegung, als würden sie einen Kelch heben. »Den Kelch des Heiles ... will ich ... nehmen ...« In seinem Fiebertraume steht der Sieche als Priester am Altare und bringt das heilige Meßopfer dar.
Wird sich auch das Lebensopfer des Hermann von Altshausen vollenden? Er wird schwächer und schwächer. Seine Fieberträume kreisen um Gott, um Christus. In der Nähe des Abtes wird er ruhig. Nächtelang wacht Herr Berno an seinem Lager. Er will nicht, daß Hermann fremden Ohren das Innerste seiner Seele preisgibt.
Stunde um Stunde sitzt er bei ihm und betrachtet sein Antlitz. Spitz und schmalrückig ragt die Nase hervor. Die Backenknochen wölben sich und heben sich scharf von den gelben eingefallenen Wangen ab.
Einige Male ruft der Abt die Klostergemeinde zusammen und stimmt die Sterbegebete an. Aber immer wieder erholt sich der

Schwerkranke aus dem Zustand äußerster Schwäche. Was hat Gott mit ihm vor? War seine Fahrt in den Gnadensee nicht der Beginn seiner Heimkehr in die ewige Gnade?

Puer natus est

Abt Berno sendet seinen Boten nach Altshausen. Er muß dem Grafen Wolfrad und seiner Gemahlin Hiltrud die traurige Kunde bringen, daß Hermann aller menschlichen Voraussicht nach im Sterben liege.

Finster empfängt Graf Wolfrad II. den Klosterknecht. Er lehnt es ab, seine Gemahlin rufen zu lassen. Auch Frau Hiltrud wacht wieder an einem Sterbelager. Luipold, eines der nachgeborenen Kinder, liegt hoffnungslos darnieder.

»Sage deinem Abt, ich ließe ihm danken. Er möchte für den sorgen, den wir der Augia anvertraut haben. Wir kommen nicht zur Insel. Unser Sohn Luipold ist todkrank. Lasse dich bewirten und reite rasch zurück.«

Auf der Treppe begegnet Walter dem Klosterknecht von der Reichenau. Er erkennt ihn wieder. »Frowin, du? Wie geht es meinem Herrn, dem Grafen Hermann?«

Frowin gibt ausführlich Auskunft und rügt die Herzenshärte des Burgherrn von Altshausen.

»Seine Mutter muß es erfahren. Ich werde mit ihr sprechen, auch wenn Graf Wolfrad mich dafür bestrafen wird. Sie hat ein Anrecht darauf. Er ist ihr Lieblingssohn.«

»Bei deinem Grafen hatte ich genau den gegenteiligen Eindruck ...«, brummt der Reichenauer Knecht.

Walter führt ihn in die Gesindestube und versorgt ihn mit einem Imbiß. Dann bittet er eine Magd, ihm die Herrin zu holen. Es sei von großer Wichtigkeit.

»Was kannst du schon Wichtiges haben?« spottet die Magd, aber sie geht zu Frau Hiltrud.

Die Gräfin kommt. Als sie bleich, wie ein Schatten, mager und erschöpft, aus dem verdunkelten Krankenzimmer wankt, sieht sie ihrem Sohne Hermann so ähnlich, daß Walter erschrocken zurückweicht.
»Was hast du für ein Anliegen, Walter?« fragt sie gütig. Die blauen Augen sehen ihn müde an, die Augen des Hermann. Jetzt würde er gerne schweigen ...
»Ein Bote brachte Kunde von der Reichenau, edle Herrin. Unser Graf Hermann ist sterbenskrank ...«
Die schmale Frauengestalt schwankt. Aber dann hat sich Frau Hiltrud schon wieder gefaßt. »Sein Leben ist in Gottes Hand, Walter. Wir wollen Vertrauen haben und für ihn beten.«
»Ja, Herrin ...«
In der Türe wendet sich Frau Hiltrud um. »Du mußt Vertrauen haben, treuer Diener meines Sohnes Hermann. Hörst du? Er wird uns noch nicht verlassen. Sein mühsamer Weg ist weit.« Sie lächelt ihm zu. Das Lächeln ist der Erschöpfung abgerungen. Er hat es in Aachen oft bei seinem Herrn gesehen. Wie sehr ist Hermann der Sohn der Frau Hiltrud!

Das Vertrauen der Mutter wird belohnt. Langsam bessert sich das Befinden des Siechen auf der Reichenau. Just an dem Tage, da Luipold von Altshausen beigesetzt wird, nimmt Hermann zum ersten Male wieder seinen Griffel und sein Wachstäfelchen zur Hand.
»Schon wieder bei der Arbeit, mein Sohn?« fragt ihn Abt Berno.
»Nachdem ich Euch soviel Arbeit bereitet habe, möchte ich mich wieder nützlich machen dürfen. Könnte ich nur wieder etwas tun!«
»Habe Geduld mit dir, Hermann. Wenn du kannst und magst, darfst du dem Scholaren Berthold diktieren. Was würdest du dazu sagen, wenn er die Sorge für dein Wohl übernähme? Dein Christophorus hat sich als treu und zuverlässig erwiesen.«
»Ich danke Euch, Vater Abt. Ich hätte nicht gewagt, darum zu bitten ... Darf Werinher mich einmal besuchen?«
»Gerne, Hermann, wenn er wieder auf der Augia ist. Ich habe ihn

nach Altshausen gesandt«, sagt der Abt leichthin und wendet sich ab. Aber der Sieche forscht ängstlich:
»Nach ... Altshausen? Was ist ... daheim geschehen?«
Abt Berno zögert mit der Antwort. Er wollte warten, bis Hermann mehr gekräftigt ist.
»Dein Bruder Luipold ist gestorben ...«
»Luipold? Er muß just zwölf Jahre alt gewesen sein. Ich habe ihn nie kennengelernt ... Die arme Frau Mutter ...«
»Willst du deiner Mutter ein Trostwort schreiben, Hermann? Gib mir dein Wachstäfelchen und diktiere mir. Berthold kann später eine Abschrift machen.«
Mit Luipold trägt Frau Hiltrud ihr achtes Kind zu Grabe. Gibt es für dies Leid einen Trost? Der Sieche weiß um die Glaubensinnigkeit seiner Mutter, und er diktiert:

»Der Tod kann mich nicht zwingen.
Du kamest, Herre Christ,
um mir Dein Licht zu bringen,
Der Du mein Leben bist.
Drob jauchzet Dir mein Herze
und freuet sich Dein' sehr.
Es singt in Kreuz und Schmerze
und jeglicher Beschwer.
Du bist mir Weg und Ende
und Heimat, Herre Christ.
Geb mich in Deine Hände,
Der Du mein Leben bist.
Alleluja, alleluja, alleluja.«

»Die Worte sind mir in diesen Tagen eingefallen«, sagt Hermann und bittet dann: »Würdet Ihr hinzufügen: ›Ich bin auf Gott hin, und Gott ist die Liebe.‹«
»Deine Frau Mutter muß einen starken Glauben haben, wenn sie solche Worte kurz nach dem Heimgange eines Kindes zu hören vermag«, meint Herr Berno bewundernd.
»Meine liebe Frau Mutter ist Gott nahe«, murmelt der Gelähmte und läßt sich widerstandslos in einen Schlummer fallen, der Schwäche ist und doch Genesung bewirkt.

Nach Wochen bringt Berthold dem Abt die nämlichen Verse. Hermann hat sie für ihn vertont. »Christus – vita mea ...«
Sobald er genesen ist, darf er die ewigen Gelübde ablegen, und Herr Berno weiht ihn zum Priester des Herrn, ihn, der mehr Opfer ist. Einmal kann er das heilige Opfer darbringen. Abt Berno leistet ihm hilfreich die nötigen Dienste.
Wochen und Monate gehen ins Land. Die letzten Blätter weichen den dichten Nebeln des Herbstes. Stürme heulen um die Abtei. Tagelang sind See und Berge verhüllt. Es wird Winter. Das Fest der Geburt des Herrn naht.
Hermann hat ein jubelndes »Puer natus est nobis ... alleluja« für den Chor geschrieben und leitet die Proben, damit seine Buchstabennotation den Mönchen geläufig wird.
Als sich die Mönche in der Heiligen Nacht zum Kirchgang rüsten, eilt Berthold in die Zelle des Gelähmten.
»Hilf mir beim Ankleiden und setze mich ans Feuer«, bittet Hermann leise. »Zur heiligen Feier kann ich nicht kommen.«
Der Scholar zwingt ein Wort des Trostes nieder. Davon mag der Sieche nichts wissen. Rasch versieht er seinen Dienst und beschließt bei sich, dem Abt von der einsamen Weihnacht des Kranken zu berichten. Auf Zehenspitzen schleicht er hinaus.
Mit müden und zugleich überwachen Augen starrt Hermann ins Spiel der Flammen, ins Züngeln und Tänzeln, Aufzucken und Niederducken der rotgelben, hellgelben, bläulichen und grünlichen Feuerzünglein. Ab und zu zerspringt ein Holzscheit mit einem kurzen knackenden Knall. Und das Feuer singt; es singt eine eintönig summende Melodie. Sonst ist es still, ganz still.
Draußen, vor den mit doppelten Häuten verhangenen Fenstern, fallen seit Tagen lautlos dicke Schneeflocken nieder. Die Augia schwimmt wie ein weißes Schiff auf den schwarzen Wassern des Sees.
Unter der lastenden, verhüllenden weißen Schneedecke wächst die Stille. Hat sie nicht etwas Erstickendes und Drohendes? Er lauscht mit angehaltenem Atem, aber er hört nur den Singsang des Feuers, sonst nichts.
Im Münster singen seine Brüder die Mette ... »Heute ist vom

Himmel süßer Tau gefallen über alle Erde ...« Aber die Schneedecke läßt die Klänge nicht bis zu seiner Zelle dringen. Welchen Trost hat ihm in Sommertagen das Zuhören bereitet, wenn ihn wie heute seine Krankheit hinderte, am Gottesdienst der Mönche teilzunehmen!

Nun gibt es für ihn nur die wachsende Stille, die immer höher werdende Wand aus weichem weißem Schnee, die ihn von allem Lebendigen trennt. Es ist ihm, als senke sich der Schnee auf seine Brust, lautlos, weich, unaufhaltsam, gefährlich. Könnte er aufspringen und davonlaufen, fort aus dem Banne der lastenden Stille ...

Aber er hockt, jämmerlich verkrümmt, im Lehnstuhl, schmerzgepeinigt, trotz des Feuers in Decken gepackt, eingehüllt wie ein kleines Kind. Seine Hände liegen auf dem Schoß, kraftlos, die Handflächen nach oben gewandt, zwei offene Schalen. Seine Augen wandern von den zuckenden Flammen zum großen Kreuz, bis zu den Füßen des Gekreuzigten. Weiter reicht sein Gesichtskreis nicht. Er kann heute den Kopf nicht heben.

»Filius meus es tu ...« sagt er laut, den Blick auf die Füße des gekreuzigten Herrn heftend, auf die schmalen, durchbohrten Füße aus braunem Holz. Er erschrickt vor dem Klang seiner eigenen Stimme. Die Stille um ihn her ist zu groß, die wachsende, lautlose Stille. Es ist besser, wenn auch er schweigt.

Angestrengt versucht er seine Gedanken zu sammeln. Heilige Nacht ... Geburt des Herrn ... Nacht, da die Gnade Gottes erschienen ist ...

»Fürchtet euch nicht! Denn sehet, ich verkünde euch eine große Freude, die allem Volke zuteil wird: Heute ist euch in der Stadt Davids der Heiland geboren, Christus der Herr. Ehre sei Gott in der Höhe und Frieden des Menschen Göttlichen Wohlgefallens.«

Gewissenhaft geht Hermann die heiligen Texte durch, gewissenhaft, genau und nüchtern, als handele es sich um eine mathematische Formel. Doch seine Meditation bannt nicht die lastende Stille.

Draußen fallen unentwegt die weißen Flocken. Schneelasten beugen die Äste der Bäume, und immer noch mehrt sich die weiße Fülle. Lastender wird die Stille.
Hermann starrt wieder ins Feuer. Der beharrliche Singsang peinigt ihn jetzt. Er atmet rasch und stoßweise, als müsse er weinen. Er fühlt sich so allein. Er kann nicht nach Bethlehem gehen. Er neidet den andern Mönchen die Freude und Wärme der Gemeinschaft nicht. Er wäre nur gerne ein wenig mehr in ihr geborgen, gerade in dieser Heiligen Nacht. Wieder zwingt er seinen Geist, der sonst so fügsam ist, an die Liturgie der Nacht zu denken.
»Freuet euch ihr Himmel; frohlocke du, Erde, vor den Augen des Herrn, denn Er kommt.«
Ob der Herr auch zu ihm kommt, in seine Einsamkeit? Wieder lauscht er, als ob ihm Bestätigung werden könne, aber nur der summende Singsang des Feuers antwortet ihm.
Stille ... Einsamkeit ...

Ist es je anders gewesen? Ist sein Leben nicht die Geschichte einer ungeheuren Einsamkeit; eine Wüste, die grenzenlose Weite einer Wüste, Sand und Horizont, Weite ohne Ende, Stille, Alleinsein? So hat ihm Magister Cheirisophos damals die arabische Wüste geschildert, das Erlebnis des Alleinseins unter leuchtendem Himmel.
Und die Begegnungen mit den Menschen? Sind sie nicht nur Oasen in dieser Wüste, Stätten flüchtiger Rast? Sie scheinen ein wenig Geborgenheit zu schenken, aber dann heißt es weiterwandern durch die Wüste, durch die Stille, durch die Einsamkeit in der Freiheit des Alleinseins.
Der Vater Abt hat ihn oft zu sich gerufen, hat ihn rasten lassen in seinem Verstehen, in seiner Güte; aber immer wieder hat er hinaus gemußt in seine Wüste, in seine Schmerzen, seine Lähmung, sein Ausgesondert- und Anderssein.
Einsam ... inmitten der Menschen. Wieder erfaßt sein Blick die durchbohrten Füße des Gekreuzigten. Wer war je einsamer als der Herr? Mensch mit einem fühlenden Menschenherzen und

zugleich Gott; bei aller Menschennähe einsam in der Krippe, einsam am Kreuze, bis hin zu jener letzten, unergründlichen und unbegreiflichen Einsamkeit, die Sein Schrei enthüllte: »Gott, Mein Gott, warum hast Du Mich verlassen?«

Wie eingebettet ist er, Hermann von Altshausen, trotz allem in der Gemeinschaft der Mönche, wenn er wagt, sein Alleinsein mit der Einsamkeit Christi zu vergleichen. Freilich, er ist ausgesondert durch seine Krankheit.
Segregatus . . .
Aber wandern nicht alle Menschen durch die Wüste ihrer Einsamkeit? Kann ein Mensch den andern so verstehen, so aufnehmen, so lieben, daß jener nicht plötzlich aufwacht und erschrocken feststellt, daß er im letzten und tiefsten seines Wesens unverstanden und alleine ist? Jedes menschliche Begegnen, auch in der edelsten Liebe, ist Finden und Verlieren zugleich. Erst bei Gott erlebt der Mensch das ewige Daheimsein.
Draußen fällt lautlos, unaufhaltsam der Schnee. Der Sieche hört nur den summenden Singsang des Feuers, aber seine Unruhe ist von ihm gewichen. Das Sehnen ist geblieben; es ward zum Heimweh nach Gott. Die Stille kündet Sein Kommen und birgt die Gewißheit Seiner Nähe. Er hat sein Ja, sein erneutes Ja zu seiner Wüste gesagt, und dieses Ja wandelte die friedlose Stille in stillen Frieden.
»Laetentur caeli et exsultet terra ante faciem Domini quoniam venit«, betet er wiederum, aber dieses Mal mit lauter Stimme.
Und dann hört er Schritte. Er unterscheidet die raschen, ein wenig zu raschen Schritte des jungen Berthold und den ruhigen, festen Gang des Abtes.
»Quoniam venit . . .«
Die Zellentüre wird geöffnet. Im Luftzug flackert das Feuer auf zu einem stummen, züngelnden, vielfarbenen Lobgesang.
Berthold kniet neben den Lehnstuhl des Gelähmten. Abt Berno, fremd und feierlich im schweren Goldbrokat des festlichen Meßgewandes, beugt sich zu Hermann nieder und reicht ihm den Leib des Herrn.

Wieder ist Stille im Raume. Wieder singt nur das Feuer seinen summenden Singsang. Draußen fallen die Flocken.
Er ist da . . .
Die Hände des Siechen liegen auf seinem Schoße, kraftlos, gekrümmt, eine offene Schale. Behutsam nimmt Abt Berno sie, fügt und hält sie zusammen.
Er ist da . . .
Über der Wüste leuchtet Sein Stern. Sie ist nicht mehr Einsamkeit. Sie ist Bethlehem, Begegnung mit Gott. Bethlehem ist zu ihm gekommen, da er nicht nach Bethlehem gehen konnte.
Nach langem Schweigen sagt der Abt: »Hermann, ich wünsche dir, auch im Namen deiner Brüder, die heilige Freude und den heiligen Frieden der Weihnacht.«
Er löst seine stützenden Hände, und die Hände des Gelähmten fallen wieder auseinander zur Schale. Das Feuer läßt sie rotgolden aufleuchten.
Der Abt geht zur Zellentüre und gibt seinen Mönchen, die draußen warten, ein Zeichen. Und sie singen Hermanns Lied: »Puer natus est nobis, alleluja!«

5 BEGEGNUNG

Die Pilgerfahrt

Abt Berno beobachtet den Mönch in der Chorstalle, die seinem Platze gegenüberliegt. Hermann verharrt regungslos auf seinem Sitz. Er scheint wenig von den Gebeten und Gesängen seiner Mitbrüder aufzunehmen. Sein hageres Antlitz mit den geschlossenen Augen trägt die Zeichen übergroßer Müdigkeit. Als Berthold ihm beim Magnifikat aufhelfen will, wehrt er mit einer kaum angedeuteten Geste ab. Er öffnet nicht einmal die Augen.

Nach der Vesper erwartet Herr Berno im Binnenhof den Rollstuhl des Gelähmten. Vorsichtig schiebt Berthold das Wägelchen aus dem Seitenportal des Münsters.

»Hermann?«

Als der Mönch die Stimme seines Abtes vernimmt, hebt er den Kopf und öffnet die Augen, bei aller Schwäche sofort bereit. Seine Augen leuchten nicht. Sie sind nur müde.

»Würdest du mir eine Bitte erfüllen, mein Sohn?« fragt der Abt gütig und weist Berthold an, den Rollstuhl unter die Linde zu fahren.

»Gerne, Vater Abt«, erwidert Hermann und streicht unwillkürlich über seine Stirne, als könne er den dichten Nebel der Benommenheit verscheuchen, der ihn seit Tagen umgibt.

»Bischof Ratbert von Passau möchte dein neues Astrolabium sehen. Hast du es fertig?«

»Nein, Vater Abt. Seit Tagen mühe ich mich vergeblich. Meine Hände ...«, er sieht auf seine stark zitternden Finger nieder, »wollen wieder nicht. Was ich mit ihnen anfange, mißlingt mir. Deswegen war ich kleinmütig und ungeduldig. Just vor der

Vesper habe ich Berthold zu Unrecht getadelt. Im Grunde genommen war ich mit meinem eigenen Mißerfolg nicht annähernd abgefunden.«

»Ich sah das kommen, Hermann. Du hast zuviel getan. Vor allem war die Frist für die Lebensbeschreibung des Kaisers Konrad zu kurz. Aber ich bin dir trotzdem sehr dankbar, daß es dir gelungen ist, sie zu dem Zeitpunkt fertigzustellen, den unser Herr Kaiser angegeben hatte. Er war inzwischen unterrichtet worden, wie wenig Abt Berno und die Reichenau die Gunst seines Vaters Konrad besessen hatten, und er war überrascht und erfreut über das pünktliche Eintreffen des Büchleins von der Reichenau ... und die Gerechtigkeit, die du Herrn Konrad angedeihen ließest. Ich glaube, daß du der Augia und ihrem Abt in Kaiser Heinrich einen Freund gewonnen hast, mein Sohn.«

»Dann bin ich gerne müde, Vater Abt ...«

»Deine Tugend in Ehren, Hermann, aber so geht das nicht. Du mußt mir eine andere Bitte erfüllen: ruhe dich ein paar Tage aus. Nimm weder Buch, noch Griffel, noch Schreibtafel zur Hand. Sei einmal ganz sorglos. Mit Berthold wirst du die sommerliche Augia durchstreifen, bis deine Wangen sich gerötet haben und deine Augen leuchten. Ihr werdet den ganzen Tag im Freien verbringen und euch an dem Reichtum Gottes in Seiner Schöpfung erfreuen. Einen Einspruch nehme ich nicht entgegen!«

»Ich wollte Euch nur danken, Vater Abt, weil Ihr die Zeichen trefflich zu deuten versteht und gute Heilmittel wißt. Die Begegnung mit der Natur wird mir viel schenken.«

»Du wirst den Herrn finden, weil dir jedes Ding von ihm erzählt. Jede kleine Wiesenblume ist ja für dich ein Wunderwerk Gottes, ein Einfall Seiner Liebe.«

Abt Berno bricht ein Zweiglein vom Lindenbaum ab und reicht es dem Mönch. »Möge dir unser Herr viel Freude zuteil werden lassen.«

Während der Gelähmte wartet, daß Berthold ihn holt, spürt er, daß die verstehende Güte des Vaters ihm bereits Kraft zurückgegeben hat. Irgendwo hat er einmal gelesen: »In echter Menschengüte lächelt Gott.«

Er nickt. »Dank für Dein Lächeln, Herr.«
Als Berthold kommt, berichtet er ihm freudig von der Bitte des Vaters, dem Auftrag des Abtes, der zugleich eine großzügige Erlaubnis ist. Der Scholar kann sein Glück kaum fassen. Er darf mit dem geliebten Meister tagelang über die Insel streifen . . .
»Mache Pläne, Berthold. Ich überlasse dir die Ziele unserer Reise über die reiche Augia.«
Eifrig fragt der Scholar: »Kennt Ihr das Kirchlein des Bischofs Egino von Verona, Vater?«
Hermann verneint. Seit Berthold ganz in seinen Diensten steht und ihn anstelle des Infirmars betreut, durfte die feierliche Anrede »Magister« auf Geheiß des Abtes dem Worte »Vater« weichen.
»Nein? Dann müßt Ihr unbedingt die herrlichen Fresken des Hildebertus und des Ernald sehen. Dort ist unser Herr abgebildet, wie . . . wie . . .«
»Wie Ihn sich dein Herz vorstellt«, hilft der Gelähmte ihm zurecht. Er hebt den Lindenzweig hoch. »Berthold, welch ein Segen sind für uns jene Menschen, denen Gott ein Herz verliehen hat, das schauen kann.«
Mit dem Segen des Herrn Berno brechen die beiden »Pilger« am nächsten Tage zu ihrer ersten Reise über die Insel auf.
»Deinem Wunsche gemäß, besuchen wir zuerst unseren Herrn im Kirchlein St. Peter und Paul.«
Langsam lenkt der Scholar den Rollstuhl am Ufer des Gnadensees vorbei. Sie haben viel Zeit. Noch liegt die erfrischende Kühle der vergangenen Nacht auf den betauten Wiesen. Im Ried am Wegrain blühen weiße Margeriten und tiefblauer Enzian. Kein Boot zerfurcht die silbrig blaue Fläche des Sees. Das Land unter dem hohen Himmel atmet sommerliche Fülle und sommerlichen Frieden. Würzig duftet das Heu auf den Klosterwiesen.
Irgendwo am kiesigen Uferrand im Schatten eines breitästigen Baumes legt Berthold die erste Rast ein. Eine Weile sitzt er still und zufrieden neben dem Rollstuhl. Aber dann muß er sich bewegen. Er will dem Vater zeigen, wie geschickt er im Werfen flacher Kiesel ist. Mit freundlicher Aufmerksamkeit verfolgt Hermann

sein Bemühen, die Steine so zu werfen, daß sie zwei-, dreimal aufschlagen, ehe sie im Wasser versinken. Der Scholar ist stolz wie ein kleiner Bub, wenn ihm ein Wurf gelingt.
Scharen kleiner Fische spielen um die Steine im niedrigen Wasser. Berthold füttert sie mit winzigen Krumen von seinem Frühbrot. Da braust eine aufgeregt schnatternde Entenschar aus dem Röhricht heran und will ihren Anteil haben.
Der Gelähmte lacht herzlich über das verdutzte Gesicht seines Schülers und über die schimpfenden Enten. »Nun gib ihnen etwas ab. Man soll sich immer redlich bemühen, keinen Bittenden abzuweisen.«
»Wenn die bitten . . .«, brummt Berthold und gehorcht. Der Bruder Koch hätte ein wenig großzügiger sein können, als er ihm das Brot zuteilte. Doch der hat nicht wissen können, daß er es mit Enten teilen muß. Gierig schnappen die Enten nach den zögernd hingeworfenen Brocken und schnattern und schimpfen dazwischen.
Der Scholar ist froh, als der Vater zur Weiterfahrt mahnt. »Mir will scheinen, daß du ansonsten hungern wirst, aber . . . du bekommst meinen Anteil«, meint Hermann lächelnd.
Er braucht seinen Gefährten gar nicht anzusehen, um sicher zu sein, daß das junge Gesicht die Röte der Verlegenheit zeigt. »Vater, das möchte ich nicht . . .«, murmelt Berthold.
»Aber ich möchte es, mein Sohn«, erwidert Hermann in jenem Tone, der Widerspruch völlig ausschließt.
Nach mancherlei Aufenthalten erreichen sie gegen Mittag über den kürzlich aufgeschütteten Damm, der eine sumpfige Niederung durchquert, die alte Kirche, den beiden Apostelfürsten geweiht.
»Erinnerst du dich noch daran, was unser Vater Abt uns von den herrlichen Basiliken des heiligen Petrus und Paulus zu Rom erzählt hat? Wie groß und herrlich sind die Kirchen der Ewigen Stadt! Hier im bescheidenen Kirchlein des Bischofs Egino von Verona wird das eine Lob des einen Gottes gesungen und das eine Opfer Christi dargebracht wie in Rom. Ob Gott dem Bauwerk viel Bedeutung beimißt?«

Der Mönch gibt dem Scholaren ein Zeichen, er möge ihn in die Kirche fahren. Aus der überhellen Mittagssonne gelangen sie in die wohltuende Kühle und Halbdämmerung des altehrwürdigen Gotteshauses. Die Augen brauchen einige Zeit, bis sie sich an das Halbdunkel gewöhnen.

»Bitte, fahre mich zum Altare«, flüstert der Gelähmte. Die Räder knarren über die ausgetretenen Steinplatten an den strengen grauen Pfeilern vorbei zum kleinen Chorraum. In der Apsis leuchten die satten Farben des Freskos der Mönche Hildebertus und Ernald. Es stellt den Herrn in der Mandorla dar, umgeben von seinen Aposteln, den Herrn in Macht und Herrlichkeit.

Das Antlitz des thronenden Christus zeigt hoheitsvolle, erhabene Züge ... REX AETERNAE GLORIAE ... »Er wird also wiederkommen, zu richten die Lebenden und die Toten, und Seines Reiches wird kein Ende sein.« Das haben die beiden Mönche darstellen wollen, und das ist ihnen in überwältigendem Maße gelungen. Vor diesem Christus erleben das betende Herz und der betrachtende Geist, wie die Maßstäbe irdischer Größe, irdischer Macht und irdischer Würde zerbrechen.

Was bedeuten irdische Mächte ... Papst, Bischof, Abt, Kaiser und König ... gegen den Einen, den Einzigen, den Allherrscher Christus?

›Imperator mundi‹ nennt sich Kaiser Heinrich III. Dennoch ist sein Reich, wie jedes Menschenwerk, dem Untergange geweiht. Welchen Namen soll der Mensch dem König der Könige geben?

Und was ist ein armes bresthaftes Mönchlein vor dem Sohne Gottes?

»Was bin ich, Herr, daß Du meiner gedenkest? Wie wenig müssen meine Kümmerlichkeiten dazu angetan sein, Dir Freude zu bereiten! Habe ich etwas zu geben, was ich nicht zuvor von Dir empfing? Ich selbst bin mir Gabe, werde mir jeden Augenblick neu geschenkt ...

Herr, ich danke Dir, daß Du so groß, so schön, so erhaben und so heilig bist; daß ich darum wissen, an Dich glauben, auf Dich hoffen darf. Ich danke Dir für Dich und für mich. Ich danke Dir für die Freuden und die Leiden meines Lebens ...

Herr, ich danke Dir für den klugen und reinen jungen Menschen, der neben mir kniet, und den ich für Deinen Dienst bereiten darf.
Ich danke Dir für unseren geliebten Abt Berno, für seine väterliche Güte und für seine väterliche Strenge.
Ich danke Dir für Deine Augia, für Deine Söhne, meine Brüder, für die freundlichen und für die brummigen, für die raschen und für die langsamen, für unsere Bauern und für unsere Fischer am See, für den Gnadensee ...
Ich danke Dir für die Kirche, in der ich Dir danken, Dich anbeten darf.
Ich danke Dir für die Sonne, für die Blumen, das Ried; für alles, was ich heute schauen durfte ...
Herr, ich finde kein Ende meines Dankes ...«

Der Scholar hat sein Gesicht von den Fresken abgewandt. Ergreifender dünkt ihn das gelöste Antlitz des betenden Meisters, aus dem die Freude und Lauterkeit der Gottesnähe spricht.
»Habe ich ihm nicht die Freude bereitet?« denkt Berthold selbstbewußt. Er muß seiner Freude Ausdruck geben, und so stimmt er das Magnifikat an.
Hermann lauscht und lächelt. Dann stimmt er ein. Machtvoll hallt der Hochgesang Unserer Lieben Frau im Kirchlein wieder, als würden sich die Beter von Jahrhunderten mit ihnen vereinen.
»Herr, ich danke Dir für Deine Mutter, für Unsere Liebe Hohe Frau Maria ...«
Das Amen verhallt. Der Mönch berichtet seinem Schüler mit leiser Stimme: »Diese Kirche wurde im Jahre 801, kurz nach der Krönung des großen Karl, feierlich geweiht. Ihr Erbauer, Bischof Egino von Verona, ward hier beigesetzt. Du siehst die Grabplatte im Chorraum. Die immer tätige Legende umgab ihn wie seinen Verwandten Kaiser Karl mit einem Geheimnis. Er soll wie jener in der Krypta des Domes zu Aachen, in seiner Gruft auf einem Throne sitzen und der Ankunft des Weltenrichters entgegenharren.«

Berthold wirft dem Christusbild in der Apsis einen scheuen Blick zu. Ihn fröstelt plötzlich in der gruftähnlichen Kühle der Kirche.

»Spürst du nicht den Odem der Gebete, die hier seit mehr als zwei Jahrhunderten verrichtet worden sind? Auch Kaiser Karl und seine Gemahlin Frau Hildegard knieten hier, als sie unsere Abtei besuchten.«

Die beiden »Pilger« verlassen das Gotteshaus. Der Scholar atmet verstohlen auf. Unter einem Apfelbaum bereitet er dem Mönch ein weiches Lager aus duftendem Heu. Geduldig läßt der Sieche sich betten. Langes Sitzen bereitet ihm immer vermehrte Schmerzen.

Berthold kauert sich neben ihn und schlingt die Arme um die hochgezogenen Knie. »Vater, das Herrscherhaus der Karolinger hat die Augia besonders geliebt und ausgezeichnet, nicht wahr?«

»Ja, Berthold. Sie verdankt ihr Entstehen einem Ahnherrn dieses Geschlechtes, dem mächtigen Hausmeier Karl Martell. Er gab dem Wanderbischof Pirmin die Erlaubnis auf der Insel Mönche anzusiedeln. Sie lebten nach der Regel des heiligen Benediktus und machten aus dem Eiland bald die Augia, die reiche Aue.«

»Hat St. Pirminus durch seinen Segen Schlangen, Kröten und Natterngezücht von unserer Insel vertrieben, Vater? Ihr habet es mir für das Jahr 724 diktiert.«

Hermann blickt in das grüngoldene Spiel der Blätter über sich und erwidert bedächtig: »Ich habe es diktiert, Berthold. Aber ich verstehe es trotzdem als ein Bild dessen, was sich wirklich ereignet hat. Das giftige Gewürm der Sünde floh durch das Wirken des heiligen Pirminus und seiner Söhne von unserer Insel und aus den Landen rund um den Bodensee. Die Gnade Gottes gewann Heimstatt bei den Menschen.«

»Heißt der See bei unserem Kloster darum der Gnadensee?« überlegt der Scholar.

»Wahrscheinlich, Berthold. Wir beide waren im See der Gnade.«

»Vater, erinnert mich nicht daran. Wenn ich daran denke, überkommt mich erneutes Entsetzen.«

»Ein Christophorus muß wissen, daß er immer in Gottes Hand ruht.«

»Aber wie nahe schlug damals der Blitz ein!« Der Scholar wird erregt. »Und zuvor ... Ihr im See ... als ich Euch sah, Vater, das war ein furchtbarer Augenblick! Welche Not standen wir dann um Euch aus, als Ihr erkranktet! Habt Ihr Euch nicht gefürchtet, als Ihr im Wasser standet und das Gewitter über Euch tobte?«
Der gute Berthold begreift offenbar nicht, daß er die Frage nicht stellen dürfte. Der Mönch lächelt dem grüngoldenen Blätterspiel über seinem Antlitz zu. Manchmal wird zwischen den Blättern ein Stück Himmel sichtbar, tiefblauer Mittagshimmel ...
»Ich habe mich gefürchtet, bis mir einfiel, daß ich keinen Grund dazu hatte. Weißt du, Berthold, so ist es immer. Wenn ich auf mich schaue, auf meine unfähige Person, auf meine Begrenztheit, Erbärmlichkeit und Langsamkeit, fürchte ich mich. Kann ich von mir denn Gutes erwarten? Kann ich mir Sicherheit und Geborgenheit schenken? Bin ich je sicher vor meiner eigenen Torheit und Bosheit? – Schaue ich auf die Menschen, auf gute und heiligmäßige Menschen, fühle ich mich ein wenig geborgener. Aber ich bleibe mir dessen bewußt, daß auch die liebsten und besten Menschen keine verläßlichen Stützen sind. Würde ich nämlich nur auf sie bauen, lebte ich in der ständigen Furcht, sie zu verlieren. Darum richte ich meinen Blick auf unsern Herrn. Wer Ihn liebend sucht, verliert die Furcht. Seiner Barmherzigkeit können wir uns getrost anvertrauen.«
»Obwohl wir Sünder sind?«
»Weil wir Sünder sind. Seine Barmherzigkeit läßt mich auf Seine Vergebung hoffen und Ihm an allen Tagen froh vertrauen. ›In te, Domine, speravi, non confundar in aeternum ...‹ Manchmal überwältigt mich die Freude, wenn ich daran denke, daß wir immer auf dem Heimwege zu Ihm sind und Ihm jeden Tag näherkommen ... Und dabei freue ich mich von Herzen an all dem Schönen hier auf Erden. Wir müssen nämlich Menschen dieser Erde sein, Berthold, die sich bewußt bleiben, froh bewußt, daß sie immer auf dem Wege sind, Wanderer, Pilger. ›Ich bin auf Gott hin, und Gott ist die Liebe. –‹«
Er schließt die Augen, als ob er schlafen möchte. Der Scholar ruht still im Grase und sinnt über das Gehörte nach. Nein, er kann

nicht ganz verstehen, wie ein Mensch so wunderbar geborgen sein kann in Gott. Aber er glaubt dem Vater, und er spürt mit dem starken Ahnungsvermögen, das reinen Menschen eigen ist, daß Hermann frei und zutiefst glücklich ist.

Wenn das Wetter es zuläßt, ziehen die Pilger los und durchstreifen auch in den nächsten Tagen unter gutem Schweigen, Gesprächen, Gebeten und gelegentlich mit einem Lied die Augia. Berthold kundschaftet neue verborgene Plätzchen aus, und er zeigt sie dem Vater mit der stolzen Geste eines Herrschers, der einem geehrten Gast die Herrlichkeiten seines Reiches offenbart. Hermann unterläßt es nie, gebührend zu staunen und seinen eifrigen Christophorus zu loben. Die Tage im Freien beweisen an ihm ihre Heilkraft. Sein Antlitz bräunt sich, und seine Augen leuchten. Das Zittern seiner Hände läßt merklich nach.

An einem heißen, windstillen Tag fährt Berthold ihn mit einigem Ächzen zwischen Rebstöcken hindurch auf den Hügel, der den höchsten Punkt der Insel bildet. »Dort oben werdet Ihr eine wunderbare Aussicht haben, Vater.« Aber Sonnendunst verhüllt den See und die Berge ringsum. Sogar das Kloster wird fast vom milchigen Weiß verschluckt.
»So geht es«, brummt der Scholar und läßt eine Haselgerte durch die Luft pfeifen, »so geht es überall. Man müht sich redlich ab, auch in den Wissenschaften. Und man glaubt in seiner Einfalt: wenn du diesen oder jenen höhergelegenen Punkt erreicht hast, dann hast du einen Blick ins freie Land. Bist du glücklich oben nach mancherlei Mühen, sieht du nur wieder neue Rätsel und Schwierigkeiten. Warum besteht die uns umgebende Welt aus lauter Rätseln, Vater? Warum wissen wir so wenig und sind so ohnmächtig?«
Hermann betrachtet das gerötete Gesicht seines Begleiters, das knabenhafte Ungeduld verrät.
»Warum? Nun, weil Gott unendlich viel größer ist als unser enges Menschenherz und unser kleiner Menschenverstand . . . auch in Seiner Schöpfung.«

Die Falten auf der Stirne des Jüngeren glätten sich nicht. Er möchte das Leben erobern. Er möchte in der Welt lesen wie in einem Buch. Der Gelähmte könnte ihm mehr zu diesem Thema sagen, aber er unterläßt es bewußt. Aus eigener Erfahrung weiß er, daß der junge Mensch Zeit braucht, bis er sein ehrliches Ja sagen kann zu einem Dasein und zu seinem Sosein, zu seinen Möglichkeiten, zu seinen Grenzen . . . und zu seiner Abhängigkeit von Gott.

An diesem Abend kehren sie auf einem Umweg heim. Berthold fährt den Rollstuhl am Gnadensee vorbei. Eine Schlange gleitet über den Pfad und verschwindet im Röhricht.
»Siehst du, Berthold, nicht alles Gewürm ist vor St. Pirminus geflohen«, murmelt der Sieche ernst.
Graue Wolken lagern im Westen, als sie die Abtei erreichen.
»Das sieht nach Regen aus«, bedauert der Scholar. »Müssen wir nicht ohnehin wieder an unsere Arbeit?« Er seufzt.
»Ja, Berthold. Ich habe mich hinreichend erholt. Dir danke ich für die Mühe, die du in diesen Tagen gehabt hast.«
»Mühe, Vater? Es war mir eine große Freude, Euch über die Insel fahren zu dürfen. Ich habe viel dabei gelernt.«
Der Gelähmte sieht in die grauen Wolken, denen die Sonne einen Goldsaum webt.
»Berthold, wir lernen immerfort, und wir werden immer wieder vor Neues gestellt . . .«
Stimmengewirr läßt ihn aufhorchen. Vor dem Neubau des Westwerkes haben sich Fremde eingefunden. Bunte Gewänder mischen sich unter das Schwarz der Mönchskutten. Abt Berno ragt über die Leute empor, aber neben ihm steht ein Mann, der beinahe die gleiche Größe hat wie er. Der Vater Abt hat Gäste.

Hermann möchte der Begegnung mit dem fremden Besuch ausweichen. Oft genug hat er erfahren, daß seine verwachsene Gestalt und sein Name Neugier auslösten.
»Fahre mich geschwind durch das Seitenpförtchen in den Binnenhof, ehe sie uns bemerken.«
Berthold will seinen Wunsch erfüllen, da sieht Herr Berno den Rollstuhl.
»Bruder Hermann, hier ist Besuch für dich.« Die Stimme des Abtes klingt nicht sonderlich erfreut.
Besuch? Der hochgewachsene Fremde? Sein Besuch? Der Sieche spürt, wie eine Welle der Erregung ihn überflutet. Sein Besuch ... Er beißt sich auf die Lippen und krampft die Hände zusammen.
»Herr, hilf mir!«
Er weiß, wer dieser Besucher ist, bevor der Rollstuhl die Gruppe erreicht hat. Die vergangenen Jahre schrumpfen zu einem einzigen Augenblick zusammen, seit sich jener Mann nach flüchtigem Abschied von ihm gewandt hat, von dem kleinen, verkrüppelten Kind, das im Arme eines Mönches der Abtei Maria von der Au lehnte wie ein hilfloses Bündel.
Er hebt die Lider und richtet die Augen fest auf den Mann im vornehmen, farbenfrohen Gewand des Edelmannes. Röte steigt in seine Wangen. Er hört Herrn Berno sprechen, wieder mit jenem seltsamen Unterton des Mißbehagens: »Dein Herr Vater, Graf Wolfrad II., und deine Frau Mutter sind zu uns gekommen.«
Die Mutter ... Bei diesem Wort strahlt das Antlitz des Gelähmten auf. Die Mutter ...
Mit unverhohlener Neugier betrachtet Graf Wolfrad seinen verwachsenen Sohn. Ansehnlicher ist dieser Hermann nicht geworden. Er reicht ihm die große Hand, fest und hart von der Jagd und den ritterlichen Übungen. Noch hat er kein Wort gesagt. Aber als er die schmale, zitternde Hand des Sohnes in der seinen spürt, verzieht er die Lippen.

»Bis nach Altshausen ist die Kunde gedrungen, daß du ein berühmter Mann geworden bist, Hermann.«
Er scheint diese Tatsache gering einzuschätzen, denn in seinen Augen steht derweil ein unbarmherziges Urteil über die häßliche, schwächliche und gebeugte Gestalt des Sohnes. Wie ein Zwerg kauert dieser Hermann im Rollstuhl, wie ein Gnom . . .
»Was treibst du denn, daß sie deinen Namen mit soviel Ehrfurcht nennen?«
Die Frage klingt wie Hohn.
Abt Berno runzelt die Stirne und nimmt dem Gefragten die Antwort ab. Kühl entgegnet er: »Hermann ist der beste Magister unseres Klosters. Er arbeitet auf verschiedenen Gebieten der Wissenschaft. Soll ich Euch einige seiner Schriften nennen? Zu seinem vortrefflichen Astrolabium schrieb er ›De mensura astrolabii‹ und ›De utilitatibus astrolabii‹. In der Geometrie beschäftigt ihn das uralte Problem von der Quadratur des Kreises. Eine seiner Schriften heißt ›De geometriae arte‹. Als Naturkundiger verfaßte er die Schrift ›De mundo elementis‹.«
Der Edelmann mit der bescheidenen Bildung wie seine Standesgenossen kann mit den lateinischen Titeln nichts anfangen. Sein Gesicht verrät eine gewisse Hilflosigkeit.
Herr Berno fährt ungerührt mit der Aufzählung fort: »Zur Mechanik schenkte uns Euer gelehrter Sohn die Schriften ›De horologia quodam, quod chelindrum vocant‹ und ›De alio horologio quodam‹. Er beschäftigt sich auch mit dem Menschen und dem Leben seines Geistes. Eine Schrift darüber, wie das Geistige im Körperlichen zum Ausdruck kommt, ist geplant. Sie soll heißen ›De physiognomia‹. Ferner widmet sich Hermann der Historienschreibung, der Dichtkunst und der Musik. Für die letztere erfand er eine neue Buchstabennotation, die unsere Neumen ergänzt . . .«
Müßte der Graf nicht stolz sein über den geistigen Reichtum seines verkrüppelten Sohnes? Nein, er zürnt dem Abt, der ihm eine Fülle unverständlicher Dinge erzählte. Der Sieche hat, um die Lobpreisung des Abtes nicht zu hören, nach der Mutter ausgeschaut und den Begleitern des Vaters einen Gruß zugenickt.
Er zuckt förmlich zusammen, als Graf Wolfrad II. mit erhobener

Stimme sagt: »Nun, Herr Abt Berno, was Ihr da eben genannt habt, dürfte wohl für die reiche Aue den Verlust eines kleinen bescheidenen Meierhofes aufwiegen? Soviel edle Wissenschaft ist Euch gewiß ein paar Äcker und Rinder wert?«
Die Gestalt des Abtes strafft sich in gespannter Abwehr. Sein Antlitz verfinstert sich. »Ich wüßte nicht, was beides miteinander zu tun hätte, Herr Graf Wolfrad. Euer Sohn Hermann gehört als Konventsherr und Profeßmönch zur Abtei. Seine Arbeit ist Gottes Eigentum. Der Abt allein kann und darf über sie verfügen. Mit einem anderen Wert ist sie weder zu messen, noch zu vergleichen. Wir haben auf die Erträge des Meierhofes unweit Isny, den Euer Sohn als Mitgift beigebracht, nur für die Dauer seines Aufenthaltes in Aachen verzichtet.«
Mürrisch streicht der Graf über seinen kurzen grauen Bart. Seine grauen Augen messen lauernd den Gegner.
»Und doch ... Herr Abt, wäre es nicht, sagen wir, ein gottwohlgefälliges Werk, wenn Ihr uns den Meierhof zurückerstatten würdet? Dann könnten wir unsere fromme Stiftung zu Isny abrunden. Zudem heißt es in der Heiligen Schrift: ›Sammelt nicht Schätze auf Erden, die Motten und Rost verzehren.‹«
Ein Zitat aus der Heiligen Schrift in einem solchen Zusammenhang einfachhin gesagt ... Der Abt fährt auf.
»Soll sich der alte Streit wiederholen, Graf Wolfrad von Altshausen? Werft Ihr mir den Fehdehandschuh hin?«
Der Sieche krampft seine Hände um die Seitenlehnen des Rollstuhls. Was wird nun geschehen?
Vor Jahren hatten Abt und Graf erbittert um den Besitz zweier Güter gerungen. Der Altshausener hatte sie der Reichenau streitig gemacht und war nicht wählerisch in seinen Mitteln. Bischof Warman von Konstanz und sogar der Kaiser hatten eingreifen müssen.
»Ihr wollt den Kampf, Herr Abt?« lacht der Graf. »Nun denn, ich fürchte mich nicht vor Euch. Aber betrachtet nur Euren geistlichen Sohn. Er schaut drein wie ein gestelltes Wild ...«
Hermann weicht dem Blick seines Vaters nicht aus, obwohl ein Beben durch seine ganze Gestalt läuft. Unverwandt sehen seine

blauen Augen den Grafen an, die Augen der Frau Hiltrud. Diese Augen lassen das gewalttätige Lachen des Grafen verstummen. Er brummt etwas Unbestimmbares, und er ist sichtlich erleichtert, als sein Sohn Werinher kommt. Dessen Unbekümmertheit gibt dem Gespräch eine harmlose Wendung. Er bemerkt die Spannung nicht, die zwischen dem Abt und dem Vater besteht.

»Vater Abt, die Frau Mutter läßt Euch bitten, Hermann schon heute bei sich begrüßen zu dürfen. Sie vernahm, daß er zurückgekehrt ist.«

»Die Bitte sei gerne gewährt«, erwidert Herr Berno. Seine Miene bleibt verschlossen, und seine Worte entbehren der sonstigen Herzlichkeit. »Hermann, du bist von der Vesper befreit. Bleibe bei deiner Frau Mutter, bis Berthold dich zur Komplet holt.«

Vergeblich versucht der Sieche, seinem Blick zu begegnen. »Ich danke Euch, Vater Abt.« Eine unausgesprochene Bitte schwingt in dem Sätzchen mit. Doch Abt Berno wendet sich ab. Mit der Würde des Herrschers über weite Lande fordert er den Grafen zur Teilnahme an der Vesper und zur Besichtigung des Münsterbaues auf.

»Vater? Hätte ich nicht ... Herr ... sagen müssen?« denkt Hermann in schmerzlicher Enttäuschung. Er ahnt nicht, daß Graf Wolfrad mit seinem Begehren, den Meierhof bei Isny zu erhalten, die Narben alter Verdemütigungen aufgerissen hat. Durch Graf Wolfrad ist dem Abte der Reichenau bitteres Unrecht zugefügt worden, auch von seiten der Kirche und des Kaisers.

Der Gelähmte bemerkt nur, daß der Abt Gefühle der Abneigung gegen seinen Vater im Herzen trägt. Wie wird er dann wohl die Söhne des Altshauseners sehen? Ob er ihnen gegenüber innerlich frei ist, wenn sie ihn, Werinher auch äußerlich, an ihren Vater gemahnen? Eine große Enttäuschung bedroht den Frieden, der lange Hermanns sicherer Besitz gewesen ist. Noch wehrt er sich. Abt Berno soll nicht sein, wie er ihn gesehen hat? Nein, das kann und darf nicht sein.

Im Gästehaus nimmt ihn der sorgende Bruder in Empfang, trägt ihn in eines der Zimmer zur ebenen Erde und setzt ihn in einen

der klobigen Eichenstühle. Die zarte Gestalt des Siechen verschwindet beinahe darin. Sie wirkt zerbrechlicher und verkrümmter als sonst, zumal er sich nicht um äußere Haltung bemüht. Er hat einen anderen Kampf auszufechten.
Frau Hiltrud tritt ein. Die mädchenhafte Frau ist so leise gekommen, daß er sie nicht gehört hat. Niemand würde in der schmalen Frau die Mutter von fünfzehn Kindern vermuten. Ihr feines, stilles Antlitz verrät nichts von der Bürde des Leides, das Gott ihr auferlegt hat. Acht ihrer Kinder sah Frau Hiltrud sterben, und eines der überlebenden ist ein Krüppel. In ihren großen, klaren Augen unter den dunklen Brauen wohnen nur mütterliche Güte und herzliche Liebe, als sie jetzt auf ihren bresthaften Sohn niederschaut. Hermann ist ihr Kind, das Kind ihres Herzens. Als einziger hat er ihre Wesensart geerbt, ihre religiöse Tiefe, ihre warmherzige Bereitschaft für andere und ihren liebenswürdigen Humor. Aber er besitzt wie sie ein empfindsames Gemüt, das wie eine feine Harfensaite bei der geringsten Berührung zu schwingen beginnt. Er darf viel singen und viel leiden ...
Eine ganze Weile steht Frau Hiltrud an der Türe und umfängt mit liebevollem Blick die zusammengesunkene Gestalt ihres Sohnes. Dann ruft sie ihn fröhlich an: »Hermann!«
Er sieht auf. »Frau Mutter! Frau Mutter!«
Da kniet sie vor ihm und nimmt seinen Kopf in ihre Hände, und er vergißt, was ihn eben bedrückt hat. Er ist Kind, nur Kind seiner Mutter.
Lange schweigen sie und schauen einander an.
»Wie weiß ist ihr Haar geworden«, denkt er, und sie sieht die Furchen im hageren Antlitz des Sohnes, die ihr von Schmerzen und schlaflosen Nächten berichten. Der eine weiß um die Bürde des andern, und darum lächeln sie.
»Dank für dein Lied, Hermann«, sagt Frau Hiltrud.
»Ich habe gerne für Euch gesungen, Frau Mutter, und immer für Euch gebetet.«
»All die Jahre war es mir ein Trost, dich hier auf der Reichenau zu wissen unter der Obhut des Herrn Berno, obwohl mir die Trennung nicht leicht geworden ist«, gesteht sie ihm ein, als sie

neben ihm sitzt. »Daheim in Altshausen wäre dein Leben nicht so erfüllt und so reich geworden.«

Hat sie bemerkt, daß ein Schatten über sein Gesicht huschte, als sie den Namen des Abtes nannte? Sie hat ihn zuvor lange genug betrachtet, um die Anzeichen innerer Bedrückung wahrzunehmen. Auf der ganzen Reise hat sie davor gebangt, wie die Begegnung zwischen ihrem Gatten und Hermann verlaufen würde. Graf Wolfrad hat nur Sinn für grobe und kräftige Fäden, und er beschädigt zu leicht ein zartes und feines Gespinst.

Sie berichtet dem Sohn von daheim, von den Geschwistern und den Burgleuten, vom kleinen Sohn seiner Lieblingsschwester Irmingard, der auf den Namen Manegold getauft worden ist. Sie erzählt so lange, bis er ihr mit dem gelösten und beschenkten Antlitz eines Kindes zulächelt. Wieviel ist noch in ihm, das an den kleinen Jungen von damals erinnert...

»Willst du auch etwas aus deiner eigenen Kinderzeit hören, Hermann?« fragt sie heiter.

»Erzählet, Frau Mutter!« bittet er und legt seine Hände fest auf die Knie, damit ihr Zittern die Mutter nicht störe.

Und Frau Hiltrud erzählt in anschaulicher Weise von dem kleinen Hermann, der unbedingt in den Himmel wollte und immer wieder heimlich aus der Burg entwich; von dem grauen Herbsttag, an dem das Kind, wohl im Traume, einen Mann wie eine Flamme geschaut.

»Ach, nun erinnere ich mich wieder...«, ruft der Gelähmte beglückt.

Aber die Mutter läßt auch den Schluß nicht aus, die plötzliche Lähmung, die in der darauffolgenden Nacht den Knaben Hermann befallen, und sie wiederholt jene Worte, die sie, einer ihr selbst unverständlichen Eingebung folgend, dem gelähmten Kinde zugeraunt hat: ›Mein Kind, nun hat dich der Himmel gefunden.‹

»Dank, Frau Mutter, Dank! Jetzt weiß ich wieder alles, als sei es gestern geschehen. Seit der Karfreitagsnacht in Aachen, in der ich meinen, wie Ihr zu Walter sagtet, gefährlichen und beschwerlichen Umweg vor dem Kreuze unseres Herrn beendet habe, hat die Flamme, das Licht, in meinem Leben bestanden, hell, manchmal überhell, schmerzhaft brennend und reinigend, läuternd, aber auch Trost und Wärme spendend ...«

»Du kamest, Herre Christ, um mir Dein Licht zu bringen, Der Du mein Leben bist«, sagt Frau Hiltrud. Es sind Verse aus jenem Gebet, das er ihr nach dem Tode ihres Sohnes Luipold schrieb.

Wie ein Widerschein des Lichtes liegt Freude auf dem schmalen Antlitz des Siechen, als die Mönche im Münster die Komplet singen. Er singt mit, ohne an die trüben Wolken zu denken, die vor dem Gespräch mit der Mutter aufgezogen waren. »Christus, mein Licht ...«

Nach der Komplet beginnt das Silentium, das die Mönche nur im Notfalle unterbrechen dürfen. Als Berthold ihn zu seiner Zelle bringen will, kommt der Prior.

»Der Vater Abt möchte Euch sprechen, Bruder Hermann ...«

Berthold fährt ihn zur Abtswohnung. Eine einsame Kerze wirft flackerndes, unruhiges Licht auf den Abt, der an seinem Tische sitzt. Schwüle Nachtluft strömt durch das offene Fenster. Ab und zu geistert ein Wetterleuchten über den sternlosen Nachthimmel. Im huschenden Spiel von Licht und Schatten wirkt das Antlitz des Herrn Berno scharf und fremd.

Hermann wartet darauf, daß der Abt ihn anspreche. Wieder will ein Gefühl des Unbehagens sich seiner bemächtigen.

»Berichte mir über den Verlauf des Tages«, verlangt Herr Berno, ein seltsamer Wunsch zur Zeit des großen Silentiums. Hermann gibt bereitwillig Auskunft und dankt für die erholsamen Stunden.

»Gewiß kann ich meine Arbeit wieder aufnehmen«, schließt er.

»Den Zeitpunkt bestimme ich!« gibt der Abt schroff zurück. Betroffen horcht der Gelähmte diesen kurzen Worten nach. Was hat er denn Falsches gesagt? Schweigen steht lastend zwischen den beiden Mönchen. Die Kerze knistert. Irgendwo kreischt ein Nachtvogel. Die drückende Schwüle legt sich wie eine Hand um die Kehle. Über dem Gnadensee wetterleuchtet es ...

Endlich murmelt der Abt: »Und als Krönung dieses herrlichen Tages trafest du den Grafen Wolfrad. Dieses Wiedersehen nach Jahren muß für dich eine unverhoffte Freude gewesen sein, nicht wahr?«

Unfähig ein Wort zu erwidern, starrt Hermann den Abt an. Herr Berno hat sich weiter zurückgelehnt. Sein Gesicht liegt fast ganz im Dunkel. Seine Augen sind in schwarzen Höhlen verborgen. Ein Fremder sitzt vor ihm und spricht zu ihm. Kann soviel Bitterkeit aus dem Munde eines Abtes Berno kommen?
»Antworte mir!« befiehlt der Abt ungehalten. »Du hast dich doch gefreut, deinen Vater wiederzusehen.«
Zum ersten Male, seit er Herrn Berno kennt, würde er die Antwort am liebsten verweigern. Tonlos bekennt er: »Nein, Herr und Vater Abt, ich ... freute mich ... nicht.«
»Und warum freutest du dich nicht, Hermann?«
Der Sieche preßt die Nägel seiner Rechten in den linken Handrücken, damit ihm kein Stöhnen entfährt. Warum fragt der Abt so grausam?
»Weil ... weil ich nicht tugendhaft genug bin, um die Verachtung hinzunehmen oder mich gar ihrer zu freuen, mit der mein Vater mich seit jenem Tage bedenkt, an dem ich zum Krüppel wurde. Mein Mangel an Tugend ließ mich seither die Begegnung mit meinem Herrn Vater fürchten.«
Hat die Marter nun den Höhepunkt erreicht, der Abt Berno genügt? Befriedigt ihn dies demütigende Geständnis des Gelähmten?
»So, so«, kommt es fast höhnisch aus dem Schattengebild, »der eigene Sohn fürchtet den Vater. Und der Vater dieses Sohnes will uns einen Teil der Mitgift rauben, den Meierhof bei Isny. Er will ihn zu der Stiftung fügen, die er zum Gedächtnis seines Sohnes Luipold machen will. Die Kirche zu Isny braucht ausreichende Liegenschaften, und die holt er sich auf der Augia. Abt Berno mußte schon einmal nachgeben ... Was sagt denn deine Frau Mutter zu diesem Anspruch?«
Eine einzelne Träne rinnt über die Wange des Lahmen. Er wischt sie nicht ab.
»Wir haben nicht von Isny gesprochen, Herr und Vater Abt. Meine Frau Mutter sprach von daheim und von meiner Kindheit.«
Darf er jetzt gehen? Nein, er muß dem Abt auch noch diesen

Bericht geben. Stoßweise und zögernd gibt er Auskunft. Auf seinem linken Handrücken rufen die Nägel der Rechten kleine Wunden hervor.
Einmal ist es dem Gelähmten, als vernehme er einen stöhnenden Laut aus dem Dunkel. Hat er sich getäuscht. Abt Berno sagt kein Wort. Er erhebt sich, geht hinaus und ruft Berthold herbei. Hermann sieht nicht mehr, daß Abt Berno mit müden Schritten zum Münster geht. Lange nach Mitternacht kehrt er in sein Gemach zurück und kniet bis zum Morgengrauen auf seinem Betschemel vor dem steinernen Bilde Unserer Lieben Frau, den Kopf in den Händen. Auf sein geneigtes Haupt fällt der milde Schimmer des Öllichtes, das Tag und Nacht zu Ehren Mariens brennt.

Auch der Sieche erwartet wachend das Dämmern des Tages. Er begrüßt das Morgengrauen nicht mit der gleichen Bereitschaft wie sonst. Sein Dasein erscheint ihm mühevoller denn je. Mit gleichgültigem Blick betrachtet er seine Bücher und Schriften, sein Monochord und sein Astrolabium. Was geht ihn das an, was bedeutet ihm das, wenn Abt Berno nicht der Große, der Heilige ist, für den er ihn gehalten hat?
Er läßt sich von Berthold zurechtmachen wie eine Puppe, wie ein Stück Holz. Er läßt sich in den Wagen heben und zur Kirche fahren. Er hockt in seiner Chorstalle, fröstelnd zusammengekauert. Er singt und betet, ohne zu wissen, was er tut.
Abt Berno bringt am Hochaltare das heilige Opfer mit der ihm eigenen Würde und Andacht dar. Ist seine fromme Gebärde nur äußeres Tun? Denkt sein Herz derweil in zornigem Grübeln an den Altshausener Grafen und den Meierhof zu Isny? Ist Herr Berno nicht der Heilige? Dann ist vieles, vieles Lüge! Was soll er dann noch glauben? Was ist dann Wahrheit?
Als der Abt ihm den Leib des Herrn reichen will, schüttelt er stumm das Haupt. In ein Herz voller Zweifel und Bitterkeit darf der Herr nicht kommen.
In seiner Zelle greift er gleich zur Wachstafel. »Kein Frühmahl, Berthold!« Er macht ein paar Notizen zur Zeitrechnung, löscht die

Buchstaben aus und schiebt die Tafel fort. Er blättert in einem Buch, liest und begreift nichts von dem Gelesenen.
Endlich unterbricht eine Nachricht sein sinnloses und ruheloses Tun: »Frau Hiltrud erwartet Euch.«
Als der Gastmeister ihn ins Zimmer trägt, erhebt sich Abt Berno aus dem großen Lehnstuhl.
»Gut, daß du kommst, mein lieber Sohn«, begrüßt er den Siechen mit ruhiger Freundlichkeit. »Deine Frau Mutter hat sehr nach dir verlangt.«
Überrascht sieht Hermann zu ihm auf. Das ist wieder der gewohnte herzliche Ton. Aber das Antlitz des Abtes wirkt müde und alt. Ehrerbietig verneigt sich Herr Berno vor der Gräfin.
»Wollt Ihr lieber zum See mit Eurem Sohn, Frau Hiltrud? Berthold kann Euch geleiten.«
Und dann weilen Mutter und Sohn zusammen am Ufer des Gnadensees. Berthold holt für Frau Hiltrud einen Schemel aus einer der Fischerhütten und zieht sich zurück.
Die Gedanken des Siechen können sich nicht von Herrn Berno lösen, wenn er auch unbefangen mit der Mutter plaudern möchte. Gerade war der Vater Abt so, wie er ihn sonst gekannt hat, aber gestern abend ...
Wer ist Herr Berno? Herr Abt, Vater Abt?
»Hermann, du liebst die Augia, nicht wahr?« fragt Frau Hiltrud.
Er bestätigt es, ohne lange zu überlegen.
»Und du bist glücklich hier, wie mir Abt Berno sagte ...«
»Wie Euch Abt Berno sagte, Frau Mutter?« fährt er auf.
»Ja, er sagte es mir. Oder kann er es nicht wissen und beurteilen, Hermann?« Ihre Stimme bleibt unverändert, gütig und behutsam.
Bitter entgegnet er: »Der Vater Abt müßte dann auch wissen, daß ein großes Glück getrübt wird, wenn ...« Er schweigt bestürzt.
»Wenn sich sein Besitzer hienieden im Himmel wähnen und himmlische Wesen um sich haben möchte, Menschen ohne Sünden, Grenzen und Schwächen; und wenn er dann wirklichen Menschen begegnet.«
»Frau Mutter, woher ... wißt Ihr ...?« stammelt der Sieche und

bemüht sich, ihr ins Angesicht zu schauen. Sie wendet ihren Schemel, daß er es vermag.

»Ich weiß um deine Enttäuschung, Hermann. Abt Berno sprach mit mir. Er kennt dich, und ich kenne dich. Du hast dir schon als Bub den Himmel mit Gewalt ertrotzen wollen. Den Fehler hast du nicht abgelegt. Gott hat dir und mir zudem ein gar feines und empfindsames Gemüt verliehen, eine starke Fähigkeit zu lieben und zu leiden. Aber wir dürfen darum doch keinen Menschen zu unserem Geschöpfe machen wollen.«

»Wie meinet Ihr das, Frau Mutter? Denkt Ihr an ein Herrschenwollen über andere? Das liegt mir völlig fern.«

Sie nimmt seine Hand. »Ich weiß, Kind, ich weiß. Das willst du keineswegs. Aber man kann einen Menschen auch zum Geschöpfe seiner eigenen heiligen Träume und Vorstellungen machen und ihn mit einer allzu strahlenden Gloriole umgeben. So ist es mir einst mit deinem Vater ergangen, Hermann. Seit ich seine Grenzen kenne und ihn mit seinen Fehlern liebe, bin ich ihm erst wirklich zugetan. Zuvor liebte ich ein selbstgeschaffenes Bild und im letzten sogar mich selbst. Er sollte so sein, wie ich ihn haben wollte. Unsere Liebe muß dem anderen Menschen die Freiheit lassen, er selbst zu sein.«

»Hat Abt Berno bereits gestern abend gemerkt, was in mir vorgegangen ist, Frau Mutter, und es Euch gesagt?« fragt er beschämt und senkt die Augen.

»Ja, Hermann, aber er sagte mir auch, daß deine Enttäuschung berechtigt sei. Ich muß dir Unrecht geben. Dieser verehrungswürdige, vortreffliche Vater der Augia darf nämlich Mensch sein, muß Mensch sein. Er darf versagen. Du verlangst zuviel von ihm. Das ist dein Unrecht. Wenn er dir sagen wird, daß er sein Verhalten bedauert, hast auch du ihm abzubitten ...

Wir sprachen auch über den Meierhof zu Isny, mein Heiratsgut und nunmehr deine Mitgift. Dein Vater Abt ist in dieser Sache fest geblieben, aber er hat den ersten Schritt getan, um den Grafen zu versöhnen. Mit einer wahrhaft fürstlichen Geste schenkte er deinem Vater für die Kirche in Isny ein kostbares goldenes Reliquiar mit einer Partikel des Heiligen Kreuzes. Er selbst erhielt

es einst von Kaiser Heinrich II., als er auf dessen Geheiß die Reichsabtei zu Prüm verließ, um Abt der Reichenau zu werden. Er schenkte das Reliquiar meinem Gemahl mit solcher Herzlichkeit und echten Güte, daß der versöhnt und zugleich betroffen war. Graf Wolfrad hat trotz allem ein gutes Herz und freut sich, wenn man ihm entgegenkommt.«
»Ihr kennt die Menschen, Frau Mutter.«
Mit sanfter Hand streicht sie über sein zerfurchtes Antlitz. »Kind, ich bemühe mich nur darum, sie recht zu lieben. Die Augen unseres Herzens sehen mehr und besser . . .«
Sie erhebt sich, geht ein wenig abseits und pflückt mit Hingabe langstengeligen blauen Enzian. Sie läßt dem Sohne Zeit, sich zurechtzufinden. Mit geröteten Wangen kehrt sie zu ihm zurück. In ihrer mütterlichen Reife ist sie schöner als eine junge Braut. Sie beugt sich nieder und legt ihm die Blumen in den Schoß. Dabei sagt sie leise: »Kind, fortan die Menschen mit den Augen Gottes sehen. Auch Heilige müssen Fehler und Grenzen haben. Du darfst nie mehr ein selbstgeschaffenes Standbild verehren, sondern einen Menschen und in ihm unseren Herrn Jesus Christus.«
Hermann ergreift ihre beiden Hände, die sie ihm willig überläßt. »Ach, Frau Mutter, was habt Ihr für einen kleinen Buben in diesem gelehrten Mönch der Augia! Aber es tat wohl, vor Euch klein zu sein und aus Eurer Hand die Arzenei gegen die Selbstsucht zu empfangen. Auch in Aachen war mir Euer Wort vom gefährlichen und beschwerlichen Umweg eine rechte Hilfe.«
»Nun, ich habe dir einst versprochen, mit dir den Himmel zu suchen, Kind. Meinst du, ich hätte das einen Tag vergessen?«
Beide möchten die Stunde am Gnadensee weiter ausdehnen, aber man wird sie in der Abtei mit Ungeduld erwarten.
»Komm, Hermann, wir bringen Unserer Lieben Frau die Blumen vom Gnadensee.«

Graf Wolfrad ist voll des Lobes über das, was er auf der Augia besichtigt hat. »Euer Vater Abt versteht das Wirtschaften. Dabei hatte die Abtei zuvor einen argen Niedergang erlebt, den der gestrenge Abt Immo nur noch verschlimmerte. Es ist erstaunlich, daß Herr Berno mit den gleichen Leuten und auf dem gleichen Land soviel erreicht hat.«

Der Gelähmte atmet tief und entgegnet freimütig: »Das kommt daher, weil Abt Berno mehr geliebt als gefürchtet wird. Mönche, Bauern und Fischer wissen, daß er sich um sie sorgt und ihr Bestes will. Doch unser Vater Abt ist zugleich ein wahrer Herrscher.«

Ohne Unruhe verfolgt Frau Hiltrud das Gespräch. Sie hört den Gatten seufzen.

»Ein Herrscher? Das ist er, großmütig und kampfesmutig. Ich habe es erfahren.«

Da wagt Hermann einen kühnen Vorstoß. »Sollte der Herrscher aus dem Eritgau nicht gerne in ihm den Herrscher ehren?«

Die grauen Augen des Grafen blitzten auf. War der Vorstoß zu kühn? Was wird er antworten? Mit neuem Wohlwollen sieht er auf seinen gelähmten Sohn.

»Ich liebe die Treue des Mannes zur eigenen Sache. Zweifellos ist es Treue, wenn ein Mönch für seinen geistlichen Vater streitet. Was meinet Ihr, Frau Hiltrud, können wir nicht stolz sein auf unsere beiden Söhne, die wir Unserer Lieben Frau von der Au geschenkt haben?«

Nachdenklich hält er inne.

»Jetzt fällt mir ein, was ich tun könnte. Ja, das ist gut. Nicht weit von Isny, aber tiefer im Alpengau, liegt der Meierhof Aarwalden, den meine Mutter, Frau Berchta, mit in die Ehe gebracht . . .«

Werinher wirft Hermann einen fragenden Blick zu. Worauf will der Vater hinaus? Der Gelähmte sieht zur Mutter auf. Sie nickt ihm beruhigend zu.

»Frau Hiltrud, haltet Ihr mich auch für einen Tyrannen?« schmunzelt der Graf. Der Blickwechsel ist ihm nicht entgangen. »Ihr müßtet zumindest wissen, daß ich gar nicht so grimmig bin. Fortan soll euer Ökonom Aarwalden aufschreiben, wenn er die zinspflichtigen Güter der Abtei verzeichnet.«

»Als wessen Erbe?« fragt Werinher erstaunt.

»Erbe?« Graf Wolfrad betrachtet ihn mit gespieltem Grimm. »Erbe! Hermann ist nicht so besitzhungrig wie du, mein Sohn.«

Werinher errötet ob seines Vorwitzes. Er hat gedacht, der Vater

würde ihm den Meierhof überschreiben, und er könne ihn dem Kloster vermachen. War seine Mitgift nicht karger bemessen als die des älteren Sohnes?
»Mit der Übergabe des Meierhofes will der Herr von Altshausen nur einen ... Herrscher ... ehren.«
Der Gelähmte hat den Vater sogleich verstanden. Unwillkürlich streckt er seine Rechte nach der Hand des Vaters aus. Graf Wolfrad ergreift sie vorsichtig, läßt sie in seiner breiten Hand ruhen und brummt mit gutmütigem Kopfschütteln: »Zart wie ein Vögelchen. Nun, du hast das richtige Nest gefunden.«

Als Abt Berno kommt, äußert Graf Wolfrad eine Bitte: »Würdet Ihr mir erlauben, die Zelle meines Sohnes Hermann zu betreten, Herr Abt?«
Nach kurzem Zögern gibt Herr Berno die Erlaubnis. Er selbst gibt dem Gast mit Hermann und Berthold das Geleit durch den Kreuzgang zum Nordflügel der Abtei. Schweigend sieht sich Graf Wolfrad in der kahlen Armut der Zelle um. Er betrachtet die Pergamente, die Apparate und das Schreibgerät. Er betastet das harte Lager. Sinnend steht er vor dem Kreuz aus seiner Burgkapelle.
»Dank für diese Gunst, Herr Abt Berno! Hättet Ihr jetzt ein wenig Zeit für mich?«
Sie bringen Hermann zu seiner Mutter zurück. Graf Wolfrad und der Abt sprechen lange und ernst miteinander.

Als sich die Gäste am anderen Tage verabschiedet haben, fordert Abt Berno den Gelähmten auf: »Komm mit mir, Hermann!«
Er selbst fährt den Rollstuhl ins Abtsgemach, schüttelt die Kissen auf und setzt den Siechen bequemer hin. Ruhig wartet der Mönch auf die Worte seines geistlichen Vaters. Seit seiner Unterredung mit Frau Hiltrud am Gnadensee hat er den inneren Frieden zurückgewonnen.
»Hermann, dein Vater bat mich, ich möchte dich hin und wieder nach Altshausen fahren lassen. Frau Hiltrud brauche nach all dem Leid den Trost deiner Nähe. Wenn die Regula auch solches nicht

vorsieht, dürfen und müssen wir im Geiste der Liebe Christi der Bitte deines Vaters entsprechen. Wie sehr du der Sohn deiner Mutter bist, das habe ich in diesen Tagen festgestellt. Selten sah ich eine größere Ähnlichkeit, erlebte ich eine innigere Verbundenheit zwischen zwei Menschen. Sie versteht dich auch ohne Worte, und dir wird es ebenso ergehen, nicht wahr?«

Herr Berno scheint keine Antwort zu erwarten. Seine Hand spielt mit einem Pergament, das vor ihm auf dem Tische liegt.

»Du weißt schon, was diese Urkunde besagt. Aarwalden im Alpengau, der Meierhof, den deine Großmutter, Frau Berchta, mit in die Ehe brachte, gehört seit gestern der Abtei. Dein Vater und ich haben alles Vergangene endgültig begraben und sind in Frieden voneinandergegangen. Nur in einem Falle dauerte es länger, bis wir einig waren. Unser Gespräch drehte sich um dich, Hermann. Aber ich sah ein, daß Graf Wolfrad mit seinem Ansinnen recht hat. Dein Vater meinte nämlich, daß ich zu hart zu dir sei. Still, lasse mich ausreden! Dir, einem Siechen und Schmerzgequälten, müsse ich einige Erleichterungen zugestehen. Du habest dich ständig der Buße der Schmerzen und der Hilflosigkeit zu unterwerfen. Nein, Hermann, wehre dich nicht. Es ist bedauerlich, daß ich dich darben ließ.«

»Vater, alles war gut und überreich genug, was ich bisher erhielt. Ich darf eine Einzelzelle bewohnen, statt im gemeinsamen Dormitorium zu schlafen. Ihr gabet mir Berthold zu meiner persönlichen Betreuung. Ihr habet immer wieder Nachsicht mit meiner Schwäche, und Ihr machet mir nie einen Vorwurf, wenn ich an den Übungen des gemeinschaftlichen Lebens nicht teilnehmen kann. Das allergrößte Vorrecht habet Ihr mir gewährt, als Ihr mich, den Krüppel, in die Gemeinschaft der Mönche aufnahmet und zum Priester weihtet . . .«

»Aber du würdest auf einem weicheren Lager bequemer ruhen. Für dich könnte ein besonderer Arbeitstisch angefertigt werden und ein Lehnstuhl, in dem dein Körper mehr Halt finden würde. Felle und Teppiche könnten die Kälte, die aus den Steinen strömt, von deinem Körper abhalten. Bessere Mahlzeiten würden dich kräftigen . . .«

Der Gelähmte hat die Augen gesenkt. »Und ... was werden die Brüder sagen, wenn ich, der ohnehin Ausgesonderte, so viele Vorrechte erhalte?«

»Seit wann richtest du dich nach dem Gerede anderer? Meinst du nicht, daß sie dir die Erleichterungen gönnen werden? Wie dem auch sei, ich weiß mich im Gewissen verpflichtet, sie dir zu gewähren.«

Hermann wagt einen letzten Einwand: »Ich fürchte, daß sie mir nicht guttun werden, Vater Abt. Darf zunächst nur für eine Probezeit gelten, was Ihr mir auferlegt?«

»Auferlegt? Mir scheint, nun bereite ich dir, ohne es zu wollen, eine Buße. Die Probezeit will ich dir zugestehen.«

»Ich danke Euch, Vater Abt.«

»Für die Buße?«

»Vor allem für die Probezeit«, gibt Hermann ehrlich zu.

»Deine Offenheit ist rühmenswert, mein Sohn«, lacht Herr Berno. »Gut, lassen wir die Zeit entscheiden, was das Richtige für dich ist.«

»Darf ich Euch noch eine Schwierigkeit berichten, Vater Abt? Ich habe Euch gestern nicht verstanden ... vorgestern war's ... als Ihr mit meinem Vater wegen Isny ... und dann am Abend ...«

Die so mutig und klar begonnene Rede hat sich hoffnungslos verwirrt. Er kann sein eigenes Versagen nur eingestehen, wenn er zugleich den Abt beschuldigt.

»Ich weiß, mein Sohn ...« Herr Berno stützt das Haupt mit beiden Händen, als ob er sehr müde wäre. »Ich weiß.«

Erstmals bemerkt Hermann die vielen silbernen Fäden im dunklen Haupthaar des Abtes.

»Ich habe dich enttäuscht. In einer Stunde, da du in mir den Vater in Christo suchtest, fandest du einen engen und kleinlichen Menschen. Ich habe erlittenes Unrecht nicht vergessen wollen und den Schmerz aufgerissener Narben dir vergolten, der du mir Vertrauen schenktest. An diesem Abend habe ich unedel an dir gehandelt. Ich habe deinen Schmerz in jener Nacht verstanden. Du suchst auch heute noch mit reinen Kinderaugen den Himmel, aber hier findest du Menschen, lieber Sohn, Menschen. Ich habe dich schon in jener Nacht verstanden, und doch nicht die Kraft besessen, dir ein Wort des Verstehens zu sagen.«

»Vater!« ruft Hermann aus.

Sein Ruf läßt den Abt aufschauen. Ihre Augen begegnen sich.

»Vater, ich mußte dies erfahren, um wahrer und selbstloser lieben zu lernen. Wie durfte ich ein Übermaß an Heiligkeit fordern? Der Pharisäer Hermann mußte zum Zöllner werden. Er mußte zur Einsicht seiner eigenen Armut kommen. Verzeihet, Vater, wenn ich zu richten wagte! Meine Frau Mutter mußte mir die Augen öffnen . . .«

Abt Berno nickt dem Siechen zu. Dann richten sich seine Augen an ihm vorbei auf das Bild Unserer Lieben Frau. »Hermann, wie gut ist es, daß es Mütter gibt. Unser trotziges Mannestum wäre oft nur Zerstörung des Bestehenden, wenn nicht die Güte unserer Mütter neues Leben wirken würde. Die Mütter fangen unsere harten Fäuste auf und falten sie zu Beterhänden.«

6 DER GNADENSEE

Damit auch ihr tut

Berthold wendet den Lehnstuhl des Siechen um, damit er die Scholaren sehen kann, die im Halbkreis um ihn versammelt sind. Manchmal unterrichtet er in einem größeren Raume. Aber wenn seine schwache Stimme nicht trägt, und er sich die Worte mühsam abringen muß wie heute, ruft er die junge Schar in seine Zelle. Dichtgedrängt hocken sie auf ihren Schemeln. Neugierige Bubenaugen betrachten die Ausstattung der Zelle, die Tücher und Teppiche, die weichen Decken, die Kissen und Felle. Seit Graf Wolfrad den Abt gebeten hat, seinem Sohne einige Erleichterungen zu gewähren, ist es anders hier geworden. Hermann fühlt sich beinahe fremd in dem wohlausgestatteten Raume und entflieht häufig an den Gnadensee. Wiederholt hat er den Abt gefragt, ob die Probezeit nicht bald zu Ende sei.

»Bestanden habe ich sie ohnehin nicht, Vater Abt.«

»Wie willst du das wissen, ehe sie zu Ende ist?« hat Herrn Bernos Antwort jedesmal gelautet. »Prüfe dich in aller Ruhe weiter.«

Den Buben, die da um den Pater Magister sitzen, wollen die weiten schwarzen Gewänder gar nicht recht stehen. Die Köpfe mit den braunen, blonden oder schwarzen Haarschöpfen passen nicht zum geistlichen Gewand. Die blitzenden Bubenaugen würden sich zwischen den Zweigen eines Apfelbaumes glaubwürdiger ausnehmen, als wenn sie sich ernsthaft auf ein Psalterium oder ein lateinisches Lehrbuch richten.

Heute formt der Gelähmte seine Sätze mühsam und mit mancherlei Unterbrechungen. Ihren Inhalt läßt er sich freilich nie von seiner Krankheit diktieren. Er bleibt tief und klar wie an ›gesunden‹ Tagen. Dabei erstarrt die Muskulatur seines Gesichtes mit jener langsamen Sicherheit, die ihm vertraut ist. Bald wird er nicht mehr sprechen können ...

»Was ist euch bei diesem Kapitel aus dem Evangelium des heiligen Apostels Johannes besonders bewußt geworden?«
Hartmut, der gemächliche Unterwaldner, verbirgt sich halb hinter dem langen Bodo von Bregenz.
»Nun, Hartmut?«
Das ist allzu deutlich gesagt, um überhört zu werden.
»Die ... die Perikope war recht lang«, stammelt der Ertappte.
Frater Berthold beißt sich auf die Lippen. Wahrscheinlich hat Hartmut nur die Länge der Perikope festgestellt und sonst nichts.
Hermann nickt. »Die Perikope ist lang. Das stimmt, mein Sohn, und Gott ist langmütig. Das stimmt auch. Er hat viel Geduld mit den Langweiligen, aber eines Tages dauert es Ihm doch zu lange mit ihrer Bekehrung von der Langsamkeit, wenn nicht gar Faulheit und Trägheit.«
Der Scholar errötet. Die Buben raunen und kichern, aber der Sieche lächelt nicht. Sein Antlitz bleibt ernst. Er greift das Thema auf, ohne noch eine Frage an die Scholaren zu richten.
»In dem Kapitel vom letzten Abendmahle erzählt uns der Evangelist Johannes ein so außerordentliches Geschehnis, daß unser armes Menschenherz es in seiner Größe gar nicht zu werten weiß.«
Seine Augen suchen das Kreuz aus der Altshausener Burgkapelle. In romanischer Lieblingsdarstellung zeigt es Christus als den Sieger am Kreuze, den Rex gloriae. Der Gelähmte liebt dieses Bildwerk, den Überwinder des Todes und der Schmerzen, der vollendet hat, was Ihm der Vater aufgetragen, und der zugleich ganz König ist und Herr der Herren. Bei aller vertrauten Nähe ist Christus für ihn der Herr geblieben, dem er sich in Ehrfurcht beugt.
Nähe und Ferne zugleich, Bruder und Herr ...

Sein Geborgenwissen ist immer zugleich Anbetung und seine Liebe demütige Unterwerfung. Seine Ehrfurcht kennt keine knechtische Furcht. Er dient dem Herrn mit Freuden und mit dem Vertrauen, das nur ein reines, kindliches Gemüt aufbringen kann.

Christus wird immer mehr das Thema seines Lebens. Manchmal kommt ihm sein Tun wie Spielerei vor, sein Unterrichten, Schreiben und Dichten, Erfinden, wie müßige Spielerei ... bunte Steinchen.

Bei Gesprächen, in denen sich seine Mitbrüder über irgendwelche Alltäglichkeiten ereifern, möchte er am liebsten ausrufen: »Liebe Brüder, sprecht nicht von solchen Nichtigkeiten! Sprecht doch von Jesus Christus ...«

Ob der Herr die Tage seines Erdenlebens bald beenden wird? Hermann ist mit dem Auf und Ab seines Befindens vertraut. Auf Tage des ›Wohlbefindens‹, an denen er wenigstens seine Hände gebrauchen, an denen er singen und sprechen kann, ungeachtet ständiger Schmerzen, folgen Tage mit zunehmender Lähmung.

Lautlos und unvorhergesehen wie eine listige Schlange überfällt ihn die Krankheit und bemächtigt sich seiner. Sie kommt und geht, wann und wie Gott es will. Nach übergroßen Anstrengungen und Aufregungen stellt sie sich eilfertiger und stärker ein. Manchmal wird es dem Gelähmten schwer, sein Temperament zu zügeln, auch wenn er weiß, daß er jede heftige Erregung bitter büßen muß.

In all dem Auf und Ab seines Befindens ahnt Hermann, daß ihm kein allzu langes Verweilen in dieser Welt beschieden sein wird. Soll er sich deswegen grämen?

Ein leises Räuspern des getreuen Berthold unterbricht sein Sinnen. Ach ja – die Scholaren warten auf die Auslegung der Perikope von der Fußwaschung.

»Fragen wir uns einmal, wer es ist, der niederkniet und Seinen Jüngern die Füße wäscht, Sklavendienst verrichtet ... Der Herr des Himmels und der Erde, der Schöpfer, Der jedes Geschöpf durch den Hauch Seines Mundes vernichten kann. Er kniet vor den Fischern vom See Genesareth, den ungebildeten und ungehobelten Männern. Sie besaßen recht viel guten Willen und waren arm an Tugend und Heiligkeit. Sie wußten damals nicht soviel, wie ihr jetzt wißt, und Gottes Sohn kniet vor ihnen auf der Erde. Vielleicht kann uns der Gedanke daran einmal helfen, wenn wir stolz werden, weil wir uns mit dieser oder jener Wissenschaft befassen. Der Herr kniet nicht vor den Gelehrten seiner Zeit. Er kniet vor den Unwissenden und Ungelehrten.

Auch wenn die liebe Gottesmutter vor dem Herrn gesessen hätte, wäre es eine Erniedrigung für Ihn gewesen, ihr die Füße zu waschen. Gottes Sohn kniet vor Seinem Geschöpf ... Sehen wir uns dieses Bild recht gut an, wie Er da, mit einem Linnentuche umgürtet, vor den Seinen kniet.

Ach, und wie oft, wie oft verdemütigt Er Sich vor uns, der große Gott! Ist nicht jede heilige Beichte viel mehr als die Fußwaschung? Gottes Sohn muß uns durch Sein Blut von dem Schmutze unserer Sünden waschen. Und wir? Nun, wir finden es recht selbstverständlich. Haben wir uns jemals genügend geschämt und gebührend verdemütigt, daß wir Ihm soviel Schmutz und Häßlichkeit anzubieten wagen?

Und wie ist es beim heiligen Meßopfer? Mit leeren Händen müßten wir zum himmlischen Vater hintreten, wenn nicht Christus Sich zum Opfer machen würde auf unseren Altären. Täglich steigt Gottes Sohn in unsere Niedrigkeit herab, macht Er Sich zur Opfergabe, damit wir zu geben haben und dem Vater Ehre zuteil wird.

Mit Ihm und in Ihm und durch Ihn allein wird wertvoll und gottwohlgefällig, was wir beitragen, werden wir selbst wohlgefällige Opfergabe trotz unserer Mängel. Wie demütig ist unser Herr Jesus Christus!

Er war es nicht nur im Saale zu Jerusalem, als Er Seinen Jüngern die Füße wusch. Er ist es auch heute, wenn Er uns zur Speise wird in der heiligen Kommunion. Das ist wiederum ein Dienst Gottes, den wir viel zu gelassen hinnehmen. Christus wird Speise für unsere Seelen. Käme Er wenigstens in ein Haus, das Seiner würdig wäre, in einen Himmel! Aber nein, zumeist sind es windschiefe Hütten, die wir Ihm anzubieten wagen. Wunder der Liebe Gottes, der Demut Gottes, daß Er trotzdem kommt.

Er weiß, daß wir Ihn brauchen. Wir würden ohne Ihn erliegen auf dem gefahrvollen Pilgerwege unseres Lebens.«

Kein unbedachter lauter Atemzug und keine unruhige Bewegung stören die langsame und tiefe Auslegung der Perikope. Sie ist ganz anders als sonst. Nicht die Abwehr des Petrus, nicht der Mensch Jesus Christus von Nazareth stehen im Mittelpunkt, sondern der dienende, der demütige Gott.

Der Sieche spricht weiter. Er spricht leise, mühevoll artikulierend. Zuweilen muß er größere Pausen einlegen.

»Meine Lieben, Gott ist demütig. Der Größte neigt Sich fortgesetzt zu unserer Armut nieder, obwohl er nur selten Bescheidenheit bei uns findet. Wer so arm ist, wie wir Menschen allesamt, abhängig im ganzen Sein von der barmherzigen Güte des Vaters, der sollte sich in bescheidener Bereitschaft auftun für das Kommen des Herrn.

Und was machen wir? Fordern wir nicht gar, wenn wir abwarten und bitten sollten?

Es ist unfaßbar, daß Gott Sich trotzdem herabneigt; daß Er uns die Füße wäscht; daß Er uns stolze Geschöpfe nicht einfach fallen und vergehen läßt.

Da Er die Seinen liebte, liebte Er sie bis ans Ende ... Gottes Dienen zu verstehen, das bleibt unserem armen und engen Verstande und auch unserem suchenden Herzen verwehrt. Wer viel erreicht, der beginnt zu ahnen, daß nur die Liebe Gottes so etwas vermag, die, da sie göttlich ist, auch unendlich größer ist als unser kleines Herz.

Gottes Liebe ist unendlich, wie Er unendlich ist, und darum umfaßt sie uns sündhafte Kreaturen trotz unserer Verkehrtheit und Undankbarkeit.

Der Herr Jesus Christus wäscht Seinen Jüngern die Füße.« Wieder macht der Sieche eine Pause. Wieder herrscht ehrfürchtiges Schweigen. Die Scholaren verstehen ihn nicht ganz, aber sie spüren seine Liebe zu Christus und haben Ehrfurcht vor diesem Geheimnis.

»Er wollte uns auch ein Beispiel geben. Wir wollen tun, wie Er getan. Wir sollen einander die Füße waschen, einander dienen in demütiger Bereitschaft. Das Herrschen der Herrscher soll fortan ein Dienen zum Wohle der Untertanen sein, ein Wegbereiten für Christi Kommen. Die dem Lamme dienen, und das sind vornehmlich jene, denen von Gott ein heiliges Amt und die große Last einer Verantwortung anvertraut wurde, sollen dem Herrn die Wege ebnen in den Herzen der anderen.

Dabei sollen sie immer mehr abnehmen, auf daß Er zu wachsen vermag. Wer unter euch der Erste sein will, der sei der Diener aller.

Lest und betrachtet die Periskope von der Fußwaschung beim letzten Abendmahle noch einmal und bereitet dann die Abschiedsreden des Herrn vor ... Sie haben große Bedeutung für unser Leben und Leiden und können gläubigen Herzen Freude schenken.«

Nach einem kurzen Gebet entläßt der Magister die Scholaren. Nur Hartmut von Unterwalden bleibt zurück und naht sich verlegen dem Lehnstuhl. Seine großen Ohren brennen rot.

»Hast du den Herrn so wenig lieb, daß du nichts von Ihm lernen magst, Hartmut?« fragt Hermann milde den Zerknirschten.

Hartmut schluckt an seinen Tränen und stottert: »Lieb hab' ich Ihn, aber ich hab' einen harten Schädel. Was ich lerne, vergesse ich gleich wieder. Wäre ich nur halb so klug wie Ihr, Magister Hermann!«

Bei diesem Stoßseufzer schauen sich Hermann und Berthold lächelnd an. Die Rechte des Lahmen fährt mit einem leichten Schlag an den struppigen Blondschopf des Scholaren.

»Wünsche hast du, Bub, aber plagen magst du dich nicht allzu gerne. Fortan gibst du dir mehr Mühe. Anderen fällt das Lernen leichter, das stimmt. Aber das sollte dich nur anspornen. Jede Mühe, die wir darauf verwenden, unserem Herrn näherzukommen, macht sich belohnt. Mühe und Kreuz hat jedes Leben. Danke dem Herrn, daß du gesunde Glieder hast und danke Ihm für den harten Schädel dazu. Fortan strengt sich Hartmut von Unterwalden mehr an, nicht wahr?«

Der Gelähmte zeichnet ein Segenskreuz auf die braune Stirn des Buben. Befreit springt Hartmut davon.

»Seid Ihr nicht manchmal zu gütig und nachsichtig, Vater? Bei Magister Burkhard hätte er die Rute zu spüren bekommen«, meint Berthold, als er den Lehnstuhl wieder zum Arbeitstisch wendet.

»Soll ich ihm die Liebe zum Herrn mit der Rute austreiben? War ich zu milde, soll der Herr mir die Rute geben. Der störrische Esel kann sie gebrauchen.«

Er unterläßt es hinzuzufügen: »Ich werde sie ohnehin bald erhalten.«

Eine Weile verbringt er in stillem Nachsinnen. Dann greift er zu seinem Wachstäfelchen. Er möchte Gedanken über das Herrschen und Dienen niederschreiben. Vergeblich versucht er es. Seine Rechte krampft sich um den Griffel.

»Berthold?«

Wie schade, der Gefährte hat just die Zelle verlassen. Noch einmal will er sich zum Schreiben zwingen. Vergeblich. Er muß sich bescheiden.

»Die Rute für den Esel, Herr?«

Untätig sitzt er in seinem Lehnstuhl, vor sich die Wachstafel mit den seltsamen Kratzern, die Buchstaben werden sollten, und wartet. Er hört jemanden kommen. Das ist nicht Bertholds rascher Schritt.

Udualrich, einer der Profeßmönche und Konventsherren, tritt ein. Nach kurzem Gruß fragt er: »Nicht bei der Arbeit, Bruder?« Seine scharfen Augen mustern die Zelle.

»Es geht nicht«, erwidert der Gelähmte mühsam.

»Euch gönnt Gott wenigstens ausgiebige Ruhepausen. Ich hätte Eure Hilfe gern in Anspruch genommen. Hebräisch ward mir nie sonderlich vertraut, und ich komme mit einer Stelle aus dem Alten Testament beim besten Willen nicht zurecht.«

Wie oft hat Udualrich Hilfe nötig! Sie wird ihm nie verweigert.

»Laßt den Text hier, Bruder. Sobald es mir wieder möglich ist, mache ich ihn für Euch fertig.«

»Gut, gut! Gott lohne es ...«

Udualrichs Hand fährt über das weiche Fell auf der Lagerstatt des Siechen.

»Bei Euch hat sich einiges verändert, nicht wahr? Auf einem solchen Pfühle möchte ich auch einmal ruhen dürfen.«
Hermann lächelt schmerzlich. »Wünscht es Euch nicht, lieber Bruder. Dies Bett ist härter als meine vorige Lagerstatt.«
Udualrich antwortet nicht. Er muß genau das Brett mit den Speisen betrachten, das Berthold trägt. Weißes Brot, gebackene Felchen, Käse, Äpfel, Wein ... Kranksein ist lohnend auf der Reichenau, wenn jemand die Gunst des Abtes besitzt.
»Laßt Euch das Mahl gut munden, Bruder.«
»Wenn das von Herzen kam ...«, brummt Berthold hinter Udualrich her.
»Nicht, Berthold«, mahnt Hermann. »Du bist zu mißtrauisch.«
»Und Ihr seid zu gutgläubig«, hätte der Novize gerne gesagt, aber er verschluckt die Bemerkung. Wie oft hat er in der letzten Zeit die Mönche murren hören, Hermann würde von Abt Berno bevorzugt! Warum denken sie nicht an sein qualvolles Leiden?
»Du mußt mir helfen. Meine Hände wollen nicht.«
Nach erprobter Methode rückt sich der junge Mönch einen Schemel heran und füttert seinen Meister wie eine Mutter ihr kleines Kind. Kurz zuvor legte der Magister seinen Scholaren in erhabener Weise die Heilige Schrift aus, und nun muß er gefüttert werden ... Bei Bertholds behutsamer und zartfühlender Art empfindet Hermann dies nicht so demütigend wie früher, als Ekkehard ihm helfen mußte. Dennoch kennt auch er Stunden, in denen er über seine Hilflosigkeit weinen möchte. Seine Fesseln drücken oft schmerzlich.
Nach der Mahlzeit reinigt Berthold mit einem Tuche das Antlitz und die Hände seines Meisters. Dann führt er die Rechte des Vaters zum Kreuzzeichen und betet mit das Dankgebet. Er betet alleine, denn mittlerweile hat Hermann auch die Gewalt über seine Stimme verloren.
»Darf ich Euch zum See bringen, Vater? Die frische Luft wird Euch guttun. Vielleicht geht der Anfall dann rascher vorüber.«
Ein leichtes Nicken bedeutet Zustimmung. Der Frater hebt den Kranken in den Rollstuhl.

Im Kreuzgang begegnen sie einigen Mönchen. »Feiertagsdasein«, murmelt Bruder Ekkehard.
Das überscharfe Gehör des Gelähmten hat das Wort vernommen. »Feiertagsdasein? Mein Leben ein Feiertag? Welches Fest feiere ich denn unausgesetzt, Bruder? Kreuzerhöhung? Ich gönne Euch nicht meinen Feiertag, Ekkehard. Nein, den gönne ich niemandem, nicht einmal einem Menschen, der mir so feindlich gesinnt ist wie Ihr.«
Wie weh tut ihm solches Gerede, und er hat bisher geglaubt, daß es ihn nicht berühren würde, was Unverstand töricht schwätzt. »Feiertagsdasein . . .«
Abt Berno kommt mit einem Gast aus St. Gallen aus der Klosterpforte.
»Bruder Reginald, hier seht Ihr gleich unseren lieben Magister Hermann, dessen Schrift über die Elemente ich kürzlich nach St. Gallen schickte.«
Der Sieche bemüht sich krampfhaft um ein Lächeln für den fremden Bruder. Sein erstarrtes Antlitz wirkt wie eine tragische Maske. Reginald betrachtet ihn neugierig als ein seltsames Schaustück. Warum begreifen die Menschen nicht, daß ihre Augen verletzen, wenn sie Neugier, Erstaunen und Abscheu verraten beim Anblick eines gelähmten Krüppels?
Berthold gibt eine Erklärung für das Schweigen seines Lehrers. »Verzeihet, Vater Abt... Magister Hermann kann nicht sprechen. Die Lähmung hat ihn wieder überwältigt. Wir wollen an den See . . .«
Herr Berno beugt sich nieder und legt seine Rechte mit dem funkelnden Ring auf die schlaffen Hände des Gelähmten. »Hoffentlich geht es dir an deinem geliebten Gnadensee bald wieder besser, mein lieber Sohn. Ich werde Bruder Reginald einige deiner Arbeiten zeigen. Vielleicht kannst du ihm heute abend selbst die weiteren Erklärungen geben.«
Dankbar und vertrauend sehen die Augen des Lahmen den Abt an.
Aufmerksam hat Reginald die Szene verfolgt. Wahrscheinlich ist der Kranke ein Günstling des Abtes. Irgendwie ist ein solches

Gerücht sogar bis St. Gallen gedrungen. Hat man nicht auch gemunkelt, daß unter den Mönchen einige Unzufriedenheit darüber herrsche, obwohl Abt Berno bisher ein so beliebter Vater seiner Söhne war? Er wird seine Erkundigungen einziehen. In St. Gallen weiß man gerne das Genaueste über die Lage im benachbarten, aber nicht immer geliebten Kloster auf der Augia.

Lange Zeit hat die Reichenau im Schatten der mächtigen Abtei St. Gallen gestanden. In den Zeiten ihres Niederganges war sie nur ein Gegenstand des Mitleides oder des Spottes für die Mönche dort. Seit Abt Berno die Regierung übernommen hat, ist das Inselkloster aufgeblüht. St. Gallen ist größer, aber Abt Berno hat aus der Augia einen Sitz der Frömmigkeit und der Gelehrsamkeit gemacht. Die Malschule blüht, und die Werke des Abtes und dieses lahmen Magisters Hermann tragen den Namen Reichenau in viele Lande. Zudem ist Berno ein Freund des Kaisers. Trägt er sich nicht gar mit dem Gedanken, den Kaiser zur Einweihung des Westwerkes einzuladen? Der hohe Glockenturm, einem Campanile jenseits der Alpen nachgebildet, hat dem Gaste aus St. Gallen mißfallen, denn einen solchen Turm gibt es nur einmal diesseits der Alpen ...

Abt Berno ahnt nichts von den Gedanken, die seinen Gast bewegen. Er zeigt ihm in der Zelle des Gelähmten einige seiner Apparaturen, Instrumente und Schriften mit dem berechtigten Stolz des geistlichen Vaters. Reginald hört ihm mit geteilter Aufmerksamkeit zu. Er sieht sich derweil die Zelle an. Solch prächtiges Gemach besitzt in seinem Kloster nicht einmal der Abt.

Als er mit den Mönchen der Augia nach dem Mittagsmahl in der Rekreation zusammen sitzt, schießt er versuchsweise einen Pfeil ab. Zufällig heißt sein Nachbar Udualrich.

»Hier auf der Insel lohnt es sich, dem Vater Abt freundschaftlich verbunden zu sein, nicht wahr?«

Der Mönch blickt ihn von der Seite an. »Wie meinet Ihr das, Bruder Reginald? Lohnt sich das in St. Gallen etwa nicht?«

»Es lohnet sich auch dort, wenn einem Mönch die Gnadensonne des Abtes scheint. Ich gehöre zwar nicht zu den Glücklichen und Auserwählten.«

»Ich sicher nicht«, entfährt es Udualrich.
Der andere lächelt. »Wir haben es in St. Gallen leichter, denn wir haben keinen Krüppel im Konvent. Ihr müßt miterleben, wie dieser Hermann ständig Ausnahmen macht, während Ihr in Treue den Weg strenger Buße wandelt. Euer Vater Abt ist, wie ich mir sagen ließ, ein begeisterter Anhänger der Reform.« Mitfühlend seufzt der Gast.
»Der Krüppel im Konvent... Wir fragen uns immer wieder, warum er dieses oder jenes Vorrecht hat, das der Abt uns nicht gewährt. Bei Hermann vergißt der Abt bestimmt, daß er ein Cluniazenser ist.«
Reginald wechselt geschickt das Thema. Er weiß genug.

Der Abt ahnt nichts von der Unzufriedenheit, die sich ausbreitet wie Löwenzahnsamen im Wind. Er preist in der Kapitelsitzung unbefangen das neue Werk des Gelähmten, ein Lehrgedicht von 1722 Versen. Hermann hat es auf Geheiß des Abtes für die Nonnen des Stiftes Buchau am Federsee verfaßt.
»Die Schrift ›De octo vitiis principalibus‹ ist eigentlich ein recht ernstes Werk, liebe Brüder und Söhne im Herrn. Wir wollen das Büchlein kennenlernen, ehe es unsere Augia verläßt. Unser lieber Mitbruder bezeichnet darin die Hoffart als die Mutter und den Stamm aller Laster. Ihre Kinder, die sieben Zweige dieses Stammes, sind eitle Ruhmsucht, Neid, Zorn, Traurigkeit, Geiz, Fraß, Völlerei und Unkeuschheit.«
Hätte Herr Berno die Gesichter seiner Söhne betrachtet, wäre ihm manches aufgefallen. Einige Mönche tragen offen ihre Geringschätzung zur Schau, andere lächeln spöttisch vor sich hin. Udualrich stößt seinen Nachbarn Dietbert an und tauscht mit ihm einen Blick des Einverständnisses. Natürlich wieder ein Loblied auf den Krüppel... Aber der Abt schaut nicht auf. Er liest eine Stelle aus dem Gedicht vor: »Durch sie wird Herz und Ohr verhärtet, so daß man Christi heilige Lehre nicht hören will, die doch befiehlet, die Last der Welt in Stich zu lassen. Ihr soll der wahre Christ entfliehen. Er läßt sich nicht von ihr umgarnen... Möge der Stamm der Hoffart auf der Augia in einem jeden Herzen ausge-

rottet werden, damit die sieben häßlichen Zweige, die soviel Verderben und Unheil über eine klösterliche Gemeinschaft bringen können, gar nicht erst wachsen. Aber betrügen wir uns nicht, liebe Brüder! Seit der Ursünde im Paradiese findet die Hoffart reichen Nährboden im Menschenherzen. Meist leugnen wir zwar ihr Vorhandensein, aber unsere Sünden machen immer wieder vor der Welt offenbar, daß sie dennoch in uns wurzelt.«
Würde Abt Berno ahnen, daß die Hoffart am Werke ist, um den Klosterfrieden mit ihren Zweigen Ruhmsucht, Neid und Zorn ernstlich zu gefährden! Beinahe vier Jahrzehnte hat der Abt fest, weise und milde die Abtei geleitet und die Herzen seiner Mönche gelenkt. Ob gerade darum seine Wachsamkeit nachgelassen hat?

Am Abend begibt sich Herr Berno zu dem Gelähmten, um sich nach seinem Befinden zu erkundigen. Hermann ist bereits wieder bei der Arbeit.
»Gottlob, daß es dir besser geht, Hermann. Der Anfall ging rasch vorüber. Woran arbeitest du gerade?«
»Ich übersetze eine hebräische Textstelle aus dem Alten Testament für Udualrich«, antwortet der Sieche unbefangen.
Das Antlitz des Abtes verfinstert sich. »Eine Textstelle aus dem Alten Testament?«
»Ja, Jeremias 13 . . .«
»Wann brachte Udualrich sie?«
»Heute mittag, Vater Abt«, entgegnet Hermann mit der Gelassenheit dessen, der ein gutes Gewissen hat.
»Dabei habe ich ausdrücklich bestimmt, daß jeder, der deine Hilfe in Anspruch nehmen will, zuvor meine Erlaubnis braucht.«
»Ihr wißt nichts davon, Vater Abt? Verzeihet meine Eigenmächtigkeit«, sagt Hermann betroffen.
»Deine Eigenmächtigkeit? Du hast in gutem Glauben gehandelt, aber Udualrich geht immer wieder nach eigenem Ermessen vor. Gib mir deine und seine Notizen! Ich muß ihm einmal gründlich klarmachen, was Gehorsam und Abhängigkeit bedeuten . . .«
Der Tag war ohnehin angefüllt mit Widerwärtigkeiten. Am Bau ist ein Unglück geschehen. Einer der Maurer ist abgestürzt und

hat sich schwere Verletzungen zugezogen. Eine leichtfertige Unvorsichtigkeit des Baumeisters lag vor. Wenn der Arbeiter stirbt, sind vier Kinder ohne Vater. Am Nachmittag hat ein Bote die sichere Kunde gebracht, daß sich in Rom nunmehr drei Päpste darum streiten, wer von ihnen der rechtmäßige ist. Abt Berno leidet schmerzlich um die Kirche.

Den ganzen Tag hat sich der Abt beherrschen müssen. Der Vorfall mit Udualrich macht dem ein Ende. Zornig will er den Raum verlassen.

»Vater ...«, will Hermann bitten, denn er weiß, daß Berno hart strafen kann, wenn das Maß überschritten ist. Wird das einen Udualrich bessern oder nur verbittern? »Vater ...«

Eine schroffe Handbewegung heißt ihn schweigen. Abt Berno geht.

Später kommt Udualrich, bleich und verbissen. Er wirft die Wachstafel vor den Siechen hin.

»Bruder Udualrich ...«

»Oh, ich wollte Euch nur danken, lieber Bruder Hermann. Ihr habet mir eine herrliche Demütigung verschafft. Das versteht Ihr vortrefflich. Denkt Euch nur: vor dem versammelten Konvent rügte der Herr und Vater meinen Ungehorsam. Ja, Ihr habt's verstanden.«

»Aber, Bruder, um der Liebe Christi willen ...«, fleht Hermann.

Der Mönch beugt sich vor, stützt sich breit auf den Tisch und starrt dem Gelähmten ins Gesicht.

»Spart Euch Eure frommen Redensarten, Ihr gelehrter und tugendhafter Mann. Mich fangt Ihr damit nicht. Laßt Euch weiter auf unsere Kosten von unserem Herrn und Vater Abt verwöhnen. Uns entzieht Ihr das an Liebe und Wohlwollen bei unserem gemeinsamen Vater, was Ihr erhaltet. Euch überhäuft er mit allem. Nun, Ihr werdet Euch bei ihm erkenntlich zeigen. Davon bin ich überzeugt.«

Mit einer häßlichen Geste umschreibt Udualrich die Zelle. »Gehabt Euch weiterhin so wohl und lebet weiterhin so bedürftig, so genau nach der strengen Reform von Cluny, Ihr Letzter der Armen Christi, wie Ihr Euch gerne selbst benennet.«

Der Mönch geht zur Türe, reißt sie auf und läßt sie hinter sich hart ins Schloß fallen.
Letzter der Armen Christi ...
Hermann zwingt sich zur Ruhe. »Denn sie wissen nicht, was sie da tun.«
In seinem Geiste taucht ein Bild auf ... der Herr am Karfreitag, mit roten Purpurfetzen bekleidet, mit Dornen gekrönt, ein Rohr in der Hand. Soldaten beugen höhnend die Knie vor dem Spottkönig und speien Ihm ins Angesicht.
Letzter der Armen Christi ...
Er möchte aufbegehren, weinen, schreien, sich wehren.
Letzter der Armen Christi ...
Und er betet ein Vaterunser über sein im tiefsten verwundetes Gemüt hinweg.

Seit jenem Tage ist er irgendwie sehend geworden und feinhöriger. Er spürt den Widerstand, der sich im Konvent leise und kaum merklich gegen den Abt zusammenbraut. Er sieht kritische Blicke, verzogene Mundwinkel, abwertende Gesten bei einigen Mönchen, wenn Herr Berno zum Konvent spricht. Ist er die Ursache dafür, daß die Haltung der Ehrfurcht gegenüber dem Vater Abt gemindert wurde? Ist er unschuldig schuldig?
Die Gemeinschaft hat ihr festes Gefüge verloren. Ein Riß zieht sich hindurch, der sich langsam, aber stetig verbreitert. Auch Herr Berno scheint verändert zu sein. Er fordert ungeduldig, herrisch und gereizt. Sein Ton enthält meist deutlich eine Schärfe, wenn er befiehlt. Entdeckt er einen Fehler oder ein Versagen, tadelt er nicht mehr wie früher mit gütiger Strenge und milder Festigkeit; seine Ermahnungen wirken nun hart und unbarmherzig.
Fühlt er den Widerstand, und will er ihn mit Gewalt brechen? Weiß er nicht, daß er damit die Zahl seiner Gegner vermehrt, die insgeheim gegen ihn arbeiten? Manche, die ihn bisher liebten und verehrten, fürchten ihn jetzt. Von der Furcht sind nur wenige Schritte bis zur Abneigung.
Manchmal hat Hermann das Empfinden, als knacke und knistere es sogar im Gebälk und Mauerwerk. Sind Ratten und Wühlmäuse

an der Arbeit, um das Haus des heiligen Benedikt auf der Augia zum Einsturz zu bringen? Wie soll er helfen, schützen und stützen?
Soll er mit dem Abt sprechen, ihn ganz offen warnen? Aber welche Tatsachen kann er ihm bringen, außer dem Angriff des Udualrich? Hat er Beweise in der Hand? Darf er sich in einer solch wichtigen Angelegenheit auf Ahnungen und Gefühle berufen?
»Herr, was willst Du, das ich tun soll?«
Der Gelähmte wird stiller. Niemand weiß um seine innere Not, denn er erfüllt ruhig seine Pflichten. Er betet viel und innig und opfert seine Leiden fortgesetzt für Abt Berno auf.
Die Zeichen der Unzufriedenheit mehren sich. Die Zelle des Gelähmten wird von einigen Mönchen gemieden. Die Einsamkeit und Verachtung würde Hermann ertragen, wenn sie den Abt nicht mißachten würden.
»Stehe ich wirklich als trennende Wand zwischen dem Abt und dem Konvent?« lautet die quälende Frage, die ihn nicht mehr zur Ruhe kommen läßt. Er hat sich nichts vorzuwerfen, aber er wird unwillkürlich scheuer und zurückhaltender beim Umgange mit dem geistlichen Vater.

Bald jährt sich zum fünfzigsten Male der Tag, an dem Herr Berno in der fernen Reichsabtei Prüm zum Priester geweiht wurde. Oft wandern seine Gedanken den weiten Weg zum Nordwesten und verweilen in den stillen Mauern der Abtei an den wilden Hängen der Eifelberge. Wie unbeschwert und unbelastet war der junge Mönch Berno damals durch die Tage geschritten, hatte sein Gotteslob in reiner Herzensfreude gejubelt, das Studium mit großem Eifer betrieben und sich willig von dem strengen Abte führen lassen! So war es auch in der Reformabtei zu Fleury ...
Leichter war es, geführt zu werden, auch von einem so strengen Manne wie dem Abte Immo von Prüm, als selbst die Last der Verantwortung zu tragen. Berno empfindet sie drückender denn je.
»Wäre doch die Wahl Kaiser Heinrichs II. nicht auf mich gefallen, als er einen Abt für die Augia suchte!« denkt er müde und bitter.
»War mein Vorgänger hier so grausam, wie sie behaupten? Oder

war seine Strenge nicht notwendig angesichts der widerspenstigen menschlichen Natur, die immer wieder bereitwillig vom guten Wege abweicht? Nur wenige, Mönche wie Hermann, vertragen lockere Zügel, weil sie den Herrn so sehr lieben, daß sie aus Liebe auf Seinem Wege bleiben. War ich nicht jahrzehntelang viel zu gütig?«

Im Kapitel ist Herr Berno gerecht, aber allzu sachlich und unpersönlich. Niemand wagt offenen Widerspruch, aber das heimliche Murren nimmt bedrohliche Formen an. Selten zeigt sich ein Lächeln auf dem unbewegten Antlitz des Abtes. Er geht noch aufrechter, gemessener und würdiger seinen Weg. Fremde Besucher empfinden die Strenge des Abtes, des Herrschers am Bodensee.

Außer dem Gelähmten weiß niemand, daß der Vater Abt leidet, furchtbar leidet unter der Kluft der Fremdheit, die sich zwischen ihm und seinen Söhnen in Christo geöffnet hat. Hermann bemerkt die Leidenslinien um den schmalen, beherrschten Mund. Er hört das geheime Bitten hinter der kühlen Strenge seiner fordernden Stimme. Er sieht, daß die weißen Fäden im Haupthaar des Abtes zahlreicher werden.

Der mächtige Bau der Markuskirche mit dem hohen Glockenturm schreitet seiner Vollendung entgegen. Aber liegt dem Abt jetzt noch etwas am hohen Campanile? Auf seinen Reisen nach Rom als Begleiter Kaiser Heinrichs I. hat er die Glockentürme bewundert und sein sehnlichster Wunsch war es, einen solchen an die Ufer des Gnadensees zu bauen, damit die Glocken aus seiner Höhe weithin das Lob Gottes trügen ... Herr Berno betrachtet sein Lebenswerk mit gleichgültigem Blick. Ein anderer, viel wichtigerer Bau, der innere Gottesbau seiner klösterlichen Familie, wird insgeheim abgetragen, ohne daß er die Werkleute zu erkennen vermag, und ohne daß er den Abbau verhindern kann.

Bei den Chorproben für den Gottesdienst am Jahrestage der Priesterweihe des Abtes kommt das verborgene Feuer zum offenen Ausbruch. Hermann hat mit großer Hingabe festliche Gesänge zu einer Messe komponiert. In die Melodien hat er seinen ganzen

Dank an den Herrn und Schöpfer gelegt, der seiner Augia einen Abt Berno geschenkt hat. Gunter, der Chormeister, leitet die Proben vortrefflich, aber immer fehlt dem Gesange noch Wesentliches. Der Chor singt matt, widerwillig und ohne innere Anteilnahme.
Nach wiederholten vergeblichen Versuchen holt Gunter den Siechen aus seiner Zelle in den Chorraum. »Singt Ihr den Brüdern die Weise vor, Hermann. Sie sollen hören, wie eine Melodie zu klingen vermag, wenn der Sänger innerlich mitmacht.«
Hermann zögert nicht lange. Sein Gloria lobpreist den Herrn, sein Alleluja jubelt, sein Credo betet an. Sein Sanctus ist freudige Erwartung, und sein Agnus Dei neigt sich in seliger Gewißheit dem Herrn entgegen, Der da kommt, um ihn heimzusuchen in der heiligen Eucharistie.
»Ja, liebe Brüder«, ruft Gunter begeistert aus, »so müßt Ihr es machen! Versucht es noch einmal.«
Aber die meisten Mönche singen nicht besser.
»Warum strengt Ihr Euch nicht an? Wer Euch singen hört, der sollte ernste Zweifel an Eurem guten Willen bekommen«, zürnt der Chormeister.
Da lächelt der Mönch Dietbert böse und ruft laut, ohne Rücksicht auf die Heiligkeit des Ortes zu nehmen: »Daß Hermann mit Begeisterung singt, wenn es für den Abt ist, dürfte Euch nicht verwundern, Gunter. Irgendwie muß er sich für die Gunstbeweise des Herrn und Vaters Abt doch erkenntlich zeigen.«
Der Sieche fährt auf. »Dietbert, was sagt Ihr da?«
Mit einem hämischen Grinsen lehnt sich der Gefragte vor und betrachtet den Gelähmten vom Kopf bis zu den verkrüppelten Füßen.
»Ich sprach aus, was alle wissen, Graf von Altshausen. Wer von uns hat die beste und schönste Zelle im ganzen Haus? Wer darf feines Pelzwerk und kostbare Teppiche benutzen? Wem werden die schmackhaftesten Speisen und erlesensten Getränke aufgetischt? Wer darf zu den gemeinsamen Übungen des geistlichen Lebens kommen und gehen, wann und wie es ihm behagt? Wer wird nie ernstlich getadelt? Wer ist der Vertraute des Abtes? Der Letzte der Armen Christi – Graf Hermann von Altshausen!«

Laut stimmen manche Mönche Dietberts Äußerungen zu, andere reden erbittert dagegen, und das im Chorraum des Münsters. Der Gelähmte schaut Dietbert mit großen Augen an. Sein Herz krampft sich zusammen. Um ihn herum streiten sie mit immer lauteren Stimmen.

Er sitzt da und schaut Dietbert an, stumm und starr. Seine Hände liegen regungslos im Schoße, überkreuzt, als ob sie gefesselt wären. Er starrt Dietbert an und nimmt ihn doch nicht mehr wahr. Die Gesichter, die Hände, die Leiber der Streitenden, alles verschwimmt vor seinen Augen, wird zu einer wogenden Masse, und auch die Worte vermengen sich in seinen Ohren zu einem Meer von Lauten, das braust und rauscht.

»Was geht hier vor?« übertönt plötzlich die scharfe Stimme des Abtes den Lärm. »Wagt Ihr es gar, den heiligen Ort zu entweihen?«

Totenstille tritt ein. Scheu sehen die Aufrührer zu Boden. Regungslos sitzt der Gelähmte da. Er starrt wie ein Blinder mit weitoffenen Augen in die gleiche Richtung.

»Renuald, Ihr kommet mit und berichtet mir, was hier geschehen ist!« befiehlt Herr Berno einem älteren Mönche. »Ihr anderen gehet ohne Verzug an euer Tagewerk!«

Mit gesenkten Köpfen schleichen Schuldige und Unschuldige aus dem Münster. Immer noch starrt Hermann in die gleiche Richtung. Steht er zwischen dem Abt und den Brüdern?

»Vater, wie schändlich von ...«, beginnt Berthold flüsternd. Der Gelähmte wehrt ab.

»Nicht ... davon ... reden ... nicht«, bittet er stockend. »Bring mich zum See.«

Salve Regina

Hermann fühlt sich unsagbar müde. Leichte Wellen kräuseln die silbrige Fläche des Sees, ein Bild des Friedens. Ist der Gnadensee noch wie sonst? Kann noch irgend etwas auf dieser weiten Welt

wie sonst sein? Ist nicht alle Schönheit irgendwie vergiftet durch Neid, Mißgunst und Haß?
Der lahme Mönch möchte beten, aber die Worte stellen sich nicht ein. Er ist zu müde und zu traurig. Der junge Mensch an seiner Seite schweigt und leidet gewiß das Leid des Vaters mit.
Was wird Renuald dem Vater Abt erzählen? Wie wird Herr Berno unter dem Mißtrauen der eigenen Söhne leiden!
Warum hat ihn sein Bruder Werinher nicht verteidigt, oder war er unter jenen, die gegen Dietberts Worte Einspruch erhoben?
Ach, wie trügerisch ist der Friede hier am Gnadensee! Da ist der Stumpf dort, der halbverkohlte Stumpf der Weide, wahrer und ehrlicher. Totes Holz ... Holz des Todes ... Kreuz.
Der Sieche schauert zusammen, als ob ihn fröstele. »Warum immer das Kreuz, immer das Kreuz? Ich möchte auch einmal ausruhen dürfen, einfach ausruhen, nur ausruhen ... ohne Kreuz. Ich bin müde, so müde. Ich kann ... nicht mehr. Keine Via dolorosa, kein Kreuz mehr, Herr! Nein, nein! Ruhe, Stille ... sonst nichts mehr. Herr, hol' mich heim. Ich kann nicht mehr. Ich bin zu müde.«
Da nähern sich Schritte, feste, ungeduldige Schritte.
»Der Vater Abt«, murmelt Berthold und erhebt sich aus dem Ufergras.
Furcht befällt den Gelähmten. Der Abt ... Was kommt jetzt schon wieder auf ihn zu? »Herr, ich kann nicht mehr ...«
Mit einer kurzen Handbewegung entläßt Herr Berno den Frater. Dann nimmt er dessen Platz im Ufergras ein.
»Wer ist der Vertraute des Abtes? Der Letzte der Armen Christi – Graf Hermann von Altshausen«, hat Dietbert gesagt.
Der Abt schweigt. Hermann sieht auf ihn nieder, sieht die vielen weißen Fäden in seinem Haar und die gebeugten Schultern. Herr Berno ist alt geworden. Die Bitterkeit des Siechen weicht der Sorge um den Vater in Christo. »Herr, wenn ich ihm helfen kann«, betet er und sagt damit sein Ja zu allem, was kommt, ungeachtet seiner Müdigkeit.
Das Schweigen des Abtes währt lange. Als er endlich zu sprechen beginnt, klingt seine Stimme brüchig und greisenhaft.

»Weißt du, warum ich gekommen bin, Hermann?«
»Ich weiß es, Vater Abt«, erwidert der Sieche und fühlt das rasche Pochen seines Herzens. Er betet still: »Herr, ich fürchte mich, aber ich will, was Du willst.«
»Deine Herren Brüder ... deine edlen Herren Brüder ...« Die Stimme des Abtes überschlägt sich. Er schluckt ein paarmal. »Deine Herren Brüder sind neidisch. Sie fordern ein milderes Regiment. Es ist ihnen nicht genug, was ich ihnen, in Abweichung von Abt Immo, an rechtmäßigen Freuden und Erleichterungen gewährt habe, so den reicheren Tisch an Festtagen. Nein, sie verlangen, daß sie täglich weißes Brot bekommen; sie beanspruchen weicheren Stoff für die Kutten, ein wärmeres Dormitorium, besseren Wein und ähnliche Privilegien, die der gestrenge Abt der Augia ihnen verwehrt hat. Dabei berufen sie sich darauf, daß ...«
Herr Berno sieht zu dem Gelähmten auf; der hält dem Blick der dunklen Augen stand.
»Daß Ihr mir dies gewährt habt, Vater Abt«, vollendet Hermann den Satz.
»Du hast kein einziges Vorrecht erbeten!« braust der Abt auf.
»Aber ich habe mancherlei Vorrecht erhalten. Vater, es war ja ohnehin nur eine Probezeit. Darum bitte ich Euch herzlich: räumt das Ärgernis hinweg. Ordnet an, daß unsere Zelle wieder ihr altes Gesicht erhalte, und daß ich die gleichen Mahlzeiten wie früher ...«
»Nein«, unterbricht ihn Herr Berno schroff, »das wäre törichtes Nachgeben. Die Brüder dürfen dir, dem Gelähmten und Schmerzgequälten die Gaben der Barmherzigkeit nicht neiden!« Die Hände des Abtes umschließen das Brustkreuz mit solcher Kraft, daß sich seine Fingerknöchel weiß abzeichnen.
»Vater, verzeihet ihnen, denn sie wissen nicht, was sie da tun«, bittet Hermann leise. »Darf ich in diesem Falle das Wort des Herrn am Kreuze nicht auf die Brüder anwenden?«
»Nein«, erwidert Berno wiederum, »in dir tun sie es unserem Herrn am Kreuze. Ihm fügen sie die Schmach ihrer Mißgunst zu, und sie wissen wohl, was sie tun.«
»Erlaubet mir, daß ich Euch widerspreche, Vater Abt ...? Sie

können es nicht wissen. Woher sollten sie das Ausmaß meiner Not kennen? Dann müßten sie die Not selbst durchgestanden haben ... oder darum wissen, wie einzig Ihr darum wißt. Glaubt mir, die Brüder sehen nur das äußere Bild. Sie sehen den siechen, aber gut versorgten Mitbruder, um den Ihr, Vater, Euch mit besonderer Herzlichkeit bemüht. Sie erfahren nichts von den ständigen Schmerzen, von den schlaflosen Nächten, von der Qual, wenn die Lähmung mich völlig hindert, meine Hände und meine Zunge zu gebrauchen. Sie können nicht nachempfinden, was es bedeutet, wenn fremde Hände mir jede Handreichung tun müssen; wenn sie mich waschen, an- und auskleiden, füttern, betten ... Sie können auch nicht wissen, daß Ihr mir so gut seid, damit ich nicht verbittere, sondern mich um ein wenig Gutsein mühen kann.«

Trotz der eindringlichen und fast flehenden Worte wehrt Abt Berno ab. Er ist zu tief getroffen, um die Wahrheit in sich aufzunehmen und anzuerkennen.

»Sie sehen gerade genug von deinem Leiden, um dir das zu gönnen, was ich dir gab.«

Trauer steht in den Augen des Gelähmten, als er murmelt: »Und wenn ihre Augen trotzdem gehalten sind, Vater? Bitte, räumt das Ärgernis hinweg. Nie und nimmer möchte ich zur Trennwand zwischen Euch und ... meinen Brüdern werden. Nehmt mir alles, ich bitte Euch ganz dringend, nehmt mir alles, Vater, damit sie wieder zu Euch finden!«

Finster schüttelt der Abt das Haupt. »Nein, Hermann, das geschieht nicht. Ich werde sie zur Nächstenliebe zwingen. Ich werde sie zwingen. Sie sollen im Kapitel erfahren, wer der Herr der Augia ist! Sie werden dir Abbitte leisten. Wer nicht will, den sende ich fort. Sollt' mir das nicht gelingen, wozu wäre ich dann der Herr der Abtei Maria von der Au?«

Da hat der Sieche das Gefühl, als ob ihn eine fremde Macht ergreifen würde. Er weiß, daß sich Abt Berno in einer großen Gefahr befindet, denn der einzige Herr der Augia heißt Jesus Christus ...

Er muß dem Vater helfen. Wie ein prophetisches Gesicht überwältigt es ihn:

Christus wäscht Seinen Jüngern die Füße ... Und er spricht wie ein Prophet, furchtlos, kühn, von innen her getrieben. Er kann gar nicht anders. Er muß sprechen.
Aber während er mit erhobener Stimme seinen inneren Auftrag ausführt, ruhen seine Hände im Schoße, als ob sie gefesselt wären ...
»Ihr seid der Abt der Augia, Herr Berno, um zu dienen, nicht um zu herrschen. Im Dienen müßt Ihr den Auftrag Christi erfüllen und die Seelen der Brüder für Ihn bewahren. Euer Vorrecht ist, Ihm die Seelen der Brüder zuzuführen durch demütige und liebende Hingabe an Euren erhabenen Dienst. Dienend müßt Ihr herrschen ... und herrschend dienen. Keinem der Schwachen dürfet Ihr durch fordernde Härte den Weg zum Herrn verwehren. Nur Milde kann Ihm die Herzen erschließen ... Vater, Liebe läßt sich nicht erzwingen, sondern nur durch Liebe erdienen. Um Christi willen, Vater Abt, seid mild und gütig zu den Brüdern!«
Die ungeheuerlichen Worte sind gefallen. Hat Herr Berno sie angenommen?
Hermann wartet.
Langsam erhebt sich der Abt. Sein Antlitz ist blaß. Er atmet rasch.
»Hermann von Altshausen, du begreifst hoffentlich, daß du entschieden zu weit gegangen bist. Deine Rede war eitel Anmaßung. Es stehet keinem Mönch zu, seinen Abt zu tadeln, auch dir nicht. Scheinbar war ich zu nachsichtig mit dir, weil du solches wagest. Du wirst dich vor dem Schuldkapitel verantworten.«
»Vater ...«
Einen Atemzug lang zögert der Abt. Dann geht er. Könnte Hermann ihm nachsehen, würde er bemerken, daß seine Schritte die eines alten Mannes sind.
So hat Abt Berno nie zu ihm gesprochen. Hat er denn nicht das Gute gemeint? Ja, konnte er denn anders? Soll dies das Ende einer in Gott und auf Gott begründeten geistigen Gemeinschaft sein?
Hat er zuviel gesagt und gewagt? Aber er konnte nicht anders, weil eine höhere Forderung an ihn ergangen ist. Er mußte so sprechen, auch weil er Herrn Berno in Ehrfurcht liebt und um ihn bangt.

Aber trotz allem – als einfacher Mönch hat er zuviel gesagt. Abt Berno kann es gar nicht anders sehen.
Und wahrscheinlich ist dies das Kreuz, vor dem er sich zuvor gefürchtet hat. Gott will, daß er fortan alleine geht, ganz alleine. Dann will er wenigstens von Herzen sühnen, was an seinen Worten der äußeren Form nach falsch gewesen ist ... und dann will er alleine weitergehen. Ein haltloses Schluchzen erschüttert den armen Körper des Siechen. Alleine? Mein Gott, ist er denn nicht alleine genug? Segregatus ...

Ruhig, wenn auch mit gramzerfurchtem Gesicht, sitzt Hermann in seinem Rollstuhl, den Berthold in den Kapitelsaal gefahren hat. Im allgemeinen braucht er am Kapitel nicht teilzunehmen. Nun trifft ihn manch erstaunter Blick.
»Der Altshausener soll der Zeuge des Strafgerichtes sein, das über uns ergeht«, denken seine Gegner.
Der Abt tritt ein. Unwillkürlich verhält er am Rollstuhl seinen Schritt. Hermanns Herz pocht mit rascheren Schlägen, aber er betet sein Fiat. Herr Berno geht weiter. Er hat die Hände des Siechen gesehen. Sie ruhen im Schoße, als ob sie gefesselt wären und sind doch wunderbar frei.
Nach den einleitenden Gebeten spricht der Abt vor der großen Verbrüderungsgemeinschaft der Abteien in Burgund, Lotharingen und Schwaben. Er berichtet vom Heimgange des Bruders Wigbertus zu Gorze, für den der Vereinbarung gemäß zu beten sei. Wer Abt Berno so gut kennt wie der Gelähmte, der spürt, daß seine Stimme der alten Festigkeit entbehrt.
Diesen allgemeinen Mitteilungen schließt Herr Berno ein Kapitel aus der Regula des heiligen Benediktus an. Mit Nachdruck und scharfer Betonung legt er sich und den Brüdern die Abhandlung über die Rechte und Pflichten des Abtes vor.
»Er sehe nicht über die Fehler der Schuldigen hinweg, sondern sofort beim Entstehen schneide er sie nach Kräften mit der Wurzel heraus ...«
In den Reihen der Mönche senken sich viele Köpfe. Hermann sitzt ruhig da.

Abt Berno liest weiter von der strengen Rechenschaft, die Gott dem Abte über eine jede Seele abverlangt, die Er seiner Obhut anvertraut hat. Dann schließt er ohne Übergang eine Stelle aus dem Kapitel über die Demut an.

»Die dritte Stufe der Demut besteht darin, daß man aus Liebe zu Gott in vollkommenem Gehorsam sich dem Obern unterwirft, indem man den Herrn nachahmt, von dem der Apostel sagt: ›Er ist gehorsam geworden bis zum Tode.‹«

Abt Berno überschlägt einiges und liest dann langsam und deutlich, überdeutlich weiter: »Die fünfte Stufe der Demut besteht darin, daß man alle bösen Gedanken, die in seinem Herzen aufsteigen, und das Böse, das man heimlich begangen hat, in demütigem Bekenntnisse seinem Abte offenbart . . .«

Herr Berno legt die Regula zur Seite. Mancher der Mönche erwartet, daß ihn der Ruf des Abtes trifft, vor der Klostergemeinde seine Schuld zu bekennen . . . Udualrich, Dietbert, Ekkehard. Warum schweigt der Abt so lange? Welcher Name wird jetzt fallen?

»Heute darf sich anklagen unser Bruder Hermann von Altshausen.«

Der Sieche atmet auf. Gott sei Dank! Der Herr hat seine stillen Gebete gehört. Er darf gutmachen, was er gefehlt. Das Erstaunen seiner Mitbrüder ist so groß, daß er einige Male vergeblich ein Zeichen machen muß, jemand möge den Rollstuhl in die Mitte des Saales fahren. Endlich denkt sein Bruder Werinher an diesen Liebesdienst.

Nun steht das leichte Gefährt mit dem verwachsenen Mönch mitten im Kapitelsaal. Eigentlich dürften die Mönche nicht aufschauen, aber sie blinzeln unter halbgesenkten Lidern zu ihm hin.

Wie konnten sie diesem armen Krüppel die Freundschaft des Abtes mißgönnen? Die gekrümmte Gestalt, das blasse Antlitz, mager, durchfurcht, mit dunklen Rändern unter den Augen, die verbogenen Finger . . .

Wo Schadenfreude aufkommen wollte, verwandelt sie sich in Scham.

Hermann neigt sein Haupt vor dem Abt, da sein Gebrechen ihn hindert, die Knie zu beugen. Herr Berno krampft seine Hände in

die Kuttenärmel. Sein Antlitz wirkt abweisend und hart. Werinher schluchzt beinahe vor Erregung. Was kann sein Bruder Ungutes getan haben? Sieht er nicht aus, als ob er geweint hätte? Ein ungeheuerlicher Gedanke... Hermann, der immer Beherrschte, hat geweint?
Mit klarer Stimme, die bis in den letzten Winkel des großen Saales dringt, legt Hermann sein Geständnis ab: »Ich, Hermann von Altshausen, Profeßmönch und Konventsherr der Abtei Maria von der Au, bekenne Euch, meinem Herrn und Vater Abt Berno, und allen anwesenden Brüdern in der Gegenwart des allmächtigen Gottes, Den ich zum Zeugen anrufe, und in Dessen Barmherzigkeit ich mich empfehle, daß ich gegen die Ehrfurcht gefehlt habe, die ich Euch, meinem Herrn und Vater Abt Berno, schulde. Ich habe es gewagt, Euch in anmaßender Weise zu tadeln und zu ermahnen, was mir in keiner Weise zusteht.
Für dieses Vergehen, dessen ich mich anklage, bitte ich um Eure und der Brüder Vergebung, um Euer Gebet und um eine der Schwere meiner Verfehlung entsprechenden Buße.«
Die schonungslose Selbstanklage läßt an Deutlichkeit nichts zu wünschen übrig. Herr Berno wartet mit seiner Antwort, derweil alle Mönche um den Gelähmten bangen. Will der Abt die Buße möglichst streng auferlegen, oder hat ihn bei diesem ehrlichen und rückhaltlosen Geständnis Mitleid ergriffen? Eine kaum erträgliche Spannung herrscht im Saale.
»Hermann von Altshausen, deine Buße wird darin bestehen, daß du, entgegen deinem hartnäckig geäußerten Wunsche, eine noch besser ausgestattete Zelle und ein noch reichlicheres Mahl erhältst.« Die Worte werden tonlos und unpersönlich gesagt. »Ferner hast du inmitten der Gemeinschaft das völlige Stillschweigen zu beobachten, bis ich dir gestatte, deine Zunge wieder zu benutzen. Hoffentlich wirst du dann nie wieder Worte der Anmaßung über deine Lippen bringen.«
Die Mönchsgemeinde erschauert, aber der Sieche dankt in der üblichen Form für die auferlegte Buße.
Mit sichtlicher Hast beendet der Abt das Kapitel, ohne einen der Aufrührer zur Anklage zu bestimmen. Er will nur Hermann be-

strafen. Aber diese Maßnahme löst keine Befriedigung aus. Als Herr Berno den Kapitelsaal verläßt, stocken seine Füße wiederum am Rollstuhl des Gelähmten. Er sieht die ›gefesselten‹ Hände, richtet seine hohe Gestalt noch gerader auf und verläßt den Raum.

Der Gelähmte wohnt den abendlichen Gebetsübungen bei, als sei nichts geschehen. Beim Magnifikat dankt er der Mutter aller Mütter, daß sie ihm auf sein Gebet hin geholfen hat, seine körperliche Kraft den ganzen Tag zu bewahren. In der Nacht mag dann die Lähmung kommen ... In jeder Not nimmt der Einsame seine Zuflucht zu Maria. Bei ihr weiß er sich als gebrechlicher Mensch, als Sünder, ganz geborgen. Die Mutter der Barmherzigkeit nimmt jeden auf, der zu ihr findet, auch einen armen, einsamen Krüppel.

Als Berthold ihn in seine Zelle bringt, hat er scheinbar keinen Blick für die neue Last an Decken, Tuchen und Fellen. Wortlos läßt er sich für die Nachtruhe bereiten; wortlos nimmt er das reichliche Mahl zu sich, obgleich ihm das Mühe kostet. Bemerkt er die Not seines treuen Gefährten gar nicht? Berthold kniet zum abendlichen Segen nieder. Hermann wehrt stumm ab.

»Verstehe mich, Berthold. Zuvor muß mich der Herr wieder segnen.«

Der Frater ist so verwirrt, daß er die Kerze brennen läßt. Der Gelähmte will sie löschen, aber er fällt kraftlos zurück.

»Ich darf nicht segnen ... darf das Licht nicht löschen. Habe ich jemals ein Licht für andere angezündet, oder war ich am Ende doch nur ein Irrlicht?« quält er sich.

Die Kerze zischt und qualmt schwarz und häßlich. Er muß husten. Käme Berthold doch noch einmal! Feuchte Nebelluft weht vom See her in die Zelle. Das Fenster müßte zugehangen werden ... Käme Berthold doch ...

Hermann spürt, wie die feuchte Kälte durch die feinen Tücher, die wollenen Decken und dichten Felle dringt, langsam und unerbittlich. Sie steigt höher und höher und ergreift Besitz von seinem ganzen Leib. Die Lähmung nimmt ihn wieder in ihre furchtbaren Arme. Es ist jeweils wie ein fortschreitendes Sterben, das er mit wachem Geiste erlebt. Er hat diesen Anfall erwartet nach den

Aufregungen des Tages. Nur gut, daß er nicht vor dem Kapitel gekommen ist ...

Dann ziehen sie wie Wellen heran und überfluten ihn, die rasenden Schmerzen; wie Wellen, in denen der Wille zum Leben, zum Jasagen zu versinken droht. Sind es die Wogen des Gnadensees? Ist diese Pein nur Buße oder auch Gnade?

Er möchte schreien, aber nicht einmal das kann und darf er ja. »... Bis ich dir gestatte deine Zunge wieder zu benutzen ...« Ein ersticktes, röchelndes Stöhnen kommt aus seinem Munde, dessen Zähne sich knirschend aufeinanderpressen. Schweiß rinnt in Bächen über das fahle, verzerrte Gesicht.

Da ... wieder ein Wogenberg der Schmerzen. Er versinkt, um erneut aufzutauchen.

Hat er diesem Ansturm noch etwas entgegenzusetzen? Soll er dazu sein inneres Fiat stammeln? Wäre eine Auflehnung gegen das unbarmherzige Geschick nicht zugleich eine Art Befreiung?

Günstling des Abtes? Das tote Holz ... das Holz des Todes, das Kreuz ... »Ihr dürft den Schwachen nicht den Weg zum Herrn versperren ...«

Christus wäscht seinen Jüngern die Füße ...

Worte der Anmaßung? Allein, allein ...

Pausenlos wie Meereswogen kommen und gehen die Schmerzen über ihn hinweg, derweil Bild und Wortfetzen aus seiner Erinnerung aufsteigen und ihn peinigen.

Er ergibt sich nicht. Seine Seele ringt um Kraft. Er schreit innerlich zu Maria. Ihr vertraut er seine Qual an, ihr, der Mutter des Herrn, der Mutter der Barmherzigkeit.

Läßt ihn die Pein ein wenig zu Atem kommen, ringt sich ein neuer Gebetsvers aus seinem Herzen los ...

»Sei gegrüßt, o Königin ... Salve, Regina!«

Wie ein Stern in der Nacht des Sturmes steht Maria vor ihm in dieser Nacht auf dem stürmischen Meere seiner Leiden. »Salve Regina!«

Doch er muß näher zur Mutter. Sie ist ihm nicht nur Königin und Herrin. Er flüchtet in ihre Nähe, birgt sich in ihrer Liebe ...

»Mater Misericordiae ... Mutter der Barmherzigkeit ...« Das Inferno der Schmerzen droht seinen Geist zu verwirren. Da ruft seine Seele: »Vita, dulcedo et spes nostra ...« Und er darf wieder auftauchen aus dem Wirbel der Not und ihr, die er Leben, Wonne und Hoffnung genannt, die flehentliche Bitte zu Füße legen, ihm nach diesem Elende, am Ende der Verbannung, die gebenedeite Frucht ihres Leibes, den Herrn Jesus Christus, zu zeigen. Er weiß, daß er nicht alleine fleht. Mit allen Kindern Evas ruft er weinend und seufzend aus diesem Tale der Tränen zu ihr, der Mutter der Barmherzigkeit ...

Wieder und wieder betet er die nämlichen Worte, bis lange nach Mitternacht die Wogen seiner Schmerzen kleiner werden. Schließlich spürt er nur die altbekannte und alltägliche Pein.

Mit letztem Zischen und Schwaden schwarzen Qualmes verlöscht die Kerze. Draußen steht ein silberner Mond über dem See. Die Nebel sind zerronnen.

»Mater Misericordiae ...«, denkt der Sieche dankbar, ehe er, von Erschöpfung überwältigt, einschläft.

Der Gedanke an die Gottesmutter begleitet ihn in den Traum. Er sieht sie und darf ihr die Gebetsworte vortragen, die er in seiner Not gefunden. Huldvoll nickt sie ihm zu, und es ist ihm, als ob sie spräche: »Auch mit diesen Worten werden mich fortan selig preisen alle Geschlechter.«

Der Traum beglückt den Kranken. Dieses Glück verläßt ihn nicht, als Berthold ihn nach kurzem Schlummer weckt. Sonst leistet er seinem Helfer jede Unterstützung, die ihm möglich ist. Heute morgen kann er sich nicht bewegen. Als Berthold ihn bittet, die Rechte zu heben, bleibt sie unbeweglich über der Linken ruhen. Die schmalen, gekrümmten Finger sind völlig kraftlos.

»Vater, Ihr seid wieder ganz gelähmt?«

Die blauen Augen des Siechen möchten trösten und beruhigen, doch was vermögen sie gegenüber der drängenden Not und Sorge eines jungen Menschen?

Mit fliegender Hast verrichtet der Frater seinen Dienst, obwohl der leichte Körper des Kranken sich in diesem Zustand nur müh-

sam heben läßt. Die Angst um den Meister verleiht ihm ungeahnte Kräfte. Nachdem er ihn gebettet hat, eilt er wie gehetzt davon.
Kurze Zeit vernimmt Hermann mit dem geschärften Gehör des Gelähmten feste Schritte. Seine Augen weiten sich. Abt Berno. Erfüllt ihn Freude oder ergreift ihn Furcht?
Die Türe öffnet sich und dreht sich mit Knarren in den Angeln. Abt Berno steht im Raume. Der regungslose Mönch kann ihn nicht sehen. Aber er weiß, daß Herr Berno ihn ansieht. Hat Berthold den Abt benachrichtigt? Dann muß er sofort gekommen sein ...
Herr Berno blickt auf den Gelähmten nieder. Das Antlitz ist geisterhaft blaß, wie aus weißem Wachs geformt. Die armen Hände ruhen überkreuzt auf der dunklen Decke, als ob sie gefesselt wären. Sind sie es denn nicht?
Leise nähert sich der Abt dem Lager. Er zieht sich den Lehnstuhl heran, der auf sein Geheiß mit neuen Kissen und Fellen belegt worden ist. Der Herr der Augia setzt sich neben seinen gelähmten Sohn in Christo, schweigend, in tiefes Nachdenken versunken. Sein Blick begegnet den blauen Augen des Siechen. Aus ihnen sprechen Liebe und Ehrfurcht in unverminderter Fülle.
Ein solcher Mensch, ein so demütiger Mönch, soll aus eitel Anmaßung gehandelt haben, als er ihm die Worte am Gnadensee gesagt hat? War nicht Liebe der Antrieb zu dieser kühnen Tat, Liebe zu Gott, zur Abtei, zu den Brüdern und zu ihm, seinem Abt?
Gestern abend waren einige Mönche zu Abt Berno gekommen. Während die einen eingestanden, daß sie sich schuldig fühlten, weil sie gemurrt hatten und neidisch gewesen waren, kamen die besten und treuesten Mönche als Fürsprecher und Verteidiger des Gelähmten.
»Vater Abt, wenn wir einen Heiligen in unserer Abtei haben, so ist es Hermann«, hat der alte Pater Ruodhart erschüttert versichert. Und der alte Mann hat sogar den Mut besessen, dem schweigenden Abte zu sagen: »Ich kenne seine Worte nicht, Vater Abt. Aber ich kenne ihn seit dem Tage, da seine Eltern ihn am

Altare unserer Münsterkirche zur Oblatio gemacht. Damals vertrautet Ihr ihn zuerst meiner Sorge an. Wer leidet wie er und dabei so geduldig und liebevoll ist, der ist der besonderen Gnade Gottes teilhaftig und der mütterlichen Fürsorge Unserer Lieben Frau.«

Der Abt hat lange Nachtstunden damit verbracht, über das Gehörte nachzusinnen und auch die Worte Hermanns vor dem Herrn zu erwägen. Und seltsam, vor seinem inneren Auge standen dabei immer die überkreuzten Hände, die gefesselt waren und frei. So hatte er seine Hände auch am Gnadensee gehabt, als er jene Worte gesagt, die den Abt so sehr getroffen haben, die Worte vom dienenden Herrschen.

Waren die gefesselten Hände nicht das Zeichen dafür, daß Hermann im Auftrage eines anderen, im Auftrage Gottes, gesprochen hatte? Mußte er nicht sprechen?

Gerade hat ihm der Novize Berthold aufgeregt mitgeteilt, daß Hermann wieder ganz gelähmt sei.

»Soll ich das schuld sein?« wehrt sich der Stolz in dem an und für sich großmütigen Herzen des Abtes. Er betrachtet die Hände auf der dunklen Decke, und er weiß, daß er dieses Mal schuldig ist.

»Seine Worte waren keine Anmaßung. Sie kamen aus echter Sorge und aus echtem Auftrag. Er hat nur die Form verletzt. Wenn ein Hermann von Altshausen sich so um mich sorgt, dann muß viel Wahres daran sein, daß ich meine Stellung durch Härte festigen wollte ...«

Abt Berno überhört das Läuten zum Gottesdienst. Er sitzt mit gesenktem Haupte am Lager des Gelähmten und hält eine schonungslose Gewissenserforschung. Hat er gedient? Hat er geherrscht?

Jede Härte, die brechen will, ist Schuld vor Gott. Jedes zu scharfe Wort, das verwundet, statt zu heilen und zu bekehren, führt die Brüder von Gott fort. Jede Miene und Geste der Unerbittlichkeit und Unbarmherzigkeit schadet der Sache Gottes, weil die Herzen sich Ihm verschließen ...

Der Sieche betet derweil für den Vater, als ob er um dessen inneren Kampf wisse. Ihm wird ein wenig Kraft zurückgeschenkt. Leise bewegt er die Finger auf der dunklen Decke hin und her.

Da hebt der Abt das Haupt und sieht ihn an.
»Hermann, mein Sohn in Christo, ich habe Unrecht getan, Unrecht an dir und den Brüdern.«
Der Gelähmte möchte etwas erwidern, aber er kann nur unartikulierte Laute hervorstammeln. Herr Berno hat ihn dennoch verstanden.
»Nein, nein, du brauchst mich nicht zu verteidigen. Nachdem ich mich vor dem Herrn geprüft habe, sehe ich mein Versagen. Du hast recht gesprochen, Hermann. Der Vater Abt muß dienen, nur dienen, und ich war der Herr Abt. Ich wollte herrschen, und ich habe geherrscht. Ich wollte das Böse durch Härte ausmerzen, statt es durch geduldige und demütige Güte zu überwinden. Ich wollte nicht warten. Ich war nicht barmherzig, wenn die Brüder versagten. Ich habe Liebe gefordert, statt Liebe zu geben. Zu dir war ich besonders ungerecht. Dem Buchstaben nach magst du gefehlt haben. Doch ich hätte wissen müssen, daß du niemals aus Anmaßung, sondern nur aus Liebe gehandelt hast. Das Schlimmste ist: ich habe es gewußt, aber ich wollte es nicht wissen. Ich lauschte nur auf die Stimme der Natur und opferte dich meinem verletzten Stolz vor der Versammlung der Brüder.«
Ergriffen hat Hermann diesem Bekenntnis gelauscht. Zu welcher Demut ist Abt Berno fähig! Der Herr der Augia beugt sich noch tiefer vor dem verkrüppelten Mönch. Er erhebt sich aus dem Lehnstuhl und kniet nieder.
»Vater«, stammelt da der Kranke, dessen Lippen sich um einen Laut gequält haben, »Vater!«
»Hermann, du nahmest alles auf dich um der Liebe Christi willen. Ich danke dir dafür, mein lieber Sohn, und ich bitte dich, mir um Seinetwillen zu verzeihen, was ich dir angetan habe. Dann kann ich mit deiner Verzeihung und in der Kraft Seiner Liebe zu deinen Brüdern gehen und zu Gott.«
»Vater!« Die Rechte des Gelähmten tastet sich zitternd über die dunkle Decke dem geneigten Haupt des Abtes entgegen.
»Segne mich, Hermann«, bittet Herr Berno, und der Sieche erfüllt die außergewöhnliche Bitte mit ruhiger Feierlichkeit. Die Anstrengung war zu groß. Abt Berno muß die Rechte, die ihn ge-

segnet hat, wieder auf die Decke legen. »Bete für mich, mein Sohn.«

Als Berthold kurze Zeit später kommt, findet er seinen Meister damit beschäftigt, die steifen Finger zu bewegen. Hermann ist nicht erstaunt, als der Frater ihm sagt, daß das Sprechverbot aufgehoben sei.

»Wir haben wieder Kapitel. Ihr möchtet in Eurer Zelle bleiben, Vater. Soll ich Euch zuvor zu essen holen?«

»Das wäre kein schlechter Gedanke, Berthold. Auch der genügsamste Esel kann nicht immer fasten«, scherzt der Sieche zur Freude seines Gefährten.

Berthold kommt rasch zurück. Von seiner vielgerühmten Klugheit kündet sein Gesicht nicht. Er schaut betroffen drein.

»Das verstehe ich nicht, Vater. Die Brüder in der Küche gaben mir diesen Napf und einen Becher gewöhnlichen Inselwein für Euch ... auf Anordnung des Abtes ...«

»Ich verstehe es gut. Komm, hilf mir auf.«

Der Frater muß ihn füttern. Seine Schwäche ist noch zu groß. Mißbilligend betrachtet Berthold die Speisen.

»Die Brüder hätten Euch wirklich etwas Besseres geben können. Eine seltsame Buße ...«

Hermann lächelt. »Buße? Was du dir wieder ausdenkst, mein Sohn! Das ist keine Buße, sondern eine freudige Überraschung, eine Belohnung.«

Mit sichtlicher Freude verzehrt der Gelähmte das Gemüse und den Getreidebrei.

»Belohnung? Dieser Brei?« Berthold schüttelt den Kopf. »Der Wein gehört nicht zur besten Sorte, aber er ist wenigstens einigermaßen zu gebrauchen.« Er ist so wenig bei der Sache, daß er Wein verschüttet.

»Mit dem einzig Guten geht man aber nicht verschwenderisch um!« tadelt Hermann sanft. »Hast du nicht geschlafen?«

»Wie hätte ich schlafen können nach dem gestrigen Kapitel?« entfährt es Berthold unwillkürlich. »Warum hat der Vater Abt Euch das nicht erspart?«

»Unser Vater Abt hat in Gerechtigkeit seines Amtes gewaltet. Zwischen uns ist alles gut.«
»Ihr habt über Gebühr Genugtuung geleistet, aber Herr Berno war hart.«
»Nicht weiter sprechen, Berthold! Darüber stehet dir kein Urteil zu. Eines will ich dir verraten: Herr Berno besitzt ein viel größeres Maß an Liebe und Demut als ich. Unser Vater Abt ist ein großer, ein heiligmäßiger und tugendhafter Mönch. Möge er uns beiden Vorbild sein.«
Der Frater schweigt. Er ist nicht überzeugt.
»Setze mich an den Arbeitstisch. Ich will üben, bis ich meine Hände wieder so weit gebrauchen kann, daß ich zu schreiben vermag, während du abwesend bist.«

Wiederholt muß Hermann vergeblich versuchen. Er braucht viel Zeit und Geduld, bis er seine zitternden Hände zum Gehorsam gezwungen hat. Schwerfällig führen seine gekrümmten Finger den spitzen Griffel und ritzen Buchstaben in die Wachstafel. Er schreibt nieder, was ihm die Pein der Nacht an Gebetsworten abgerungen hat, das Gebet zur Mutter der Barmherzigkeit. Er schreibt es für seinen Abt, der nun durch die innere Pein der Verdemütigung geht. Abt Berno kniet vor seinen Söhnen und bittet um Verzeihung wegen seiner Härte, und er wird aus diesem »Gnadensee« gereinigt und geläutert auftauchen.
Manchen Buchstaben löscht der Gelähmte wieder aus, schreibt ihn ein zweites, ein drittes, ein viertes Mal, bis er endlich leserlich ist.
»Salve Regina, Mater Misericordiae, vita, dulcedo et spes nostra salve.
Ad te clamamus exsules filii Hevae, ad te suspiramus, gementes et flentes in hac lacrimarum valle.
Eja ergo advocata nostra illos tuos misericordes oculos ad nos converte,
et Jesum, benedictum fructum ventris tui nobis post hoc exsilum ostende.«

Das Niederschreiben dieser Gebetsworte ist schwere Arbeit bei seiner Schwäche. Mehr als einmal muß er absetzen und notgedrungen eine Ruhepause einlegen. Dennoch ersinnt er auch eine Melodie zu diesen Worten. Er schreibt sie in seiner Buchstabennotation darüber. Feierlich und getragen klingt die Weise, die er leise vor sich hinsummt.

Hermann arbeitet nie allein mit dem Verstand; wenn er etwas gestaltet, ist der ganze Mensch daran beteiligt. Die trockenste Formel ist für ihn eine verborgene Huldigung an den Ordner des Lebens; sie hat in ihrer Gesetzmäßigkeit Anteil an der Ordnung aller Ordnungen, am Gesetz alles Seins, an Gott. Dessen Größe offenbart sich nicht nur in den gewaltigen Gesetzen, nach denen die Gestirne das Weltall durchziehen, sie bestimmen auch den kleinen, wunderbar geordneten Bereich winziger Lebewesen.

Im Nachsinnen staunt Hermann auch heute wieder über die Wunder der Schöpfung, über die Größe und Weisheit des schaffenden, erhaltenden und ordnenden Gottes, über die vollendete Harmonie göttlichen Seins.

»Und wir Menschlein meinen, wir hätten ihm Einiges abgelauscht. Dabei stehen wir erst am Anfang, und wir stehen immer wieder am Anfang hier auf Erden. Auch spätere Jahrhunderte und Jahrtausende stehen immer nur an einem neuen Anfang. Jeder Blick hinter ein Geheimnis Gottes wird uns wieder vor ein neues Rätsel stellen. Erst im Tode wird unser Suchen und Raten Schauen und Erkennen ... Welch glücklicher Augenblick, wenn wir Dich schauen dürfen, Herr!«

Über den Gnadensee gleitet ein Fischerboot und wird vom Silberglast der abendlichen Sonne aufgenommen, so daß es darin unterzutauchen scheint.

»So möchte ich heimkehren dürfen, Herr ... aufgenommen werden in Dein Licht, in die reine Flamme Deines Ewigen Seins ...«

Der Sieche muß lange warten. Er verbringt die Zeit betend und betrachtend in stiller und heiterer Gelassenheit. Sein innerer Friede sagt ihm, daß der Abt den Weg des Friedens gefunden hat, die Aussöhnung mit den Brüdern und mit dem Herrn.

»Damit auch ihr tut, wie Ich euch getan ...«
Abt Berno hat diesen Akt der Christusnachfolge vollzogen. Er hat seinen Söhnen die Füße gewaschen, als er demütig bat: »Verzeihet mir, liebe Brüder und Söhne in Christo, ich bin zu hart gewesen ...«
Die Mönche guten Willens haben beschämt und beglückt verziehen und ihres eigenen Versagens reumütig gedacht.
»Wo die Güte und die Liebe, da nur ist der Herr.«

Der gelähmte Mönch am Fenster fühlt sich glücklich trotz seiner Schmerzen. Die Liebe Gottes ist in der Augia sichtbar und spürbar geworden. Diese Liebe birgt auch ihn. Was haben dagegen seine ständigen Schmerzen und häufigen Anfälle zu sagen? Wiegt die Liebe Gottes nicht all das hundertfach auf? Ob einem gesunden Graf von Altshausen jemals ein solches Glück zuteil geworden wäre wie ihm, dem verkrüppelten Mönch? Vielleicht wäre er dann heute nur ein Ritter, der sein Genüge in weltlichen Freuden zu finden suchte und wenig oder gar nicht an Gott dächte ...
Wo mag der Mann weilen, der die Existenz des Glückes leugnete? Wo mag der Magister Theophilos Cheirisophos umherirren? Er wollte den Namen Theophilos nicht hören, weil er fremden Götzen diente. Ob er ihn nun ertragen kann? Und die Seele des Gelähmten sucht im Gebet den Arzt ohne Heimat. Noch wird ihr keine Antwort.

Sterne leuchten am Nachthimmel, als Hermann Schritte vernimmt. Abt Berno und Berthold kommen zu ihm.
»Leider ist es spät geworden, mein lieber Sohn, aber ich wollte dieses Mal Berthold begleiten und bat ihn zu warten, bis ich Zeit hätte.«
Die Stimme des Herrn Berno kündet von wiedergefundenem Frieden. Der Frater bringt dem Siechen das Nachtmahl.
»Könnt Ihr alleine essen, Vater?« fragt er besorgt.
»Ja, es geht wieder recht gut«, erwidert Hermann und greift nach dem Löffel. Statt des überreichen Mahles, das er gestern zu sich nehmen mußte, genießt er jetzt nur eine Milchsuppe und ein

Stück schwarzen Brotes. Aber dieses karge Mahl mundet ihm bedeutend besser.
Hinter ihm gehen der Abt und der Frater aus und ein. Vor ihm glänzt der Spiegel des Sees unter dem blausamtnen Dunkel des Himmels. Hermann kann sich nicht umwenden, um zu sehen, was hinter ihm geschieht. Aber er wartet ohne Neugier und Unruhe.
»Hast du dein Nachtmahl beendet, Hermann? Gut, auch unser Werk ist getan.«
»Darf ich Euch zuvor dieses Lied geben, Vater Abt? Es wurde mir in der vergangenen Nacht geschenkt.«
»Das Lied der vergangenen Nacht? Dann werde ich es mit besonderer Aufmerksamkeit in mich aufnehmen, Hermann . . . Nun komm und sieh!«
Der Abt hebt den Siechen aus dem Lehnstuhl. Berthold hält eine Kerze. Ihr Licht erhellt die Zelle. Sie bietet wieder das alte Bild der sauberen, kahlen Armut. Ihr einziger Schmuck ist das große Kreuz aus der Altshausener Burgkapelle. Das bunte, lästige Beiwerk der Tücher, Decken, Teppiche und Felle ist verschwunden.
»Deine Probezeit ist zu Ende, Hermann. Du hast die Probe bestanden als Sohn des heiligen Benediktus.«
»Dank, Vater Abt, Dank! Nun bin ich hier wieder daheim, weil ich arm sein darf.«
Abt Berno segnet ihn, ehe er geht. Sein Segnen ist wie ein Neigen vor einem Größeren.

Mit der Wachstafel des Siechen in der Hand begibt er sich langsam zu seiner Wohnung. Ab und zu fordert das Alter seinen Tribut; er ist sehr müde. Auf halbem Wege spricht ihn der Prior an: »Ein Kurier brachte soeben einen Brief unseres kaiserlichen Herrn.«
Herr Berno dankt beinahe zerstreut. Ein Brief des Kaisers . . . Er wird keine unangenehme Botschaft erhalten. Herr Heinrich liebt die Abtei auf der Augia. Unter Konrad konnte ein Brief auch böse Kunde bringen.
In seinem Gemach beugt sich Abt Berno zuerst über die kleine

Wachstafel. Wie haben sich die gelähmten Finger heute wieder abmühen müssen! Jedem Strichlein merkt er das an. Wie oft hat Hermann die Schrift wohl ausgelöscht und deutlicher zu schreiben versucht?
Je mehr der Abt von dem Liede, den lateinischen Worten und der Melodie, enträtselt, um so tiefer beeindrucken ihn die Schlichtheit, Herbheit und Innigkeit dieses Gebetes zur Gottesmutter. Dieses Lied stieg aus der Seele eines Ringenden auf, dem im Beten Befreiung wurde, ein kostbares Geschenk ...
Sogleich beginnt Herr Berno mit der Abschrift, mag auch die Nacht darüber hingehen. Seine Müdigkeit ist vergessen. Während er sorgsam das Lied auf feines Pergament überträgt in seiner gleichmäßigen Schrift, summt er zuweilen leise die Töne vor sich hin. Er betrachtet den Inhalt des Gebetes zur Mutter der Barmherzigkeit. Hermann vertraut ihr sicherlich mit Recht seine Bitte an, daß sie ihm nach diesem Elende ihren Sohn zeigen möge ...

Draußen graut der Morgen, als der Abt endlich den Brief des Kaisers liest. Herr Heinrich hat seine Einladung angenommen. Er wird zur Einweihung des Westwerkes kommen. Der Kaiser ist dem Abte in herzlicher Freundschaft zugetan und betrachtet den Älteren als geistlichen Vater und klugen Ratgeber. Wiederholt haben sie Briefe ausgetauscht.
Der Schreiber des Kaisers hat die Buchstaben sauber und kunstfertig hingesetzt. Großmächtig prunkt unten am Briefe das kaiserliche Siegel. Und daneben liegt das Wachstäfelchen mit den zittrigen Schriftzügen des Gelähmten. Welcher Gegensatz!
Kaiser und Mönch sind groß in ihrem Bereich. Aber die Schriftzüge des Hermann von Altshausen lassen sich durch einen ganz leichten Druck auslöschen. Ob auch sein Name bald vergessen wird von der Nachwelt? Und wenn – was macht das aus? Ist es so wichtig, wenn man nach Jahrhunderten zwar noch den Namen des Kaisers kennt, aber der Name des Mönchs längst vergessen ist? Wer ist größer vor Gott – der Kaiser oder der Krüppel? Wessen Name gibt einen helleren, reineren Klang, wenn Gott an die Saiten der Seele rührt? Gott am nächsten steht, wer mehr Liebe

hat. Abt Berno zweifelt nicht daran, daß der kleine Krüppel das größere Maß an Liebe in seiner weiten Seele birgt.
Ob man sein Lied, das Salve Regina, nicht singen wird, wenn man um seinen Verfasser nicht mehr weiß? Von diesem Liede geht ein eigenartiger und starker Zauber aus.
Herr Berno blickt prüfend zum Himmel. Überall verblassen die Sterne. Fahle Morgendämmerung kriecht über die Berge. Er fühlt die durchwachte Nacht, aber er bereut nicht, daß er sie der Betrachtung gewidmet hat. Muß er sich nicht noch mehr dem Wesentlichen zuwenden? Baumeister Berno, dein Gotteshaus steht vor der Vollendung. Baumeister Gott, wirst Du nicht bald den Schlußstein für das Leben des Berno von Prüm bereithalten?
Mit der Schwerfälligkeit, zu der ihn sein Alter zwingt, kniet Abt Berno vor dem steineren Bilde der Gottesmutter nieder. Im Schimmer des Öllichtes lächelt Unserer Lieben Fraue Antlitz seit vier Jahrzehnten auf den Abt nieder, wenn er vor ihrem Bilde kniet ... Regina, Mater Misericordiae.
Er hat das Pergament mit dem Liede in der Hand und beginnt zu singen. Zuerst zaghaft, dann laut und stark: »Salve Regina, Mater Misericordiae, vita dulcedo et spes nostra salve ...«
Ein alter Bruder huscht durch den dämmerigen Kreuzgang. Er will die Mitbrüder wecken. Aus dem Zimmer des Abtes ertönt Gesang. Der Alte lauscht. »Ad te clamamus exsules filii Hevae ...« Beifällig nickt der greise Mönch. Die Weise gefällt ihm.
Bald vernimmt man sie wieder und wieder in der Abtei. Der Chormeister übt sie mit seinen Sängern ein für den Jahrestag der Priesterweihe des Abtes und für die Einweihung des Westwerkes.
Niemand erhebt Einspruch. Die demütige Liebe des Abtes hat jedes Grollen zum Schweigen gebracht. Die Mönche kommen wieder zu dem Gelähmten. Er hat scheinbar alles vergessen, denn er begegnet ihnen unterschiedslos mit unbefangener und ungekünstelter Herzlichkeit. Die karge Armut seiner Zelle zerstreut die letzten Bedenken. Dietbert, einer seiner früheren Gegner, verläßt als begeisterter Anhänger des Gelähmten dessen Zelle. So könnte dem Siechen eine Zeit des Friedens beschieden sein.

Doch Werinher macht ihm Sorge. Er trägt ein ruheloses und zerfahrenes Wesen zur Schau und streift mißmutig und trübsinnig einher. Hermann fragt ihn schließlich bekümmert: »Lieber Bruder, was bedrückt dich? Sag' es mir! Ich möchte dir helfen.«
Werinher geht unruhig auf und ab. Hermann kann ihn nicht sehen, sondern nur das rastlose Tappen der Schritte verfolgen.
»Was mit mir los ist? Ich will fort. Nein, ich bleibe Mönch, aber ich will zum Heiligen Land. Der Gedanke läßt mich einfach nicht mehr los. Ich weiß, daß ich dahin gehöre, wo unser Herr gelebt und gelitten hat. Dort muß auch ich leben, leiden und sterben.«
Der Gelähmte will ihn beschwichtigen, obwohl er herausspürt, daß es dem Bruder mit seinem Wunsche ernst ist. »Werinher, du bist Mönch der Augia. Du hast als solcher Beständigkeit des Ortes gelobt und bist unserer Abtei gleichsam angetraut. Dein Pilgerweg führt nur über dieses heilige Land am Gnadensee. Bruder, glaube mir, hier findest du das traute Nazareth, den Stall von Bethlehem, mühsame Wanderwege auf der Suche nach den Seelen und im Verkünden des nahen Gottesreiches. Hier triffst du auf die Via dolorosa mit dem Kreuz, den Dornen, der Menge, den Mitleidigen, mit der Mutter Maria, dem Simon von Cyrene. Hier kommst du nach Golgotha und an das Kreuz ...«
»Nein, Bruder, du verstehst mich nicht. Ich verzehre mich vor Heimweh nach den Stätten des Erdenlebens Christi. Weißt du überhaupt, was Heimweh ist?«
»Ich litt drei Jahre und drei Monde Heimweh nach der Augia ...«
»Dein Heimweh wurde gestillt. Meines bleibt. Im Heiligen Land ist mein Zuhause. Dort wird man mich zur letzten Ruhe betten.«
Ein neuer Ernst spricht aus den Worten Werinhers. Sein Gesicht hat die zufriedene Kindlichkeit verloren. Er hat das Antlitz eines Leidenden. Wie kam dieses Sehnen über ihn? Soll das Gottes Bestimmung für ihn sein? Die Frau Mutter hat lebenslang den Wunsch in sich getragen, einmal an den Stätten zu knien, wo der Herr gelebt. Soll sich dieser Wunsch auf den Sohn übertragen haben? Wie dem auch sei, die Entscheidung liegt bei Abt Berno, ob dieses außergewöhnliche Begehren Wirklichkeit werden darf.
»Bruder, lieber Bruder, ich hoffe, daß du dich nicht von einer

Täuschung irreführen läßt. Wo Christus weilt, sind wir zuhause; Er ist in unserer Abtei. Bruder, sei vorsichtig. Unser Weg ist kurz, und darum ist jeder unserer Schritte auf diesem Wege wichtig. Denke daran, welch gefährlichen und beschwerlichen Umweg ich machen mußte. Ich möchte dir Ähnliches ersparen.«

»Hermann, ich bin nicht mehr der leichtsinnige und oberflächliche Mensch, der jedem Windhauch nachgibt. Ich habe nicht umsonst an deiner Seite gelebt. Ich weiß um das Kreuz und seine Wirklichkeit in unserem Ordensleben. Aber es gibt einen Ruf, den man nicht überhören darf. Mein Weg ist kürzer als der Deine, und er muß im Heiligen Lande enden.«

»Du bist ein gesunder Mensch, acht Jahre jünger als ich, und du trägst dich mit trüben Stimmungen? Werinher, sprich mit unserem Vater Abt und unterwirf dich seiner Entscheidung.«

»Das will ich tun«, versichert Werinher nach einigem Zögern.

Wie Hermann erwartet hat, verneint Herr Berno die außergewöhnliche Bitte. Sein Verständnis und seine väterliche Güte bringen die Unruhe im Herzen des Mönchs für eine Weile zum Verstummen.

Die Abtei begeht den Jahrestag der Priesterweihe ihres Abtes in feierlicher und würdiger Form. Am Abend singt der Mönchschor erstmals das Salve Regina im Münster. Die Gäste aus Einsiedeln, Fleury, Gorze, St. Gallen, Prüm, Cluny, Konstanz und Bregenz sind von der neuen Weise begeistert. Sie erbitten und erhalten vor ihrer Heimreise Abschriften des Liedes zur Mutter der Barmherzigkeit.

»Setzt eine Widmung oder wenigstens Euren Namenszug darunter, Vater«, bittet Berthold den Gelähmten.

»Warum, mein Sohn? Geht es um mich? Die Ehre Mariens soll befördert werden . . . nicht mein Ruhm. Wenn sie an vielen Orten das Salve singen, bin ich reich belohnt . . . Unser Geben ist nur so lange echt, wie es nicht nach persönlicher Anerkennung Ausschau hält . . .«

7 ALMA REDEMPTORIS MATER

Die weiße Taube

Die Arbeiten am Westwerk schreiten rüstig voran, denn schon früh hat milde und trockene Witterung eingesetzt. Bis zum vorgesehenen Termin der Einweihung wird der Bau vollendet sein.
»Ein außergewöhnliches Jahr«, meint Tradolf, der Cellerar, als das Knospen und Grünen bereits im Februar beginnt und kein Frostwetter einen Rückschlag bringt.
»Ein außergewöhnliches Jahr«, sinnt Hermann vom Altshausen, als er mit eigener Hand in seine Notizen zur Weltenchronik schreibt: »Anno Domini 1048«.
Kaiser Heinrich III. wird kommen, der wohlwollende Freund und Gönner der Abtei und ihres Abtes, wenn das Westwerk eingeweiht wird. Damit findet das Lebenswerk des Herrn Berno einen triumphalen Abschluß. Den Siechen beschleicht eine bange Vorahnung. Wird dies das einzige Vollenden im Jahr des Heiles 1048 sein? Das Lebenswerk des Herrn Berno findet seinen Abschluß ... Wird dies auch in anderer Hinsicht gelten müssen?
Pilger brachten schlechte Kunde aus Rom. Das Befinden des Heiligen Vaters sei ernst. Waren die Nachrichten aus Rom nicht bis zum Jahre 1046 nur ein Gegenstand des Kummers und der Sorge für die treuen Söhne der Mutter Kirche? Anno Domini 1045 haben drei Päpste sich ›rechtmäßiger Nachfolger Petri‹ genannt: Benedikt IX., Silvester III. und Gregor VI. Wem hat man da Glauben schenken können? Eine große Verwirrung hat dies Schisma über die katholische Welt gebracht. Oft waren sich die Mönche oder Nonnen eines Klosters nicht einig, wen sie als Papst anerkennen sollten.

Da hat Heinrich III. eingegriffen, wenngleich mit harter Hand. Auf der Synode von Sutri hat er die drei Männer zum Verzicht gezwungen und den sittenstrengen deutschen Priester Klemens als Papst eingesetzt. Aber ist Heinrich trotz seines guten Wollens nicht zu weit gegangen? Hat er sich damit nicht über Petrus gestellt und die Kirche in eine neue Abhängigkeit gebracht? Bei allem Machtstreben kann man Heinrich III. nicht die echte Gläubigkeit und Liebe zur Kirche absprechen. Wie wird es aber unter einem Kaiser werden, dem nur die Vermehrung seiner Macht am Herzen liegt?
Der Historiker Hermann hat begriffen, daß ein gefährlicher Weg beschritten worden ist. Und nun liegt Papst Klemens II. im Sterben. Wie wird es weitergehen?

Berthold bringt seinem Meister ein Buch, ein Geschenk für Kaiser Heinrich III. »Der Vater Abt wünscht, daß Ihr Euch das Buch anseht, Vater.« Er legt es bequem vor ihn hin, setzt sich neben ihn und hilft ihm beim Umblättern der großen Pergamentseiten. Das Evangeliar weist die wunderbaren Initialen und Bilder der Reichenauer Malschule auf.
»Sieh, Berthold, diese hoheitsvolle Gestalt des Christus bei der Heilung des Blindgeborenen. Woran erinnert dich ihre erhabene Würde?« prüft Hermann seinen Schüler.
Der bleibt ihm die Antwort nicht schuldig. »An die Fresken in St. Georg und St. Peter und Paul, Vater. Oft ist unseren Gestalten der Zug ins Großartige eigen, aber dennoch wirken sie nicht starr. Sie leben. Manchmal leben sie geradezu beängstigend. Denkt an die Bilder der vier Evangelisten. Wird der Beschauer nicht förmlich mit emporgerissen ins Übernatürliche?«
»Auf sie stürmt das Licht von oben ein, und es reißt uns empor. Diese eigenartige Wechselwirkung beim Betrachten dieser Bilder habe auch ich erlebt. Aber neben dem Gewaltigen, Majestätischen und Erhabenen kennt unsere Reichenauer Malerei auch ein geheimes Schmunzeln. Erinnere dich an die gute Martha bei der Erweckung des Lazarus. Sie scheut sich nicht, zur Verdeutlichung ihrer Worte: ›Herr, er riecht schon‹, ihre Nase zuzuhalten. Und

wie spaßig und hilflos hocken die Teufel in Gerasa auf den Schweinerücken. Wenn man sie ansieht, vermeint man gleichzeitig das Schmunzeln des braven Bruders zu sehen, der sie gemalt hat.«

»Vater, die Schäflein auf diesem Weihnachtsbild treten mit einer ruhigen Würde auf, als seien sie ...«

»Zumindest hohe Prälaten«, ergänzt Hermann heiter. Über diesen Vergleich der Schäflein mit geistlichen Würdenträgern müssen beide so herzlich lachen, daß sie das Kommen des Abtes überhören.

»Nun, was war der Anlaß zu solcher Heiterkeit?« fragt Herr Berno.

»Das Evangeliar des Bruders Theodebald«, berichtet der Sieche unbefangen. »Wir stellten fest, daß die Schäflein auf diesem Weihnachtsbild so würdig auftreten wie hohe Prälaten.«

»Also ... wie ich«, lächelt Abt Berno und freut sich, daß sein berühmter Magister errötet wie ein kleiner Scholar. »Ich habe die Würde eines Schäfleins. Gar kein übler Vergleich! Was bin ich anders als ein Schäflein aus der Hürde Petri?«

»Vater Abt, wir meinten damit die Würde, die unsere Malschule den Gestalten gibt, sogar den Schäflein. Die Reichenauer Schule wurde von Byzanz beeinflußt, gewann aber mit der Zeit ein eigenes Gesicht.«

»Wäre es stets ein Geben und Nehmen zwischen Rom und Byzanz ... Warum verzichten die Menschen nicht auf ihre kleinen persönlichen Ziele, Vorteile und Vorurteile, um gemeinsam dem einen Reiche Christi zu dienen?«

Herr Berno setzt sich auf den Schemel neben dem Arbeitstisch. Der junge Frater geht leise davon. »Blättere weiter, Hermann.« Gemeinsam betrachten sie Seite um Seite des wundervoll ausgeführten Evangeliars, das Lebenswerk eines Mönchs.

»Ein kostbares Geschenk für unseren Herrn und Kaiser. Daran kann niemand etwas tadeln«, lobt der Sieche.

In gebeugter Haltung sitzt der Abt auf dem Schemel, die Augen halb geschlossen.

»Ach, Hermann, sie werden mancherlei Tadelnswertes finden, die

Großen, die zur Einweihung kommen. Der Kaiser wird nicht danach suchen. Herr Heinrich hat einen gerechten Sinn. Er ist edel. Aber andere werden kommen und genau das sehen und sehen wollen, was nicht gut bei uns ist. Schon jetzt könnte ich dir manches nennen, was sie auszusetzen haben werden.«

Mit einer müden Bewegung fährt die Rechte des Abtes über das zerfurchte Antlitz. Welk und faltig umschließt die gelbliche Haut die abgemagerten Finger. Der Abtsring sitzt lose, allzu lose. Auf dem Handrücken zeichnen sich braune Flecken ab.

Hermann sieht die vielen Falten, Fältchen, Furchen und Runzeln im vertrauten Antlitz des Vaters, die eingesunkenen Schläfen und das weiße Haupthaar. Wie ist der Vater in der letzten Zeit gealtert! Lange Jahre schien das Alter ihm nichts anhaben zu können, und nun hat es ihn plötzlich überwältigt. Ein banges Vorgefühl beschleicht den Siechen.

»Lassen wir die Menschen reden, Vater Abt. Ihr Reden ändert nichts am Wert unseres Tuns, wenn wir den Herrn gemeint haben. Mängel weist unser Tun immer auf, aber das ändert nichts, wenn das Wesentliche erfüllt würde.«

Herr Berno sieht an ihm vorbei auf den Gnadensee. »Und wer ... sagt uns, ob unser Tun den Herrn gemeint hat? Könnte es nicht heimliche Ehrsucht und Selbstgefälligkeit gewesen sein? Vielleicht ließ ich nur aus dem uneingestandenen Wunsch, den höchsten Glockenturm in deutschen Landen zu besitzen, das Westwerk bauen ... Ob der Reichsprälat Abt Berno von der Augia unserem Herrn Jesus Christus nicht weniger gilt als das letzte Schäflein aus der Hürde Petri, wenn er ...« Der Anflug eines Lächelns spielt um die schmalen Lippen des Siebzigjährigen. »Wenn er auch gar so würdig tut.«

Der Gelähmte spürt, daß hinter den scheinbar gelassenen Worten eine große Not lauert, eine innere Not und Müdigkeit.

»Vater, Ihr habt dem Herrn gegeben, was Ihr Ihm geben konntet.«

»Hermann, ich möchte deinen Glauben haben, dein Vertrauen und deinen Frieden. Dir ist der Herr nahe und Sein Kreuz vertraut. Es gehört zu deinem Leben. Du hast dein Ja zu ihm gesagt, und

Du hast es sogar lieben gelernt. Du bist gebunden wie kaum ein anderer Mensch auf dieser Erde, und du bist der freiesten einer. Ich möchte dich . . . beneiden.« Mühsam erhebt sich der Abt.
»So kann ich ihn nicht gehen lassen«, denkt Hermann bestürzt.
»Vater, Ihr waret es, der mich zu Gott führte. Euch verdanke ich meine Freiheit und meinen Frieden.«
Müde und schwer läßt sich Herr Berno wieder auf den Schemel nieder. Er sieht den Gelähmten eindringlich an. »Mir verdankst du deine Gottesnähe? Mir? Nun, du hast den Wegweiser Berno beachtet, aber er selbst muß weit weg vom Ziele verharren, weit weg vom Herrn. Wer andern predigt, kann verworfen werden.«
Der Sieche spürt, daß die Schwäche des Vaters in ihm neue Kraft wachsen läßt. Er muß Abt Berno zur Seite stehen. Mit der Hellsicht des liebenden Sohnes erkennt er, daß das Leben des Abtes in seine letzte entscheidende Phase eingetreten ist. Das gibt ihm Kraft und Mut zu einer Offenheit, die seine Einsicht in den seelischen Zustand des Abtes verrät. Wiederum legt er kühn seine Liebe in die Waagschale, auch auf die Gefahr hin, daß der Vater ihn mißverstehen könne.
»Vater, Ihr seid dem Herrn und der Herr ist Euch nahe. Ich habe es oft erfahren dürfen. Aus Eurem Leben ist mir das Bild Christi aufgeleuchtet. Ihr brachtet mir den Herrn. Nun läßt Er Euch eine harte Wegstrecke zurücklegen. Er gibt dann den Seinen eine beängstigende Unruhe ins Herz. Sie dürfen nicht verweilen und sich mit Irdischem begnügen. Er macht sie darum noch einmal heimatlos und nimmt ihnen die bisherigen Sicherheiten. Sie sollen sich einzig und allein nach Ihm sehnen. Sie sollen nur nach Ihm ausschauen in dieser neuen Wüste. Te lucis ante terminum . . . bevor des Tages Licht vergeht.«
Dieses Mal weist Herr Berno ihn nicht ab. Trotz der Kühnheit der Worte versteht er das ehrfürchtige Mühen seines geistlichen Sohnes, sein Dienenwollen.
»Te lucis ante terminum . . .«
Er weiß, daß der Gelähmte damit nicht den schwindenden Tag gemeint hat, nicht die langsam wachsende Dämmerung draußen auf dem Gnadensee.

Hermann spricht weiter. Er hat die Hände gefaltet. »Vater, es muß Nacht werden; aber sie wird Sternenweiten mit sich führen. Die Seele wird von Klarheit zu Klarheit, von Licht zu Licht voranschreiten, wenn sie die Nacht der Einsamkeit durchsteht ... Und dann wird sie dem Lichte begegnen ... Ein Stern geht strahlend über ihr auf, der nie mehr verlöscht. Das Ewige Licht umfängt sie in der überaus großen Freude der Ewigkeit, Lumen Christi ... Kein Ohr hat gehört und kein Auge gesehen, was der Herr denen bereitet hat, die Ihn lieben. Aber es wird Licht sein, Licht und Freude, das Zuhausesein in Christus Jesus, unserm Herrn.«

Wie ein Bekenntnis hat er die Worte gesprochen, und die Freude seines Herzens, die ihn bei dem Gedanken an das Kommen Christi erfüllt, hat ihnen einen siegreichen und überwältigenden Klang verliehen.

Christus – mein Leben, mein Licht!

Hermann ist sich treu geblieben, seit er in der Karfreitagnacht zu Aachen zum Herrn gefunden. Er ist der Flamme, dem Lichte, Christus, treu geblieben, und das Licht ist in ihm gewachsen.

Eine wunderbar tröstliche und überzeugende Wärme strömt von ihm aus. Auf den müden Greisenzügen des Abtes spiegelt sich ein milder Abglanz seiner Freude wider. Auch die Nacht, der Berno entgegengeht mit dem raschen Kräfteschwund des Greises, ist Gnade und Barmherzigkeit, Anfang nicht Ende.

»Singe mir dein Salve Regina!«

Der Gelähmte singt die Weise mit Andacht und Innigkeit. »Gottlob, daß ich heute meine Stimme habe«, freut er sich. Die Tage völliger Lähmung haben sich nämlich gemehrt. Als er sein Lied beendet hat, legt sich die Greisenhand einen Augenblick auf seine hohe Schulter. Dann verläßt der Abt still die Zelle.

Am nächsten Tage kommt der gute Frater Berthold nicht mehr aus dem Staunen heraus. Bislang hat der Sieche außer seinen schriftlichen Beiträgen wenig Anteil an den großartigen Vorbereitungen für den Empfang des Kaisers genommen. Viel wichtiger schien ihm zu sein, endlich sein Buch »De Physiognomia«

zu vollenden, das er jahrelang zurückgestellt hat. Wenn die Scholaren ihm begeistert von den Zurüstungen erzählt haben, ist nur ein nachsichtiges Lächeln seine Antwort gewesen. Warum machen sie soviel Wesen um einen Menschen, der schließlich auch zu den Sterblichen zählt?
Das ununterbrochene Klopfen und Hämmern und das allzu geschäftige Treiben seiner Brüder hat ihm nicht selten einen Seufzer entlockt, der von mühsam unterdrückter Ungeduld sprach. Sein Beitrag für den Festtag, Gesänge zur heiligen Messe, ist von ausgesuchter Schönheit. Aber die zeitraubenden Chorproben sind ihm eine Last. Er will sein Buch vollenden, und sein angespannter Geist hat jede Unterbrechung als unwillkommene Störung empfunden. Berthold hat es nicht leicht gehabt in dieser Zeit.

Nach dem Gespräch mit Herrn Berno ist Hermann verändert. Ohne das geringste Bedauern legt er das Buch beiseite.
»Räume es vorerst fort, Berthold. Beinahe hätte ich Wichtigeres vergessen.«
Wichtigeres? Ist ihm dieses Buch nicht sehr wichtig gewesen? Frater Berthold ist neugierig zu erfahren, was denn noch wichtiger sein kann.
Der Sieche läßt sich in den Rollstuhl heben.
»Wir wollen uns die Zurüstungen für den Empfang des Kaisers ansehen.«
»Ihr . . . Ihr wollt . . .«, staunt Berthold.
»Zunächst zum Westwerk, lieber Sohn«, unterbricht Hermann ihn freundlich.
Dort legen die Handwerker gerade letzte Hand an die Ausstattung der Kaiserloge über der Apsis. Der Prior schaut mit einigen Mönchen zu und bemerkt: »Meiner Meinung nach dürfte die Kaiserloge prächtiger ausgestattet sein, aber unser Vater Abt ist der Ansicht, es sei des Guten beinahe zuviel.« Ein Achselzucken begleitet seine Worte. Seine Begleiter schütteln bedauernd das Haupt. Sie zucken zusammen, als der Sieche ihnen mit erhobener Stimme zuruft: »Unser Vater Abt gibt gewiß dem Kaiser, was des Kaisers ist. Wir dürfen aber nie vergessen, daß auch Herr Hein-

rich nur ein sterblicher Mensch ist, der zum Hause Gottes kommt, um seinen höchsten Herrn anzubeten.«

»Habet Dank für Eure Lehre, Bruder«, erwidert der Prior und verneigt sich. »Ob der Kaiser sich freilich über Eure Worte freuen würde?«

Liegt nicht eine versteckte Drohung in diesem Satz? Hermann zeigt, daß er den Prior verstanden hat. Er erwidert gelassen: »Ihr werdet das zu erfahren wissen, Herr Prior.« Dann wendet er sich an Berthold, als ob nichts geschehen sei: »Fahre mich jetzt zur Herrenbruck.«

Sie betrachten die breite Landungsbrücke, die von den Zimmerleuten der Abtei angelegt worden ist. Fleißige Klosterknechte errichten eben den hölzernen Gerüstteil eines Triumphbogens.

»Jetzt haben sie unseren Baum beseitigt. Schade!« Berthold weiß zuerst gar nicht, was der Meister damit meint. Unseren Baum? Aber dann sieht er die frisch aufgeschüttete Erde an der Stelle, wo jahrelang die halbverkohlte Weide gestanden hat.

»Christophorus«, murmelt der Gelähmte.

»Vater, speichert Ihr eigentlich alles in Eurem Gedächtnis auf?«

»Alles, was des Dankes wert ist, mein Sohn. Jenes Gewitter im Gnadensee dürfen wir beide nicht vergessen.«

»Und wofür dankt Ihr nicht ... und dürft es mit Fug und Recht vergessen?«

Darauf bleibt Hermann ihm die Antwort schuldig.

In diesen Tagen versetzt der Gelähmte seinen ganzen Konvent in Erstaunen und Unruhe. Er taucht überall auf, im Keller und in der Küche, in der Gärtnerei und in der Ökonomie, in der Malschule und in der Schreinerwerkstatt, in der Pfalz, im Gästehaus und auf dem Meierhof. Bald wissen die Brüder in der Rekreation von den Besuchen des Siechen zu erzählen. Plötzlich und unerwartet ist er da. Kommt er im Auftrage des Abtes? Herr Berno äußert sich nicht dazu, und Hermann mischt sich durch keine Frage in die Arbeit seiner Brüder ein. Still sitzt er in seinem Rollstuhl und betrachtet das Tun der andern mit großen, freundlichen Augen. Seine bloße Gegenwart bewirkt, daß sich die Hände schneller und

sorgfältiger regen. Unbewußt empfinden die Mönche, daß eine Kraft von ihm ausgeht.
Abt Berno freut sich jedesmal, wenn er den Gelähmten auf seinem Platz im Refektor, im Kapitelsaal und im Münster entdeckt. Scheinbar vermag er mehr als sonst, viel mehr. Seine verkrümmten Hände führen Löffel und Becher zum Munde. Seine Stimme behält ihren vollen Klang beim Unterricht, beim Diktat, beim Gebet, beim Psalmodieren und bei der Chorprobe. Ihr Wohlklang veranlaßt den Abt, ihm aufzutragen, daß er abwechselnd mit dem Chor sein neues Credo singen solle.
Der Abt weiß, welche Kraft den Siechen aufrecht hält und ihn so stützt, daß er zu stützen vermag. Auch die wilden Schauern des Aprilmondes können dem lahmen Körper nichts anhaben. Jene Kraft macht ihn unverwundbar.

Am Tage vor dem Besuch des Kaisers betrachtet Hermann die letzten Vorbereitungen. Eine warme Sonne liegt über dem Frühlingsland der Augia. Sie läßt den bunten Blumenschmuck in den Girlanden aufleuchten. Rote Teppiche bedecken den Weg zur Herrenbruck; den Weg, auf dem der lahme Krüppel vor Jahren die letzten ›Schritte‹ aus Eigenem getan.
In jungenhaftem Übermut fängt Berthold eine weiße Taube und bringt sie dem Vater. Sorgsam schließt Hermann seine Hände um den zarten Körper des Tieres und spürt das rasche Pochen des kleinen Herzens.
»Eine Friedenstaube, Vater. Jetzt fehlt Euch nur der Ölzweig.«
»Und zu wem soll ich diesen Friedensboten senden?«
»Zu allen Menschen, die guten Willens sind«, enthebt Abt Berno den Frater der Antwort. Wohlgefällig betrachtet er das Bild, das sich ihm vor seinem Münsterturme bietet: ein gebeugter Mönch mit durchgeistigtem Antlitz, der eine weiße Taube in den Händen hält.
»Vielleicht ist es die Taube des Geistes, die frei schweben will über den dunklen Zinnen unserer Erdhaftigkeit und Schwere.«
Ernst hat der Gelähmte diese Worte gesagt. Er öffnet das Gefängnis seiner Hände. Aber die weiße Taube bleibt sitzen.

»Sie will bei dir bleiben, Hermann, die Taube des Friedens, die Taube des Geistes.«

»Nein, weiße Taube, du mußt in die Höhe. Du mußt frei sein, fliegen ...«

Als habe sie ihn verstanden, hebt sie die Schwingen und fliegt empor, hoch über die gelbbraunen Mauern des mächtigen Glokkenturmes in das lichte Blau des Himmels. Die drei Männer schauen ihr lange nach.

»Würdest du mich auf meinem Besichtigungsgange begleiten, Hermann?« fragt der Abt.

Freudig stimmt der Sieche zu. Berthold greift nach dem Rollstuhl.

»Bleibe hier, Frater. Ich fahre deinen Meister heute über die Augia.«

Und die Mönche und Brüder, die Handwerker, Bauern und Fischer erleben das seltene und seltsame Schauspiel, daß der Herr und Vater Abt, der Hochwürdigste Herr Reichsprälat und Herrscher über weite Lande, den Rollstuhl seines gelähmten Mönchs schiebt.

Ein großer Gegensatz – der auch im Alter noch reckenhafte Greis und der schmächtige Mönch im zerbrechlichen Fahrzeug ... Ärgerlich runzelt der Prior die Stirne. Spielt dieser Hermann nicht eine viel zu große Rolle auf der Augia?

Die Räder des Wagens zeichnen auf dem Teppich eine graue Doppelspur. Von allen Seiten grüßen die Inselbewohner den Abt. Sie finden es nicht so verwunderlich, daß er den Lahmen fährt. Herr Berno dankt jedem, auch dem kleinen Fischerkind, das an einer Girlande ein paar Blumen steckt. Sonst ist der Abt auf diesem Gange recht schweigsam. Nirgendwo äußert er sich über die getroffenen Vorbereitungen. Sein zustimmendes Nicken muß auch den Eifrigsten genügen. Den Gelähmten befragt er keinmal um seine Meinung. Warum hat er ihn mitgenommen? Um nicht alleine zu sein? Hermann fragt nicht. Ihm genügt das Wissen, daß der Vater ihn braucht.

Als sie zum Münster zurückkehren, tragen die Knechte eben das letzte Gerüstholz fort. Eine weiße Taube schwebt um den Dach-

first des Glockenturmes. Ist es dieselbe Taube? »Sie mag sich von Eurem Turme nicht trennen, Vater Abt!«
Herr Berno fährt ihn durch die dämmerige Vorhalle in das Gotteshaus. Auch hier bedarf es für sie keiner Worte. Beide lieben die großzügige Weite der Bogen im Westwerk und die schlichte, aufgelockerte Strenge des ganzen Baues – Weite, begeisternder Schwung, edle Harmonie, Geradlinigkeit und Festigkeit sind darin vereint. Die Arkaden neben der Kaiserloge sind bescheidene Zugaben, zu bescheiden, um das Ganze heiter und spielerisch werden zu lassen.
Dieses Westwerk ist von einzigartiger Symbolkraft, dieser Bau des Abtes Berno. Sein Erbauer ist seit vier Jahrzehnten für die Seinen und für viele Menschen draußen, auch für Päpste, Fürsten und Kaiser, wie ein festgefügter, sicherer und doch großzügiger und kühner ›Gottesbau‹. Sie schauten und schauen oft auf ihn, der dieser Erde ganz verbunden ist und doch zum Himmel weist. Seine Klarheit, Geradlinigkeit und Schlichtheit ziehen die Menschen mehr an als seine beachtlichen Leistungen auf dem Gebiete der Dichtkunst und der Musik. Den Arkaden, Friesen und Lisenen an seinem Westwerk ähnlich schmücken seine künstlerischen Werke sein Leben, ohne seine Richtung und einen Zusammenhalt zu stören oder unliebsam zu unterbrechen. Die Kaiserloge über der Westapsis in ihrer bescheidenen Ausstattung entspricht der politischen Einstellung des Herrn Berno. Er hat seinen Kaisern in Treue gedient, ob sie ihn ehrten wie Heinrich II. oder schmähten wie Konrad der Salier. Aber wichtiger als das Reich des Kaisers ist ihm das Gottesreich. Sein Kaiserdienst ist im tiefsten Gottesdienst.

Der Abt schiebt den Rollstuhl in die Vorhalle. Will er den Gelähmten in seine Zelle bringen? Auf dem Platz sitzt eine weiße Taube, als ob sie warte. Beim Näherkommen der Männer fliegt sie davon. Herr Berno fährt den Rollstuhl an der Klosterpforte vorbei und biegt in einen holperigen Feldweg ein. Vorsichtig lenkt er ihn durch das Grünen und Blühen auf Umwegen zum Gnadensee zurück. Strauchwerk und Weiden schützen vor zudringlichen

Blicken von der ›Kaiserstraße‹. Der Gnadensee lächelt in der Heiterkeit des Frühlingstages wider den hellen Himmel. Abt Berno wendet den Rollstuhl zum See und setzt sich daneben in das junge Ufergras.

Äußerlich ist alles wie damals, als Hermanns Worte vom Herrschen und Dienen zu jenem unglückseligen Mißverständnis führten, aus dem im gegenseitigen Anerkennen der Schuld eine neue, tiefere Einsicht, ein gegenseitiges Verstehen und eine Freundschaft im Herrn geworden sind, wie sie zuvor nicht bestanden haben.

»War es ein Zufall, daß Berthold dir eine weiße Taube fing, und uns zweimal eine weiße Taube begegnete, Hermann?« fragt der Abt nachdenklich.

»Gibt es Zufall, Vater Abt? Gehört nicht alles, sei es auch noch so gering, irgendwie in den großartigen Plan der Liebe Gottes?«

»Eine weiße Taube?«

»Auch eine weiße Taube!«

»Gut«, Herr Berno schiebt den Ring hoch, der ihm vom Finger gleiten will. »Alles hat seine Bedeutung im Plane der Liebe Gottes. Dann lasse mich einmal ein wenig über die weiße Taube meditieren ...«

Hermann, Hermann, es gibt keinen Zufall, und ihm ist der Ring, das Zeichen seiner Abtswürde, viel zu weit geworden. Es gibt keinen Zufall.

Aber der Abt erwähnt den Ring nicht.

»Die weiße Taube über den dunklen Zinnen mag man als Sinnbild eines Menschen nehmen, der sich über die dunklen Zinnen der Leibesnot und der Beschwerden erhebt, weil sein Wollen und Lieben in der Gnade des Heiligen Geistes rein geblieben ist. Er kann fliegen. Und er steigt auf, immer wieder, um Segen heimzuholen aus dem Lichte, Liebe und Frieden.

Hermann, als junger Mensch wolltest du wie ein Vöglein davonfliegen. Und nun ergeht der Auftrag an dich, deine Schwingen zu breiten. Hörst du, mein lieber Sohn in Christo, du mußt immer wieder aufsteigen aus der Tiefe. Was auch sich begeben mag auf der Augia, du darfst dich nicht damit begnügen, in der Tiefe zu klagen. Du mußt aufsteigen, dich erheben über die dunklen Zin-

nen und Segen heimholen für die Abtei Maria von der Au. Sie braucht ihn ... sie braucht ihn, um nicht aus der reichen Aue zum öden Wüstenland zu werden, in dem kein Gnadenleben mehr wachsen kann.«
Die Eindringlichkeit dieser Deutung erschüttert den Gelähmten. Klingt sie nicht wie ein Vermächtnis?
»Vater, kann eine Taube fliegen, deren Schwingen gefesselt sind?« fragt er mit innerem Beben.
»Deine Fesseln sind längst gefallen, Hermann. Du bist frei. Du mußt fliegen, und du kannst es auch.«
Wieder hat der Abt Mühe, seinen Ring zu halten, der ihm vom herabhängenden Finger gleiten will.
So ist es mit deinem ganzen Lebenswerk, Berno. Es entgleitet dir. Und was bleibt, was bleibt von dem Schaffen, dem Beten und Opfern der vierzig Jahre auf der Augia? »Bin ich nicht ärmer geworden als der junge Mönch Berno zu Prüm? Bin ich arm genug, um auf Gottes Erbarmen hoffen zu dürfen?«
Der Gelähmte sieht auf den Vater nieder, auf die im Grase zusammengekauerte Gestalt, auf die gesenkten Schultern, die beinahe den seinen gleichen, auf das weißhaarige Haupt. Was soll er sagen? Der Vater weiß, daß er sich bis zur letzten Stunde dem Willen Gottes anvertrauen und überlassen wird. Die Taube wird fliegen, wenn Gottes Gnade sie aufwärts trägt.
Wieder hebt Herr Berno zu sprechen an: »Nicht weit von hier hast du damals in einer ernsten Stunde zu mir gesprochen. Wenige Monde sind seither vergangen, und dennoch habe ich einen weiten Weg zurückgelegt, mein Sohn. Im Angesichte des Gnadensees, der so zu dir gehört, daß ich dich ›Hermann vom Gnadensee‹ nennen möchte, erinnertest du mich an die eigentliche Aufgabe des Abtes, die nicht Herrschen heißt, sondern Dienen; Dienen um Seinetwillen; Ihm dienen in den Seinen. Morgen kommt Einer, dem Macht gegeben ward, und der darum in der gleichen Versuchung steht, in der großen und gefährlichen Versuchung, den Auftrag zu vergessen, die Sendung Gottes, die an ihn ergangen ist.
Dienend herrschen, herrschend dienen. – Dem stolzen Sinn des

Menschen fällt das rechte Maß nicht leicht. Immer wieder erliegen die Träger der Macht der Versuchung, für sich jene Ehre zu beanspruchen, die allein dem Höchsten gebührt. Davor schützt keine Weihe und kein Amt, auch nicht das höchste Amt in der Kirche Christi, die Nachfolge Petri.

Es müßte viel, besonders viel für jene gebetet werden, die unseren Herrn auf Erden vertreten, und die in der Versuchung der Macht stehen. Müssen sie nicht strengste Rechenschaft ablegen? Ist es nicht furchtbar, daß sie sich für eine jede Seele, die ihrer Obhut anvertraut ist, vor dem ewigen Richter verantworten müssen?

Ich bin dir dankbar, daß du die Liebe und den Mut aufgebracht hast, so offen zu mir zu sprechen, Hermann! Ich war auf gefährlichem Wege. Ich wollte mein Amt mit Härte und Gewalt festigen – statt mit Demut und Liebe.«

»Vater Abt, Ihr habet hundertfach vor den Brüdern und an den Brüdern gutgemacht, was Ihr durch zu große Strenge versäumt haben möget. Die Brüder guten Willens sind Euch in Ehrfurcht und dankbarer Liebe zugetan und ehren in Euch unsern Herrn.«

»Aber die andern . . .«

»Keinem Abte wird je vergönnt sein, aller Mönche Herzen zu gewinnen. Immer werden einzelne in innerer Abwehr verharren.«

»Ist nicht einer . . . zuviel? Gewiß, alle beugen sich ohne Ausnahme vor dem, dem die äußere Macht gegeben, das Amt. Aber beugen sich ihre Seelen vor Christus, wenn Er im Abte von ihnen Gehorsam verlangt? Dienen sie Christus? Oder passen sie sich nur in menschlicher Klugheit den Wünschen des Mächtigen an, den sie im Abte sehen . . . ohne an Christus zu denken? Tun sie sich dem Herrn auf in Demut und Liebe? Du wagst nicht es zu bejahen, nicht wahr?

Hermann, wie mächtig ist der menschliche Wille! Ich möchte vor diesen Brüdern auf den Knien liegen und sie anflehen: ›Öffnet euch für Gott!‹ Aber ich kann nur vor den verschlossenen Toren ihrer Herzen weinen über ihre Härte und ihren Stolz, der Gott zum ohnmächtigen Bettler erniedrigt . . .

Und dann kommt die Angst, ob ich nicht Möglichkeiten ungenutzt gelassen habe, um ihnen zu helfen.«

»Vater, Gott verlangt nichts Unmögliches von Euch. Das tun höchstens die Menschen. Er will, daß wir tun, was wir zu tun vermögen.

Herr Berno merkt nicht, daß sein Ring ins Gras gleitet. Er hat die Augen geschlossen.

»Aber ... wer gibt uns Gewißheit, daß wir wirklich getan haben, was in unseren Kräften stand?«

»Gewißheit wird uns nicht. Wir dürfen hoffen und vertrauen. Gott ist Barmherzigkeit ...«

Jetzt spürt der Abt, daß seine Rechte leichter geworden ist. Verwundert öffnet er seine Augen, sieht den leeren Ringfinger und sucht den Ring im Ufergras. Da liegt er, das glänzende Stücklein Metall, verziert mit einem blitzenden Stein, das Zeichen seiner Abtswürde. Nein, das Kreuz ist ihm ja geblieben. Er nickt.

»Ja, Hermann, wir wollen unser Menschsein dem Herrn anvertrauen, Seinem Kreuze, Seiner Liebe und Seiner ... Barmherzigkeit. Alles andere ...«

Er nimmt den Ring auf und wiegt ihn in der hohlen Hand, als wolle er sein Gewicht abschätzen. »Alles andere, was uns manchmal wichtig erscheinen mag, muß dahingehen, muß uns genommen werden, damit wir die volle Wahrheit dessen erfahren, was ich einmal niederschrieb: ›Ich bin auf Gott hin, und Gott ist die Liebe.‹«

Langsam steckt Herr Berno den Ring wieder an den Finger und erhebt sich, indem er sich auf den Rollstuhl stützt.

»Noch etwas möchte ich dir in dieser Stunde sagen, mein lieber Sohn in Christo ... Inmitten mancher Menschen, die dem Herrn enge Grenzen gezogen haben, tut es wohl, einem Menschen zu begegnen, der keine Grenzen mehr gezogen hat und sich Gott vorbehaltlos ausliefert. Ihm darf man seine Müdigkeit und sein Armsein anvertrauen, damit er alle Nöte zum Herrn bringe. Hermann, ich habe Ihm oft für dich gedankt.«

Schweigend lenkt der Abt den Rollstuhl wieder der Abtei zu. Der Sieche fühlt sich seltsam leer und verausgabt. Hat er nicht sein ganzes Sein in die Waagschale geworfen, damit dem Vater Frieden zuteil werde? Was soll er noch geben?

Der Bruder Pförtner hält mit einiger Ungeduld nach ihnen Ausschau. »Der Herr und Vater Abt von Einsiedeln ist soeben eingetroffen«, meldet er aufgeregt.
»Danke, Bruder, ich werde sofort zu ihm gehen«, erwidert Abt Berno gelassen. Dann beugt er sich zu dem Gelähmten nieder: »Bist du morgen im Münster mein betender Moses, derweil ich den Kaiser an der Herrenbruck empfange, mein Sohn?« bittet er leise.
Die hohe Gestalt strafft sich. Würdig schreitet er zum Gästehaus, der Herr Vater Abt und Reichsprälat, der Hausherr der Augia.
Hermann sieht ihm nicht nach. Er beobachtet eine weiße Taube, die unermüdlich um den Turm kreist. Ihr Gefieder schimmert in der Sonne, und der Himmel über ihr ist hell und klar wie eine tröstliche Verheißung.
Dem Herzen, das liebt, erzählen alle Dinge von Gott. Er ahnt den großen Zusammenhang, die Einheit alles Seins.
»Nichts ward ohne das Wort.« Diesen Satz liest Berthold auf dem Wachstäfelchen, als er den Siechen zur Nachtruhe gerichtet hat und die Zelle aufräumt. Und ein zweiter Satz steht darunter: »In Ihm wird alles so einfach.«
In Ihm wird alles so einfach? Der Frater würde um eine Erklärung bitten, wenn das große Silentium nicht schon begonnen hätte ...
In Ihm wird alles so einfach.

Das Inselkloster erwacht noch früher als sonst zum neuen Tag. Eine Erregung hat seine Insassen ergriffen, vom Prior bis zum jüngsten Scholaren. Nur zwei Menschen sind ausgenommen. Abt Berno und der Gelähmte beten und singen so gesammelt, als würde sich nicht der Kaiser der Augia nähern.
Ein lachender Frühlingsmorgen leuchtet über dem gesegneten Eiland, als das Prunkschiff des Kaisers von Konstanz herankommt.
Herr Berno ist blaß wie nach einer durchwachten Nacht, aber seine Stimme klingt fest, und sein Gehen ist mehr ein Schreiten. Fast um Haupteslänge überragt er seine Mönche und seine Gäste. Seine Rechte umschließt das goldene Brustkreuz. Sein zerfurchtes Antlitz ist gelöst und entspannt. Müdigkeit und Furcht sind einer

warmen Freude gewichen. Der da kommt, ist sein Freund. Mit ihm darf er den Festtag seines Münsters begehen. Keine trüben und schweren Gedanken bedrängen mehr seine Seele. Sie singt ein heimliches Te Deum.
Die Glocken der Inselkirchen beginnen ihr machtvolles Lied. Ein gewaltiger Hymnus zu Ehren des Herrn braust auf.
Da ist es dem einsamen Anbeter, dem Siechen in seiner Chorstalle im Münster, als ob sich das Glockenlied seiner bemächtige, ihn emporführe aus der Not und Enge des irdischen Seins.
Die Taube fliegt, die weiße Taube mit den gefesselten Schwingen, die Taube, die dennoch frei ist. Sie fliegt. Tief unter ihr bleiben die dunklen Zinnen der Leibesnot und der Beschwerden. Sie versinken. Das Dunkel versinkt, wird wesenlose Tiefe.
Lichter wird es, immer heller. Höher steigt die Taube empor, bis ihre weißen Schwingen in das blendende Licht Gottheit tauchen.
Hermann weiß nicht mehr um sich. Sein Gebet ist reine Hingabe an die Ewige Liebe, befreit von den Fesseln irdischer Ansprüche, Worte, Gedanken ... Licht, Flamme. Und seine Selbstvergessenheit wird zur Macht, sein Ausgeliefertsein zur Herausforderung an die Liebe Gottes und die äußerste Ohnmacht der Ganzhingabe zum Vorstoß in die Freiheit und in den Reichtum göttlicher Gnade.

Abt Berno will die Knie vor dem Kaiser beugen, aber der schließt ihn, sich niederbeugend, in seine Arme. »Mein Freund!« sagt Herr Heinrich.
Und die Glocken der Augia singen ihr heiliges Lied.

Das Miraculum

Bischof Theoderich von Konstanz weiht das Gotteshaus des heiligen Markus ein. Abt Berno feiert die heilige Eucharistie. Gesammelt wohnt der Kaiser der heiligen Handlung bei. Er ist sicht-

lich ergriffen von der großzügigen Weite und strengen Würde des neuen Kirchenbaues und beeindruckt vom erhabenen Zeremoniell der Weihe.
Der Mönchschor singt die Meßgesänge. Mit einem Male horchen alle auf; auch die weniger andächtigen Höflinge im Gefolge des Kaisers geben ihr eitles Gedankenspiel auf.
»Credo in unum Deum ...«
Eine einzelne Männerstimme singt die Hauptteile des Glaubensbekenntnisses, während der Chor antwortet. Die Stimme kommt aus einer Ferne, die nicht räumlich ist. Sie steigt aus einer großen Glaubensinnigkeit und Glaubenstiefe auf.
Hier betet ein gläubiger Mensch an und verehrt das Geheimnis der Menschwerdung Gottes aus Maria der Jungfrau:
»Et incarnatus est de Spiritu sancto ex Maria Virgine et homo factus est ...«
Der Gelähmte hat die Worte mit erhobenem Haupte und leuchtenden Augen gesungen.
Sei es nun, daß auch die Sänger zu ergriffen sind, weil der Jubel so spürbar aus dieser Stimme bricht, der Einsatz des Chores unterbleibt. Da wiederholt der Sänger den nämlichen Vers ein zweites und drittes Mal.
Jetzt endlich gibt Gunter dem Chor das Zeichen zum Einsatz.
»Crucifixus etiam pro nobis sub Pontio Pilato ...«, fährt der Chor fort.
Aber die Einzelstimme ist verstummt. Der ganze Mönchschor singt das Credo zu Ende.
Bei dem Satze »Crucifixus etiam pro nobis ...« ist der Sieche plötzlich zusammengesackt, obwohl Berthold ihn hält. Wie ein Toter hängt er vornüber in der Chorstalle.
»Crucifixus etiam ...«
Mit dem Ohnmächtigen auf den Armen bahnt Berthold sich einen Weg durch die gaffende Menge. »Laßt mich durch!« würde er am liebsten schreien. Die Menge der Neugierigen hält zäh zusammen und weicht nur widerwillig zurück.
»Crucifixus etiam pro nobis ...«
Gewiß haben sie so den sterbenden Herrn am Kreuze angestarrt.

Draußen im Kreuzgang bleibt Berthold mit seiner Last stehen. Lebt der Vater überhaupt noch? Sein Haupt hängt schlaff nach hinten. Sein Antlitz ist totenblaß. Bläuliche Lider verdecken die Augen. Der Mund mit den blutleeren Lippen steht halb offen. Sanft bettet der Frater den Gelähmten auf die Steinfliesen, legt das Ohr auf seine Brust und horcht angstvoll, ob er das Pochen des Herzens vernehme. Das Herz schlägt schwach und unregelmäßig. Der Atem weht wie ein Hauch.

Mit einiger Anstrengung hebt Berthold den Bewußtlosen wieder auf, trägt ihn in seine Zelle, legt ihn auf sein hartes Lager und reibt seine Stirn mit einer scharfriechenden Essenz ein. Lange und bange Minuten vergehen, bis Hermann die Augen öffnet. Erinnern kehrt in seinen Blick zurück. Er murmelt.

»Habt Ihr einen Wunsch, Vater?« Berthold beugt sich nieder.

»Du, Armer, jetzt habe ich dich um die herrliche Feier gebracht«, flüstert der Mönch.

Hilflos vor Rührung und Beschämung weicht Berthold hastig zurück und stößt das Krüglein mit der Kräuteressenz um. Sogleich verbreitet sich ein beißender Geruch in der Zelle, der zum Husten und Niesen zwingt. Den Frater trifft es schlimmer als den Siechen. Während er sich die tränenden Augen reibt, hört er das leise Raunen des Kranken: »Wahrlich, du bist ein gewaltiger Heilkundiger, Berthold.«

Hustend und prustend wischt Berthold die Lache auf und öffnet weit die Tür, um frische Luft einzulassen. Da tönt vom Münster her das Salve Regina über den Binnenhof, das Schlußlied der kirchlichen Feier.

Trotz seiner Schwäche lauscht der Gelähmte, beglückt wie ein beschenktes Kind. Dann gibt er dem Frater die Weisung, sich eilends zur Mönchsgemeinde zu begeben.

»Ich erhole mich alleine in dieser frischen und würzigen Luft. Schließe die Türe der Zelle wieder, damit der Rest mir bleibt.«

Der Vater scherzt. Dann ist das Schlimmste vorüber. Berthold fügt sich widerspruchslos. Er möchte gerne erleben, wie der Kaiser in den Kapitelsaal einzieht.

Erst als Berthold gegangen ist, erlaubt sich der Kranke ein stöhnendes Ächzen. Es ist ihm gelungen, den Frater zu täuschen. Dann kann wenigstens er an der allgemeinen Festfreude teilnehmen. In Wirklichkeit ist es Hermann gar nicht zum Scherzen zumute. Wütend fallen die Schmerzen ihn an. Die Wogen des Gnadensees rollen wieder über ihn hinweg. Er macht Höhen und Tiefen durch in der raschen Folge der Schmerzstöße und im atemberaubenden Wirbel der Qualen. Aber er hofft, daß der Vater Abt froh und stark sein wird an seinem Ehrentage. Das genügt, das genügt ...

Er fragt sich gar nicht, ob ihn die Festgemeinde vermissen wird. Er kann nicht viel denken bei der rasenden Fahrt durch die Wogen seines Gnadensees.

Er kann nur aushalten, durchhalten, für einen Augenblick auftauchen aus einem Wellental der Schmerzen, aufatmen und wieder untertauchen.

Allmählich beruhigen sich die Schmerzen. Der Anfall läßt nach. Abt Berno kommt.

»Hermann?«

»Vater?« lautet die mühsame Antwort und Frage.

»Der Kaiser möchte dich sehen und mit dir sprechen.«

»Morgen ... bitte ... morgen. Heute gehöre ich dem Gnadensee«, erwidert Hermann matt. Er versucht ein Lächeln, als wolle er um Verzeihung bitten, weil er nicht kommen kann.

Herr Berno steht hilflos da. Was kann er im Grunde genommen für den Leidenden tun? Ihm die feuchte Stirne trocknen, ein wenig Wein reichen, ihn anders betten.

»Du hast zuviel auf dich genommen, mein lieber Sohn«, sagt der Abt leise.

»Gott kennt seinen Esel, Vater«, scherzt der Sieche. »Er weiß, wieviel Er mir aufpacken kann und muß.«

Dem Kaiser berichtet Abt Berno, daß Hermann von Altshausen ihn leider nicht empfangen könne, er habe just Audienz bei einem höheren Herrn. Er müsse wieder viel leiden. Herr Heinrich möge sich gütigst bis zum nächsten Tage gedulden.

Mit dem geheimen Unwillen dessen, der nie zu warten braucht,

runzelt Heinrich III. die dunklen Brauen. »Ihr habet ein recht zerbrechliches ›Miraculum‹ auf Eurer Augia, Herr Berno.«
Sinnend blickt der Abt in das willensstarke Antlitz des Herrschers, der mit so fester Hand die Geschicke der Völker und zur gegebenen Zeit auch die der Kirche zu lenken versteht. In dieses Antlitz hinein, das gesammelte und tatbereite Kraft darstellt, sagt Abt Berno mit weiser Milde: »Sind Gottes Wunder nicht am größten, wenn sie sich in der menschlichen Schwachheit kundtun?«
Unbehaglich hebt Kaiser Heinrich seine Schultern: »Es mag sein, Herr Berno. Aber führet mich nicht auf das Gebiet der Theologia. Dort fühlt sich ein Krieger und Verwalter immer unsicher. Dann brauche ich meinen Hofkaplan. Eurem ›Miraculum‹ sehe ich jetzt mit noch größerer Erwartung entgegen.«
»Ihr werdet bei seinem Anblick recht betroffen sein, kaiserlicher Herr«, gibt Bischof Theoderich von Konstanz, des Kaisers ehemaliger Kanzler und Vertrauter, zu bedenken. »Hermann ist ein armer Mensch, verwachsen und siech, fast ganz gelähmt.«
Kann einer Herrennatur ein schwächlicher Krüppel zusagen? Liebt Herr Heinrich nicht nur das Starke und Gesunde?
»Das ward mir berichtet«, weist der Kaiser den Einwand zurück. »Gerade darum bewundere ich seine großen Leistungen in den Wissenschaften.«
»Nicht überall teilt man die Ansicht, daß Hermann der größte Gelehrte unserer Zeit ist«, wirft der Abt von St. Gallen beiläufig ein. Einige Namen aus seinem Kloster liegen ihm auf der Zunge.
Abt Berno lächelt kaum merklich. Dann wendet er sich dem Gaste zu. »Ob Hermann der größte Gelehrte unserer Zeit ist? Ehrwürdiger Herr Bruder, diese Frage stellte ich mir nie, weil ich sie für zweitrangig halte. Er hat seine reichen Talente nach allen Seiten hin bestens ausgewertet. Aber er strebte nie nach Größe und Ruhm. Er studierte und schrieb, komponierte und zeichnete, fertigte seine Apparate und Musikinstrumente, seine Uhren und sein Astrolabium an mit der Freude und der Absichtslosigkeit eines Kindes ... und mit dem glühenden Eifer eines Liebenden,

der Gott durch all sein Tun meint und sucht. Er weiß gar nicht um seine Größe in der Welt des Geistes. Ich sehe darum das ›Miraculum‹ auch gar nicht in seiner Gelehrsamkeit, kaiserlicher Herr...«

Der Kaiser blickt ihn fragend an. Er verbirgt seine Spannung nicht. Worin soll sonst das ›Miraculum‹ bestehen?

»... sondern in seiner herrlichen inneren Freiheit, die ihn über die furchtbaren Fesseln seines Siechtums triumphieren läßt. Er bietet das Bild körperlicher Schwäche, der Hilflosigkeit, der Ohnmacht und des Preisgegebenseins. Sein Anblick mag zunächst erschrecken; aber wer ihn wirklich kennenlernt, wer tiefer sieht, weiß sich beschenkt, wenn er ihm begegnet ist.«

»Ergo: ein Miraculum, Herr Berno«, stellt der Abt von Einsiedeln fest.

»Euer Urteil kommt einer Heiligsprechung gleich«, fügt Bischof Theoderich hinzu.

»Ja, ein Miraculum, Herr Kaiser, ehrwürdige Herren Brüder, aber ein Miraculum der Liebe Gottes. Sie führte ihn zu dieser inneren Freiheit, und sie ist zugleich diese Freiheit. Hermann von Altshausen lebt uns ein Wort vor, das ich einmal niederschrieb: ›Ich bin auf Gott hin, und Gott ist die Liebe.‹«

»Wäre es möglich, daß Hermann uns eine Weltenchronik verfaßt, ein Buch, in dem alles große Geschehen seit der Geburt des Herrn aufgezeichnet ist, Abt Berno?« fragt der Kaiser. »Schließlich ist auch das Zeitgeschehen ein Weg von Gott her und zu Gott hin.«

»Er hat bereits mit einer solchen Arbeit begonnen, kaiserlicher Herr, viel Vorarbeit geleistet und eine erste Chronik versucht. Aber sie befriedigte ihn nicht, weil sich in der Zeitrechnung Schwierigkeiten ergaben. Um Ungenauigkeiten auszuschalten, fertigte er sich Tabellen an mit den Ereignissen in der Zeitrechnung der Römer, der Griechen, der Juden, der Araber und der Christen. Mir gab auch seine erste Chronik viel. Er nimmt darin nie Partei. Wo Übles ist, nennt er es beim Namen, auch in der Kirche. Er macht in seiner Ausdrucksform keine Anleihen bei den Schriftstellern des Altertums. Er hat einen eigenen Stil, mit dem er in wenigen Worten Wesentliches sagt.«

»Euer Gespräch über Hermann von Altshausen, Ihr Herren Äbte, hat mich noch erwartungsvoller gemacht, dem Miraculum zu begegnen«, sagt Herr Heinrich. »Das lasse ich mir auch von Euch nicht nehmen, mein ehemaliger Herr Kanzler Theoderich. Das war nicht Eure Absicht? Nun, Eure Worte wirkten so. Herr Berno, Ihr ließet als einziger das Miraculum ein Miraculum sein. Ihr gabet Gott die Ehre in Eurem Bericht über Euren geistlichen Sohn.« Mit leichtem Lächeln betrachtet der Kaiser seine Gesprächspartner. Nur Abt Berno gibt den Blick ohne Verlegenheit zurück. »Verzeihet, meine Herrn, ich bin kein Theologe, aber ich meine doch, man müßte seine Augen und sein Herz für die Wunder Gottes offenhalten, wo und wie Er sie auch immer wirken mag.«

Der Kaiser erhebt sich und bittet Abt Berno, ihn zu begleiten. Die anderen Herrn verneigen sich tief vor dem Herrscher. Im Binnenhof atmet Heinrich III. auf. »Nun wollen wir ein gutes Gespräch miteinander führen, lieber Freund. Ich bin überzeugt, daß ich den geistlichen Herrn genügend Gesprächsstoff hinterlassen habe.« Er lacht.

»Das ist Euch wahrlich gelungen, kaiserlicher Herr«, meint Abt Berno mit leisem Vorwurf.

»Nehmt es mir nicht übel, aber ich war der Einwände überdrüssig, mit der sie Euer Miraculum bedachten.«

Lange wandeln Kaiser und Abt über den Binnenhof. Als der Kaiser bemerkt, daß der Abt müde wird, bietet er ihm seinen Arm. Sie sprechen nicht von Feldzügen und Eroberungen. Ihr Thema sind die ewigen Dinge. Und einmal stellt der Kaiser dem Abt die Frage: »Wen erachtet Ihr, würdig zu sein, als nächster den Stuhl Petri zu besteigen? Könnt Ihr mir einen Namen nennen?«

»Eine schwerwiegende Frage, kaiserlicher Herr. Aber ich habe in aller Stille nachgedacht und gebetet ...«, zögert Herr Berno.

»Und welchen Namen fandet Ihr vor Gott?«

»Der Name eines jungen Bischofs, dem ich nur ein einziges Mal begegnet bin, und den ich gleichwohl kenne ... Bischof Brun von Toul ...«

»Der Egisheimer Grafensohn? Seltsam, Herr Berno, auch ich habe an ihn gedacht. Bischof Brun ist fromm, klug und tatkräftig.«

»Und ein Anhänger der Reform von Cluny.«
»Wenn Ihr jünger wäret, Herr Berno, hätte ich an Euch gedacht«, sagt Kaiser Heinrich ruhig.
Da errötet der Abt und schüttelt verwirrt den Kopf. »Wie töricht, kaiserlicher Herr ... Verzeihet dieses Wort. Aber eine solche Wahl wäre ein Unheil für die ganze Kirche Christi.«
»Mir scheint, Ihr kennt Euren geistlichen Sohn Hermann bedeutend besser als Euch selbst, mein Freund. Ihr unterschätzt Euch.«
»Kaiserlicher Herr, Gott sei Dank bin ich ein alter Mann«, beendet der Abt das peinliche Gespräch.
»Aber ich hoffe, daß Ihr der Augia und mir lange erhalten bleibt, Herr Berno. Ein Kaiser hat wenig wahre Freunde.«
Der Abt sieht den Kaiser offen an. »Gott ließ mich vierzig Jahre auf der Augia meines Amtes walten, kaiserlicher Herr. Heute erhielt mein liebstes Werk, der Münsterbau, seine Weihe. Ob ich nicht vollendet habe, was der Herr mir aufgetragen hat? Ich meine fast, es sei an der Zeit ... Bleibt Ihr der freundliche Gönner unserer Abtei, auch wenn ein anderer Abt regiert.«
»Nein«, ruft der Kaiser heftig aus und faßt beide Hände des Abtes. »Herr Berno, Ihr dürfet uns noch nicht verlassen!«
»Wenn Gott den Menschen ruft, muß er sich beugen, wer er auch sei ...«
Da wird Herr Heinrich still und blickt zu Boden. »Ja«, sagt er dann, »wer er auch sei, er muß alles verlassen und dem Rufe Gottes folgen ... auch der Kaiser.«
»In Gott wird er das finden, was er hier verläßt.«

Berthold trägt Bücher und Schriftrollen in die Zelle des Gelähmten, soviel seine Arme zu fassen vermögen.
»Was machst du denn?« fragt Hermann von seinem Arbeitstisch her.
Der Frater läßt den Bücherberg vorsichtig auf das Lager des Siechen gleiten.
»Der Kaiser kommet gleich zu Euch ...«
»Nun, das ist mir bekannt. Aber es erklärt mir deinen Eifer nicht.«

»Soll Herr Heinrich nicht Eure Werke kennenlernen, Vater?« Jetzt wundert sich der junge Mönch über seinen Meister.
»Wenn dies sein Wunsch ist, wird der Vater Abt sie ihm in der Bibliothek zeigen. Glaubst du, unserem kaiserlichen Herrn sei an all dem Schreibwerk gelegen?«
»Der Kaiser soll die Vielzahl Eurer Schriften sehen und Euch bewun ...« Berthold stockt. Er wird verlegen unter dem vielsagenden Blick seines Meisters.
»Und mich bewundern? Nein, das soll er nicht. Bringe die Bücher rasch an ihren gewohnten Platz!« befiehlt Hermann streng.
Enttäuscht und bedrückt zieht der Frater mit seiner Last davon. Er sieht nicht mehr, daß der Vater freundlich lächelt. »Dieses große Kind Berthold, dieses gute, große Kind ...«

Wenig später verweilt der Kaiser betrachtend auf der Schwelle und nimmt sichtlich bewegt die saubere, kahle Armut des Raumes in sich auf. Dann geht er, von Abt Berno geleitet, zum Arbeitstisch des Gelähmten. Er muß sich wie jeder Besucher in das Blickfeld des Lahmen begeben, damit dieser ihn zu sehen vermag.
»Hermann kann sich nicht umwenden, um Euch willkommen zu heißen, kaiserlicher Herr«, hat ihm der Abt im Kreuzgang gesagt. »Würdet Ihr zu ihm gehen?«
Herr Heinrich reicht dem Siechen seine Hand und duldet nicht, daß er sie küßt. So neigt sich Hermann nur, und seine blauen Augen leuchten Heinrich III., dem Imperator mundi, unbefangen in Ehrfurcht und Freundlichkeit entgegen. Das geistvolle Antlitz läßt die verkrümmte Gestalt beinahe vergessen. Unwillkürlich denkt der Kaiser an die Worte des Abtes. Herr Berno hat nicht zuviel über diesen Hermann gesagt. Sein Antlitz spricht von innerer Freiheit, sicherer Gelassenheit und Heiterkeit. Dieser Mann muß in der Liebe Gottes geborgen, beheimatet und frei sein, frei trotz seines Leidens.
»Woran arbeitet Ihr just, Pater Hermann?«
»An einer Ostersequenz, kaiserlicher Herr. Die Worte hab' ich schon. Nun geht mir's um die Weise. Ich meine, sie müßte freudige Bewegung haben, sich steigern in Stärke und Tempo; denn

was könnte uns mehr Grund zur Freude geben als die Vollendung unserer Erlösung durch die Auferstehung unseres Herrn Jesus Christus?«

»Rex Regum Dei Agne, Leo Juda magne ...« liest der Kaiser. Bei den Worten: »Mache uns würdig dieses Mysteriums ...« unterbricht er seine Lesung und sieht auf.

»Eigentlich wollte ich Euch danken, Hermann von Altshausen ... «

»Ihr wollt mir danken?« staunt der Sieche. »Kaiserlicher Herr, wofür hättet Ihr mir zu danken?«

»Ihr habet durch Eure Weisen beim heiligen Meßopfer einem Weltkinde eine Ahnung des Himmels geschenkt, Bruder, vor allem durch Euer Credo ... und durch Euer wunderschönes Lied von der Mutter der Barmherzigkeit. Habt Ihr noch eine Abschrift für mich?«

Fragend sieht Hermann den Abt an, der ihm durch eine Geste die Erlaubnis gewährt. Da suchen die gekrümmten Hände unter den Schriften auf dem Arbeitstisch ein Pergament hervor und bieten es dem Kaiser dar. Heinrich III. nimmt es behutsam entgegen.

»Salve Regina, Mater Misericordiae ...«, liest er laut. »Worte und Weise flößen dem Herzen Vertrauen ein ...«

Abt Berno freut sich. Hat er den Kaiser nicht besser verstanden als die anderen Prälaten? Bei allem Willen zur Macht ist Heinrich ein tiefgläubiger Mensch.

»Dürfet Ihr nicht der Mutter besonders innig vertrauen, kaiserlicher Herr? Ihr dienet ihrem Sohne in Eurem hohen Amte. Unsere Liebe Frau ist Euch darum von Herzen zugetan«, sagt der Gelähmte schlicht.

Der Kaiser streicht sein dunkles Haar aus der kantigen Stirne und birgt sein Antlitz in der braunen Hand. Er scheint in Nachdenken versunken. Der Abt und sein gelähmter Mönch beten für ihn. In der armen Zelle erforscht sich Heinrich über sein Tun und Sein vor Gott.

»Diene ich dem Sohne der allerseligsten Jungfrau Maria?« Der Kaiser richtet den Blick seiner dunklen Augen auf den Krüppel. »Hermann, Ihr seht das zu einfach und mich zu edel. Ich habe in

Sutri drei Päpste absetzen lassen und aus eigener Machtvollkommenheit Klemens berufen.«
»Ihr tatet gut daran. Ihr wolltet die Kirche aus ihrer dreifachen Zerrissenheit erretten, und Ihr gabet uns einen sittenstrengen und frommen Papst.«
»Und ich werde ihr wieder einen neuen Papst geben. Ich will das Gute. Das höchste Amt der Kirche soll nicht für Geld verschachert und der Papst zum Spielball in der Hand des römischen Adels werden. Aber handele ich nicht doch recht gewalttätig?«
Der Mönch sieht seinen Kaiser an, als ob er ihn trösten wolle. »Ihr müßt so handeln, kaiserlicher Herr, da es für die Kirche Christi zur Zeit keinen Weg gibt, in Freiheit einem würdigen Manne das Amt zu übertragen. Ihr seid somit Gottes Arm. Da Ihr das Gute wollt, wird vor Gott bestehen können, was Ihr tut.«
»Ich will zwar das Gute ... aber ist meine Absicht selbstlos und rein?«
»Immer haften unserem Erkennen und Handeln Mängel an, kaiserlicher Herr. Oft ist nur unsere Sehnsucht rein. Ist sie nicht des Menschen einzige und wirkliche Tat? Sie öffnet die Tore für Gottes Kommen. Wer gut sein will, wer lieben will, wird von Ihm geliebt.«
Mit einer Vertraulichkeit, die ihm sonst nie zu eigen ist, wendet sich der Kaiser an den Krüppel: »Nun muß ich Euch noch einmal danken, Bruder Hermann. Ihr gabet mir in dieser Stunde mehr, als Ihr ahnen möget ... Vergesset mich und das Reich in Euren Gebeten nicht. Betet um einen guten Papst und mir erflehet etwas von Eurer Freiheit.
Lasset mich Euch eine weitere Bitte anvertrauen. Euer Vater Abt berichtete mir bereits, daß Ihr viel Vorarbeit für eine Weltenchronik geleistet habet. Schreibet sie, Hermann, schreibet sie bald auf meine Bitte und in meinem Auftrag. Ihr verfaßtet ja schon ein treffliches Büchlein über meinen Vater, den Herrn Konrad. Wißt Ihr, was ich daran am meisten bewundert habe?«
Der Sieche sieht ihn hilflos an. Wie soll er das wissen? Ihn dünkt das Werklein gar nicht bewundernswert.

»Ihr ließet in dieser Lebensbeschreibung Kaiser Konrad II. nicht entgelten, was er der Reichenau und ihrem Abte angetan hat. Auch darin ward Ihr frei!«
Heinrich III. reicht dem Gelähmten die Hand zum Abschied. Dann zögert er. »Ihr seid doch Priester, nicht wahr?«
»Hermann ist Priester, kaiserlicher Herr«, erwidert Abt Berno für ihn.
»Dann gebt mir bitte Euren priesterlichen Segen!«
Kaiser Heinrich III. kniet auf den Steinfliesen der armen Zelle, derweil der Sieche die Segensworte spricht und über dem Haupte, das die Kaiserkrone tragen darf, das heilige Kreuzzeichen macht.

Im Kreuzgang geht der Abt still neben dem schweigsamen Kaiser her. In der Nähe der Bibliothek fragt er: »Darf ich Euch die Werke Hermanns zeigen?«
»Nein, Herr Berno, ich sah und hörte genug, um ihn kennenzulernen und Eurem Urteil völlig zuzustimmen. Er ist ein Miraculum. Mir war gerade so, als ob er mich bis in den Grund meiner Seele durchschauen würde.«
»Er sah Euch in der Liebe Gottes.«
»Gerade darum fühlte ich mich klein vor ihm. In Gottes Liebe schwinden die Maße menschlicher Größe. Dann stehet da nur ein Mensch, seiner irdischen Würde entkleidet, ein Mensch vor Gott.«
Mit abwesendem Blick streift der Kaiser den sonnenhellen Binnenhof und die Säulenschatten im Kreuzgang.
»Euer geistlicher Sohn, dieser arme, verwachsene Mensch, hat die seltene Gabe, das Beste in uns zum Klingen zu bringen. Die reine Sehnsucht nach Gott wird wach. Mit seiner Milde übermächtigt er die festen Riegel, mit denen unsere Selbstsucht die Tore ängstlich vor dem Herrn verschlossen hält.«
Kaiser Heinrich III. lenkt den Schritt zum Münster. Ehe sie durch das Seitenportal in den Westbau treten, wendet er sich noch einmal dem Abte zu.
»Herr Berno, ich danke Euch, daß Ihr mich zu ihm führtet! Diese Begegnung schmerzt und beglückt, beschämt und tröstet. Ich werde sie nicht mehr vergessen. In meinen guten und gottnahen

Stunden wird sie mir gegenwärtig sein, und ich werde mein Gebundensein mit der reichen Freiheit Eures Sohnes vergleichen.«

Der Sieche legt die Ostersequenz zur Seite. Er muß dem Drängen seines Herzens nachgeben und der Mutter Maria ein neues Lied singen. Sie öffnet in den Herzen der Menschen die verschlossenen Tore für den Herrn; sie, die für den Herrn das Tor zur Erde und für die Menschen die »Porta caeli«, die Pforte des Himmels, ist.
Das Lied soll zugleich eine Gabe für den Vater Abt sein. Wie still und schattenhaft hat er hinter dem jungen Kaiser gestanden ...
Sehnsüchtig wartet der Frater darauf, daß sein Meister ihm vom Besuch des Kaisers erzähle. Statt dessen vernimmt er die Bitte:
»Könntest du ein Lied für mich niederschreiben, mein Sohn? Zunächst diktiere ich es dir für die Wachstafel, aber dann schreibe es besonders gut ab und versieh es mit einer kunstvollen Initiale. Nimm dafür vom besten Pergament!«
»Das Lied soll gewiß für den Kaiser sein«, denkt Berthold.
Mit großen Pausen diktiert Hermann ihm ein neues Marienlied.
»Alma Redemptoris Mater, quae pervia caeli, portes manes et stella maris ...«
Erhabene Mutter des Erlösers, du bleibest des Himmels Tür und Zugang; und leuchtest auf dem Meer als Rettungsstern. Hilf deinem Volk, das niederfiel und wieder sich erheben will.
An diese Bitte schließt sich ein Lobpreis auf Mariens Würde als der unbefleckten und jungfräulichen Gottesmutter an, wie schon Gabriel sie einst gegrüßt hat. Sie möge den Sündern Erbarmen erwirken ...
Während Berthold das Lied auf das Pergament überträgt, gibt Hermann den Worten in seiner Buchstabennotation eine zarte, schwebende Melodie.
»Jungfräulich wie die Worte«, stellt Berthold bewundernd fest.
»Dank für deine Hilfe, mein Sohn. Nun trage das Lied bitte zum ...«
»Kaiser«, fällt der Frater vorschnell und begeistert ein.
»Zum Vater Abt«, berichtigt Hermann ruhig.
Beschämt zieht der junge Mönch von dannen. Herr Berno weilt in

seinem Gemach. Der Kaiser hat sich zur Ruhe begeben, und der Abt will den langen Abend nutzen, um eine Stunde ungestört zu arbeiten. Aber er zeigt keine Verstimmung, als Hermanns Bote bei ihm eintrifft.
»Bringst du mir gute Kunde von deinem Meister, Frater?«
»Magister Hermann sendet Euch dieses Lied, Herr Vater Abt«, antwortet Berthold ehrerbietig und reicht ihm das Pergament.
Freundlich ruhen die Augen des Greises auf dem jungen Menschen. Wie treu und selbstlos dient Berthold dem Gelähmten! Eine solche Treue gehört sogar im Kloster nicht zu den alltäglichen Tugenden. Wenn Hermanns Anfälle sich mehren, muß der Frater oft tagelang die Gemeinschaft der Brüder entbehren und sich ausschließlich dem Krankendienste widmen.
Abt Berno sieht Berthold an, so lange, bis er sich unbehaglich fühlt. Blickt der Abt nicht prüfend und abwägend, als überlege er etwas Schwerwiegendes?
»Du hast einen ausgezeichneten Lehrmeister in der Theologie, nicht wahr?«
»Der Meister beschenkt mich immerfort aus dem reichen Schatze seines Wissens, Herr und Vater Abt. Freilich, mit dem Aufnehmen geht's bei mir nicht immer, wie er es von mir erwarten könnte.«
»Ich denke anders, Frater. Du hast dich redlich bemüht und bist nicht arm an Wissen. Darum meine ich, es sei an der Zeit, dem Professen Berthold die heilige Priesterweihe zu erteilen.«
»Vater Abt, ich ... ich ...«, stammelt Berthold fassungslos. »Ich danke Euch von ganzem Herzen und bin mit Freuden bereit!«
»Nun, beeile dich, deinem Meister die Kunde zu bringen.«
Selten hat Berthold einen Befehl so wörtlich ausgeführt. Er beeilt sich. Er läuft durch den Kreuzgang und weicht im letzten Augenblick einem alten Mönch aus.
»Verzeihet, Vater ...«, keucht er und läuft weiter. Kopfschüttelnd blickt der Greis ihm nach. Diese jungen Mönche heutzutage ...

Ohne anzuklopfen, stürmt Berthold in die Eckzelle.
»Nun, welche Eile ...«

»Vater, Vater, ich werde geweiht und darf die Gelübde ablegen!« ruft er atemlos und überglücklich.
»Setze dich einmal erst zu mir ... So, und nun erzähle der Reihe nach.«
Gehorsam berichtet Berthold, was der Abt gesagt hat, und er vergißt nicht zu erwähnen, wie unbehaglich es ihm unter dessen prüfendem Blick geworden ist.
Hermann lauscht mit ungeteilter Aufmerksamkeit. Scheinbar ahnt Berthold nichts davon, daß er beim Abt für ihn gesprochen hat. Er will, daß noch Abt Berno seinen treuesten Schüler weiht.
»Ich freue mich, mein lieber Sohn, auf ... deinen ersten priesterlichen Segen.«
»Ich, Euch segnen? Nein, das geht doch nicht!« stottert der Frater.
Der Gelähmte lacht herzlich über seinen verwirrten Gefährten. »Warum soll das nicht gehen? Ach, ich weiß, dir kam die Erkenntnis, daß ich ein allzu großer Sünder bin. Ich will zuvor gerne bei dir beichten.«
»Niemals«, ruft Berthold mit ungewohnter Heftigkeit.
»Genug des Scherzes ... Berthold, du bist bald Priester. Dann wirst du einen anderen Dienst verrichten dürfen. Ein Priester soll nicht Krankenwärter sein und einem Lahmen die niedrigsten Dienste erweisen. Still, mein Sohn. Du wirst dich fügen. Du wirst tun, was dir der Abt aufträgt, zumindest mit übernatürlicher Freude.«
»Ihr wollt einen anderen Gehilfen haben, Vater«, grollt Berthold finster.
»Dummer Bub, wenn du wüßtest ... Aber du weißt es ja, daß es ein großes Opfer für mich ist, wenn ich dich entbehren muß!« schilt Hermann mit gespieltem Ärger.
Da leuchtet das Antlitz des Fraters auf. »Und Ihr nehmt wirklich an, unser guter Vater Abt würde ein solches Opfer von Euch verlangen? Nein, ich bin vielmehr davon überzeugt, daß er es Euch nicht zumuten wird, wenn ich ihm berichte, was Ihr gerade gesagt habt.«
»Du, Überkluger, du!« Scherzhaft droht ihm der Sieche mit erho-

benem Zeigefinger. »Wehe, wenn du dem Vater Abt ein Wort verrätst. Solch mutwilliges Kind will bald Priester werden.«
»Ja«, nickt Berthold gedankenvoll, »denkt nur, Vater, ich frage mich auch die ganze Zeit, wer wohl den Vater Abt auf den Gedanken gebracht haben könnte, mich jetzt schon auszuweihen. Wißt Ihr etwas davon?«
Daraufhin hüllt der Gelähmte sich in Schweigen. Die beiden Mönche lächeln einander zu in wissendem Einverständnis.

Abt Berno hat derweil das Lied des Gelähmten gelesen, das Lied zur erhabenen Mutter des Herrn. Er versteht, was Hermann ihm mit dieser Gabe sagen will. Er weist ihn auf Maria hin, der er sich ganz anvertrauen solle, bevor des Tages Licht vergeht. »Te lucis ante terminum ...«

Als die Mönche bei der Komplet diesen Vers singen, hebt der greise Abt den Kopf und sucht die kleine Gestalt in der gegenüberliegenden Chorstalle.
»Dein Abendgebet zu Unserer Lieben Frau kam just zur rechten Zeit. Bald ist meines Tages Licht vergangen, Hermann. Ich spüre es ... die Schatten werden länger.«

8 DIE EWIGE STADT

Die Harfe schweigt

»Reich ward das Eiland, da Pirmin, der Bischof, ihm Christi heilige Gnade gebracht ...«
Zögernd und stockend liest Randolf den lateinischen Hymnus auf St. Pirminus vor, das Ergebnis von Stunden angestrengter Arbeit. Er fürchtet das unbestechliche Urteil des lahmen Gelehrten. Hermann lauscht aufmerksam. Im ganzen gesehen, sind die Verse trefflich geformt.
»Eines möchte ich Euch einschränkend sagen, lieber Bruder«, meint Hermann nach ehrlichem Lob. »Habet Ihr St. Pirminus nicht zu sehr einen Mann der actio statt der contemplatio sein lassen?«
»Aber, Magister Hermann, war St. Pirminus denn kein rastloser Arbeiter für Gottes Reich? Denkt nur, wie viele Klöster er gegründet hat!«
»Ja und nein, lieber Bruder. Pirminus konnte soviel für Gottes Reich tun, weil er ein Mann der Stille, der contemplatio war. Großes wächst in der Stille ... Sagt Euch das nicht seine auf uns überkommene Schrift ›Dicta Abbatis Pirminii‹? Glaubet mir, aus seiner innigen Zwiesprache mit Gott schöpfte er die Kraft zu apostolischer Tat. Es kann gar nicht anders sein. Wir geben, was wir empfangen. Betrachtet unseren Vater Abt. Wie sehr war er ein Mann der Stille; wie sehr war er ein Mann der Tat in vier Jahrzehnten auf der Augia.«
Warum schweigt Hermann plötzlich? Er sieht auf seine zitternden Hände nieder. Sie mühen sich vergeblich, eine Saite auf eine Harfe zu spannen. Sie entgleitet ihm und springt zurück.

»Abt Berno war ein Mann der Stille und darum ein Mann der Tat. Nun darf er ausruhen und sich mehr und mehr allein der Stille geben, die er immer gesucht und geliebt.«
Hermann spricht von dem Abt wie von einem Verstorbenen. Er war ein Mann der Stille ...
Aufatmend befestigt er die Saite und berührt sie leise. Ein feiner heller Ton erklingt, und als er die anderen Saiten berührt, wird eine Melodie daraus.
»Bruder Randolf, ob unserem Herrn solch zartes Getön antwortet, wenn er die Seelen berührt mit dem milden Hauche Seines Heiligen Geistes? Bedarf es nicht selten eines gewaltigen Sturmwindes, bis wir Ihm Antwort geben? Ist es dann eine harmonische Melodie? Weit gefehlt ... Mißtöne, Eselsgeschrei! Lieber Bruder, wären wir nur feinfühliger und empfänglicher für den leisen Hauch des Geistes!«
Randolf ist bestürzt. Wenn der Sieche gering von seinem Eingehen auf Gottes Anruf denkt, was soll er dann von seinem eigenen Bemühen halten?
»Ja, sind wir nicht langsamer und störrischer als Schnecken und Esel, wenn Gott kommt, Bruder Randolf?«
Der Gelähmte wartet keine Antwort ab. Die Harfe tönt unter seinen Händen, die trotz ihrer Behinderung sehr geschickt sind. Sie singt eine Melodie, die an das Rauschen des Wassers, das Säuseln des Windes, an eine gütige Stimme erinnert.
Dann wandelt sich die Weise. Sie wird tiefer, trauriger ... strömender Regen, fallende Blätter, Nebel, Einsamkeit. Nur hin und wieder bricht ein kleiner Lichtstrahl durch die grauen Wolken.
Jäh endet das Spiel. In das Nachschwingen des letzten dunklen Tones sagt Frater Berthold: »Ihr möchtet mit Euren Notizen zur Weltenchronik zum Vater Abt kommen.«
Sogleich legt Hermann die Harfe nieder und greift nach einem Bündel beschriebener Blätter. Berthold hebt ihn in seinen Rollstuhl.
Randolf öffnet die Zellentüre für das Gefährt. »Darf ich mit dem Hymnus noch einmal kommen, wenn ich ihn nach Euren Angaben geändert habe, Bruder?«

»Ihr seid mir jederzeit willkommen, Randolf.« Der Gelähmte lächelt ihm zu, aber sein Lächeln blüht aus dem Grunde einer tiefen Traurigkeit auf.
Bedrückt nimmt Randolf sein Blatt. Ehe er die Zelle verläßt, greift er in die Harfensaiten. Mißtöne schreien auf wie das Weinen eines verlassenen Kindes.

Im Binnenhof blüht die alte Linde. Ihr süßer Duft weht in den Kreuzgang. Hermann nimmt ihn nicht wahr. Mit verhaltener Stimme fragt er fast furchtsam den Gefährten: »Berthold, wie ... trafest du den Vater Abt an?«
Sorgfältig überdenkt der Frater seine Antwort. Warum will der Vater solches von ihm wissen, da er dem Abt begegnen wird? Und ... wie soll er seinen Eindruck in Worte fassen?
»Vater, unser Vater Abt ist irgendwie weit fort. Mir war zumute, als lebe er zwar noch in dieser Welt, und als sei er in der anderen zuhause.«
Hermann preßt das Blätterbündel krampfhaft an seine Brust. »Du hast es auch empfunden, daß ...«
Er unterbricht sich. Durch den Kreuzgang naht Herr Berno. Im Wechselspiel von Licht und Schatten wirkt der Herankommende beinahe unheimlich. Seine hohe Gestalt neigt sich vornüber. Seine Augen suchen den Boden. Seit Tagen sind seine Schritte anders geworden, vorsichtiger, behutsamer, als müsse er zuerst den Weg abtasten und sich vergewissern, daß seine Füße dort Halt finden.
Der treue Arbeiter im Weinberg des Herrn ist müde. Er hat allzu lange die Last und Hitze des Tages Christi getragen. Er bleibt stehen und sieht mit gütiger Freundlichkeit auf den Gelähmten und seinen jungen Gefährten. Bald ist Berthold Priester des Herrn ... Er nimmt den Kelch auf, den seine müde Hand nicht mehr lange halten wird. Das eine Opfer Christi auf der Augia geht weiter. Es tut gut, daran zu denken, wenn man müde ist ...
Die welke Hand des Abtes weist in den Binnenhof. »Hat unsere Linde jemals so geblüht wie in diesem Jahre, Hermann? Komm, wir sehen uns in ihrem Schatten deine Notizen an.«

Umständlich läßt sich Herr Berno auf der Rundbank nieder. Ihr Holz ist grau und spröde von vielen Sommern und Wintern. »Anno Domini 1030 habe ich sie anfertigen lassen.« Er fährt mit den Fingern über das rissige Holz. »Anno Domini 1030 ...«
Er versinkt in Erinnerungen. Nach einer Weile des Schweigens räuspert Hermann sich.
»Vater Abt, wolltet Ihr nicht die Notizen durchsehen?«
»Verzeihe, mein Sohn. Ich vergaß es wieder. Mir entfällt in der letzten Zeit vieles, nicht nur mein Ring.« Der Abt nimmt die Blätter und liest hie und da einige Stellen. Schon der Plan sagt viel über das zukünftige Werk aus.
»Trotz allen Bemühens sind mir gewiß Ungenauigkeiten unterlaufen ...«
»Das mag sein, Hermann. Aber schenken wir denen, die nach uns kommen, nicht immer nur Stoff zum besseren Weiterbauen? Die Ehrfürchtigen werden jede Gabe der Vergangenheit dankbar annehmen, und die andern werden sie als überholt belächeln. Ach, die Armen, sie begreifen nicht, daß sie, derweil sie lächeln, selbst Vergangenheit werden.«
Vergangenheit ...
In den Notizen findet Berno große und klingende Namen wieder, Schlachten und Ruhmestaten, Kaiser, Könige, Weise und Heilige.
Vergangenheit ...
»Anno Domini 1008 wird der Mönch Berno von Prüm Abt der Reichenau.«
»Vierzig Jahre auf der Augia«, murmelt er, »vierzig lange Jahre! Wo sind sie nur geblieben?«
»Vierzig segensreiche Jahre für unsere Abtei, eine wichtige und bedeutende Epoche für unser Inselkloster, eine neue Blütezeit der Gelehrsamkeit, der Kunst und der Frömmigkeit wie unter Abt Walafried Strabo.«
Abt Berno legt die Blätter zusammen. Sie rascheln wie dürres Laub.
»Wichtig und bedeutend, Hermann? Nein, mein Sohn.« Er schüttelt sanft, aber bestimmt den Kopf. »Wichtig und bedeutend ist

in deiner fertigen Weltenchronik nur eines der angeführten Ereignisse: ›Qui propter nos homines et propter nostram salutem descendit de caelis et incarnatus est de Spiritu Sancto ex Maria Virgine et homo factus est.‹ Sage es den Menschen laut und deutlich, denn die meisten halten sich für wichtig und bedeutend ... Dabei ist das Kommen Gottes für uns alle das Ereignis. Ihm eilten die Jahrtausende bis zur Zeitenwende entgegen, und von diesem Ereignis fort wandern wir in der Kraft Seiner Liebe hin zu Seiner zweiten Ankunft ... zur Ankunft, die wir in unserer persönlichen Vollendung erfahren dürfen, zur Ankunft, die allen Menschen am Ende der Zeiten zuteil wird.

›Et iterum venturus est cum gloria.‹

Wichtig und bedeutend ist Christus, Er allein, und daß wir Ihm gehören, damit Er in uns durch diese Zeit schreiten kann, durch diese kurze Spanne der Weltzeit.

Schon leuchtet dem gläubigen Herzen der Morgenschein der Ewigkeit auf. Es sieht in der Ferne das Neue Jerusalem, die Ewige Stadt Gottes.

Glaube, Hoffnung und Liebe, sie sind so sehr von Gott, daß vor ihnen keine Zeit ihr Heute und kein Raum sein Hier zu bewahren vermag. Je mehr wir dem Herrn gehören, um so mehr werden wir ewigkeitsnahe, ich möchte sagen, ewigkeitssichtige Menschen.

Die Dinge dieser Zeit und Welt, die den irdisch Gesinnten zu fesseln vermögen, werden für uns durchsichtig. Sie geben die Durchschau zum Ewigen frei. Der Mensch braucht nicht alt zu sein, daß ihm dies widerfahre, aber er muß lieben.«

Berthold hat recht. Herr Berno lebt in anderen Bereichen, aus einer anderen Sicht der Dinge. Eigentlich hat er sich schon gelöst.

Hermann läßt die gebeugte Gestalt des greisen Vaters unter der blühenden Linde nicht aus den Augen, als sähe er ihn zum letzten Male. Er möchte ihn bitten, bei ihm zu bleiben, aber er weiß, daß eine solche Bitte Torheit ist. Herr Berno ist bereits weitergewandert. Darf er Gott bitten, ihm bald folgen zu dürfen? Ist diese Bitte bei einem lahmen Krüppel Selbstsucht?

»Du weißt, die Reisen, die ich machen durfte, geschahen meist im

Auftrage der Kaiser. Einige Male durfte ich Kaiser Heinrich II. nach Rom begleiten. Ich war in jener Stadt, die sie die ›Ewige‹ nennen, und habe euch davon erzählt. Die Ewige Stadt . . . Besteht dieser Name nicht zu Recht? Rom wird vergehen, wie alle Städte auf dieser Erde. Aber in Rom schlägt das Herz der Kirche. Was ist die Kirche anders als der Christus auf Erden, die Liebe des Herrn, weitergetragen durch die Seinen und in den Seinen?

Ich begegnete in Rom dem Heiligen Vater, dem Papst. Und ich sah in ihm mehr als nur den Statthalter Christi in rechtlichem Sinne. Für mich ist er der Herzschlag der Kirche, pochendes Leben, geschenkt vom Heiligen Geiste. Auch die Unwürdigen, die sich zu Zeiten des Stuhles Petri bemächtigt haben, mußten dem einen Glauben unverfälscht dienen . . .

Würdig sein für ein solches Amt? Wer könnte das von sich sagen? Ja, wer von uns ist überhaupt der Gnade Gottes würdig und gar einer besonderen Berufung? Keiner, Hermann, keiner von uns. Immer, immer ist Berufensein unverdiente Gabe des Herrn, Erbarmen und lautere Barmherzigkeit.

Trotz bedrückender Menschlichkeiten habe ich in Rom erfahren dürfen, wie sehr der Herr mit uns ist. Seine Liebe trägt die Kirche. Darum ist Rom für mich die Ewige Stadt, weil in ihr der Ewige deutlicher am Werke ist.

Welch glückliche Stunden verbrachte ich in St. Peter am Grabe des Felsenmannes, Stunden strahlender Glaubensfreude und Glaubensinnigkeit!

Und wie erlebte ich die Marienminne der Römer! Von ihnen erfuhr ich, was Mariens heilige Mütterlichkeit den Menschen bedeuten kann. Maria, die Mutter der Kirche, die Mutter des Christus auf unseren Altären und in unseren Seelen, wurde dort mehr zu meiner Mutter, als sie es zuvor gewesen. Sie war mir früher zu sehr die Herrin. In der äußeren Form der Huldigung spricht bei ihren Kindern im Süden das Herz stark mit. Doch wir können getrost von ihnen lernen, Maria kindlicher zu lieben, sie, von der du geschrieben hast, daß sie uns ›vita, dulcedo et spes‹ sei. Du hast übrigens in deiner Marienminne viel mit den Römern gemeinsam, du, der ordnende, scheinbar so nüchterne Geist.«

»Ach, Vater Abt, Ihr wißt ja, daß mein Ordnen, mein Suchen nach Plan und System nur eine Art ist, um Jenen zu preisen, Der allem Sein Ordnung, Plan und System gab. Sein Gesetz, das Er in die Dinge gelegt, ist Liebe. Meine trockenste Formel, die dieses Gesetz aufzuzeichnen sucht, möchte nichts anderes sein. Ich ordne, damit andere besser lieben können.«

»Ich weiß, mein Sohn. Aber du freust dich, wenn du einmal singen, spielen und bunte Steinchen zusammentragen darfst wie ein Kind, unbeschwert und ohne festen Plan. Habe ich dich nicht zuviel ernste Ordnungsarbeit leisten lassen, wenn es dich zu freier Gestaltung drängte? Wie viele deiner Lieder blieben wohl ungesungen?«

»Nicht jedes Lied gelangte zur Vollendung, Vater Abt. Doch ich bin listiger vorgegangen, als Ihr ahnet. Ich habe aus dem ernsten und gewichtigen Tun bunte Steinchen gemacht. Jede meiner Arbeiten habe ich nur im Hinblick auf das Gesamte gesehen und getan. Mein Mosaikbild trägt die nämlichen Züge wie in Aachen: Christus.«

»Christus. Er lebt. In Ihm eint sich alles. Ihm bringen wir die bunten Steinchen unserer Lebensstunden, und die scheinbare Vielfalt unseres Tuns wird Einheit in Ihm, Einfachheit Gottes. Wie oft haben wir über dieses Thema schon gesprochen, Hermann! Ist es nicht wunderbar tröstlich, am Ende eines Weges glauben zu dürfen, daß alle Augenblicke unseres Lebens in Seinem Herzen, in Seiner Liebe münden? Wie groß, wie erhaben ist die Einfachheit Gottes . . .«

Nach diesen Worten erhebt sich Herr Berno unvermittelt, hebt wie segnend die Hand und geht durch den sonnenhellen Binnenhof davon. Mühsam wandert der gebeugte Greis durch das überflutende Leben.

Von einer geheimen Sorge um den Vater getrieben, läßt Hermann sich zum Münster bringen. Er findet den Abt zu Füßen des Hochaltares, auf dem Boden kniend. Abt Berno betet mit friedvollem Antlitz. Hat er überhaupt ein Gespräch führen wollen, oder sollte Hermann nur noch einmal an seiner inneren Welt teilnehmen?

Bei der Priesterweihe und Profession des Mönches Berthold thront

Abt Berno in entrückter, fast überirdischer Würde vor dem Altare. Die starren, golddurchwirkten Festgewänder heben die Transparenz seiner schmalgewordenen Gestalt hervor. Aber seine Stimme klingt fest und kraftvoll. Er predigt wie einer, der Macht hat; wie einer, der weiter schauen darf als die andern; wie einer, der an der Schwelle steht und um die Dinge weiß, die nach diesem Leben kommen.

Seine alten Augen im zerfurchten, fahlen Antlitz leuchten auf, als er von dem Neuen Jerusalem spricht, das da wie eine Braut herabsteigen wird.

»Freuet euch auf die wahrhaft ›Ewige Stadt‹, in der Gott Selbst die Leuchte sein wird. All unser Erdentun sei nur ein Bereiten für unser Heimkehren in die Ewigkeit.«

Er schildert das Neue Jerusalem mit Wärme und jugendlicher Begeisterung. Mitten im erhabenen Ernst seiner Predigt hält er plötzlich inne und lächelt. Sein Greisenantlitz blüht unter diesem Lächeln auf, wirkt jung und von Leben erfüllt. Seine Augen suchen mit schlichter, tiefer Dankbarkeit den verwachsenen Mönch in der ersten Chorstalle auf der linken Seite des Chores.

»Die Ewige Stadt wird dennoch ihre Sterne haben, geliebte Söhne in Christo. Freilich empfangen jene Sterne ihr Licht von dem einen Lichte Gottes. Steht nicht in der Heiligen Schrift: ›Jene, die viele in der Gerechtigkeit unterwiesen haben, werden leuchten wie die Sterne am Himmel?‹ So wird unser Herr Jesus Christus Sein Licht jenen schenken, die Seinen Sohn, den Priester und Mönch Berthold, in der Gerechtigkeit unterwiesen haben.«

»Welches Licht wird dann Euch zuteil werden, Vater«, denkt Hermann. »Ihr habet durch vierzig Jahre viele Menschen zum Herrn geführt, darunter auch mich.«

Die Schlußworte der Predigt lassen die versammelte Klostergemeinde erschauern. Herr Berno ruft die bekannten Worte der Geheimen Offenbarung ins Münster: »Maran atha! Komme, Herr Jesus, komme bald!«

Das ist keine fromme Formel. Das ist eine persönliche, eine dringliche Bitte.

Aber noch geht der Abt Tag für Tag seinen Pflichten nach. Seine Stimme wird zusehends müder, sein Schritt schleppender. Er vergißt dieses und jenes. Aber sein Geist besitzt die Frische, Dinge und Menschen klar zu sehen und zu beurteilen. Er bemerkt, daß sich Mönche zusammenfinden, es sind nicht die besten, die bedeutungsvoll beraten und tuscheln. Ihr Überlegen kreist, wie er bald erfährt, um seinen Nachfolger. Das berührt ihn schmerzlich, aber mit Sorge erfüllt ihn, daß sie an Udualrich denken. Udualrich als Abt der Augia?

Dieser Mönch zeigt die anmaßende Härte des Selbstgerechten, und er besitzt, ungeachtet seiner geistigen Fähigkeiten, eine derbe Genußsucht. Auch das Studium, das ihm Abt Berno mit einer gewissen Strenge auferlegt hat, trug nicht dazu bei, ihn zu vergeistigen. Er handhabt die Wissenschaften wie den Löffel beim Mahle. Gut ist in seinen Augen das, was seinem Wohlergehen dient.

Jahrelang hat Herr Berno mit diesem schwierigen Charakter gerungen, ohne ihn ändern zu können. Udualrich hat sich zwar unterworfen, aber aus welchen Beweggründen fügte er sich? Vergeblich besinnt sich der Abt darauf, ob er von ihm eine Geste warmherziger und selbstvergessener Brüderlichkeit oder Anzeichen tiefen religiösen Ergriffenseins gesehen habe. Meint Udualrich überhaupt Gott in seinem Leben?

Eine letzte drängende Sorge bemächtigt sich des müden Mannes. Sie zwingt ihm die Feder in die Hand. Er schreibt an den Kaiser, an den Papst und an den Bischof von Konstanz. Seine Briefe enthalten die flehentliche Bitte, die Herren möchten um der Liebe Christi willen dazu beitragen, daß die Abtei wieder einen Vater erhalte.

»... Einen Abt, der väterlich seines Amtes waltet, aber im Geiste der Reform von Cluny ...« Er selbst müsse die Seinen bald verlassen. Demütig bittet er um Vergebung für alle Mißgriffe, die ihm während seiner langen Amtszeit unterlaufen sind.

Er sendet Eilkuriere aus. Eine Antwort wird ihm nicht zuteil.

Gott fordert von ihm das letzte Opfer. Er soll jedes Sorgen um die Zukunft der Augia aufgeben. Er darf nicht mehr gestalten und nicht mehr lenken. Er darf nur zu Gott gehen. Schweigen umgibt ihn. Er versteht den Herrn und beugt sich willig. Noch ehe die Stille der Ewigkeit ihn umfängt, gibt er sich der Stille. Doch so lange sein Herz schlägt, ist sein Schweigen eine Macht in der Abtei. Und als dieses Herz an einem Junitage seinen letzten Schlag getan hat, spült die Trauer um den Vater noch einmal alles Ungute aus der Brüdergemeinde hinweg. Wie Kinder weinen die Mönche um den Vater, auch Udualrich.

Die Trauer des Gelähmten ist so tief, daß er keine Tränen hat. Hat ihm der Verstorbene sein Schweigen hinterlassen? Ein Gefühl der Leere durchdringt ihn und umgibt ihn. Es ist ihm zumute, als schwebe er in einem unendlichen Raum, der keine Grenze kennt, kein Hell und Dunkel, keinen Laut . . .

Irgendwie ist er ortlos geworden. In ihm regt sich keine Anklage gegen Gott, kein innerliches Auflehnen oder Aufbegehren. Er weiß den Vater daheim und geborgen. Hat er dafür sein Geborgensein opfern müssen? Er glaubt weiter mit kindlicher Selbstverständlichkeit. Doch wo sind Gottes Hände, die ihn halten? Er glaubt, aber er fühlt nichts, gar nichts, was diesem Glauben Leichtigkeit und Freudigkeit verleihen würde.

Und es ist ihm so, als dringe er weiter, immer weiter in diesen Raum der unbegrenzten Einsamkeit vor, in das ungeheuerliche und undurchdringliche Schweigen; als falle er wie ein Meteor im Weltenraum. Menschen und Dinge rücken fort, werden seltsam wesenlos. Sie verblassen zu Schemen, die seine innere Einsamkeit nicht aufheben können.

In diesen Tagen werden die Haare des Fünfunddreißigjährigen weiß.

Tränenlos kauert er in seinem Rollstuhl an der Bahre des Abtes. Viele Stunden verbringt er im Münster, den Blick auf das Antlitz seines toten Abtes geheftet, die verkrümmten Hände gefaltet. Sein Gebet kennt nur die Worte:

»Herr, ich danke Dir, daß Du ihm Frieden gabest.«

Aber seine Seele schwingt nicht mit. Er ist gesammelt; aber seine Sammlung ähnelt der Starre des Totenantlitzes.

Sind die Saiten seiner Harfe beim Tode des Herrn Berno gerissen? Ist in ihm etwas gestorben, als der Vater starb?
Widerspruchslos läßt er sich von Berthold in seine Zelle bringen. Er spricht, ißt, arbeitet, gibt sich liebenswürdig und hilfsbereit. Aber der junge Priestermönch horcht nachdenklich dem Klang seiner Stimme nach. Ist sie nicht irgendwie verändert?
Berthold kann sich nicht erklären, warum Hermann keine Träne für den hat, den alle beweinen, selbst seine Gegner. Warum läßt er einen anderen Mönch den Nachruf auf Herrn Berno verfassen, der an die Klöster der Gebetsverbrüderung gesandt wird? Spricht er nicht wie einer, der trotz der Logik seiner Worte nicht weiß, was er sagt und tut?
Hermann gibt seinem Getreuen nichts, gar nichts von seinem inneren Erleben preis. Er könnte es nicht einmal in Worte fassen. Wie kann er Einsamkeit und Leere erklären? Wie kann er beschreiben, was nicht ist?
Nimmt er wirklich so wenig Anteil an dem Geschehen in der Abtei? Zu den großen Trauerfeierlichkeiten werden Abgesandte aus vielen Klöstern erwartet. Wenn Berthold ihm darüber berichtet, lauscht er mit höflicher Aufmerksamkeit, ohne sich dazu zu äußern. »Als ginge ihn das gar nichts an ...«, denkt der junge Mönch verwirrt.
Für die Weltenchronik notiert er nur ein paar sachliche Sätze über die lange Regierungszeit des Abtes Berno, »ausgezeichnet durch große Gelehrsamkeit und Frömmigkeit«.

Einmal durchbricht Hermann die Mauer seines inneren Schweigens. In der Versammlung der Brüder wird besprochen, wo der Leib des Heimgegangenen seine letzte Ruhestätte finden solle.
Bruder Norbertus, der Beichtvater des Abtes, berichtet von dem ausdrücklichen Wunsche des Sterbenden, im Westwerk des Münsters bestattet zu werden: »Ich möchte gerne ruhen, wo ich so lange gebaut habe, Jahre meines Lebens.«
Viele Mönche murmeln zustimmend, aber der Pater Prior hat ernste Bedenken.
»Meine Herren Brüder, wenn wir diesem Wunsche willfahren,

müssen wir die neuen Platten aufbrechen lassen und das gerade Vollendete wieder zerstören. Die allzu lange Bautätigkeit hat unserer Abtei ohnehin schwere Lasten auferlegt.«

Wie eine Flamme läuft die Erregung über das hagere Antlitz des Siechen. Er reckt sich auf, so gut es geht, hebt die zitternde Rechte und bittet ums Wort. Seine Stimme klingt bis in den letzten Winkel des Kapitelsaales.

»Liebe Brüder, soll uns der letzte Wunsch unseres Vaters in Christo nicht eine heilige Verpflichtung sein?«

Udualrich meldet sich. »Die Kosten, Bruder«, gibt er zu bedenken. »Ihr seid ein jenseitiger Mensch und müßtet Euch sagen, daß es ziemlich bedeutungslos ist, an welchem Orte der irdische Leib zu Staub zerfällt.«

Die Zeit des Hermann von Altshausen ist mit dem Tode des Herrn Berno endgültig vorbei. Dieser berühmte Mann, dieses Schoßkind der Augia, soll davon sogleich eine Probe zu spüren bekommen.

Ohne Groll und ohne Falsch erwidern die blauen Augen des Siechen den Blick unverhohlener Abneigung.

»Ihr möget recht haben, Bruder, was den Ort der letzten Ruhe für uns betrifft. Aber sollen wir unserem Vater Abt Berno, der vier Jahrzehnte lang der Augia sein Herzblut, sein Mühen und Sorgen, sein Leiden und Lieben, sein Beten und Opfern geschenkt hat, dem nie etwas für uns zuviel gewesen ist, das Grab im Westwerk verweigern? Wäre es nicht eine besondere Gnade, wenn uns dort eine Stätte des Gedenkens und der Besinnung geschenkt würde; eine Stätte, an der wir uns künftig erforschen können, ob wir noch im Geiste der großen Reform von Cluny, im Geiste des Herrn Berno, im Geiste des Herrn Jesus Christus wandeln, der da ist der Geist der Liebe? Ist es nicht in eben diesem Geiste unerläßlich für die dankbaren geistlichen Söhne eines solchen Vaters, daß sie ihn dort betten, wo er zu ruhen verlangte?

Damit der Abtei keine untragbaren Kosten daraus erwachsen, möchte ich Euch, Herr Prior, bitten, mir zu erlauben, daß ich mich für die Beschaffung des Geldes an Frau Hiltrud zu Altshausen wende. Meine Frau Mutter hat unserem Vater Abt stets ehrfürchtige Verehrung gezollt.«

Betroffen sieht der Prior auf den lahmen Mönch. Bei aller Kühnheit war seine Rede bescheiden. Zum ersten Male bemerkt er, bemerken die Brüder im Kapitelsaal, das weiße Haar des Krüppels.
Udualrich schaut sich fragend um. Er liest Zustimmung in den Gesichtern der Mönche. Hermann hat gesiegt, und dieser Tote ist noch immer eine Macht.
Der Prior gibt der Bitte des Gelähmten statt.

»Vater, wie schändlich, daß sich unsere reiche Abtei die Gruft ihres Abtes von Eurer Frau Mutter bezahlen läßt!« sagt Berthold, als sie in Hermanns Zelle sind.
Mit müder Geste wehrt der Sieche ab. »Laß gut sein, Berthold. Sprich nicht mehr darüber. Unser Vater Abt erhält eine würdige Ruhestätte. Wir werden vieles geschehen lassen müssen.«
Und Hermann läßt den Dingen ihren Lauf. Er fällt in seine innere Losgelöstheit von den Angelegenheiten der Abtei zurück. Er zeigt sich nicht im mindesten beunruhigt, als Udualrich zum Abt gewählt wird.
Bei der Obedientia beugt er sich huldigend über die breite Hand des neuen Abtes. Sie kommt ihm keine Spanne weit entgegen.
»An meine Wahl hast du wohl nicht gedacht, Hermann?« fragt Udualrich lauernd.
»Ich habe erwartet, daß Ihr gewählt wurdet«, entgegnet Hermann gelassen.
Aus seiner Stimme spricht keine Furcht, sondern nur eine stille Sicherheit, eine große Ferne.
»Nun wird man nicht mehr viel von dir reden«, sagt der Abt in aufwallendem Zorne. »Bei mir wirst du keine Rolle spielen und somit auch nicht in der Abtei.«
Unbefangen sehen die blauen Augen zu ihm auf und zugleich an ihm vorbei. Hermann lächelt ein stilles, wissendes Lächeln ohne jede Bitterkeit.
»Gott sei Dank, Vater Abt. Ich habe mir nämlich immer gewünscht, wirklich das sein zu dürfen, was ich durch mein Siechtum bin – der Letzte der Armen Christi.«

Die Brauen des Abtes ziehen sich zusammen. Sein kräftiges Kinn schiebt sich vor. »So ... du hast dir das gewünscht? Und wenn ich dir nun deinen allzu getreuen Berthold nehme? An und für sich ist es unwürdig, daß ein begabter Priester einem Krüppel die niedrigsten Dienste verrichtet.«

»Ja«, meint Hermann zustimmend, »das habe ich Eurem Vorgänger wiederholt gesagt und ihn gebeten, Berthold mit einer würdigeren Aufgabe zu betrauen.«

Aus der Mönchsgemeinde wird ein Laut hörbar, mühsam unterdrückter Zorn. Berthold?

»Und deine Einsamkeit?« Mit kaum verborgener Spannung wartet Udualrich auf die Antwort.

»Kann meine Einsamkeit vermehret werden?« fragt der Gelähmte zurück. »Herr und Vater Abt, es gibt eine Einsamkeit, die auch der treuste Mensch nicht bannen kann.«

Die Mönche starren auf den kleinen weißhaarigen Mitbruder mit den leuchtenden blauen Augen. Sie ahnen, daß dieser arme, behinderte Mensch in unerreichbarer Einsamkeit und Freiheit weilt.

Abt Udualrich befeuchtet mit der Zungenspitze seine trockenen Lippen. Er murmelt: »Bereitet, wie vorgesehen, die Abfassung der Weltenchronik vor, Bruder. Ihr habet Euch ja trefflich eingearbeitet.«

Er merkt nicht einmal, daß er dem Lahmen wieder die Anrede »Ihr« geschenkt hat. Er hat keine Lust, den zu demütigen, der nicht zu treffen ist. So läßt er ihm auch den Priestermönch Berthold.

Wo sind wir denn zuhause?

Der neue Abt findet den Weg zur Eckzelle des Gelähmten nicht. Er spricht ihn niemals an, wenn er ihm begegnet. Er übersieht ihn ebenso geflissentlich wie die Gruft im Westwerk, vor der die meisten Mönche eifrig beten. Er überhört bewußt, wenn ihm Ge-

betserhörungen gemeldet werden. Der Geist des Abtes Berno soll keine Heimstatt haben auf der Augia.
Langsam, mit großer Behutsamkeit, ändert Abt Udualrich hie und da ein wenig vom Erbe des Herrn Berno. Vorsichtig läßt er die Zügel der klösterlichen Disziplin lockerer werden. Er warnt im Kapitel vor übertriebener Aszese. Der Mensch gibt schließlich nach, wenn ihm kein Ansporn zuteil wird. Damit rechnet Abt Udualrich. Die Zeit arbeitet für ihn. Das große Vorbild fehlt den Mönchen. Abt Berno lebte ihnen den Geist von Cluny vor.
Der neue Abt zeigt ihnen nun, wie sie sich mit einiger Klugheit das Ordensleben bequemer einrichten können, wenn auch zunächst im Rahmen der bestehenden Vorschriften. Die menschliche Vernunft findet viele, scheinbar sachliche und gerechte Gründe, um diesem oder jenem auszuweichen, das mühsam oder unangenehm ist.
Zuerst langsam, dann schnell und tiefgreifend wirkt sich die Verweichlichung aus.
Der Gottesdienst büßt von seinem Glanze ein. Die Tafel der Mönche wird üppiger. Oft stehen schwatzende und lachende Mönche tatenlos in den Gängen herum. Ihre Arbeit bleibt ungetan oder wird rasch und oberflächlich verrichtet. Die Hörigen der Augia stöhnen unter vermehrten Lasten, und manches Lehen in fernen Landen wird verpfändet, um den vermehrten Aufwand zu decken. Pilger nehmen Berichte über die veränderte Reichenau mit nach Rom zum Cluniazenser Papste Leo.
Nach einem Kapitel, an dem Hermann nicht teilnehmen konnte, kommt Berthold ganz verstört zu ihm. Wortlos leistet er dem Vater die erforderlichen Dienste, bettet ihn neu und gibt ihm zu essen. Aber seine Hand, die den Löffel führt, ist unsicher.
»Gib Obacht, mein Sohn«, mahnt ihn der Sieche liebevoll, »sonst verschüttest du die Suppe.«
Da kann Berthold nicht länger an sich halten. Er wirft den Löffel in den Napf, daß die Suppe aufspritzt.
»Ich kann es nicht! Ich kann es nicht!« stöhnt er.
Der Lahme, dessen Haupt wie stets an Bertholds Schulter ruht, wenn der ihn füttern muß, fragt ruhig: »Sage mir, was dich bedrückt. Dann wird es dir vielleicht erträglicher.«

»Er hat Euer Buch über die Musik schlecht und unzulänglich genannt ... Ich wollte es Euch nicht sagen, Vater, aber wenn ich es nicht tue, tun andere es mit Freuden.«
»Wer ist ›er‹?« fragt Hermann unbewegten Gesichtes, obwohl er es sich denken kann.
»Udualrich ... eben im Kapitel, und dabei ist er doch der Letzte, der Euer Buch beurteilen kann!«
»Berthold, die Sache mag sein, wie sie will. Du darfst jedenfalls unserem Herrn und Vater Abt nicht die ehrfürchtige Anrede entziehen.«
Jäh braust der Jüngere auf: »Und er, der selbst aller Ehrfurcht bar ist, darf Euch einen oberflächlichen Schreiber und Vielwisser nennen? Man könne nicht auf allen Gebieten zuhause sein. Wer es, wie Ihr, versuchen würde, der leiste eben auf keinem Gebiete etwas Rechtes.«
Die Lippen des Gelähmten pressen sich zusammen.
»Still, Berthold, still! Und selbst, wenn der Geweihte des Herrn versagt hat, darfst du nicht so reden. Er bleibt für uns der von Gott Beauftragte, dem wir Ehrfurcht schulden. Gott läßt viel Menschliches bei jenen zu, die Seine Stelle vertreten. Uns gebühret kein Richteramt.«
Beschämt greift Berthold wieder nach dem Löffel. Dabei brummt er in einem letzten Verteidigungsversuch: »Wie viele ungute Dinge geschehen in der letzten Zeit in unserer Abtei, die sicher nicht im Sinne des Herrn Berno sind.«
»Aber sie wirken sich erst dann schlimm für uns aus, wenn wir uns weigern, Gott zu geben, was Gottes ist.«
Der Sieche beendet seine Mahlzeit. Ehe Berthold ihn in die Kissen zurücklegt, muß unbedingt eine Frage über seine Lippen.
»Vater, was soll geschehen, wenn sich ein gähnender Abgrund an Lieblosigkeit auftut?«
»Dann sollst du im Vertrauen auf Gott in diesen Abgrund springen, mein Sohn. Du sollst es wagen, weiter zu lieben. – Wir müssen unermeßliche Abgründe durchwandern und unendliche Nächte durchstehen, ohne spürbar zu erfahren, daß Gott mit uns ist. Aber unser Vertrauen ...«

Ein kurzes, hartes Pochen an der Zellentüre läßt beide aufschrekken. Abt Udualrich betritt den Raum. Berthold kann sich nicht erheben, weil er den Siechen stützt.
»Geht es Euch besser, Hermann«, fragt der Abt befangen.
»Danke, Vater Abt, ich bin noch ziemlich schwach, aber meine Kraft kommt langsam wieder.«
Der Abt ist sichtlich verlegen. Weiß der Sieche, was er eben beim Kapitel über ihn und sein Buch gesagt hat? Zu dem Zeitpunkt konnte er nicht ahnen, daß er diesen Lahmen nötig hat.
»Soeben ward mir eine Kunde überbracht, die Euch erfreuen wird, Hermann, da Ihr die heilige Kirche liebet.« Er versucht gewinnend zu lächeln. »Papst Leo IX. hat überraschend zugesagt, die Kirche auf der Ergat, deren Bau mein seliger Vorgänger begonnen hat, persönlich zu konsekrieren. Sodann will er einige Tage auf der Augia verbringen. Das ist eine große Ehre für unsere Abtei, nicht wahr?«
»Ja, Vater Abt«, erwidert Hermann kurz.
Unsicher reibt sich Udualrich die breiten Hände. Könnte ihm dieser Lahme nicht entgegenkommen? Er ahnt doch gewiß den Wunsch des Abtes. Wenn er ihn nicht brauchen würde ...
»Da habe ich daran gedacht, daß es Euch ein Bedürfnis und eine Herzensfreude sein wird, Euer Talent zu benutzen, um den Heiligen Vater mit kleinen Meisterwerken der Dichtkunst und Musik zu ehren. Papst Leo IX. schätzt die schönen Künste. Er hat als Bischof von Toul gedichtet und komponiert, um den Gottesdienst zu bereichern.«
»Das wußte ich noch nicht, Vater Abt. Ich hörte nur, daß er ein Cluniazenser sei.«
Udualrich wirft ihm einen prüfenden Blick zu. Sagt der Lahme das ohne Hintergedanken? Ahnt er etwa, daß dies die ganze Freude an dem Papstbesuch beeinträchtigt? Ein Cluniazenser Papst kommt zur Augia. Abt Udualrich spürt ein geheimes Frösteln.
»Gestaltet Ihr das Festprogramm, wie es Euch richtig dünkt, Hermann. Ich vertraue Eurer Weisheit und Eurem Können und verlasse mich ganz auf Eure Meisterschaft. Ihr werdet das treffen,

was den Papst befriedigt. Was würdet Ihr von einer Vita St. Adalberti halten. Schließlich ist St. Adalbert der Patron der neuen Kirche.«
»Der heilige Adalbert von Prag ist eine großartige Gestalt, Herr Vater Abt. Über ihn läßt sich vieles aussagen.«
»Nun denn ... begebet Euch mutig ans Werk, Magister Hermann!« Mit der Andeutung eines Segenskreuzes verläßt Herr Udualrich die Zelle.
»St. Adalbert von Prag ...«, sinnt der Gelähmte vor sich hin, als forme sein Geist schon die ersten Bilder.
Mit Erstaunen und Ärger hat Berthold das Gespräch verfolgt. »Vater«, begehrt er auf, »laßt Euch nicht ausnutzen. Denkt an die Äußerungen des Abtes im Kapitel. Nun sollt Ihr, ›der oberflächliche Schreiber und Vielwisser‹, ihm aus der Verlegenheit helfen. Merkt Ihr denn nicht, daß keinerlei Wohlwollen für Euch mit diesem Auftrag verbunden ist?«
»Mein lieber Sohn, wir müssen uns den Forderungen Gottes unterschiedslos stellen und uns in Seinem Dienst verbrauchen. Warum sollen wir über die Beweggründe der Befehlenden nachdenken? Wir kennen den Beweggrund Gottes bei allem, was uns widerfährt: Liebe.«
Hermann erschrickt über seine eigenen Worte. Er hält inne, als ob er sich bei einem Unrecht ertappt habe. Gottes Beweggrund ist immer Liebe.
Dann ist der Raum seiner übergroßen Einsamkeit nicht Ungeborgenheit. Gottes Beweggrund ist immer Liebe.
Auch in dem unfaßbaren Schweigen, das ihn seit dem Tode des Abtes Berno umfängt, singt ein Lied: »Ich bin auf Gott hin, und Gott ist die Liebe.« Er ist geborgen. Das Lied seines Lebens ertönt, auch wenn er es nicht vernimmt, noch nicht.
Wie ein Befreiter atmet er auf. »Die Saiten werden neu gespannt ...«
»Was meinet Ihr, Vater?«
»Die Saiten meiner Harfe, mein Sohn. Ich werde wieder singen dürfen.«
»Ihr müßt singen, weil der Papst kommt.«

»Ich darf singen, weil Gott kommt; weil Er da ist.«
Berthold versteht ihn nicht. Er weiß nicht um die tiefste Einsamkeit, um die Harfe ohne Saiten, die beim Tode des Herrn Berno zersprungen sind.

Wochenlang müht sich der Sieche bis zur völligen Erschöpfung ab. Pünktlich überbringt Berthold dem Abt die gewünschte Begrüßungsansprache und die Huldigungsadresse. Hermanns Latein fließt wohlklingend und leicht. Seine Gesänge werden einstudiert und die Vita St. Adalberti von mehreren Schreibern auf feines Pergament übertragen. Die Augia rüstet sich zum Empfange des Papstes, der im Rufe steht, ein Heiliger zu sein.
Und dann kommt Papst Leo IX. und bringt der Reichenau viel Segen. Er löst endgültig den Bann der Trauer von der Seele des Gelähmten und zeigt ihm die große Weite und Weihe seiner Oblatio für die Missa orbis, die Consecratio mundi. Hermann antwortet ihm mit der Glaubenskraft und Liebe eines Menschen, der durch Schweigen und Einsamkeit ging, um reifer zu werden, leerer für Gott und Seine Gnade. Papst Leo IX., der eigentlich nur zur Augia gekommen war, um den Gelähmten kennenzulernen, bittet Berthold, ihm dessen Leben aufzuschreiben.

In der Weltenchronik, die Hermann auch auf Leos Wunsch verfaßt hat, steht schon »Anno Domini 1050« vermerkt, als Hermann seinem Gefährten sein Leben bis zum Papstbesuche erzählt hat. Vielerlei Arbeiten, Krankheit und Schwäche haben den Bericht immer wieder verzögert.
»Nun hat sich der Ring geschlossen. Wieder ist Vorfrühling, lieber Sohn, wie damals, 1030, als das lahme Vöglein der Augia entflog.«
Berthold hat ihn an den Gnadensee gefahren, damit er sich von dem langen Winter erhole, der ihm mehr Schmerzen gebracht hat. Im Röhricht lärmen die Wasservögel. Silbern und glatt, mit einem blauen Schimmer, ruht der Gnadensee unter dem zarten Weißblau des Himmels. Neues Werden und Beginnen in der Natur ...
»Und Frühling in der heiligen Kirche«, freut sich der Gelähmte.

»Unser Heiliger Vater ist wie ein Pfingststurm, der allenthalben neues Leben weckt.«
»Die Pilger aus Rom erzählten gestern, daß die Ewige Stadt ihn nur selten in ihren Mauern zu halten vermöge. Überall tauche er auf und sehe nach dem Rechten.«
»Er weitet die Mauern der Ewigen Stadt, denn wo er ist, schlägt das Herz der Kirche«, erwidert Hermann. Dabei muß er, welch ein Gegensatz, an Leos Bitte denken: »Weitet Eure Zelle, bis sie Rom umfaßt!«
»Heiliger Vater, was habt Ihr mit mir armem Mönchlein vor? Aber ich will lieben und leiden, so gut ich es vermag – und nicht nach der Bedeutung meines Anteils Ausschau halten. Ich will mich rückhaltslos dem Herrn und Seiner Kirche geben. Wer Gott schenkt, darf nicht mehr messen und wägen ... und sich insgeheim einen Anteil sichern wollen.«
Damit haben die Mönche auf der Augia nach dem Papstbesuche wieder begonnen. Der Gekreuzigte erhält Weihrauch und Gesänge. Alle gehen bis zum Brotbrechen mit Ihm, doch nur wenige folgen Ihm nach Golgotha. Blühende Dornzweige auf der Augia? Viele rotten die Dornen lieber aus, denn Opfer tun wehe.

Im Sommer des Jahres 1050 gewährt Herr Udualrich dem Siechen eine Gunst, um die er ihn nicht gebeten hat.
»Hermann, begebet Euch mit Berthold für einige Wochen nach Altshausen. Wir wollen Eurer Frau Mutter diese Freude bereiten wie zu Abt Bernos Zeiten.«
Der Abt sonnt sich in seiner Großmut. Insgeheim atmet er auf, daß er den lästigen Mahner für einige Zeit los wird, diesen Mönch, dessen Anblick ihn stetig an Abt Berno und an Papst Leo IX. erinnert. An die ernsten Ermahnungen des Papstes denkt Herr Udualrich nicht gerne zurück. In einem Schreiben an den Heiligen Vater erwähnt er beiläufig, welche Erlaubnis er dem Altshausener gegeben hat. Der Gelähmte steht in Rom in hohem Ansehen...
Bei seinen Beratern stöhnt der Abt, daß er dem Drängen der adeligen Sippe Hermanns nachgeben müsse.
»Auf die Dauer ist es für einen Konvent recht schwer, einen

Siechen bei sich zu haben. Immer wieder muß man ihm Ausnahmen gewähren.«
Mutig wendet Randolf ein: »Hermann macht wenig Ausnahmen von unserer Regula, Vater Abt; nur jene, zu denen ihn seine Krankheit zwingt.«
Das trägt ihm einen unfreundlichen Blick ein. »Gewiß«, bestätigt Udualrich mürrisch, »aber das sind mehr als genug.«
Muß dieser Hermann in der Abtei nach wie vor ein solches Ansehen genießen? Dieser unansehnliche Krüppel soll groß, frei und reich sein? Ein unerträglicher Gedanke!

»Vor acht Jahren pilgerten wir miteinander über die Augia«, erinnert Hermann seinen Begleiter, als sie im Wagen sitzen, der langsam nordwärts fährt. »Wieder ist Sommerszeit. Wieder mähen die Bauern das Gras . . .«
»Ach, Vater«, Berthold seufzt vernehmlich, »was ist seit jenen unbeschwerten Tagen geschehen! Käme St. Pirminus aus seiner Gruft im Kaiserdom zu Speyer, er müßte erneut giftiges Gewürm von der Reichenau vertreiben.«
Warnend legt der Sieche den Zeigefinger auf die Lippen. Er kennt den Fahrer nicht.
»Manchmal frage ich mich, warum der Herr Mißstände in Seinem Heiligtume duldet«, sagt Berthold leiser.
»Gott achtet unseren freien Willen. Er will die freie Gabe des freien Herzens. Auch dem Berufenen bleibt die Möglichkeit der Wahl, und der Gebundene mit der Fessel der Gelübde besitzt die Freiheit, Gott ein Nein zu sagen.«

Bei einer Rast am Waldrand setzen sie das Gespräch fort, ohne die Zuhörerschaft des Fahrers fürchten zu müssen. Sie sind allein. Hermann lehnt den schmerzenden Rücken ausruhend gegen den borkigen graubraunen Stamm einer alten breitästigen Tanne. Seine Augen betrachten in ausruhendem Verweilen das helle und dunkle Grün der Wiesen und Bäume.
Berthold hockt im Gras zu seinen Füßen und sieht zu seinem Meister auf. Wie aus feingemeißeltem Marmor gebildet, hebt sich

das blasse Antlitz unter dem weißen Haar vom Graubraun des Stammes ab. Seit der Begegnung mit Papst Leo IX. lebt dieses Antlitz wieder im raschen Wechselspiel der Empfindungen und ist den Menschen zugewandt.

»Vater, könnt Ihr die Mißstände auf der Augia sehen, ohne Euch zu quälen und aufzureiben? Leidet Ihr nicht darunter? Ihr liebet doch die Reichenaue.«

Eigentlich müßte jetzt der Meister seinen Jünger fragen, ob er ihn noch nicht kenne.

»Berthold, wer liebt, muß leiden. Wer Christus liebt, oder wer Ihn zumindest lieben möchte, der muß darunter leiden, daß Er so wenig geliebt wird von jenen, die sich Ihm geweiht haben. Wer nicht leidet, liebt auch nicht. Aber unser Leiden muß trotzdem das Signum des Friedens und . . . der Freude tragen.«

Berthold rupft einen langen Grashalm aus und windet ihn kunstvoll um seine Finger.

»Der Freude, Vater?« meint er sinnend. »Ich habe mir wiederholt Gedanken darüber gemacht, wie denn Leiden und Freude in einem Menschenherzen beisammen sein können. St. Paulus schreibt, daß er frohlocke in der Trübsal. Wie kann er das? Wenn ich leide, so leide ich.«

Statt einer Antwort weist der Gelähmte auf einen Wildrosenzweig. »Brichst du mir diesen Zweig ab?«

Bereitwillig erhebt sich der junge Mönch. Aber es ist gar nicht so leicht, die Bitte des Vaters zu erfüllen. Er muß drehen, zerren, brechen und ziehen, bis er den Zweig in den Händen hält.

»Und gestochen habe ich mich auch«, stellt er fest, als er dem Siechen die mühsam errungene Beute reicht.

»Blüten zwischen den Dornen, deren Spitzen du zu spüren bekamest. Wilde Rosen zwischen den Dornen. Sagt dir das nichts, mein Sohn?«

»Euer Gebet, Vater? ›Lasse Blüten aufbrechen am dürren Gezweig meiner Dornen.‹«

»Leiden und Freuden können wie diese Dornen und diese Blüten an einem Zweige wachsen, Berthold, in einem Herzen beisammen wohnen. Unser Herr hat nicht das Leiden um des Leidens willen geliebt. Er liebte das Leiden um der Liebe, um der Erbarmung und der Erlösung willen. Er liebte die Dornen, um der Blüten willen. Darum drängte es Ihn, bis es vollbracht war. Die Freude, die wir im Leiden empfinden können ... bei einem Heiligen mag es anders sein ...«

Hermann schweigt und schüttelt den Kopf, ein kleines Lächeln um den Mund, ein Lächeln, das voller Schalk ist.

»Weißt du, Berthold, was ein Heiliger denkt, das kann ein armes Mönchlein wie ich nicht nachvollziehen. Bei mir ist es so, daß ich mich nie und nimmer am Leiden freuen kann und werde um des Leidens willen. In meiner Begrenztheit sehe ich keinen Sinn darin. Ich freue mich an der Liebe Gottes, die mir in Seinem Kreuze begegnet, und die mir aber auch ermöglicht, das Kreuz zu bejahen und durchzutragen. Ich vertraue, daß mein Leiden zum Erbarmen für andere werden darf. Drüben werden wir es einmal ganz erfahren, aber ich glaube daran, daß es eine stellvertretende Sühne gibt, ein Einstehen für andere, ein Heimholen anderer durch die Oblatio angenommenen Leidens. Unser Ja zum Kreuze vermag dort zu helfen, wo kein Wort mehr helfen kann ... und bei jenen, die scheinbar unerreichbar für die Gnade Gottes sind.«

Hermanns Rechte fährt leicht über die Dornen des Wildrosenzweiges. »Berthold, verstehe mich recht. Bei dieser Auslegung geht es nicht um mich, um mein Leiden. Unser Heiliger Vater erhob zu apostolischem Tun, was eigentlich ein Hinnehmen und Aushalten ist. Ich erzählte dir, was er mir sagte. Der Liebende, der liebend leide, sei Brot in den Händen des Herrn, Brot für die Welt.«

Der Priestermönch Berthold hat den Krüppel vor Augen, den armen, verwachsenen Menschen mit dem vom Leiden gezeichneten Antlitz. Wie groß müssen Glaube und Liebe sein, wenn sich ein Mensch willig als Brot Seinen Händen überläßt und sich freut, daß Er austeilen darf, ohne in diesem Leben je eine Bestätigung dafür zu erhalten!

Eine Eichkatze huscht den benachbarten Stamm hinab, setzt sich unweit des Lahmen auf den Tannennadelteppich und äugt die Mönche neugierig an.

»Vater, neben Euch . . . ein Eichhörnchen!« ruft Berthold, jungenhaft, wie er manchmal noch ist. Das Tier zuckt beim lauten Klang der Menschenstimme zusammen und eilt den Stamm wieder hinauf. Hermann hat seine Stellung nicht verändert. So weit kann er sich nicht zur Seite wenden.

»Verzeihet, Vater, ich vergaß . . .«, murmelt Berthold verlegen. Der Gelähmte sieht ihn freundlich an und dann auf den Dornzweig in seinen Händen. Die Blüten sind von einem harten, beinahe schreienden Rot.

In den kleinen Dörfern des hügeligen Landes nehmen die Leute die beiden Mönche herzlich auf. Hermann meidet die Burgen und Herrenhöfe seiner adeligen Standesgenossen. Er bevorzugt die Gastfreundschaft der Bauern. Sie zeigen keine Neugier und keine übertriebene Anteilnahme und geben von dem Wenigen mit, das sie besitzen.

In einem Pfarrdorf, nahe bei Altshausen, erspäht der Pfarrer die Durchreisenden und lädt sie ein, in seinem stattlichen Pfarrhofe zu übernachten. Hermann stimmt zu, weil er sich müde fühlt.

»Ihr seid bei mir daheim, ehrwürdige Brüder«, sagt der bäuerliche Mann, als sie in seiner Stube sitzen. »Ihr kommet von der Reichenaue?«

Das hat der Fahrer sicher berichtet. Darum gibt Hermann bereitwillig Auskunft. »Ja, wir sind Mönche von der Augia und wollen nach Altshausen.«

»Nach Altshausen?« Der Pfarrer betrachtet den Gelähmten eindringlich. »Oh, dann seid Ihr am Ende der Sohn unseres gnädigen Herrn Grafen Wolfrad, den er als Büblein auf die Klosterinsel gebracht?«

»Ihr habet's erraten«, antwortet der Sieche mit einem geheimen Seufzer. Gerade das wollte er verbergen.

»Unsere Räume sind zu bescheiden, um einen solch hohen Gast zu empfangen, Herr Graf«, bekennt der Pfarrer. Schweiß tritt auf seine braune Stirne. Muß er nun aufstehen oder darf er sitzenbleiben?

»Herr Pfarrer, vergesset bitte nicht, daß wir einfache Mönche

sind, die Armut gelobt haben. Machet Euch gar keine Sorgen. Ein Lager für meine lahmen Glieder werdet Ihr wohl irgendwo finden . . .«
Verwirrt springt der Pfarrer auf. »Ihr müßt liegen nach der langen Fahrt. Verzeihet, verzeihet, daß ich so gedankenlos gewesen bin. Meine Schwester wird sogleich eine Kammer für Euch richten, Herr . . .«
»Bruder . . .«, verbessert ihn der Lahme sanft.
Der Pfarrer eilt davon, nicht ohne in der Türe eine Verbeugung zu versuchen, die ihn gegen den Türrahmen prallen läßt.
»Der arme Mann«, bedauert Hermann. »Hätte ich geahnt, daß unser Kommen soviel Umstände bereitet, wären wir trotz der Einladung weitergefahren.«
»Ob Euer Name hier nicht bekannt ist, Euer Name als Gelehrter, Vater? Vielleicht war der Pfarrer deshalb so beeindruckt.«
»Der Name meines Vaters ist hier bekannt, mein Sohn. Wir sind im Altshausener Herrschaftsbereich, wie du gehört hast. Ihm gilt die Ehre, die man uns erweist«, stellt der Gelähmte nüchtern fest.
Die Schwester des Pfarrers, eine Magd und eine ältliche Verwandte machen sich abwechselnd im Raume zu schaffen und werfen dem lahmen Mönch heimlich staunende Blicke zu. Schließlich kommt sogar der Gemeindeälteste, ein ausgemergelter und braungebrannter Alter mit zahnlosem Mund. Stockend begrüßt er in Hermann »den berühmten Gelehrten der Reichenaue, der zugleich ein Sohn unseres gnädigen Herrn Wolfrad ist«.
Berthold hütet sich, seinen Triumph laut werden zu lassen. Er sieht, wie erschöpft der Vater ist. Wegen seines schmerzenden Leibes und der Aufmerksamkeit, die man ihm schenkt, hat der Sieche nur den einen Wunsch, bald ausruhen zu dürfen.
Gerade bringt der Pfarrer die willkommene Kunde, daß die Kammer gerichtet sei, da öffnet sich die Stubentüre.
Eine junge, aufgeputzte Weibsperson tritt ein.
»Magdalen, was willst du hier?« herrscht der Pfarrer sie barsch an.
Sie wirft die rotblonden Locken zurück, die grünen Augen funkeln böse, und der große, rote Mund lächelt bitter. »Ihr seid

sehr freundlich zu Eurem Pfarrkind, Herr. Ist das wohl christlich?«

»Red' du von Christentum, du ...« Drohend geht der Pfarrer einen Schritt auf sie zu.

Geschmeidig weicht sie aus. »Regt Euch nicht auf. Ich wollte nur den Sohn unseres allergnädigsten Herrn Grafen begrüßen. Das ist doch wohl erlaubt?«

Ein seltsames Lauern liegt in der Stimme des Weibes. Ihr funkelnder Blick streift den jungen Berthold.

»Gnädiger Herr ...«, beginnt sie mit gurrender Stimme. Unwillkürlich zuckt der Priestermönch zurück.

»Frau, Ihr irret Euch. Ich bin Hermann von Altshausen«, fällt Hermann rasch ein. Er ahnt, was jetzt geschehen wird. Als die Frau den Namen des Vaters ausgesprochen hat, ist ihre Stimme haßerfüllt gewesen.

Das Weib starrt ihn an, mustert mit atemlosem Staunen und rücksichtsloser Neugier seine arme Krüppelgestalt. Dann wirft sie die Haare mit der gleichen ungestümen Bewegung zurück wie zuvor. »Ihr ... ? Ihr ... ? Ein Krüppel!« lacht sie mit spöttischer Verachtung und sichtlicher Genugtuung. »Oh, wie ich ihm das gönne, wie ich ihm das gönne, dem stolzen Grafen, einen solchen Sohn zu haben! Wie ich ihm das gönne!«

»Magdalen, sei vernünftig«, versucht der Pfarrer einzugreifen.

Sie faucht wie eine Katze. »Ach, seid Ihr still!« Sie stellt sich dicht vor den Siechen hin und starrt ihn mit ihren grünen Augen an.

»Ihr sollt auch wissen, warum es mich so freut, daß Ihr ein Krüppel seid. Euer Vater nahm mir meinen Mann.«

»Dein Bruno war ein Dieb«, wendet der Pfarrer ein. »Die Strafe traf ihn nach der Gerechtigkeit.«

»Gerechtigkeit?« Sie verzieht den großen Mund. »Gerechtigkeit?« Ihre grünen Augen lassen nicht von dem Gesicht des Lahmen. »Das nennet Ihr Gerechtigkeit, Herr Pfarrer? Hoffentlich mißt Euer Herrgott Euch mit anderen Maßen. Hört, Graf, mein Bruno war ein Dieb. Er schlug die Schweine tot, die Wildschweine des Herrn Grafen, die seine Äcker verwüsteten, und holte sich die

Kuh zurück, die letzte Kuh, die ihm die Schergen des Herrn Grafen aus dem Stall geführt. Er war verzweifelt, weil daheim sein Weib mit einem Kinde niederkommen sollte. Da nahm er einen Sack voll Korn, um den vier anderen Brot davon zu backen, zwei Laibe Brot. Er gab den Kindern Milch von seiner eigenen Kuh und gab dazu das Brot. Dafür ward er gehängt.«

»Mein Gott . . .«, sagt Hermann leise.

»In jener Stunde, da mein Mann am Galgen starb, gebar ich ihm das fünfte Kind. Und meint Ihr, daß es den hohen Herrn gekümmert hat, was aus dem Weib und aus den Kindern des Gehängten wurde? Mitnichten, Herr. Das Armenhaus war ihnen sicher oder . . .«

Erstmals senkt sie den Blick.

»Und nun verachtet mich getrost. Ich habe Euch gesagt, was ich Euch sagen wollte.«

»Nein, Frau Magdalen, wie dürfte ich Euch verachten? Mich dauert Euer Los.«

Überrascht sieht sie ihn an. Dieser Krüppel hat Mitleid mit ihr, echtes, menschliches Mitleid. Ihr wird sonst nur Verachtung . . .

»Wir alle brauchen viel Barmherzigkeit bei Gott, Frau Magdalen, wir alle sind Sünder. Ich kann nicht ungeschehen machen, was geschah. Aber verlasset Euch darauf, Euch und Euren Kindern wird geholfen. Das verspreche ich Euch. Ihr werdet sehen, daß dies keine leeren Worte sind. Vertrauet mir und versuchet, den Haß zu überwinden und das Böse. Gott wartet auf Euch, Frau Magdalen. Er möchte, daß Ihr heimkehret.«

Noch einmal möchte sie schmähen und aufbegehren, aber seine Güte hat sie entwaffnet, denn sie spürt die Wahrheit seiner Worte. Tief senkt sie das Haupt. Die rotblonde Fülle des Haares flutet nach vorne. Es hat den Anschein, als wolle sie knien.

»Herr, vergebet und vergesset, was ich sagte!« fleht sie mit dünner Kinderstimme, aus der verhaltenes Weinen klingt.

»Vergeben ist es längst. Vergessen werde ich Euch und Euer Anliegen nicht. Darf ich Euch segnen, damit Gott Euch helfe, fortan Euren Weg im Guten fortzusetzen?«

Als das Weib die Stube verlassen hat, kann der Pfarrer nicht länger an sich halten.
»Herr, Ihr habt diese Frau bekehrt. Wie oft hab' ich es vergeblich versucht ...«
»Mit Güte?« fragt der Sieche ruhig. »Mit Härte schlagt Ihr nur die Seelen tot.«
»Sie war so verstockt ...«, verteidigt sich der Pfarrer.
»Wer ohne Sünde ist, der werfe auf ein solches Weib den ersten Stein.«
Sorgsam richtet Berthold den Vater für die Nacht her. Das Lager ist hart, die Kammer niedrig mit schwerer Balkendecke. Mit einem Male spürt Hermann die Überanstrengung des Tages und die Erregung der Auseinandersetzung mit der Frau des Gehängten, bei der er seine ganze Kraft brauchte, um Herr der Lage zu bleiben. Soll er den Gefährten nicht bitten, die Nacht bei ihm zu verbringen? Die Kammer ist zu schmal für eine zweite Lagerstatt. Dann soll wenigstens Berthold schlafen können. So verschweigt er seine Not und entläßt ihn wie immer mit dem abendlichen Segen.
Wenn er die Augen schließt, wandern in langsamem Reigen Wälder und Felder, Berge und Hügel, an denen er im Laufe des Tages vorbeigefahren ist, an ihm vorüber. Öffnet er die Augen, starrt er auf das kleine Viereck des offenen Fensters. Im kalten Mondlicht sieht er einen kahlen Ast.
»Wie ein Galgen«, denkt er schaudernd. Er betet für die Frau Magdalen, für ihren Mann und vor allem für seinen Vater. Vor Gott kann dieses Gericht niemals bestehen. Einen Menschen an den Galgen bringen, weil er Wildfrevel verübte und aus Not ein wenig Korn stahl ... den Mann an den Galgen und das Weib in die Schande. Er hat der Aufgeputzten angesehen, wie sie für sich und ihre fünf Kinder das Brot verdient.
»Vater, das ist Eure Schuld! Was habt Ihr getan?« denkt er entsetzt. Keiner der Standesgenossen seines Vaters wäre mit dem Wilderer und Dieb Bruno anders verfahren. Gibt das seinem Tun Berechtigung? Was gilt vor Gott ein Menschenleben? Das Blut Seines Sohnes, Der auch einer Maria Magdalena verziehen hat.

»Ihr wird viel verziehen, weil sie viel geliebt hat.« Gott wird der Frau Magdalen verzeihen. Er wird es tun. Der Pfarrer war betroffen, daß er sie gesegnet hat. Gott wird ihr verzeihen ...

Die alten Dielen knarren. Mäuse trippeln durch das Gebälk. Irgendwo muht eine Kuh, langhallend und jämmerlich. Ein Hund jault. Singt die Kreatur ein Klagelied, weil soviel Härte bei den Menschen ist?

»Herr, erbarme dich unser.«

Der Sieche möchte schlafen. Er ist sehr müde. Aber er fühlt, daß dies wieder eine jener Nächte ist, die er durchstehen muß bis zum Morgengrauen, ohne daß er ausruhen und vergessen darf, daß es Schmerzen gibt. In schweren, mühsamen Atemzügen hebt und senkt sich seine gekrümmte Brust. Sein Rücken schmerzt vom langen Aufrechtsitzen. Könnte er seine Lage nur ein wenig ändern!

»Morgen bin ich in Altshausen«, redet er sich vor. Er versucht an das Dorf, an die Burg, an die Mutter zu denken, und er kann nicht verhindern, daß ihm sofort wieder die bevorstehende Unterredung mit dem Vater einfällt.

Der dürre Ast schwankt schwarz im Mondlicht... wie ein Galgen.

»Ihr? Ein Krüppel! Wie ich ihm das gönne«, schrillt die Stimme der Frau.

»Vater, was habt Ihr getan?« möchte er rufen, aber kein Wort kommt aus seinem Munde. Langsam und unerbittlich bemächtigt sich die Lähmung wieder seines armen Leibes. Noch will er das Kommende mit der Kraft seines starken Willens überwinden.

»Ave praeclara maris stella. In lucem gentium Maria ...«, betet er die ersten Verse seiner langen Sequenz zur allerseligsten Jungfrau. Doch er verliert sich hoffnungslos in der Vielzahl der Worte. Er kann nicht mehr weiter.

Und er erlebt in der engen Kammer Furchtbares, das ihm bislang bei seinen Anfällen erspart geblieben ist. Eine entsetzliche Angst bemächtigt sich seiner. Während er vollends unfähig wird, sich zu rühren, und mit weitaufgerissenen Augen auf den schwarzen Ast im kalten Mondlicht starrt, den schwankenden ›Galgen‹, jagt sein Herz in rasendem Pochen der Angst.

Er möchte rufen und um Hilfe schreien, aber kein Laut löst sich aus seiner Kehle. Seine Zähne sind aufeinandergekrampft. Den zum Schweigen Verurteilten befällt Todesangst. Es ist ihm, als hielte eine Hand seine Kehle umklammert, um ihn zu erwürgen. Ist das die Hand des Bruno oder seines Weibes?
Draußen schwankt der ›Galgen‹ im Mondlicht.
»Wie ich ihm das gönne!« lacht das junge Weib mit den roten Locken und den haßerfüllten grünen Augen.
Eine ungeheure Last liegt auf seiner Brust, hämmernde Schmerzen bohren in seinem Kopf. Er ist in einen Schraubstock gepreßt. Das ist nicht mehr sein ›Gnadensee‹, nicht mehr das vertraute Auf und Ab der Schmerzen.
Dabei ist sein Geist so klar, daß er jede Phase seines Befindens genau verfolgen kann. Er betet stumm, was die Brüder am Lager eines Sterbenden beten: »De profundis clamavi ad te, Domine ...«
Dann schließt er das Reuegebet des Miserere, sein Salve Regina an und wartet, wartet, daß der Herr das erlösende »Veni!« zu ihm sagen möge. Er wartet auf den Ruf zur Heimkehr.
Aber auch der Widersacher kennt seine Stunde. Häßliche Gedanken tauchen auf. Sie umschwirren den Geist des Leidenden wie bösartiges Ungeziefer.
»Ein ruhmvolles Ende für den gelehrten Magister der Augia, nicht wahr? Einsam und verlassen, ohne Wegzehr dahinsterben, beschimpft von einem Weib, dessen Mann am Galgen endete . . .
Du hast die Hexe gesegnet und damit deinen eigenen Vater ins Unrecht gesetzt. Du hast die gesegnet, die sich über dein elendes Dasein freute. Das ist Liebe, nicht wahr?
Liebe! Was hast du denn von deinem Leben der Liebe gehabt, Hermann von Altshausen? Wo ist Jener, Dem du alles gegeben? Wo ist Er jetzt? Bist du Seiner Liebe überhaupt sicher?
Was hat sie dir denn gebracht? Krankheit, Not, Schmerzen, Verachtung, Einsamkeit. Eine wahrhaft gütige Liebe!
Und deine Werke, deine Schriften, deine Erfindungen? All dein Tun war nichts, ist nichts, nichts. Die Nachwelt wird dich so rasch vergessen wie ein Blatt, das vom Baume fällt. Du hast umsonst

gelebt und geliebt. Auf der Augia freuen sich manche, wenn du nicht zurückkommst.«

Im Nachgebet der Mönche heißt es: »Brüder, seid nüchtern und wachsam, denn euer Widersacher, der Teufel, schleicht umher wie ein brüllender Löwe und sucht, wen er verschlinge.«

Hermann meint, ihn beinahe zu spüren, seine grauenhafte und lockende Nähe. Dumpfes Betäubtsein befällt seinen Geist, das ihm jede logische Gegenwehr unmöglich macht.

»Dein Leben ist ein Nichts, Hermann von Altshausen, ein Nichts . . .«

Draußen schwankt der schwarze Ast im Mondlicht.

»Wenn ich ein Nichts bin«, denkt der Gelähmte unsagbar mühevoll, »dann bin ich Gottes Nichts.«

Die Worte des Herrn Berno fallen ihm ein. Befreit wiederholt er sie: »Ich bin auf Gott hin, und Gott ist die Liebe.«

Da verstummt das Geflüster der häßlichen Gedanken. Wenn ein Mensch sich bedingungslos in diese Liebe gibt, hat das Böse weder Macht noch Raum.

Aber die körperliche Not mehrt sich. Krampfartiges Schütteln erfaßt Haupt und Leib, als würden unsichtbare Fäuste den Siechen hin- und herzerren. Dann ziehen sich die Muskeln wieder zusammen. Er kann den Mund nicht schließen. Speichel rinnt über sein Kinn und auf sein Gewand.

Am anderen Morgen trifft Berthold seinen Meister in einem Zustande völliger Erschöpfung an. Sein Antlitz ist von Kampf, Schmerz und Not entstellt. Es berichtet von einer entsetzlichen Nacht. Berthold weiß um die peinliche Scham des Vaters, wenn er keine Kraft hatte, die äußeren Spuren eines Anfalles zu beseitigen. Er wäscht ihn, kleidet ihn um und bettet ihn neu.

Als er den Kopf des Schweigenden hebt, um ihm einen Schluck Wein einzuflößen, lösen sich die Qualen der Nacht jäh in einem haltlosen Weinen. Der Priestermönch hält den Leib des Siechen, den stoßweises Schluchzen erschüttert. Nie hat der Vater sonst die Qualen eines Anfalles durch Klagen preisgegeben. Jetzt rinnen Tränen über seine eingefallenen Wangen, und der halboffene Mund stammelt erste Wortfetzen:

»Herr, Herr ... warum holst Du mich denn nicht? Es ... war ... furchtbar ... Herr ... erbarme Dich ... und komm!«
Berthold betet schweigend. Was kann er angesichts einer solchen Not tun oder sagen? Es dauert lange, bis das Schluchzen verebbt. Hermann richtet seine rotverquollenen Augen auf den Gefährten.
»Bitte, verzeihe mir!«
»Was sollte ich Euch zu verzeihen haben, Vater?«
»Meinen Mangel an Beherrschung. Ich darf nicht so jammern.«
»Vater, ich bin froh, daß ich auf diese Weise einmal erfahren durfte, wie es wirklich um Euch steht. Ich möchte Euch doch helfen dürfen. Das müßt Ihr mir schon erlauben. Lasset mich bei Euch bleiben, wenn Ihr abends spürt, daß Euer Befinden sich verschlechtert.«
»Ich bitte dich sogar darum, Berthold. Ich brauche dann eine Hand, die mich hält, und ein Herz, das für mich betet. Dem Priester Berthold möchte ich von dieser Nacht erzählen ...«
Der Gelähmte vertraut dem priesterlichen Freunde die innere Not an, die er in dieser Nacht erlebt hat.
An diesem Tage können sie nicht weiterfahren. Hermann bleibt matt und schwach. Darum befürchtet Berthold, daß sich der Anfall in der Nacht wiederholen werde und läßt sich am Abend nicht fortschicken. Vergeblich versichert ihm Hermann, daß er wahrscheinlich sogar schlafen könne. Dieses Mal setzt Berthold sich durch.
Stunde um Stunde verrinnt. Der Mond kriecht hinter eine Wolkenwand. In der Kammer ist es dunkel. Vorsichtig reckt Berthold sich auf seinem unbequemen Schemel.
»Bitte, lege dich hin, mein Sohn. Heute nacht kommt der Anfall nicht wieder ...«
»Nein, Vater, ich bleibe bei Euch. Sonst habe ich keine Ruhe.«
Der junge Mönch gähnt verstohlen. Irgendwo schreit ein Käuzchen: »Kiwitt! Kiwitt!« Er gähnt ausgiebiger. Ach, ist solch eine Nacht lang und still. Er reibt seine müden Augen.
Nach einer Weile tönen vom Bett her tiefe, gleichmäßige Atemzüge. Der Vater ist eingeschlafen. Gott sei Dank! Nun, dann könnte er sich eigentlich zur Ruhe begeben. Aber wenn der Anfall

sich plötzlich wiederholen würde, und der Vater dann alleine wäre? Mannhaft widersteht er der Versuchung, aber er kreuzt die Arme auf seinen Knien und legt die Stirn darauf. Nur ein wenig ausruhen, nur einmal eben die Augen zumachen. So ...

Im hellen Morgenlicht erwacht er und sieht geradewegs in die Augen des Gelähmten.

»Nun, hast du gut geschlafen, Berthold?«

»Geschlafen? Ich? Ich wollte gar nicht schlafen.« Vorsichtig bewegt er seine verkrampften Glieder. »Ich wollte wirklich nicht schlafen.«

»Ich glaube dir, mein Sohn. Du hast es darum doppelt gründlich besorgt.«

»Habt Ihr nicht geschlafen, Vater?«

»Doch, doch ... für meine Verhältnisse lange und tief. Ich fühle mich darum auch wesentlich besser. Ich nehme an, daß ein Mönch, der so gut schlafen kann wie du, dadurch den Teufel vertreibt.« Hermann lächelt still vergnügt vor sich hin.

»Durch Schlafen den Teufel vertreiben? Diese These habe ich nie gehört.«

»Du findest sie auch bei keinem Kirchenlehrer. Aber ich stelle sie auf. Du hast gewiß den Teufel durch die Art und Weise deines Schlafens vertrieben. Du hast nämlich so zornig geschnauft und geschnarcht, daß sich selbst ein höllischer Geist davor fürchten konnte.«

Berthold atmet auf. Das ist wieder der alte Vater, der trotz seines Elendes scherzen kann.

»Ein kleiner Hinweis: wenn du aufgewacht sein solltest, Berthold, denke daran, daß ich nach dem gestrigen Fasttag hungrig bin.«

Unbeholfen und unbehaglich reckt Berthold seinen steifen Hals. Sein Gesicht mit den verschlafenen Augen wirkt nicht sonderlich klug. Die kleinen Augen berichten von noch vorhandenem Schlafbedürfnis.

»Das kommt davon, mein Sohn, wenn man unbedingt anders tun will, wie der Vater es für richtig hält«, meint Hermann schadenfroh.

Der junge Mönch verläßt eilig die Kammer, um nicht noch mehr

zu hören. Wie gut, daß im Hofe des Pfarrhauses ein Brunnen steht mit klarem, kaltem Wasser! Berthold läßt den Eimer hinab und dreht ihn an langem Seil wieder hoch.
Die ältliche Verwandte des Pfarrers lugt neugierig aus der Küche, als sie sein Schnauben, Husten und Prusten vernimmt.
Erfrischt und ziemlich naß trägt Berthold einen Eimer Wasser ins Haus, um den Siechen zu waschen.
»Wie viele Hände haben mir schon helfen müssen«, denkt Hermann, während ihm die immer behutsame Hilfe des Gefährten zuteil wird. »Meist waren es gute und milde Hände. Aber wie erniedrigend war es für mich, wenn Hände nur widerstrebend halfen. Jede Berührung, die ohne Ehrfurcht und Erbarmen geschah, bereitete innere Qual.«
Als Berthold ihn neu gebettet hat, hält er ihn am Kuttenärmel fest.
»Fehlt Euch noch etwas, Vater?«
»Nein, mein Sohn, ich wollte dir nur danken!«
»Das dürft Ihr nicht tun, Vater. Ich bin und bleibe Euer Schuldner. Nächst Gott verdanke ich Euch die Gnade meines Priestertums. Morgen ist der zweite Jahrestag meiner Priesterweihe. Da habe ich zu danken.«
Nachdenklich schweigt der Gelähmte. Aber als Berthold ihm das Morgenmahl reicht, sagt er: »Wir würden meiner Frau Mutter eine große Freude bereiten, wenn du am Jahrestag deiner Priesterweihe das heilige Opfer in unserer Burgkapelle feiern würdest. Du bist für sie wie einer ihrer Söhne. Außerdem drängt mich ein anderer Grund nach Altshausen. Ich muß mit meinem Herrn Vater sprechen.«
»Wegen des Diebes Bruno?«
»Wegen des Diebes Bruno, wegen seiner Frau Magdalen und wegen seiner Kinder und über die Ungerechtigkeit und Unzulänglichkeit der menschlichen Rechtsprechung.«
»Ihr geht Schwerem entgegen, Vater.«
»Wenn mein Gewissen so verpflichtend zu mir spricht wie in diesem Falle, muß ich das Schwere auf mich nehmen. Das Unangenehme wird zu einer Möglichkeit, Gottes Erbarmen zu er-

wirken, auch für Graf Wolfrad II. von Altshausen. Er bedarf seiner mehr als die Frau Magdalen. An menschlicher Barmherzigkeit wird es in Altshausen keinen Mangel geben, denn meine Frau Mutter wird den armen Leuten gerne helfen und tun, was sie vermag, um Wunden zu heilen.«

Am Abend dieses Tages nähert sich der Wagen des Klosters Reichenau der Burg Altshausen. Abendfriede liegt über dem grünen Hügelland. Die Abendsonne scheint auf die Mauern und Dächer der Burg, zu deren Füßen sich die Hütten des Dorfes ducken wie die Küchlein unter die Flügel der Henne.
Berthold hat besorgt die zunehmende Blässe des Siechen beobachtet. Die Anstrengung der Fahrt war zu groß. »Nun seid Ihr bald zuhause, Vater«, sagt er tröstend.
»Zuhause?« fragt Hermann verwundert. »Zuhause? Glaubst du, daß ich Altshausen als mein Zuhause betrachte? Auch die Augia scheint mir fern und unwirklich wie eine Fata Morgana. Zuhause? Berthold, wir sind Wanderer, die nirgendwo seßhaft werden dürfen. Wir müssen unsere Zelte immer wieder abbrechen, bis wir endlich nach Hause kommen.«
»Wo sind wir denn zuhause, Vater, wenn nicht auf der Reichenaue?«
»Herr Berno ist zuhause, lieber Sohn.«
Über Altshausen steht eine Gewitterwolke, eine herrliche Wolke, machtvoll und breit gelagert, von durchsonnter Weiße. Ihre Helligkeit hat nichts Drohendes.
»Vater, seht nur... wie eine Stadt... Türme, Kuppeln, Mauern ...«, ruft Berthold aus.
Beide schauen in das durchsonnte Wolkengebilde.
»Erinnerst du dich an die Predigt des Herrn Berno zu deiner Priesterweihe, Berthold? Er sprach von der Stadt, die vom Himmel kommen würde, von der Ewigen Stadt, dem Neuen Jerusalem ...«
Die Mönche erkennen deutlich die Fahnenstange am Turm der Burg. Im Abendwind flattert die Fahne mit den drei roten Hirschstangen auf goldenem Grund.
Scheinbar senkt sich die leuchtende Wolkenstadt tiefer. In Wirk-

lichkeit zieht sie nach Norden ab. Zuerst wird nur die Fahne, dann der Turm, das Dach des Herrenhauses und schließlich die ganze Burg Altshausen von ihrem strahlendweißen Leuchten umrandet.

Die Kunde ihrer Ankunft muß ihnen vorausgeeilt sein. Im Burgtor erscheint eine schmale Frauengestalt und hebt grüßend die Rechte. Frau Hiltrud steht mitten im Leuchten.

9 VOM ANDEREN UFER

Winter

Am 13. Januar des Jahres 1052 sitzt Hermann von Altshausen bei flackerndem Kerzenschein über einem Buche, das er für seine Weltenchronik auswertet. Aber die seltsamen Visionen des Mönches Wetti können ihn heute nicht fesseln. Es ist außergewöhnlich kalt in der Zelle. Berthold hat die beiden Fenster mit Lederhäuten und Wolldecken verhängt, und ein gutes Holzfeuer entzündet. Dennoch weht ständig ein eiskalter Luftzug durch den Raum.

Nach kurzem Unterricht hat der Magister die Scholaren entlassen. »Geht und tummelt euch draußen, damit ihr wärmer werdet. Bleibt im Binnenhof oder im Garten der Abtei!« Er hat die blauverfrorenen Bubengesichter nicht länger ansehen können. Wieder einmal war er der allzu gütige Magister.

Ab und zu schreibt er mit klammen Fingern ein Wort auf seine Wachstafel. Da horcht er auf. Im Kreuzgang vor seiner Zelle werden Stimmen laut. Er unterscheidet Bertholds dunkeltönende Stimme und die hohe und hastige Stimme seines Bruders Werinher.

»Nein, ich kann es ihm nicht sagen! Ich kann es einfach nicht!« klagt Werinher. »Wenn Ihr es ihm sagt, wird er es eher ertragen können ...«

»Aber es stehet Euch allein zu, Werinher«, erwidert Berthold mit großem Ernst. »Ich bin in diesem Falle nur ein Fremder. Aber ... vielleicht ist es wirklich besser ... Ja, ich will es tun, so schwer es mir auch wird.«

»Gott segne Euch dafür, Berthold! Einen größeren Liebesdienst könnet Ihr mir nie mehr erweisen, Bruder.«

»Ich erweise ihn dem Vater«, wehrt Berthold ab.

Hermann merkt erst jetzt, daß sein Griffel tiefe, unsinnige Runen in das Wachs gegraben hat. Langsam glättet er die Schreibfläche wieder, ohne zu wissen, was er tut. Galt die Verhandlung vor der Zellentüre ihm? Was kann Werinher ihm nicht sagen? Eine Unglücksbotschaft? Nun wird Berthold kommen . . .
Die Türe öffnet sich. Regungslos wartet der Sieche auf das erste Wort seines Gefährten.
»Vater . . .«, beginnt Berthold und räuspert sich. Er bleibt im Schatten. Hermann kann sein Gesicht nicht sehen.
»Vater, möchtet Ihr an den Gnadensee?«
An diesem eiskalten Januartag an den Gnadensee?
»Will er es mir draußen sagen?« überlegt der Gelähmte. »Wahrscheinlich möchte er an den See, weil er weiß, wie ich ihn liebe. Wenn ihm das eine Hilfe ist . . .«
»Gut, Berthold«, sagt er laut. »Wir fahren an den Gnadensee.«
Mit umständlicher Sorgfalt hüllt der junge Mönch den Vater in den Mantel, in Tücher und Decken, hebt ihn in den Rollstuhl und breitet ein Schaffell über die Knie. Bei diesen Verrichtungen vermeidet er ängstlich, dem Blick des Siechen zu begegnen. Seine sonst so sicheren Hände sind fahrig und ungeschickt.
Widerwillig brummend öffnet der Pfortenbruder ihnen das Portal. »Hat man einen solchen Unsinn schon einmal gesehen? Bei diesem Wetter wollt Ihr nach draußen? Wenn Ihr krank werdet . . .«
Wütend fällt der eisige Wind die beiden Mönche an. Bertholds weiter schwarzer Mantel flattert wie eine Trauerfahne. Häßlich krächzend streichen einige struppige Raben davon. Keine weiße Taube schwebt um den Dachfirst des Berno-Turmes.
Das Land ohne schützende Schneedecke wirkt erstarrt und tot. Schwarz ragt das Filigranwerk der Zweige gegen den tiefhängenden, eintönig grauen Himmel. Auch der See ist grau und eintönig. Das Land jenseits der Ufer hat sich in graue Nebel verkrochen. Ein trostloses Bild ohne Leben.
Wird es hier in einigen Wochen grünen und blühen? Kann die wärmende Sonne diesem toten Land ein Gewand milder, lieblicher Farben schenken und dem See sein Leuchten?

Berthold lenkt den Rollstuhl zur Herrenbruck, über die ein Kaiser und ein Papst geschritten sind mit aller Pracht und allem Prunk ihres Hofstaates. Nun liegen ein paar graue Holzplanken über dem grauen Wasser. Der gefrorene Boden knirscht unter den Füßen des Dahinschreitenden. Die Räder des Rollstuhles knarren. Der Wind heult schmerzlich und schrill wie ein Klageweib. Das braune Röhricht raschelt und knistert unter seinem Griff, und das fahle Gras am Wegrain zittert.

Schattenhaft wächst die Kirche St. Peter und Paul aus dem Nebelgrau. Berthold schweigt noch immer.

»Kann ich dir irgendwie helfen, mein Sohn? Du trägst eine Last mit dir herum.«

Jedes Wort des Siechen wird zur wehenden Atemwolke vor den kältestarren Lippen.

»Ihr wollt mir helfen, Vater? Ich . . . ich möchte Euch helfen«, erwidert Berthold stockend. »Vater, Ihr . . .«

Er zögert wieder. Dann fragt er: »Darf ich zurückfahren?« Eine bange Ahnung beschleicht den Siechen. Drohend steigt sie aus seinem Unterbewußtsein auf. Wenn Berthold so mühsam darum ringen muß, ihm die Nachricht zu übermitteln, muß sie wirklich furchtbar sein. Und eigentlich hätte Werinher sie ihm bringen müssen. Werinher, sein Bruder . . . Die Kunde betrifft die Familie?

Nein, nein, nur das nicht . . . nur das nicht! Die Mutter? Nein, ihr darf nichts geschehen sein. Ist sie nicht durchscheinend blaß gewesen, als er sie zum letzten Male gesehen hat? Blaß und müde, obwohl sie es zu verbergen trachtete? »Lieber Herr, alles . . . nur das nicht. Herr, erbarme Dich . . . nicht die Mutter . . .«

Eilig bringt Berthold ihn zur Abtei. Der Wind ist verstummt, und es beginnt zu schneien. Zuerst fallen kleine feine Flocken. Sie werden größer und zahlreicher, fallen dicht. Bald bedeckt eine weiße Schicht den gefrorenen Boden. Die weißen Flocken gleiten über das Antlitz des Gelähmten wie rinnende Tränen. Er weiß gar nicht, daß es schneit. Nicht die Mutter . . . nicht die Mutter . . .

In der Vorhalle des Münsters schüttelt Berthold den Schnee von

den Tüchern und Decken und trocknet das Antlitz des Vaters. Hermann befreit seine Rechte aus den Hüllen und ergreift die Hand seines Getreuen.
»Sage es mir, Berthold!« bittet er. Dabei denkt er immerfort: Nicht die Mutter ... nicht die Mutter ...
Da kauert sich Berthold nieder, damit der Meister sein Gesicht sehen kann. Noch einmal schaudert der junge Priester vor seiner Aufgabe zurück.
»Vater, der Herr fordert von Euch das größte Opfer ...«, stößt er hervor. Der Satz bleibt unvollendet, aber Hermann weiß alles.
»Meine Frau Mutter?«
»Eure Frau Mutter, die edle Gräfin Hiltrud von Altshausen, ist am 9. Januar im Beisein Eures Herrn Vaters und Eurer Geschwister sanft im Herrn entschlafen.«
Der Sieche starrt ihn an. Im Geiste sieht er das schmale, stille Antlitz seiner Mutter, wie er es beim Abschied von Altshausen gesehen hat. Weicht mit dem Heimgange der Mutter nicht das letzte bißchen Wärme aus seinem erbärmlichen Dasein?
Jetzt rinnen Tränen über die mageren Wangen des lahmen Mönchs, lautlos und unaufhörlich.
»Frau Mutter«, murmeln die bebenden Lippen, »nun hat Euch der Himmel gefunden. Ihr seid daheim. Wir dürfen um Euch nicht allzu sehr trauern, denn Ihr seid ganz gewiß bei Gott. Ihr habet Euer Leben damit verbracht, anderen Gutes zu tun ... auch mir, dem Letzten der Armen Christi.«
Und Berthold weiß, wohin er den Vater bringen muß. Er lenkt den Rollstuhl in das Münster zum Altare der Gottesmutter, zur Mutter aller Mütter. Lange kniet er neben dem Gefährt auf den kalten Steinplatten und betet für die Verstorbene und für ihren lahmen Sohn das Salve Regina.
»Mutter der Barmherzigkeit, zeige Frau Hiltrud deinen Sohn, so wie du Ihn dereinst meinem geliebten Meister zeigen mögest. Bitte deinen Sohn, daß Er ihm Trost und Kraft sein möge. Du, liebe Gottesmutter, sei du ihm noch mehr als bisher Mutter.«
Nach einer Weile fährt er den Lahmen an die Gruft des Abtes

Berno, die vor vier Jahren vom Gelde der Frau Hiltrud geschaffen worden ist.
Hermann empfindet den Verlust der Mutter tief und schmerzlich. Aber er hat keinen Augenblick das Gefühl der Ungeborgenheit, der Einsamkeit und des Verlassenseins, das ihn bei Herrn Bernos Tod gequält hatte. Die Saiten seiner Harfe sind nicht gesprungen. Sind ihm die beiden Verstorbenen nicht sehr nahe?
»Der Vorhang ist recht dünn geworden, Frau Mutter, der Vorhang zwischen Zeit und Ewigkeit. Nun hält Euer Sohn noch eifriger nach dem Himmel Ausschau. Ihr habet versprochen, ihm zu helfen, daß er ihn finde.«
Die beiden Verstorbenen wissen auch jetzt um ihn. Ihr Lieben und Sorgen hat sein armes Krüppeldasein zu einem reichen und sinnvollen Leben gemacht, und es wird auch seinen Heimweg geleiten. Ob er eine weite Wegesstrecke pilgern muß?

In der Eckzelle erwartet Werinher den gelähmten Bruder. Hermann muß den Fassungslosen trösten.
»Du bringst unserer lieben Frau Mutter meine letzten Sohnesgrüße, Werinher.«
»Wie . . . du reist nicht mit nach Altshausen, Hermann?«
»Nein, Bruder, ich werde hier für die Frau Mutter beten.«
»Warum willst du denn nicht mitkommen?« Werinhers Verständnislosigkeit wird zu ärgerlicher Ungeduld.
»Ich überstehe die Reise in dieser Jahreszeit nicht, Werinher.«
Der Jüngere ist nicht überzeugt. »Wärest du die Reise nicht unserer Frau Mutter schuldig? Was hat sie alles für dich getan! Du warst ihr Lieblingssohn.«
Zornesröte überflutet das Antlitz des Siechen. Seine Augen blitzen auf. Nur mit Mühe kann er eine erregte Antwort unterdrücken.
»Bruder, der Schmerz raubt dir die Fähigkeit, klar zu denken. Ich kann nicht reisen. Wäre es im Sinne unserer Frau Mutter, wenn mir die Fahrt den Tod brächte? Würde sie nicht vielmehr wünschen, daß ich auf der Augia bleibe und hier ihrer gedenke? Auch für mich wäre es ein Trost, wenn ich an ihrem Grabe beten dürfte.«

Hermann muß sein Gesicht in die Hände bergen.
»Verzeih' mir!« bittet Werinher betroffen.
Sofort sieht Hermann wieder auf. »Es ist schon gut, wenn du mich nur verstehst, Bruder.«

Der Eintritt des Mönches Dietbert unterbricht ihr Gespräch.
»Hermann, der Vater Abt erwartet Euch.«
»Und warum kommt der Abt in diesem Falle nicht hierher?« murrt Werinher. »Jetzt muß mein kranker Bruder wieder durch die Winterkälte.«
»Da bin ich überfragt«, erwidert Dietbert achselzuckend.
»Der Vater Abt kam erst einmal zu uns«, mischt Berthold sich grimmig ein. »Damals brauchte er Texte für den Papst.«
»Heut' wäre es wieder an der Zeit gewesen!« stößt Werinher schroff hervor.
»Was ihr nur alle habt«, wundert sich der Gelähmte. »Bis nach Altshausen sollte ich reisen können, aber nicht das Stücklein Weg bis zur Abtswohnung zurücklegen?«
»Es geht in diesem Falle nicht um das Stücklein Weg«, sagt Berthold düster. Dann schweigt er, und Hermann hütet sich wohlweislich, eine Frage zu stellen. Er hat die beiden gut verstanden.
Der Kreuzgang ist bitter kalt und zugig. Trotzdem steht da ein Bub in leichtem Kittel, ein Bub mit rotgoldenem Haar und grünen Augen.
»Bruno«, ruft Hermann überrascht dem fünften Kind der Frau Magdalen zu, das an dem Tag geboren ward, an dem sein Vater am Galgen starb. »Wie kommst du hierher?«
»Die Seitenpforte im Münster ist meist offen«, lächelt der Bub. Dann wird sein helles Kindergesicht ernst. »Ich ... ich wollte Euch nur sagen, daß es mir leid tut ... und Euch dies schenken.«
Hastig drückt er dem Siechen eine kleine Holzfigur in die Hand und läuft mit leichten, gewandten Schritten in den Binnenhof. Das Schneegestöber verschluckt ihn so rasch, als wäre er eine Erscheinung aus der anderen Welt.
Was kann der Sohn der Frau Magdalen dem Vater schon ge-

schenkt haben? Berthold beugt sich ein wenig neugierig vor. Er sieht eine Frauengestalt, offenbar soll es die Gottesmutter sein. Liebevoll gleiten Hermanns gekrümmte Finger über die kleine Statue.

»Noch sehr kindlich ... und doch steckt darin schon mehr. Sieh nur, Berthold, das Antlitz ist schmal und fein; die Gestalt zart und mädchenhaft und königlich in ihrer Haltung.«

»Der Bub hat Eure Frau Mutter gut gekannt«, sagt Berthold leise.

»Du hast die Ähnlichkeit auch bemerkt? Er hat beim Schnitzen wohl an sie gedacht. Er wußte ja, daß er es ihrer Fürsprache verdankte, daß ihn der Vater freigab aus der Grafschaft, damit er auf der Augia ein ehrsames Handwerk erlernen kann.«

»Und zuvor erlebte er, wie Eure Frau Mutter für die Seinen sorgte, wie sie die Wunden heilte, die das harte Recht geschlagen hatte. Es war das ergreifendste Erlebnis unseres Aufenthaltes in Altshausen, als Frau Magdalen durch Eure Frau Mutter wieder zu sich selbst fand und ein neues Leben begann.«

»Berthold, sie war nur eine von den vielen, die an der Güte meiner lieben Frau Mutter genasen.«

Herr Udualrich öffnet dem Gelähmten die Türe seines Gemaches. In bewegten Worten preist er in der Heimgegangenen die edle Wohltäterin der Augia.

»Ich werde für Eure Frau Mutter morgen das heilige Opfer darbringen.«

»Herr und Vater Abt, ich danke Euch für diese größte Gabe. Würdet Ihr mir gestatten, daß ich selbst aus diesem Anlaß zum dritten Male, seit ich Priester wurde, das Meßopfer feiere? Wenn Bruder Berthold mir zur Seite stehen darf und mich bei allem hilfreich unterstützt, wird es mir mit Gottes Gnade möglich sein.«

»Die Bitte sei Euch gerne gewährt, Hermann.«

»Darf ich auch ein Epitaph für meine Frau Mutter verfassen? Werinher könnte es mitnehmen.«

»Ihr reist selbst nach Altshausen, nicht wahr?«

»Beinahe möchte ich der Versuchung erliegen, Herr und Vater Abt, wenn Ihr mir die Fahrt anbietet. Doch . . . ich darf es nicht.«
Herr Udualrich ist bestürzt. »Fühlt Ihr Euch schlechter, Hermann?«
»Ich würde meine letzte Kraft auf der Fahrt nach Altshausen verausgaben, Vater Abt. Sie muß der Augia gehören.«
Das sichtliche Staunen des Abtes über diese Antwort weicht einem guten Gefühl für den siechen Mönch. Die alte Abneigung, die er lange gehegt, schwindet.
»Wollt Ihr einmal diese Holzschnitzerei betrachten, Vater Abt? Ein Kind fertigte sie an und schenkte sie mir.« Er reicht dem Abt die kleine Muttergottesfigur.
Lange Zeit besieht sich Herr Udualrich aufmerksam das Schnitzwerk.
»Ihr findet gewiß auch, daß der Bub begabt ist.«
»Freilich, Hermann, in diesem kindlichen Versuch liegt der Zug zu großem Künstlertum. Der Bub muß Förderung erfahren.«
Abt Udualrich blickt Hermann lächelnd an.
»Das wolltet Ihr mir vorschlagen, nicht wahr?«
»Ja, Vater Abt«, gesteht der Sieche freimütig ein. »Ich hoffte insgeheim, daß Ihr's erraten würdet.«
»Und das habe ich getan«, freut sich Herr Udualrich. »So sind wir eines Sinnes.«
»Der kleine Schnitzmeister ist jener Bruno, den Ihr dem Bruder Zimmermann in die Lehre gabet, Vater Abt, weil Euch . . . Frau Hiltrud darum bat.«
»Nehmet das Schnitzwerk mit als Gruß Eurer Frau Mutter. Bruno werde ich im Gedächtnis behalten. Was kann ich Euch noch geben . . . mein Sohn?«
»Euren Segen, Vater Abt.«
Erstmals ist Abt Udualrichs Segen keine bloße Formel; ein echtes Gebenwollen ist dabei.
Mit steigender Verwunderung hat Berthold das Gespräch verfolgt. Kann man dem Abte Glauben schenken? Sein bisheriges Verhalten war nicht dazu angetan.

Die kleine Marienstatue steht vor dem Gelähmten, als er Berthold die Grabinschrift für seine Mutter diktiert. Sie beginnt: »Mater egenorum, spes auxiliumque suorum ...«
»Hiltrud, der Dürftigen Mutter, der Ihren Hoffnung und Hilfe, gibt der Erde, was ihr gebühret, hier in diesen Hügel zurück. Hiltrud adelte ihre hochgebietenden Eltern aus edlem Stamme durch den leuchtenden Glanz ihres Strebens. In Keuschheit schloß sie nur einmal das heilige Bündnis der Ehe. Sinn und Herz widmete sie dem göttlichen Dienste. Der bescheidene Anteil der Martha schien ihr erstrebenswert. Was sie andere lehrte, lebte sie treulich vor.
Die Armen erfreute sie reich und fromm mit Kleidung, mit Speise und Zuspruch. Sie ging hin, wohin die Not sie immer fordernd gerufen. Vor allem gab sie Anteil an ihres Glaubens herrlichem Reichtum. Dabei zeigte sie sich willfährig und mild. Sanftmütig und duldsam mied sie den Streit. Sie wurde von allen geliebt und fand, wie wir hoffen, Wohlgefallen bei unserem Herrn ...
Dies ist nicht, glaube mir, eitles Dichtergeschwätz. Ich rühme auch nicht die Mutter als Sohn mit allzu großem Lobpreis. Frage die Stimme des Volkes ringsum in den Auen der Heimat, und dir wird deutlich, daß ich nur wenig gesagt ...«
Auch Berthold meint, daß die Verse keinerlei Übertreibung enthalten. Er hat miterlebt, wie die »bona Martha« sich der Hilfsbedürftigen annahm, auch der Familie des hingerichteten Diebes Bruno. Durch ihr Eingreifen ist die harte Auseinandersetzung zwischen Graf Wolfrad und Hermann zugunsten des Gelähmten entschieden worden. Unmerklich hat sie den rauhen Sinn des Gatten besänftigt. Mit welcher Güte hat sie den jungen Gefährten ihres Sohnes aufgenommen! Berthold, der seit seinem zehnten Lebensjahr Waise ist, hat sich als Kind fühlen dürfen, geborgen in der Liebe einer Mutter.
Aber sie hat nicht nur ihre Kinder und ihr Hauswesen betreut, auch die Menschen des Eritgaues gehörten zu ihrer großen Familie.
Auch in ihren alten Tagen ist sie mädchenhaft geblieben, die kluge, gebildete und frohsinnige Frau, im Schimmer ehelicher

Keuschheit. Sie, die den Ihren »Hoffnung auf Hilfe« bedeutete, gewann Herzen und Geister für das Gute. Die eigentliche Quelle ihrer Kraft ist ihre tiefe Innerlichkeit gewesen, aus der sich ihr unerschütterliches Gottvertrauen herleitete. In ihm hat sie den Tod ihrer acht Kinder angenommen und jedes Leid durchgetragen.

Während Werinher durch das winterliche Schwabenland nach Altshausen reist, bringt Hermann das heilige Meßopfer für seine verstorbene Mutter dar. Abt Udualrich und die Mönche verharren betend in ihren Chorstallen. Berthold hat alles bis ins kleinste vorbereitet, um dem Siechen den Vollzug der heiligen Handlung zu ermöglichen. Er steht ihm zur Seite.

Keiner der Anwesenden kann sich dem eigentümlichen und ergreifenden Eindruck des Bildes entziehen, das sich darbietet. Der Gelähmte sitzt in einem Lehnstuhl hinter einem behelfsmäßigen Altartisch. Wie ein Berg ragt in seinem Rücken der Hochaltar auf, über dem das große Kreuz hängt. Inmitten des weiten Raumes wirkt der Sieche zusammengesunkener, gebeugter und schmächtiger als sonst.

Kerzenschein fällt auf das durchfurchte, eingefallene Antlitz und auf die gekrümmten Hände, die sich in langsamen und mühsamen Gesten bewegen. Es ist noch früh am Morgen. Das Münster liegt im grauen Dämmerschein, bis auf den armen Opferaltar des Hermann von Altshausen.

Unmerklich leistet Berthold jede erforderliche Unterstützung, als sei sie sorgsam eingeübt.

Hermann weiß nicht mehr um die Gemeinde. Er spürt kaum die stützenden Hände seines Gefährten. Er ist ganz gesammelt, eingegangen in das heilige Geschehen und erfüllt von einem wunderbaren Frieden. Die Frau Mutter ist daheim. Er glaubt fest daran.

Bei der Opferung, der Oblatio, legt er das Opfer seines Lebens erneut zum Brote auf die Patene, damit auch er Brot werde, Brot für Seine Hände. Er spürt, wie eine neue Liebe in ihm wächst, derweil er das Opfer Christi feiert, eine warme, mitleidige Liebe zu jenen, die dem Herrn ferne sind, und eine gütige Barmherzigkeit. Es ist ihm, als müsse er die Menschen heimholen in die Communio. Er weiß sein Opfer erneut angenommen.

Als er nach der heiligen Eucharistiefeier sein Haupt zum Dankgebet neigt, geht gerade die Sonne auf. Ihre Strahlen fallen durch die Fenster im Ostchor, lassen das Kreuz und den Hochaltar aufleuchten und umhüllen auch den Gebeugten mit ihrem Glanz.

Die Kreuzsequenz

Im Jahre des Heils 1052 spielen sich aufregende Geschehnisse hinter den starken Mauern der Abtei ab. Das Klosterleben läuft scheinbar in den vorgezeichneten Bahnen, die von der Regula gewiesen sind. Zur festgesetzten Stunde läuten die Glocken, rufen zu Gebet und Arbeit, zur Mahlzeit, zur Rekreation und zum Kapitel.

Wie eh und je gehen die Mönche der Augia durch ihren Tag. Aber nur einem allzu oberflächlichen Beobachter könnte es scheinen, als ob sich nichts geändert hätte.

In den Herzen und Geistern der meisten Mönche ist eine drängende Unruhe ausgebrochen. Ratlosigkeit, Empörung und verletzter Stolz brodeln dort und warten auf ihre Stunde. Herr Udualrich hat den Prior und andere bewährte Mönche ihres Amtes enthoben, ohne die Gemeinde der Brüder zu befragen, und ihm genehme Männer eingesetzt. Seine verschwenderische, unkluge Amtsführung legt der Abtei immer neue Lasten auf. In hochmütiger Weise sondert er sich von den Mönchen ab. Er kommt ihnen nie einen Schritt entgegen; sie sollen kommen. Er dient nicht, aber alle sollen ihm dienen.

Vor der Zelle des Gelähmten haben die unguten Reden, die durch das Kloster schwirren, bisher innegehalten und sich nicht über die Schwelle gewagt. Kann die innere Meuterei vor seinen klaren Augen und sachlichen Gründen bestehen? Ist nicht schon einmal eine Woge der Empörung bei ihm verebbt? Mancher Mönch erin-

nert sich allzu gut daran, wie kläglich der Versuch scheiterte, gegen Abt Berno vorzugehen.
Berthold ist verändert. Seit Tagen weicht er Hermanns forschendem Blick aus. Was verbirgt er vor ihm?
Der Sieche arbeitet an einer neuen Muttergottesantiphon.
»O du blühende Rose, du Mutter der göttlichen Glose. Jungfrau, keusche und reine, du früchtige Rebe der Weine, heller als Morgenröte, o bitte für unsere Nöte, daß wir am Tage des strengen Gerichtes sind würdig der Heimat des ewigen Lichtes ...«
Hart fällt die Türe der Zelle ins Schloß und beendet sein betendes Nachsinnen. Mit finsterem Gesicht tritt Berthold an seinen Arbeitstisch.
»Seit wann machst du solchen Lärm?« verweist ihn Hermann unwillig. Jetzt ist sein Gedankengang unterbrochen.
Berthold entschuldigt sich nicht. Sein ausgestreckter Zeigefinger klopft ein paarmal auf den Kopf der kleinen Marienstatue.
»Was soll das bedeuten?« fragt der Sieche befremdet.
»Ich habe mir gleich gedacht, daß es nur Heuchelei war.«
»Wovon redest du?«
»Von dem – ach, so – großmütigen Beschluß unseres Herrn und Vaters Abt Udualrich, den kleinen Bruno einem Schnitzermeister in die Lehre zu geben«, erwidert der junge Mönch mit ätzender Bitterkeit. »Wißt Ihr, wo Bruno sich befindet?«
»Nein, aber ...«
»Bitte, Vater, verteidigt jetzt nicht sofort den Abt, weil er Abt ist. Ich könnte es nicht ertragen. Unrecht ist Unrecht. Ein gebrochenes Versprechen ist ein erhebliches Unrecht, das Euch und dem Kinde angetan ward. Bruno arbeitet als Pferdeknecht auf dem Meierhof. Was sagt Ihr nun?«
Nach einer Weile erwidert Hermann beherrscht: »Ich werde mit dem Vater Abt sprechen.«
»Und Ihr glaubt, daß das Sinn hat? Wahrscheinlich wird er Euch wieder ein schönes Versprechen machen und das Versprochene noch bereitwilliger vergessen.«
»Berthold, ich verbiete dir, so zu reden! Woher weißt du, daß Bruno mit Vorwissen des Vaters Abt zum Knecht gemacht wurde?«

»Dafür habe ich freilich keinen Beweis, aber ich bin davon überzeugt, daß er damals nur leere Worte machte, um Euch zu gefallen.«

»Mein armer Freund«, sagt der Gelähmte mitleidig, »hat deine Abneigung gegen Herrn Udualrich dein übernatürliches Denken so ganz überwältigt?«

Das ist mehr als Berthold, dem von allen Seiten Ungutes über den Abt zugetragen wird, zu hören vermag. Brüsk dreht er sich um und verläßt den Raum.

Lange, allzu lange muß Hermann warten, bis er wiederkommt. Dabei wäre es höchste Zeit, daß Berthold ihn niederlegt. Sein Rücken schmerzt von der sitzenden Stellung eines ganzen Tages. Er krümmt ihn mehr und mehr, bis seine Stirne die Tischplatte erreicht.

Wo bleibt Berthold?

Er müßte ihm vertrauen, daß er der Sache mit Bruno nachgehen wird. Er müßte sich zur rechten Haltung gegenüber Herrn Udualrich durchringen.

Wo bleibt Berthold?

Mit den Schmerzen des Siechen wächst seine Ungeduld. Sie wird zur Bitterkeit. »Er weiß, wie müde und zerschlagen ich bin, wenn ich den ganzen Tag gesessen habe. Will er mich etwa strafen, weil ich ihn zurechtgewiesen habe?«

Es dunkelt. Immer noch ruht die Stirne des Gelähmten auf der Tischplatte, die zitternde Rechte als Unterlage. Nie zuvor hat Hermann seine Abhängigkeit von den Hilfeleistungen des jungen Mönchs als demütigend empfunden. Jetzt fühlt er sich erniedrigt und verlassen.

Als sich Schritte nähern, richtet er sich mühsam auf, eine rote Druckstelle auf Stirne und Hand.

»Verzeihet, daß ich erst jetzt komme«, murmelt Berthold, wie es ihm scheint, nur obenhin. Hermann denkt nicht daran, daß die Kürze aus Unsicherheit und Scham erwachsen könne.

»Er gibt nicht einmal einen Grund für sein Versäumnis an. Nun, er ist mir ja keine Rechenschaft schuldig«, denkt der Lahme müde und bitter. Wortlos läßt er sich auf sein Lager helfen; wortlos schüttelt er auf die Frage, ob er weitere Wünsche für die Nacht habe, seinen Kopf; wortlos erteilt er den Segen. Insgeheim hat er auf ein gutes Wort gewartet.

Am nächsten Morgen kommt ein anderer Mönch in seine Zelle, Gerfried von Augsburg. Hat Berthold den Abt gebeten, ihn von seinem Dienst zu entbinden? Gerfried bleibt am Fußende seines Lagers stehen, ohne ihm Hilfe zu leisten.
»Verzeihet, lieber Bruder, daß ich in aller Morgenfrühe zu Euch komme. Mein Auftrag läßt sich nicht länger hinauszögern. Die Brüder schicken mich zu Euch, dem treuen Sohne unseres verehrten seligen Abtes Berno.«
In dem Siechen regt sich ein Gefühl, als stehe eine große Gefahr unmittelbar bevor. Gehörte Gerfried nicht damals zu den eifrigsten Gegnern des Abtes Berno? Gehört er nicht immer zu jenen, die Gerüchte verbreiten und Unfrieden stiften? Schweigend heftet Hermann seinen hellen Blick auf den geschmeidigen Mönch. An wen erinnert ihn dieser untersetzte, braunhäutige Mann? An Cheirisophos?
»Wir legen den größten Wert auf Euren klugen Rat und Euer unbestechliches Urteil, Magister Hermann«, schmeichelt die weiche Stimme des Bruders Gerfried werbend.
Ja, er muß an Cheirisophos denken.
»Wir beabsichtigen nämlich eine Intervention beim Kaiser zu machen.«
Ruhig fragt der Gelähmte: »Wen meint Ihr mit ›Wir‹, und warum wollt ihr beim Kaiser intervenieren?«
Diese Sachlichkeit verwirrt den anderen. »Wir ... nun ... die meisten oder wenigstens manche Konventsherren der Augia. Den Grund unserer Intervention müßtet Ihr Euch ohne jede Schwierigkeit selbst nennen können, Hermann. Wir wollen Einspruch erheben gegen die Art und Weise, wie Abt Udualrich unserer Abtei vorsteht. Denkt Euch nur, er hat auch Werke von Euch, die in der Bibliothek der Abtei verbleiben sollten, gegen Bezahlung verschachert! Gewiß wollt Ihr nicht, daß das Erbe des Herrn Berno, das geistige Erbe vor allem, weiterhin beeinträchtigt wird.

Euch ist es – wie uns – Herzenssache, daß der Geist von Cluny hier erhalten bleibt.«

Hermann hebt den Kopf, so weit er es vermag. Er atmet rascher, aber seine Worte lassen nichts von der Erregung erkennen, die ihn befallen hat.

»So«, sagt er, scheinbar gelassen und unbeteiligt, »Ihr wollt intervenieren zur Erhaltung des religiösen Geistes in der Abtei? Lieber Bruder, ich weiß einen einfacheren Weg. Lebt alle mitsammen den Geist von Cluny; dann wird das Erbe des Herrn Berno nicht geschmälert. Warum sprecht Ihr nicht offen mit dem Vater Abt über Eure Schwierigkeiten?«

»Mit Udualrich?« ruft Gerfried betroffen aus. »Mit Udualrich offen sprechen?«

»Meiner Meinung nach ist das der einzige Weg, den Ihr mit gutem Gewissen gehen könnt. Habet Ihr wesentliche Klagen, so ist es Eure heilige Pflicht, sie dem Vater Abt in Ehrfurcht und Offenheit vorzutragen, statt heimlich beim Kaiser zu intervenieren. Jede Heimlichkeit dieser Art ist eine Verschwörung wider den Ordensgeist. Eines möchte ich hinzufügen: erwähnet nie mehr den Verbleib meiner Schriften. Was ich geschrieben habe, gehört dem Herrn. Der Abt der Augia kann darüber jederzeit nach seinem Gutdünken verfügen. Ich habe nicht das Recht, noch den Wunsch, dagegen Einspruch zu erheben.«

»Ach«, der Besucher lächelt verächtlich, »ach, wie lehrreich! Und wir haben gemeint, Ihr wäret ein aufrichtiger Jünger des Herrn Berno, und es sei Euch daran gelegen, sein Werk zu erhalten. Ihr paßt Euch wohl nur dem jeweiligen Abte an, Hermann?«

»Der jeweilige Abt ist Gottes Stellvertreter für uns«, stellt der Gelähmte mit einer gewissen Schärfe fest.

Gerfried macht eine wegwerfende Handbewegung. »An Eure theologischen Beweggründe glaube ich nicht. Menschliche und sehr . . . natürliche Klugheit läßt Euch zu Udualrich halten und uns die Unterstützung versagen.«

Grußlos verläßt der Mönch die Zelle. Sofort kommt Berthold herein.

»Gehörst du auch zu denen da?« herrscht der Sieche ihn an.

»Zu wem, Vater? Ich verstehe Euch nicht. Gerfried bat mich, ich möchte draußen warten, weil er Euch Wichtiges zu sagen habe.«
»Verzeihe mir, Berthold! Ich habe dir Unrecht getan.«
»Ihr ... mir?« stammelt der junge Mönch verlegen. »Und ich wollte Euch um Verzeihung bitten. Ich habe mich Euch gegenüber benommen wie ein kleiner Bub.«
»Sieht denn der kleine Bub ein, daß er im Irrtum ist bezüglich seiner Einstellung zu Abt Udualrich?«
»Vater ... ich habe es versucht. Ich kann es nicht. Ihr müßtet einmal hören, was in der Abtei geredet wird, welche Verbitterung um sich greift!«
»Machst du deine Einstellung von dem Gerede anderer abhängig, mein Sohn? Wir müssen unseren Weg gehen, unbeirrt um die Einstellung anderer, wenn er sich als der von Gott gewiesene zeigt.« Die Augen des Lahmen sind traurig. Seine Worte haben den Gefährten nicht überzeugt.
»Woher soll uns die Sicherheit werden, daß es Gottes Weg ist?«
»Berthold, ich könnte dir viele Gründe nennen, aber ich bitte dich nur um dein Vertrauen. Gehe mit mir wider dein augenblickliches Meinen und Empfinden. Lasse mich jetzt nicht allein!«
Hermann hat die Worte so flehentlich und beschwörend gesagt, daß Berthold ihn bestürzt betrachtet.
»Vater, ich denke doch nicht daran, Euch zu verlassen! Wie kommt Ihr denn darauf?«
»Berthold, ich verlange viel. Der Jünger darf den Meister auch dann nicht alleine lassen, wenn er lieber fliehen möchte«, entgegnet der Gelähmte. Leise fügt er hinzu: »Er darf ihn auch dann nicht verlassen, wenn es ihm als das Bessere und Klügere erscheinen mag. Treue ist selten. Ich weiß, daß deine Treue in der kommenden Zeit harte Proben bestehen muß.«
»Warum zweifelt Ihr an mir?« ruft Berthold beinahe empört. »Ich halte zu Euch, mag kommen, was da will!«
»Simon Petrus versprach einst dem Herrn Jesus Christus, daß er treu bleiben wolle, auch wenn Ihn alle anderen verließen ... Wir wollen nicht vermessen schwören. Wir wollen vielmehr beten, daß uns der Herr die Kraft zur Treue geben möge.«

In den nächsten Wochen mehren sich die Versuche, den Gelähmten, der vielerlei Ungerechtigkeit und Zurücksetzung von Abt Udualrich erfahren hat, für eine Beteiligung an der Intervention zu gewinnen. Sein Name hat Klang und Gewicht bei Kaiser und Papst.

Bitten und Drohungen können Hermann nicht beeinflussen. Er müht sich nach Kräften, den Mönchen, die zu ihm kommen, die religiösen Gründe seiner Weigerung darzulegen. Es gelingt ihm auch, Dietbert, Fridebolt, Randolf, Tradolf, Eginhard und eine Anzahl anderer Mönche von der Torheit und dem Unrecht einer solchen Intervention zu überzeugen.

»Warum will man intervenieren? Ist nicht Eifersucht die eigentliche Triebkraft? Niemand würde daran denken, wenn er es wäre, den der Abt zu sich herangezogen hat. Darum ist diese Intervention gegen Gottes Willen. Herr Udualrich ist unser rechtmäßig gewählter Oberer. Gott gibt jeder Kommunität den Obern, den sie verdient. Beten wir viel für unsere Klosterfamilie. Beten wir viel für unseren Vater Abt Udualrich. Beobachten wir in großer Treue unsere Regula.«

Hermann ahnt nicht, daß er in dieser kritischen Zeit das Herz der Augia ist. Oft läßt er sich an das Grab des Abtes Berno bringen und betet dort um den Heiligen Geist für den Abt und die Brüder. Seine Liebe zur Augia ist eine sehr schmerzliche und selbstlose Liebe geworden.

Eines Tages sucht ihn Abt Udualrich und findet ihn alleine am Grabe des Herrn Berno.

»Hermann«, raunt er ihm zu, »darf ich Euch um einen Liebesdienst bitten? Ich möchte gerne einem Briefe an den Heiligen Vater als besonderen Gruß der Augia ein Gebet oder einen Hymnus von Euch beifügen. Ihr kennet unseren Heiligen Vater, und Ihr wisset darum, was ihm Freude bereiten würde.«

Ohne Argwohn blickt der Sieche in das großflächige Gesicht des Abtes. Sind dessen Augen nicht voller Unsicherheit? Braucht er nicht wirklich Hilfe?

Herr Udualrich, der sonst dem Siechen wenig Beachtung schenkte, schiebt seinen Rollstuhl durch den Kreuzgang zur Eckzelle. Manches Augenpaar, das diese außergewöhnliche Szene beobachtet, wird böse. Der Altshausener macht sich beliebt bei Udualrich.

Als Berthold den Meister im Münster abholen will, winkt Gerfried ihn herbei. »Sparet Euch die Mühe, Euren Magister im Münster zu suchen. Ein anderer hat ihn bestens betreut. Ihr hättet nur sehen sollen, mit welcher Sorgfalt unser Herr und Vater Abt Udualrich persönlich den Rollstuhl lenkte. Wahrlich, ein rührendes Bild! Dabei wurden Erinnerungen an einen anderen ›Fahrer‹ Abt wach.«
Gerfried freut sich über sein Wortspiel vom ›Fahrer‹ Abt. Unbehaglich ruckt Berthold mit den Schultern. Der Vater soll sich um die Gunst des Abtes bemühen? Das kann und darf er nicht mutmaßen, auch wenn der Gelähmte sich gegen eine heimliche Intervention ausspricht und nicht müde wird, Herrn Udualrich zu verteidigen.
Hermann sitzt bereits am Arbeitstisch, als Berthold in die Zelle kommt. Herr Udualrich hat ihn in den Lehnstuhl gehoben. Auch das mißfällt dem jungen Mönch. Aufmerksam und mit uneingestandenem Mißtrauen betrachtet er das Antlitz des Siechen. Ist es nicht heiterer als je zuvor in der letzten Zeit? Wäre Berthold einen Augenblick früher gekommen, hätte er den Vogel gesehen, der durch das offene Fenster auf den Arbeitstisch gehüpft war. Darüber vermag sich ein kindlich reiner Mensch zu freuen. Nun nimmt Berthold an, das Lächeln gelte der Dienstleistung des Abtes.
»Ob es den Heiligen Vater anspricht, wenn ich wieder von den Dornen schreibe?« überlegt Hermann laut. »Oder soll ich das Lob des Heiligen Kreuzes singen, das ihm überreich zuteil wird?«
»Ihr ... Ihr schreibt doch an den Papst?« ruft Berthold aufgeregt. Der neueste Wunsch der unzufriedenen Mönche geht dahin, zugleich mit dem Kaiser auch den Papst von den Vorgängen auf der Augia zu unterrichten.
Ein finsterer Blick trifft ihn. Die Brauen des Siechen ziehen sich zusammen. »Fängst du auch davon an? Denkst du, ich würde

mich zum guten Schluß an der Intervention des Ungehorsams beteiligen?«
»Ohne Euch kommt sie nicht zustande, Vater«, gibt Berthold in seiner Verwirrung ehrlich zu.
»Gott sei Dank! Ich werde diesen Plan nie und nimmer unterstützen. Ruodhard geht zu Abt Udualrich und legt ihm offen die Gründe für die Unzufriedenheit in der Abtei vor. Das Weitere überlassen wir getrost dem Herrn. Eben sprach ich von einem Gedicht. Der Vater Abt will es einem Briefe an den Heiligen Vater beilegen.«
»Darum bemühte er sich um Euch. Wahrscheinlich will er sich beim Papste sichern nach allem, was er bereits erfahren hat. Dazu mißbraucht er Euren Namen und Euren Einfluß beim Papst. Ihr könnt und dürft für ihn nicht schreiben.«
»Berthold, ich hoffe, daß dir nicht bewußt ist, was du gesagt hast.«
»Ich habe es ganz bewußt gesagt, Vater. Und ich sage es noch einmal: Ihr könnt und dürft für ihn nicht schreiben, denn sonst glauben die Brüder, Ihr würdet um die Gunst des Abtes buhlen.«
»Laß sie glauben, was sie wollen. Ich gehorche.«
»Das braucht Ihr in diesem Falle nicht!« ruft Berthold leidenschaftlich und laut. »Ihr seid in Rom ein Schutzschild für den Abt. Er nützt Euch aus, um Euch später um so mehr zu verachten. Schreibt nicht!«
»Hast du vergessen, daß wir unseren Obern gehorsamen sollen wie Gott Selbst?« fragt Hermann ernst.
»Das kann Gott nicht wollen, daß Ihr so ausgenutzt und mißbraucht werdet und Euch die Feindschaft vieler zuzieht. Dieser Befehl stammt nicht von Gott!« braust der junge Mönch auf.
Mit einem Male ist Hermann von Altshausen nur der Theologe und ältere Mitbruder, der mit Würde, Abstand und Überlegenheit spricht. Worte und Haltung tun dies kund.
»Bruder, Ihr seid Profeßmönch und Priester, und Ihr wisset nicht einmal, daß die Befehle der Obern auch dann als von Gott kommend zu betrachten sind, wenn der Befehlende nicht jenen Grad der Vollkommenheit besitzt, den wir an ihm sehen möchten?

Gott spricht durch den Mund des Obern, jedes Obern, Bruder. Wir haben auch die Befehle unseres Herrn und Abtes Udualrich anzunehmen, als ob unser Herr Jesus Christus sie uns erteilen würde. Einzig und allein bei einer Anordnung, die im Gegensatz zur ehrlichen Entscheidung Eures Gewissens steht, die eine Aufforderung zu einer Sünde ist, dürfet und müsset Ihr ein Nein dazu sagen.

Einen Rat möchte ich Euch geben: erlaubet Euch nicht so leicht ein vernichtendes Urteil über das Verhalten und den Seelenzustand eines anderen Menschen. Das ist unchristlich und pharisäerhaft. Jeder ist nur im Maße seiner Erkenntnis schuldig. Wann und wo seine Schuld beginnt, weiß nur Gott allein. Wir haben mit jenen, die wir beurteilen oder verurteilen, immer gemein, daß wir Sünder sind ...

Ich möchte Euch nicht zumuten, daß ich Euch die besagten Verse diktiere, darum geht und nehmt Euer Schreibgerät mit!«

»Vater ... ich ...«

»Nein, laßt nur, Berthold. Ich helfe mir allein.«

Da wendet sich der Priestermönch schroff ab und verläßt den Raum. Seine raschen, zornigen Schritte verhallen im Kreuzgang.

Lange Zeit sitzt der Gelähmte wie erstarrt vor seinem Arbeitstisch. Also auch ... Berthold. Keine Empörung regt sich in ihm. Was soll er tun? Wie kann er helfen? Der Grübelnde faltet die zitternden Hände.

»Herr, lasse nicht zu, daß Berthold sich gegen den Abt stellt. Dulde nicht, daß er in seinem jugendlichen Ungestüm den Weg des Gehorsams verfehlt. Es gibt keinen anderen Weg für einen Menschen, den Du in Deinen Dienst gerufen. Herr, erbarme Dich seiner und schenke ihm Einsicht. Lasse nicht zu, daß er Dich flieht, indem er Herrn Udualrich den Gehorsam verweigert.

Schenke auch meinen anderen Mitbrüdern die Erkenntnis, daß Du nur auf dem Wege des Gehorsams zu finden bist.

Erbarme Dich unserer bedrohten Gemeinschaft. Unfriede, Haß, Eifersucht, Mißtrauen und Kälte haben in der Abtei ihren Einzug gehalten. Lasse Dein Werk nicht zugrunde gehen durch unsere Schuld.

Gib uns Liebe zueinander und Ehrfurcht vor unseren Obern! Wenn Du etwas findest, das ich Dir geben kann, nimm es Dir, Herr. Schenke uns nur Dein Erbarmen, und wir werden gerettet sein!«

Immer wieder ringt der Gelähmte im Gebete mit dem Herrn. Dann zwingt er seine schwachen Finger, die Gänsefeder zu umfassen. Schwer legt er die Linke auf das Pergament. Mit zittrigen Buchstaben und großer Anstrengung schreibt er für Leo IX. ein Preislied auf den Gekreuzigten, ›Grates honos ...‹. Er weiß im voraus, daß seine krausen Buchstaben nicht den Beifall des Herrn Udualrich finden. Die Verse entströmen nicht wie sonst dem freien und mühelosen Fluß der Gedanken. Sie entstammen seinem gequälten und ringenden Geiste und entbehren der Leichtigkeit und des gedanklich geschlossenen Sinnes. Aus ihnen schreit seine innere Not. Der Preisgesang auf das Kreuz und den Gekreuzigten ist das Klagelied eines Gekreuzigten, das seine gepeinigte Seele stammelt.

Wieder kommt Berthold spät. Mit gespielter Ruhe bringt er das Nachtmahl. Beide sind höflich zueinander, aber gerade diese Höflichkeit bedeutet Ferne.

»Würdet Ihr so gut sein, Bruder, und dieses Pergament zu unserem Herrn und Vater Abt bringen?«

Berthold verneigt sich und geht. Nun sitzt Hermann vor seinem Mahl. Er weiß, daß er nichts essen kann, und er weiß noch mehr: wenn Berthold wiederkommt, wird er ihn bitten müssen, die Nacht bei ihm zu verbringen. Die Aufregungen dieses Tages rächen sich an dem Gelähmten. Das starke Zittern seiner überanstrengten Hände und außergewöhnlich heftige Kopfschmerzen künden an, daß ihm wieder einer jener furchtbaren Anfälle bevorsteht, die er seit der Fahrt nach Altshausen kennt und fürchtet.

Er atmet erleichtert auf, als es klopft. Aber statt des Erwarteten tritt sein Bruder Werinher ein.

»Du bist beim Nachtmahl. Störe ich?«

»Komm nur. Ich esse ohnehin nicht.«

Werinher setzt sich ihm gegenüber. Gedankenverloren betrachtet er seinen älteren Bruder, den meistgeliebten und meistgehaßten Mönch der Augia.

»Hermann, weißt du, was sie über dich reden? Ich habe ihnen deutlich gesagt, daß ihre Vermutungen lauter dummes Zeug sind. Auch wenn der Abt einmal deinen Rollstuhl schiebt, hat das gar nichts zu bedeuten. Aber es wird hier wirklich immer unerträglicher. Fortwährend wird geredet, getuschelt und kritisiert. Ich ertrage das nicht länger mehr. Ich will fort.«

Trotz der zunehmenden Dämmerung sucht Hermann den Blick des Bruders. »Rede nicht so daher, Werinher. Du hattest schon einmal ähnliche Pläne.«

»Und jetzt führe ich sie aus. Ich pilgere zum Heiligen Land. Damals hat Abt Berno mich zurückgehalten. Bei ihm fühlte ich mich so geborgen, daß mir die Augia zur Heimat ward. Aber nun bleibe ich nicht mehr. Ich muß zu den Stätten, an denen unser Herr gelebt und gelitten hat. Dort wird sich mein Schicksal vollenden. Nein, Bruder, widersprich mir nicht. Ich kenne deine Einwände. Du wirst mir sagen, daß man sich überall heiligen könne und unter einem jeden Abt. Ein Weggehen, auch eine Pilgerfahrt zum Heiligen Land, sei feige Flucht...«

»Ja«, unterbricht ihn Hermann rasch, »ein Weggehen ist feige Flucht. Wir müssen da ausharren, wohin uns Gott gestellt.«

»Und wenn Er uns zum Heiligen Lande ruft?«

»Will Er dich im Heiligen Lande haben, wird dir der Abt die Erlaubnis zur Pilgerfahrt nicht verweigern. Nimm das als Prüfstein, ob deine Pläne von Gott kommen oder nicht. Habe den Mut, Abt Udualrich dein Anliegen vorzutragen.«

Werinher stößt einen Ruf des Unwillens aus. »Was verlangst du von mir? Einem Udualrich soll ich...?«

Der Gelähmte kann das stoßweise Zucken seiner Hände nicht mehr beherrschen. Der Anfall steht unmittelbar bevor. Darum fällt er dem Bruder ins Wort.

»Werinher, Bruder, lieber Bruder, um Christi willen...« Seine Worte werden undeutlich. Ein Krampf erfaßt die Gesichtsmuskulatur. »Herr Udualrich ist der dir von Gott gesetzte Abt«, lallt er flehentlich, »von Gott gesetzt. Versprich mir...«

»Was soll ich dir versprechen?« fragt Werinher scharf.
»Es ... ihm ... zu ... sa ... gen!« stößt Hermann mit letzter Kraft hervor. Dann kommen nur noch unartikulierte Laute aus seinem Munde.
»Was ist dir, Hermann? Deine Krankheit? Habe ich dich so erregt?«
Er hebt den im Krampf Erstarrten aus dem Lehnstuhl und bettet ihn vorsichtig auf sein Lager. Hilflos starrt er auf den Stöhnenden.
»Ich hole Berthold!«
Hermann von Altshausen liegt da, gefesselt durch die Lähmung und auf die Samariterdienste des Gefährten angewiesen, der eben in Groll und Bitterkeit von ihm gegangen ist. Letzter der Armen Christi ...
Als Berthold im Laufschritt naht, hat der Anfall jene Heftigkeit erreicht wie in der Nacht im Pfarrhaus unweit von Altshausen.
Nun schreibt die Krankheit des Siechen eine neue, eindrucksvollere Sequenz auf das heilige Kreuz, als er sie je zu erdichten vermöchte.
Stundenlang stützt Berthold den Atemringenden oder von Krämpfen Geschüttelten, wischt ihm Schweiß, Tränen und Speichel aus dem Antlitz, macht ihm Umschläge mit der Kräuteressenz und flößt ihm warmen Gewürzwein ein.
Langsam gleitet der Sieche in ein Gefühl wohltuender Mattigkeit und Gelöstheit. Die Dinge werden fern und unwirklich. Die Schmerzen verstummen. Er schläft. Die Gegenwart des Gefährten hat ihm das Schlimmste erspart, die furchtbare innere Not.
Sorgfältig erneuert Berthold den Umschlag auf seiner Stirne und lauscht seinen schwachen, ruhigen Atemzügen. Im Kerzenschimmer betrachtet er das abgezehrte Antlitz mit den eingefallenen Wangen, den tiefen Schmerzensfurchen, den dunklen Rändern unter den Augen und den bläulich durchsichtig schimmernden Lidern.
»Ihm habe ich Kummer bereitet?« Er kann sich und sein Verhalten nicht mehr verstehen.
Einmal verläßt er die Zelle und kehrt zurück mit seinem Schreibgerät und mit dem Pergament, das Hermann ihm am Abend über-

geben hat. Er schreibt die ganze Nacht. Nie ist ihm bisher eine Abschrift so schön und gleichmäßig gelungen.

Am Morgen bringt er dem Abt das Kreuzlied des Hermann von Altshausen.

»Ah, schon fertig? Das ist schön.« Das selbstsichere Lächeln des Abtes möchte Berthold abschrecken, doch sein Entschluß ist gefaßt. Er bleibt nicht auf halbem Wege stehen.

»Der Vater hatte das Lied gestern abend fertig, aber ich ... ich ...«

»Nun, Ihr wolltet es gewiß zuerst abschreiben. Das war recht vernünftig von Euch. Das zitterige Geschreibsel des Lahmen kann keiner lesen.«

Bei der oberflächlichen Art des Abtes steigt übergroß die Versuchung in dem jungen Mönch auf, sich der Verdemütigung gar nicht auszusetzen, aber er bleibt knien.

»Habt Ihr einen Wunsch, Berthold?«

»Ja, Vater Abt, ich möchte Euch etwas sagen. Ich wollte Euch das Pergament gestern abend aus einem anderen Grunde nicht bringen, obwohl der Vater es mir befohlen hatte.«

Herr Udualrich betrachtet ihn erstaunt. »So ist das? Und warum wolltet Ihr nicht gehorchen, Berthold?«

»Weil ... weil ich nicht an die Rechtmäßigkeit des Auftrages glaubte. Ich nahm an, daß seine Ausführung dem Vater zum Schaden gereichen würde, und ich habe zuvor versucht, dem Vater auszureden, daß er schreiben solle.«

In dem großflächigen Gesicht des Abtes arbeitet es. Wird er aufbrausen?

»Und warum war es Euch so wichtig, die Ausführung meines Auftrages zu verhindern?«

»Weil ...« Berthold stockt. Sein Antlitz ist schweißgebadet, und notvoll preßt er seine feuchten Hände in den Kuttenärmeln ineinander. »Weil die Brüder ohnehin annehmen, der Vater buhle um Eure Gunst.«

Mit unsagbar erstauntem Gesichtsausdruck starrt der Abt ihn an. Dann lacht er dröhnend? »Hermann? Was sagt Ihr? Hermann buhle um meine Gunst? Das denken sie?«

Jäh verstummt das Gelächter. Die Brauen schieben sich zusammen.

»Wie hat sich die Sache weiterentwickelt. Ihr bemühtet Euch eifrig, Hermann vom Schreiben abzubringen ... und er?«

»Der Vater wurde sehr zornig über mein Verhalten, wies mich streng zurecht und schickte mich fort. Er schrieb die Sequenz ohne meine Hilfe nieder. Ich sollte sie Euch gestern abend bringen und war auch hierin ungehorsam.«

»Und warum bringt Ihr mir nun das von Euch abgeschriebene Pergament, Berthold? Hat er Euch überzeugt?«

»Ja, Vater Abt, er hat mich überzeugt. Er hatte einen neuen, besonders schweren Anfall. Es war grauenhaft, zusehen zu müssen, wie er sich quälte. Aber zwischendurch warf er mir immer wieder einen Blick zu, der mir verriet, daß er seine Not bewußt durchlitt. Er machte sie zur Sühne für meine Haltung und für mein Verhalten. Als der Anfall nachließ, war mein Sinn gewandelt. Ich schrieb sein Lied für Euch ab und bitte Euch um Vergebung und um eine Buße.«

Hat der Abt die letzten Worte gehört? Er sieht auf das Pergament mit der Kreuzsequenz nieder.

»Ein seltsamer Mensch, dieser Hermann, ein seltsamer Mensch. Ohnmacht und Macht. Er haßt mich nicht, er durchschaut mich. Er durchschaut Euch, Berthold. Er besiegt Euch, wie er es heute getan, heute nacht.«

Da wagt Berthold einzuwenden: »Er besiegt das Böse in mir, Vater Abt.«

Herr Udualrich nickt. »Das Böse in uns. Wäre er gesund, er müßte Abt der Augia sein.«

Er strafft sich. »Ihr wißt, daß Ihr trotz Eurer Offenheit eine Buße verdient, Bruder. Ich erlege Euch auf ... das heilige Meßopfer in der Zelle des Hermann von Altshausen darzubringen.«

»O Vater Abt, ich danke Euch für diese Buße!«

»Berthold, auch ein Mensch, dem es nicht gegeben ward, kann wie ein Vater handeln, wenn jemand da ist, der das Gute in ihm anspricht; der ihn achtet, wenn andere verachten.«

Flucht

Das erste Morgengrauen kriecht über die Berge am See. Hermann erwacht aus leichtem Schlummer. Im Halbdunkel erkennt er die Umrisse eines Mannes.
»Was gibt es denn, Berthold?« fragt er mit verhaltener Stimme.
Der Mönch kommt näher und beugt sich über ihn.
»Nicht Berthold, Hermann. Ich bin's Werinher.«
»Werinher?« Was treibt den Bruder um diese Zeit zu ihm? »Ist etwas geschehen, Bruder?«
»Nein, es ist nichts geschehen, aber gleich wird etwas geschehen, Hermann. Luither und ich, wir beginnen unsere Pilgerfahrt zum Heiligen Land«, raunt Werinher.
Hermann greift mit beiden Händen nach der Kutte des Bruders, als wolle er ihn festhalten.
»Ihr geht auf Pilgerfahrt? Verlaßt Ihr heimlich die Augia?«
Seine Hände krallen sich in den schwarzen Wollstoff.
»Ja, Hermann, wir gehen heimlich fort. Wer würde hier für unseren Wunsch Verständnis aufbringen? Tust du es denn? So pilgern wir, ohne den Abt zu fragen und sein Nein entgegenzunehmen, in das Heilige Land.«
»Werinher, das könnt und dürft ihr nicht tun! Ihr würdet Abtrünnige, Flüchtige, Gebannte ... Werinher, bedenke doch ...«, fleht Hermann keuchend. Seine sonst so schwachen Hände klammern sich in dieser übergroßen Not mit eiserner Festigkeit um den Stoff.
»Wir haben alles bedacht, Bruder. Für uns gibt's kein Zurück mehr. Unweit der Herrenbruck wartet ein Fischerkahn. Ich wollte mich nur von dir verabschieden. Deinen Segen wirst du mir wohl verweigern ...«
»Werinher, Bruder, beim Andenken an unsere Frau Mutter bleibe hier! Ich bitte dich!«
Krampfhaft zerrt der Gelähmte an der Kutte des Bruders.
»Hermann, ich muß gehen. Bete für mich.« Er merkt, daß der Sieche ihn festhält. »Laß' mich schon los!« fordert er ungeduldig.

»Bleib, Werinher!« stöhnt Hermann.
»Laß mich los! Ich möchte dir nicht weh tun!«
»Das tust du auf alle Fälle. Bleib!«
Der Gelähmte hält die Kutte des Bruders so fest, daß Werinher sie mit Gewalt aus seinen Händen reißen will. Ein ungleiches Ringen beginnt.
»Laß mich los!«
»Bleib!« Als Werinher sich schließlich mit Gewalt befreit, bleibt ein Stück Stoff in den Händen des Siechen zurück. Ermattet fällt Hermann auf sein Lager.
»Ich muß deine ... Flucht ... melden ...«
»Folge deinem Gewissen, Hermann. Ich folge dem meinen.«
Ein kalter Luftzug streift die Stirne des Liegenden, der in seinen schmerzenden Händen ein Stück schwarzen Wollstoffes hält.
»Werinher?«
Da wird leise die Türe geschlossen. Werinher schleicht durch den Kreuzgang davon.
»Ich muß den Abt benachrichtigen. Ich muß es tun, meinen eigenen Bruder anzeigen«, denkt Hermann verzweifelt. Auf einem Schemel neben seinem Lager steht eine kleine Glocke. Nach einer Weile vergeblichen Mühens hält er sie in der Hand, und dann läutet er. Laut fallen die Klänge in die Stille des Kreuzganges. Hoffentlich hört Berthold sie! Die Glocke schreit und jammert ihren flehentlichen Hilferuf, bis sie seiner Hand entfällt und mit lautem Getöse über die Steinfliesen rollt.
Atemlos und aufgeregt kommt Berthold hereingestürzt: »Was habt Ihr, Vater?«
»Hilf mir! Ich muß ganz rasch zum Vater Abt!«
Eine solche Not spricht aus der Stimme des Gelähmten, daß keine Frage nach dem Warum über die Lippen seines Gefährten kommt.
Kurze Zeit später knarrt der Rollstuhl durch den Kreuzgang. Berthold pocht an die Türe der Abtswohnung. Von drinnen fragt eine ziemlich unwillige Stimme, was es denn Wichtiges gebe.
»Hermann von Altshausen bittet dringend darum, Euch sogleich sprechen zu dürfen, Vater Abt.«

Schon öffnet sich die Türe.
»Hermann, was ist geschehen? Ihr seht aus wie ein Geist«, sagt Herr Udualrich blinzelnd und schlaftrunken.
Die Hände des Siechen krampfen sich zusammen. Er möchte aufschreien.
»Vater Abt, ich muß Euch eine wichtige Meldung machen ... Mein Bruder, der Mönch Werinher von Altshausen, und der Mönch Luither von Regensburg sind soeben geflüchtet. Sie sind, wie Werinher mir sagte, zum Heiligen Lande aufgebrochen.«
Tief senkt der Lahme das Haupt. Wie schwer ist es, den eigenen Bruder anzuzeigen ...
Der Abt antwortet nicht. Hat er die Tragweite der Mitteilung nicht erfaßt? Berthold preßt entsetzt die Rechte vor den Mund. Der arme Vater! Ihm bleibt nichts erspart.
Endlich spricht Herr Udualrich. Mit brüchiger Stimme sagt er: »Ihr selbst meldet mir, daß Euer Bruder flüchtig ist, Hermann? Warum laßt Ihr ihn nicht zuerst entkommen? Ihr hättet seine Flucht so lange decken können.«
»Nein, Vater Abt, das konnte ich nicht. Ich habe Werinher gesagt, daß ich Euch seine Flucht melden würde. Sie rudern über den Gnadensee.«
Wieder zögert der Abt, sichtlich betroffen, ehe er schwerfällig entscheidet: »So müssen wir sie verfolgen.«
»Ich bitte Euch darum, Vater Abt!«
Die beiden Mönche starren den Siechen beinahe entsetzt an.
»Ihr bittet darum, Hermann? Immerhin ist Werinher Euer Bruder.«
»Werinher ist mein Bruder, mein Bruder, der Gott flieht.«
Abt Udualrich sendet Klosterknechte hinter den Flüchtlingen her. Sie kommen ohne Erfolg zurück. Hermann hockt stundenlang am Fenster, vor ihm liegt ein Stück schwarzen Wolltuches, aus einer Kutte gerissen.
Er sieht manches Boot über den Gnadensee fahren, aber keines bringt die beiden Mönche Werinher und Luither zur Augia zurück. In seiner Gegenwart spricht niemand über die Begebenheit. Der Schmerz des Siechen über die Treulosigkeit seines Bruders ist zu groß.

Eines Tages kommt ein Bote aus Italien zu Abt Udualrich. Der Mann, ein Rompilger auf der Heimreise, gibt dem Abt einen Brief. Irgendwo in Italien haben ihn die beiden Mönche geschrieben. Hat sie das unablässige Gebet des Siechen erreicht und ihre Herzen in Reue zur Umkehr bewegt?

Sie tragen dem Abt die flehentliche Bitte vor, er möge ihnen vergeben, daß sie eigenmächtig gehandelt hätten. Sie bitten um die nachträgliche Erlaubnis, zum Heiligen Lande pilgern zu dürfen.

»Laßt Ihr uns nicht weiterreisen, Herr und Vater Abt, kehren wir auf schnellstem Wege zur Augia heim, werfen uns als Büßer zu Euren Füßen und flehen um die Gnade der Wiederaufnahme in den Kreis der Brüder. Würdet Ihr uns die unverdiente Erlaubnis zur Pilgerfahrt in Eurer Großmut nachträglich gewähren und uns von unserem Ungehorsam freisprechen, würden wir nicht aufhören für Euch, unseren Herrn und Vater Abt, in Ehrfurcht, Dankbarkeit und Reue an jenen heiligen Stätten zu beten, die durch unseren Herrn Jesus Christus geheiligt wurden. Alle Anliegen unserer geliebten Reichenaue würden wir getreulich mitnehmen in das Heilige Land ...«

Zunächst ist Herr Udualrich wenig geneigt, dem Wunsche der beiden Flüchtigen nachzugeben. Sie sollen auf schnellstem Wege heimkommen und ihre Strafe und Buße empfangen. Soll er ihre Handlungsweise gutheißen durch eine nachträgliche Erlaubnis? Das ist allzuviel verlangt.

Abt Udualrich braucht eine Vesper, während er das gramerfüllte Antlitz des Siechen in der gegenüberliegenden Chorstalle betrachtet, um anderen Sinnes zu werden.

Er verzeiht den beiden flüchtigen Mönchen und erteilt ihnen nachträglich die Erlaubnis zur Pilgerfahrt. Er möchte wieder ein Lächeln auf dem Antlitz des Gelähmten sehen, und er fühlt sich überreich belohnt, als Hermann ihm dankt.

Überhaupt ist eine Veränderung mit Herrn Udualrich vorgegangen. Seit er verstanden hat, wer der Gelähmte ist, und seit ihn die alte Abneigung verlassen hat, richtet er sich unwillkürlich nach dessen Wort und Wunsch. Ohne jede Anmaßung leitet Hermann den Abt und eigentlich damit auch die Abtei. Der

Gelähmte dient vorbehaltlos und anspruchslos mit seinem Rat. Immer häufiger fragt Udualrich ihn, ehe er etwas entscheidet. Die Klagen der Mönche werden leiser und verstummen schließlich ganz. Unmerklich hat sich der Geist von Cluny die Reichenau zurückerobert. Man sieht den Abt jetzt auch am Grabe seines Vorgängers beten.

Monate vergehen. In Hermanns Weltenchronik ist das Jahr 1054 vermerkt, als wieder Kunde von den Pilgern der Augia eintrifft. Der Mönch Luither hat den Brief geschrieben. Zunächst berichtet er von ihrer glücklichen Ankunft in Jerusalem nach Überwindung von mancherlei Hindernissen und Gefahren.

Dann berichtet er weiter: »Und jetzt muß ich Euch, Herr und Vater Abt, und den lieben Brüdern auf der Augia eine gar traurige Kunde vermelden: Unser Bruder Werinher von Altshausen ist tot.

Es war just am Grabe unseres Herrn Jesus Christus, als ihn erstmalig ein ernstes Unwohlsein befiel. Er frohlockte darüber: ›Bruder, mein Wunsch wird erfüllt! Ich werde im Heiligen Lande meine letzte Ruhestätte finden.‹

Aber er erholte sich bald wieder, und wir pilgerten zum Jordan, wo unser Herr von Johannes die Taufe empfangen hat. Der weite, heiße und steinige Weg war für Werinher gewiß zu beschwerlich. Er beugte sich über das durch den Herrn geheiligte Wasser, tauchte seine Hand hinein und segnete sich. Plötzlich richtete er sich auf und fragte mich: ›Luither, hört Ihr es rufen vom anderen Ufer?‹ Ich lauschte, aber ich vernahm nur das Rauschen des Wassers.

›Ich wurde gerufen!‹ beharrte er eigensinnig. ›Ich muß zum anderen Ufer!‹

Da merkte ich, daß er wieder Fieber hatte. Nur mit Hilfe eines anderen Pilgers brachte ich ihn ins Spital nach Jerusalem. Daselbst fand ich einen Arzt, einen Griechen, bekannt ob seiner Heilkunst und seit mehr als einem Jahrzehnt in der Heiligen Stadt ansässig. Aber dieser Krankheit stand der Arzt machtlos gegenüber. Unter großen Schmerzen verfiel der Leib unseres Bruders Werinher. Er

litt mit Geduld, ja mit Freude. Seine letzten Worte waren: ›Ich komme zum anderen Ufer!‹
Sein Todestag war der 25. Dezember Anno Domini 1053, das Fest der Geburt unseres Herrn.
Betet für die Seele unseres heimgegangenen Bruders. Nach einem solchen Leiden und Sterben dürfen wir wohl glauben, daß sie in den Frieden Gottes eingehen darf.
Der griechische Arzt, Magister Theophilos Cheirisophos, läßt den Mönch Hermann von Altshausen besonders grüßen. Er danke ihm für seine Treue. Er habe das Licht gefunden.«

Dieses Mal haben die Mönche der Augia Furcht, dem Gelähmten zu begegnen. Wie kann ein Mensch solche Schicksalsschläge ertragen. Sein Verhalten beunruhigt sie, denn sein immer durchsichtiger werdendes Antlitz trägt den Ausdruck des Friedens.
»Werinher folgte Gottes Ruf. Was er durch Heimlichkeit gefehlt hat, sühnte er überreich durch sein Leiden und Sterben. Gott sei Dank!« sagt der Sieche zu Berthold, als dieser ihm schonend seine Teilnahme versichert. »Und Magister Theophilos Cheirisophos ... Erinnerst du dich seiner noch? Er war mein Arzt in Aachen. Nun weilt er in der Heiligen Stadt, nennt sich wieder Theophilos und hat das Licht gefunden. Dem Wanderer ohne Heimat ward Heimat zuteil. Berthold, Gott ist unendlich gut!«
Er stimmt das Magnifikat an. Nur zögernd respondiert der junge Mönch. Der Vater ist ihm in diesem Augenblick beinahe unheimlich, so wenig gibt er sich wie ein Mensch von dieser Welt.

Berthold verzeichnet die Todesnachricht in der Weltenchronik. Dem Brauche gemäß ordnet Abt Udualrich ein Requiem mit anschließendem Totenmahl an für den folgenden Tag. Die Nachricht vom Heimgange des Mönches Werinher von Altshausen wandert zu den mehr als hundert Abteien, mit denen die Augia durch die Gebetsverbrüderung verbunden ist. Viele Gebete werden dem Verstorbenen aus jeder Abtei in die Ewigkeit nachgesandt. Auch im Tode verlassen ihn die Brüder nicht.
Morgen wird eine Kerze auf dem leeren Platz des Bruders

Werinher im Refektor brennen als Symbol seiner Einkehr in das Licht der Ewigkeit.

In der Nacht hat sein Bruder Hermann einen eigenartigen Traum. Berthold bringt ihn an den Gnadensee. Der liegt im Schimmer der Frühlingssonne da wie eine Schale voll Licht. Auf der Herrenbruck erwartet sie eine wohlbekannte helle Gestalt, Papst Leo IX. Mit großer Herzlichkeit heißt er den Siechen willkommen. »Wollt Ihr mit mir über den Gnadensee, Hermann? Ich muß zum anderen Ufer. Ihr habt mich all die Jahre so treulich geleitet, da möchte ich auch jetzt nicht auf Eure Begleitung verzichten.«

»Darf Berthold mit uns fahren, Heiliger Vater?«

»Nein, noch nicht. Er muß bleiben. Er folgt uns später nach.«

Der Gelähmte ist traurig, daß er den Getreuen zurücklassen soll, zumal der fleht: »Vater, bleibet!«

»Ich lasse dir meine Dornen, mein Sohn.«

Dann ist er auf dem weißen Schiff, ruhig gleitet es über den stillen Gnadensee. Die Abtei versinkt, wird grau und schattenhaft.

»Der Stern verlöscht«, sagt Herr Leo ernst.

Auch das tut weh, aber der Schmerz weht wie ein Hauch vorüber. Das Schiff landet am anderen Ufer.

»Hermann, wir sind zuhause.«

Der Gelähmte sieht in ein Leuchten, Glänzen und Funkeln. Mühsam macht er in diesem Licht die Umrisse von riesigen Bauten, Kuppeln, Dächern und Toren aus.

»Das Neue Jerusalem, die Ewige Stadt«, ruft der Heilige Vater freudig bewegt.

Da öffnet sich eines der Tore, und sie kommen heraus, licht und hell, jung und gesund, seine Lieben, die Frau Mutter, sein Bruder Werinher und Abt Berno.

»Weißt du nun, warum alles Leid sein muß, Hermann?« fragt ihn Abt Berno.

»Damit Christus verherrlicht werde, um Seinetwillen.«

»Um Seinetwillen!« hallt es nach wie Glockenklang. »Um Seinetwillen! Um Seinetwillen . . .«

Abt Berno beugt sich tief zu ihm nieder. Hermann sieht in die frohen, gütigen Augen des Vaters in Christo und spürt deutlich, wie der Abt ihm langsam ein Segenskreuz auf die Stirne zeichnet.
»Noch bist du krank, Hermann, mein Sohn. Fürchte dich nicht. Bald wirst du gesund sein ... wie wir.«
Und Abt Berno wendet sich zu Papst Leo IX. Ernst und feierlich fragt er ihn: »Seid Ihr bereit? Dann kommet mit uns, Heiliger Vater. Die Tore der Ewigen Stadt öffnen sich weit, um Euch zu empfangen. Es wartet Eurer der Vater, der Sohn und der Heilige Geist.«
Papst Leo IX. geht mitten hinein in das strahlende Licht.

10 LICHT

Bis dahin – Hermann

Milder Sonnenschein liegt über dem Eiland im Bodensee, und der Himmel zeigt nur leichte Wolken, die freundlichen Gefährten guten Wetters. Zartgrün grüßen die Wälder auf den Bergen drüben am Ufer des Schwabenlandes.

Am offenen Fenster nimmt Hermann das Bild der Frühlingslandschaft in sich auf. Sein Antlitz ist erschreckend abgemagert. Blaßgelbe Haut spannt sich wie dünngeschabtes Pergament über seine Backenknochen. Seine Augen scheinen noch beherrschender und größer im schmalen Gesicht. Sein Rücken hat sich noch mehr gebeugt.

Aber sein Wesen läßt keinerlei Unruhe erkennen. Sein lebhaftes Temperament ist einer abgeklärten Ausgeglichenheit gewichen. Güte und Heiterkeit strahlen stetig von ihm aus. Früher tadelte er nicht selten schroff und streng, wurde ungeduldig, wenn die Schüler langsam verstanden oder mitdachten. Jetzt hilft er ihnen nur mit schier unerschöpflicher Geduld.

Er hat nicht bemerkt, daß Berthold eingetreten ist und das friedliche Bild, den gebeugten Mönch am Fenster, eine Weile betrachtet. Ahnt der Getreue, daß für dieses Leben die letzte Reifung begonnen hat?

»Vater?«

»Berthold, wie gut, daß du kommst! Würdest du mich bitte nach draußen bringen? Ich habe ein Versäumnis bei dir nachzuholen.«

»Wie meinet Ihr das, Vater?«

»Das darfst du erraten«, scherzt Hermann freundlich.

»Ein solches Rätsel ist mir zu schwer . . .«

»Sagte der Denkfaule, der sich gar nicht erst anstrengen wollte«, schmunzelt der Gelähmte. »Komm nur. Das schwere Rätsel löst sich gleich.«
Was hat der Vater vor? Mit einiger Spannung hebt der junge Mönch den Siechen in den Rollstuhl. Dabei fällt ihm auf, wieviel leichter der Körper geworden ist.
Sie fahren aus der Klosterpforte. Ein hochgewachsener Knabe nähert sich ihnen. Um das helle Gesicht mit den ebenmäßigen Zügen legt sich ein Gewirr blonder, rotblonder Locken. Die grünen Augen leuchten beim Anblick des Gelähmten auf.
Hermann reicht dem Knaben die Hand.
»Kennst du ihn, Berthold, und damit die Lösung meines Rätsels?«
»Bruno?« meint Berthold nach einigem Zögern.
»Ja, unser Bruno, der Sohn der Frau Magdalen. Weißt du, wohin er durch die Vermittlung unseres Abtes Udualrich gekommen ist? Bruno, erzähle!«
»Ich darf beim Holzschnitzer Jörg zu Konstanz lernen und habe recht viel Freude an meiner Arbeit. Meister Jörg meint, ich hätte schon allerlei dazugelernt«, plaudert der Knabe unbefangen. »Heut' kam ich her, weil ich dem Vater Abt eine Statue für die St. Georgskirche bringen durfte, und da wollte ich nicht versäumen, Euch noch einmal zu danken, Vater Hermann.«
»Hast du die Lösung des Rätsels jetzt gefunden?« fragt der Sieche seinen Gefährten. »Unser Vater Abt hat sein Versprechen gehalten. Bruno half damals nur ein paar Tage auf dem Meierhofe aus. Ich brauchte Herrn Udualrich gar nicht zu erinnern. Er hat gesorgt, daß Meister Jörg den Knaben baldmöglich zu sich nahm. Nun wollen wir miteinander zum See.«
Berthold lenkt den Rollstuhl zum Gnadensee. Er hat die Lehre wohl verstanden, die ihm der Vater erteilen wollte. Munter läuft der große, schmalgliederige Knabe nebenher, gewandt und anmutig. Wie sehr ähnelt er seiner Mutter, der Frau Magdalen!
»Bruno, wie geht es deiner Frau Mutter und deinen Geschwistern?«

»Sie sind alle wohlauf. Die Gertrud hat im vorigen Jahre geheiratet und nun schon einen kleinen Buben. Er heißt wie Ihr, Vater.«

»Sieh an«, lächelt der Sieche, »da gibt es in Altshausen also wieder einen kleinen Hermann. Ob der wohl auch den Himmel suchen wird? Kenn' ich den Mann deiner Schwester, Bruno?«

»Ihr kennt ihn gut, Vater. Euer Diener Walter.«

»Der gute Walter . . .«, Hermann nickt. »So wendet sich alles zum Guten.«

»Nein, nicht alles«, meint der Knabe finster.

»Was ist denn nicht in Ordnung? Macht Graf Wolfrad eurer Familie etwa wieder Schwierigkeiten?« forscht der Sieche. Er hat das immer befürchtet.

»Nein, Vater, seit Frau Hiltruds Heimgang ist er uns besonders gut. Es . . . ist mit mir . . .« Der Knabe seufzt.

»Hast du etwas angestellt? Kann ich dir helfen?«

Sie sind inzwischen am Gnadensee angelangt. An diesem Nachmittag ist der See von einer fast überirdischen Schönheit. Ein goldenes Leuchten liegt in der Luft und über dem klaren, stillen Wasserspiegel. Es scheint sich in der Tiefe mitzuteilen und zugleich von ihr leuchtenden Widerschein zu empfangen. Die spitzen Halme des Röhrichts, die Weiden und Büsche am Ufer sind von diesem Leuchten erfaßt und von warmem Glanz umhüllt. Die niedrigen Höhenzüge am anderen Ufer sehen aus wie geheimnisvolle Berge der Verheißung. Über all der Schönheit, all dem Leuchten liegt ein Friede, der zugleich Stille und Freude ist. Gnadensee . . . See der Gnade.

Berthold hat das Gefährt angehalten. In dieser Stunde ahnt er mehr als je zuvor, was der See dem Vater bedeutet . . . Symbol der göttlichen Gnade und zugleich Symbol dessen, was sie dem Menschen zu schenken vermag.

»Nun, Bruno, sag mir deinen Kummer«, fordert Hermann den Knaben auf.

»Warum kann ich nicht Mönch werden, Mönch auf der Reichenaue?« stößt der Knabe hervor, derweil tiefe Röte seine feine Haut überflammt. »Ihr brauchet hier Malermeister. Warum nicht auch einen Schnitzer, der als Mönch zur Ehre Gottes sein Handwerk verrichtet?«

Ehe der Gelähmte antworten kann, spricht der Knabe weiter: »Ich weiß, was Ihr sagen wollt ... Die Augia nehme nur Söhne des Adels auf. Glaubt Ihr, Vater, daß Gott nur die Hochgeborenen beruft? Unser Herr Jesus Christus wurde in einem Stalle geboren und starb an einem Kreuzesgalgen. Sein Pflegevater war ein Zimmermann zu Nazareth, kein König, kein Graf ...«

»Bruno, das darfst du ...«, will Berthold ihm das Wort abschneiden.

Eine Geste des Siechen unterbricht ihn.

»Lasse ihn getrost die Wahrheit sagen, Berthold. Sage ohne Furcht, was du denkst, Bruno.«

»Ja«, ruft der Knabe aus und richtet seine grünen Augen mit einem Ausdruck der Freude und des Vertrauens auf den Mann im Rollstuhl. »Ihr seid auch vom Adel, aber Euch darf ich alles sagen. Ihr seid nicht ängstlich darauf bedacht, den Abstand zu uns gemeinen Leuten zu bewahren.«

Wieder will Berthold einen Einwand erheben. Dieser Bruno geht seiner Meinung nach zu weit. Eine Handbewegung seines Meisters gebietet ihm Schweigen.

Ungehindert fährt der Knabe fort: »Seht Euch das Leben unseres Herrn hier auf Erden an. Er war arm, ganz arm. Er berief Fischer, Zöllner und Sünder zu seinen Aposteln, keine Vornehmen. Er speiste mit denen, die verachtet wurden von den Reichen.

Soll dieser Gott Sich geändert haben und nur den Dienst derer wollen, die in einem Herrenhause geboren wurden? Dürfen die Söhne des gemeinen Volkes Ihm nur als Knechte der Adeligen dienen? Kann das Gottes Wille sein, Vater? Glaubt Ihr nicht auch, daß junge Menschen aus Bauernkaten oder Fischerhütten berufen sein können?«

»Wo hast du das her, Bruno? Wer hat dir das vorgeredet?« meint Berthold kopfschüttelnd.

»Ich habe alleine darüber nachgedacht, nachdem ein Priester zu Konstanz mir bedeutet hat, daß unsereiner im günstigsten Falle Leutpriester werden dürfte, aber nie Mönch der Augia.«

Insel Reichenau, Bodensee
Abendstimmung am Gnadensee
mit Blick auf Reichenau Niederzell (975–1000)

Die Klage des jungen Menschen hat ein Problem berührt, das Hermann schon oft im stillen erwog. Welch reiche Kräfte des Geistes und des Herzens entziehen die adeligen Standesherren durch solche Vorschriften den Klöstern!

»Ich bin mir meines Standes bewußt, aber stellt er vor Gott einen höheren Wert dar? Legt er nicht nur ein größeres Maß an Verantwortung auf? Viele Adelige sehen nur die Rechte ihres Standes, aber nicht seine strengeren Pflichten. Auf die Dauer werden unsere Klöster verarmen und veröden, auch die Augia, wenn sie nur aus den Quellen des Adels gespeist werden. Sind es immer die besten, die reinsten Quellen? Ist jeder adelige Mönch wirklich berufen, oder haben seine Eltern nicht nur den nachgeborenen Sohn in einem angesehenen Stande untergebracht? Warum nehmen wir keine Menschen aus dem Volke unter unsere Mönche auf, wenn Gott ihnen die Gnade der Berufung gewährt? Wird Er uns nicht für unseren Hochmut bitter züchtigen?«

Mit fast herausfordernder Gebärde wendet sich Hermann an seinen Gefährten.

»Sage mir, warum sollte Bruno keine Aufnahme finden in der Augia, zunächst als Scholar? Er hat einen klugen Kopf, ein besonderes Talent, ist fromm und gesund ...«

»Vater, bedenket ...«, murmelt Berthold fast entsetzt. Er spricht nicht weiter, aber Hermann weiß ohnehin, was er sagen wollte: »Bedenket, wie sein Vater endete!«

»Der adelige Grundherr tat Unrecht. Soll dies Unrecht fortdauern? Seinem Sohne bleibet die Pflicht der Wiedergutmachung.«

»Das habet Ihr längst getan und übergenug.«

»Gibt es in diesem Falle Verjährung und Genugtuung? Nein! Gott allein kann hier vollenden. Jetzt zeigt Er mir eine neue Möglichkeit. – Bruno, ich spreche mit dem Vater Abt und werde ihn bitten, dich unter die Scholaren der inneren Schule aufzunehmen.«

Wider Erwarten bleibt das Knabenantlitz finster.

»Ich würde zeitlebens ein Geduldeter sein.«

»Ja, du wirst es spüren, wie es jeder spürt, der einen besonderen

Weg geht oder gehen muß. Du wirst wahrscheinlich auf andere Weise mein Amt übernehmen und fortführen dürfen.«
»Euer Amt?« staunt Bruno mit großen Augen.
»Mein Amt, der Letzte der Armen Christi zu sein. Wenn du für Gott lebst auf der Augia, wird dir auch dieses Amt willkommen sein. Mir erlegte mein Siechtum es auf. Kein leichtes Amt . . . und doch, mein Junge, ich war glücklich.« Der Sieche zieht seinen Gefährten am Ärmel. »Berthold, ich muß dir alleine etwas sagen.«
Sofort geht der Knabe ein paar Schritte abseits.
»Vater?«
»Du hast wie ich unseren großen und heiligmäßigen Abt Berno geliebt, nicht wahr?«
»Ja, Vater«, bestätigt Berthold rasch und ohne zu wissen, worauf Hermann hinaus will.
»Nun denn, so nenne mir das Adelsgeschlecht, von dem er abstammt!«
»Die Familie des Herrn Berno? Ich weiß nicht, Vater . . .« gesteht der Mönch verlegen ein. »Ihr erzähltet mir von jenem Edlen Arnulph von Rahnwyl zu Aachen, der ein Verwandter unseres Herrn Berno war.«
»Aber seinen Familiennamen wirst du vergeblich suchen, mein Sohn. Der Vater unseres vielgeliebten, edlen Abtes war ein kleiner Bauersmann und seine Mutter eine schlichte Müllerstochter aus den Eifelbergen. Der große Abt der Augia kam in einem Bauernhause zur Welt, nur war der Abt von Prüm zu klug und auch zu fromm, den Knaben Berno abzulehnen, als er um die Aufnahme in die Abtei bat. Herr Arnulph hat mir selbst davon erzählt. Er schämte sich seines armen Verwandten nicht.«
Ein größerer Kahn naht dem Ufer. Drei Männer sitzen darin. Sie winken und rufen den dreien am Ufer etwas Unverständliches zu. Was mögen sie für Kunde bringen, die Leute vom anderen Ufer? Hoffentlich eine gute Botschaft!
Bruno geht neugierig näher hin zur Herrenbruck. Berthold möchte es ihm am liebsten gleichtun.

Jetzt ist der Kahn heran. Ein Mann springt heraus im bunten Wams eines Ratsboten von Konstanz und schwenkt einen Brief in der Hand, einen Brief mit dem großmächtigen Siegel des Herrn von Konstanz, Bischof Theoderich. Er eilt ans Ufer. Im Vorbeihasten ruft er den Mönchen zu: »Unser Heiliger Vater, Papst Leo IX., ist am 19. April zu Rom gestorben!«

Regungslos verharren die Mönche, derweil die Männer dem Kloster zustreben.

Papst Leo IX. ist tot.

Dieser strahlende Mensch, diese mitreißende Persönlichkeit soll nicht mehr unter den Lebenden weilen?

»Herr Leo ist am anderen Ufer«, sagt der Gelähmte leise. Er denkt an seinen Traum. Der Papst lud ihn darin zur Überfahrt ein...

Nur kurz währte die Regierungszeit dieses großen Papstes. In kaum sechs Jahren hat sich der Fünfzigjährige in rastlosem Mühen um Christi Reich verzehrt. Hier auf der Herrenbruck hat er Anno Domini 1049 gestanden vor grauverhangenem Herbsthimmel, kraftvoll und lebensstark.

Nun ist der Himmel hoch, hell und leuchtend, und der Papst ist tot. Nein, er ist heimgegangen.

Der Gelähmte sieht in das Sonnenleuchten über dem See. Mündet der Landungssteg nicht einfach mitten im Licht? Herr Leo ist am anderen Ufer. Bald wird auch an ihn die Einladung zur Überfahrt ergehen, zur Heimkehr. Ein Schauer überläuft ihn.

»Vater?« Besorgt beugt Berthold sich vor.

»Wir kehren zur Abtei zurück. Man wird uns vermissen. Bringe Bruno zum Gastmeister und sorge, daß er betreut wird, bis ich mit dem Vater Abt gesprochen habe.«

Sie verlassen den leuchtenden See und wenden sich der Abtei zu. Dort lagern schon die schwarzen Schatten des Abends. Vom Münsterturm des Abtes Berno klagt dumpf die Totenglocke.

»Zu Benevent war unser Herr, der Papst Leo, der Neunte seines Namens, längere Zeit hindurch mit Gottesdienst beschäftigt. Als er erkrankte, kehrte er kurz vor dem Osterfest nach Rom zurück.

Dort nahm sein Schwächezustand zu, bis er starb. Sein Tod war ruhmvoll. Beim Abschiednehmen segnete er alle. Er bekannte seine Sünden dem heiligen Petrus und empfahl sich demütig in seine Fürbitte. Am 26. April wurde er in der Kirche des heiligen Petrus beigesetzt, und zwar wurde er neben Papst Gregor dem Heiligen bestattet. Zum Zeugnis seiner Heiligkeit sollen bereits Wunder geschehen sein.«

Sorgfältig hat Berthold diesen Text nach dem Diktat des Meisters in die Weltenchronik geschrieben.

»Gib mir einmal das Pergament, die Tinte und den Gänsekiel«, bittet Hermann.

Er schreibt drei Worte unter das Diktat, drei Worte nur in seiner zitterigen Schrift unter die gleichmäßigen Buchstaben seines Schülers. Dann zieht er einen Schlußstrich. Er reicht dem Mönch das Blatt zurück. Erschrocken und ernstlich besorgt liest Berthold die Worte: »Bis dahin – Hermann.« Was soll diese Nachschrift bedeuten? Er wagt nicht danach zu fragen, denn er ahnt den Sinn dieser Schlußworte und die Bedeutung des Schlußstriches.

»Bis dahin – Hermann.«

»Eigentlich müssen wir unseren Herrn lobpreisen, weil Er Papst Leo IX. zu Sich rief. So blieb dies große und heilige Leben reine Flamme, Pfingststurm, ohne durch einen zu langen Weg an Kraft und Glut zu verlieren. Dieser Pfingststurm ist nicht vergebens auf die heilige Kirche niedergefahren. Er hat in vielen Seelen gezündet. Sie werden seine Glut weitertragen. Christi Licht wird wachsend leuchten. Was wir von Herrn Leo wissen, es mag groß, gewaltig und ergreifend sein; aber am größten war er dann, wenn er sich einfach auftat für den Heiligen Geist...«

Berthold sieht auf die Worte nieder, die Hermann geschrieben hat, und er kann nicht recht zuhören. Er möchte den Vater gerne fragen, aber er fürchtet sich davor, daß seine Antwort eine Bestätigung dessen sein könne, was er ahnt.

»Gehst du zu dem Buben, zu Bruno, und sagst ihm, daß er kommen darf? Abt Udualrich hat sich dem Rufe Gottes nicht verschlossen, der an den Knaben und damit an die Abtei ergan-

gen ist. Dieser Ruf ergeht auch an dich, Berthold. Nimm dich seiner besonders an. Versprich es mir, mein Sohn!«
»Wollt Ihr nicht den Knaben betreuen, Vater?«
»Ich möchte schon, Berthold, aber unser Herr hat mit mir andere Pläne. Führe du ihn zu Gott.«
»Wer bin ich, daß ich einen Menschen näher zu Gott führen könnte, Vater?«
»Allein bist du nichts, gar nichts, aber mit Gott vermagst du alles zu tun, was Er dir aufträgt. Er gibt uns, was wir brauchen, wenn Er uns sendet. Ich habe immer wieder in meinem Leben erfahren: Gott ist unendlich gut!«
Berthold sieht in das frohe Antlitz des Gelähmten. Die blauen Augen leuchten in dankbarer Freude in der Erinnerung an die Wohltaten Gottes. Die gekrümmten Hände ruhen überkreuzt im Schoße. Auch sie sind magerer und durchsichtiger geworden.
»Vater, Ihr erfuhret wahrlich viel Schweres in Eurem Leben. Gott nahm Euch jene Menschen, die Euer Dasein bereicherten.«
»Er nimmt immer, um zu geben, mein Sohn. Ich habe erleben dürfen, daß Seine Schläge die eines liebenden Vaters sind . . . und jede Fessel eine Gnade. Der Herr ist unendlich gut!«
Da ergreift der Priestermönch die armen Hände seines Lehrers, eine Geste, die er zuvor nie gewagt hat.
»Wenn ein solches Zeugnis aus Eurem Munde kommt, muß ich es glauben, Vater. Euer Leiden ist das Signum dessen, was Ihr sagt. Dennoch . . . ich hätte Euch mehr Geborgenheit und menschliche Wärme gegönnt. Daß alle von Euch gehen mußten, die Euch nahegestanden . . . unser Vater Abt Berno, Eure Frau Mutter, Euer Bruder Werinher und nun der Euch im Geiste verwandte Papst Leo IX. soll ich als Zeichen der Liebe und Güte Gottes begreifen? Ist Euer Leiden nicht an und für sich so hart, daß Ihr weiterer Pein nicht mehr bedürfet?«
Hermann lächelt zu dem Mönch auf, um dessen reines Wollen er weiß. Behutsam entzieht er ihm seine Hände.
»Freund, wir dürfen nicht der Versuchung erliegen, dem Herrn vorschreiben zu wollen, wie weit Er gehen darf. Haben wir unser Ja zur Oblatio gesagt und uns bereit erklärt, Brot in Seinen

Händen zu sein, dann dürfen wir keine Bedingungen stellen. Hingabe ohne Schranken ist schwer, sehr schwer, Berthold. Aber der Herr nimmt unseren Opferwillen ernst. Er kommt und hilft uns, Opfergabe zu werden. Haben wir einmal ehrlich um Dornen gebetet, weil leidende Liebe eine Fortsetzung und Vollendung der Erlösung ist, so schenkt uns der Herr die Dornen. Er ist getreu und erhört unsere tiefsten Gebete.«

»Dornen gab Er Euch überreich. Hättet Ihr nur mehr von ihrem Blühen gesehen!«

»Ich muß deine Worte widerlegen. Meine Dornzweige blühten und blühen. Gott schenkte mir viele Freuden: meinen Gnadensee, die Schöpfung mit ihren Blumen und Bäumen, ihren Sternen und Wolken; die Musik, die Wissenschaften; liebe Menschen, fleißige Schüler, Mitbrüder, dich, meinen treuen Gefährten und Freund. Ich möchte dir nicht alles aufzählen, was mir im natürlichen und übernatürlichen Bereiche geschenkt ward. Ich würde kein Ende finden. Berthold, die Güte des himmlischen Vaters stehet immerdar vor meiner Seele.«

Da wehrt sich der junge Mönch nicht länger. Nach einer Weile des Schweigens fügt Hermann leiser hinzu: »Wir dürfen nur bis zu einem bestimmten Punkte in das Geheimnis eines Lebens eindringen, auch in das Geheimnis unseres eigenen Lebens. Aber es gibt einen Raum der innersten Gnade in der Seele, in dem Gott antwortet, wenn wir Seinen Willen an uns geschehen lassen. Wer nur noch Brot in Seinen Händen sein will, der spürt, wie der Herr das Brot bricht; aber erfährt auch im Brechen, daß Gott ihn nicht vernichtet, sondern ihn immer mehr aufnimmt in Seine Liebe.«

Christus – vita mea

Die körperliche Schwäche des Gelähmten nimmt zu. Nur selten werden ihm Tage geschenkt, an denen er an seinem Arbeitstisch sitzen, arbeiten oder auf den Gnadensee schauen kann. Nach einer durchwachten Nacht kauert er an einem Junitag in seinem Lehnstuhl. Er will Berthold gerade sagen, er möge ihn niederlegen, als dieser ihm Kunde vom Abte bringt: »Der Vater Abt läßt Euch bitten, zu einer außergewöhnlichen Versammlung zu kommen, Vater. Ist es Euch möglich?«

»Gut, Berthold«, erwidert der Sieche still, »fahre mich zum Kapitelsaal.«

Klein und zusammengesunken, erschreckend blaß, mit tiefliegenden, rotumränderten Augen hockt Hermann in seinem Rollstuhl. Er friert jetzt auch bei warmem Sommerwetter und ist in Decken gehüllt. Aber er lächelt den Brüdern zu, die bei seinem Anblick kaum ihr Erschrecken verbergen können.

Herr Udualrich bleibt vor seinem Rollstuhl stehen und meint bestürzt: »Habe ich Euch zuviel zugemutet, Hermann? Soll Berthold Euch wieder in Eure Zelle bringen?«

Der Kranke würde die Frage gerne bejahen, doch er hat die Trauer in den Augen des Abtes bemerkt. Er muß bleiben.

»Nein, Vater Abt, ich halte wohl durch.«

Dabei friert er so sehr ...

Mit stockender Stimme verkündet der Abt der entsetzt lauschenden Klostergemeinde, daß die Trennung zwischen der Kirche des Ostens und der Kirche zu Rom Tatsache geworden ist. In der griechischen Sophienkirche zu Byzanz hat der römische Legat Kardinal Humbert die Bannbulle gegen den Patriarchen Michael Caerelarius auf den Altar gelegt.

»Und das zu einer Zeit, da die Kirche zu Rom ohne Oberhaupt ist. Wie furchtbar kann dies Schisma für die Kirche werden, wenngleich die Folgen sich noch nicht übersehen lassen!«

Abt Udualrich tadelt nicht, als sich ein erregtes Gemurmel im Kapitelsaal erhebt. Eine Woge der Trauer überflutet den Siechen. Nun ist das Unheil da, vor dem Papst Leo IX. gebangt hatte. Der Papst hat es nicht mehr erlebt. Er weilt im Frieden Gottes und weiß um die großen Zusammenhänge alles Geschehens.

Ist die Trennung zwischen Ost und West nur ein Unheil für die Kirche? Ist sie nicht auch gewaltige Mahnung und Anruf Gottes? Muß sich nicht jeder fragen, ob er mitschuldig ist?

Der Abt bittet den Siechen, er möge den Brüdern ein paar Worte zu der Nachricht sagen. »Ihr habt Papst Leo besser gekannt als wir alle und wisset darum wohl mehr.«
Berthold fährt den Rollstuhl in die Mitte des Saales. Die Brüder können ihn sehen wie an jenem Tage, da er sich vor Abt Berno angeklagt hat. Wie hinfällig wirkt der lahme Mönch, aber seine Stimme ist überraschend klar und fest.
»Herr und Vater Abt, liebe Brüder in Christo, haben wir nicht alle unser Teil zu dem beigetragen, was zu Byzanz geschehen ist? Jedes Nein zur Liebe Gottes ließ uns zu Totengräbern der Einheit werden. Jeder falsche Stolz, jeder Mangel an Nachsicht, an Geduld und Güte hat den Riß erweitert, denn Liebe allein schafft Einheit und Frieden. Haben wir unseren Heiligen Vater in seinem Bemühen, die Einheit mit Byzanz zu bewahren, nicht allzu oft alleine gelassen?
Nun ist das große Schisma da und das große Leid. Aber jedes Leid bedeutet Gnade, wenn man es annimmt. Wir können uns in dieser schmerzlichen Stunde nur dem Kreuze und unter das Kreuz stellen. Wir müssen uns in dienender Liebe verschwenden und im Glauben hoffen, daß unser aller Liebe einmal das Maß erreichen wird, vielleicht erst nach Jahrhunderten der Trennung, das Gott sprechen läßt: ›Ich will, daß alle wieder eins seien!‹
Was können wir also gegen die Trennung tun? Geliebte Brüder, lasset uns das Einssein untereinander, das Einssein in unserer klösterlichen Gemeinschaft, anstreben, auch wenn dafür harte Opfer zu bringen sind; wenn wir verzichten, schweigen und ertragen müssen!
Wir haben dies oft nicht bedacht und nicht danach gelebt, und darum sind wir mitschuldig an dem, was zu Byzanz geschah.
Aber unseren Opfern fehlte wesentliches ohne Gebet. Rufen wir besonders innig Unsere Liebe Fraue an, die Herrin unserer Reichenau. Auch unsere getrennten Brüder zu Byzanz verehren sie von Herzen.«
Herr Udualrich greift die letzte Anregung des Gelähmten auf.
»Laßt uns in dieser Meinung täglich eines der Marienlieder singen, die Bruder Hermann uns geschenkt hat, vor allem sein

Salve Regina. Bitten wir Unsere Liebe Fraue, die Mutter der Barmherzigkeit, daß sie ihre Hände über die Augia breite. Sie möge uns erflehen, daß wir untereinander eins seien in der Liebe Christi.«

Der Monat August bringt heiße Erntetage und schwere Gewitter. Die Hitze quält den Gelähmten. Täglich mehren sich die Bedrängnisse seines armen Leibes, der sichtlich dahinschwindet. Die kurzen Stunden, in denen er etwas tun kann, sind wie ein Aufatmen zwischen den langen Phasen des Gelähmtseins.

Als Berthold ihn bittet, ihm einen Text über die Vorgänge zu Byzanz für die Chronik zu diktieren, wehrt er ab.

»Mein Sohn, hast du nicht gelesen, was unter der letzten Eintragung steht: ›Bis dahin – Hermann‹? Fortan führst du die Chronik weiter.«

Auf seine Bitte nimmt Abt Udualrich ihm die Scholaren und befreit ihn von allen anderen Verpflichtungen. Berthold ist Tag und Nacht bei ihm, betet mit ihm und feiert in seiner Zelle das heilige Opfer. Lange währen die Tage der Pein, an denen Hermann nur die gekalkte Decke über sich sieht, ohne aus eigener Kraft den Kopf wenden zu können. Längst kennt er ihre Risse und Flecken, eine seltsame Landkarte, in die sein müdes Hirn nie einen Sinn zu legen versucht.

Manchmal bittet er seinen Gefährten, ihn so zu betten, daß er das Kreuz sehen kann. Dann hält er Zwiesprache mit dem Herrn am Marterholze. Er hat Ihm für vieles zu danken, vor allem dafür, daß ihm Seine Gnade den inneren Frieden bewahrt. Er fleht für jene, die an diesem Ufer bleiben müssen. In den Augen seines getreuen Berthold liest er die zunehmende Not, die Furcht vor dem Alleinsein. Oft betet er für die Abtei, den Abt, die Brüder und die heilige Kirche. Er hat den Auftrag des Papstes Leo nicht vergessen.

Im September jährt sich zum fünfunddreißigsten Male der Tag, an dem Graf Wolfrad und seine Gemahlin Hiltrud ihren Sohn Hermann zur Augia gebracht haben, um das verkrüppelte Kind als Gottesgabe, als Oblatio, am Altare dem Herrn zu weihen.

»Machst du ein Memento des Dankes in der heiligen Messe an diesem Tage, Berthold?« bittet der Leidende den Gefährten.
Der junge Mönch berichtet dem Abt, welcher Gedächtnistag für Hermann naht.
»Womit können wir ihm an diesem Tage eine Freude bereiten?« überlegt Herr Udualrich sofort. »Würde es ihn erfreuen, wenn unser Mönchschor eines seiner Lieder vor seiner Zelle sänge?«
»Darüber würde er sich sehr freuen, Vater Abt.«
»Überleget das Nähere mit dem Chormeister.«
Gunter entscheidet sich für das Magnifikat aus den Frühtagen der Rückkehr Hermanns zur Reichenau.
»Zuvor singen wir eines seiner Lieblingslieder . . . ›Christus – vita mea‹.«

Am Morgen des 15. September öffnet Berthold nach der heiligen Messe verstohlen die Türe zum Kreuzgang. Dort haben sich bereits die Mönche versammelt, und nun erklingen ihre gutgeschulten Stimmen.
Sie singen das Lied vom Herrn Jesus Christus, Der das Leben ist. Anschließend jubelt die Feierweise des Magnifikat durch den Kreuzgang.
Hermann lauscht mit geschlossenen Augen und gefalteten Händen. Er bleibt in dieser Haltung, als sich leise die Türe schließt.
Nach einer Weile kommt der Abt. »Hermann, Ihr wißt, warum wir Euch heute diese Lieder gesungen haben?«
»Ja, Vater Abt, und ich danke Euch für Eure Anteilnahme. Womit habe ich ein solches Geschenk verdient?«
»In mir dankt Euch die Reichenau, Hermann, für Euer Lieben, Euer Leiden und Euer Dienen.«
Sanft legt Herr Udualrich ihm die Rechte auf das weißhaarige Haupt. Dann entfernt er sich mit überraschender Eile. Eine große Not ist in ihm bei dem Gedanken, daß dieses Herz bald aufhören wird zu schlagen; dies große Herz des kleinen Krüppels, das auch Raum für ihn hat, und das ihm so oft zur Umkehr verholfen.
»Was wird die Augia ohne ihn sein?«

Abt Udualrich fürchtet sich vor seiner eigenen Schwäche. Er weiß, wie leicht er der Versuchung unterliegt. Allein ist er seiner wankelmütigen Natur ausgeliefert; und er ist alleine, wenn Hermann stirbt.

Nun naht die Weihnacht im Advent dieses Lebens, die Ankunft des Herrn. Schmerzen, Fieber und Schwäche peinigen den Gelähmten.

»Ich habe gerne gelebt trotz meines Siechtums. Die Welt gab mir Kunde von Gott. Es war schön, da sein zu dürfen vor Ihm und für Ihn. Aber nun habe ich nur noch Sehnsucht nach dem anderen Ufer. Hier kann mich jetzt nichts mehr halten.«

Berthold schämt sich seiner Tränen nicht.

»Nicht weinen, lieber Freund«, bittet Hermann schwach. »Nicht weinen. Freue dich mit mir und wünsche mir Glück, weil ich endlich nach Hause gehen darf. Nimm alles fort, auch meine Chronika. Führe du sie getreulich weiter. Dir vertraue ich sie unbesorgt an. Du wirst schon recht machen und gewissenhaft vollenden, was jetzt meiner schwachen Hand entfällt.«

Gehorsam trägt Berthold Bücher und Schreibgerät, Musikinstrumente, Sonnenuhr und Astrolabium aus der Zelle. Mancher Plan blieb unfertig. Ist das wichtig? Was braucht ein Sterbender außer dem Kreuz?

Als Berthold zurückkommt, winkt er ihn an sein Lager und faßt seine Hand.

»Freund, bereite dich stündlich darauf vor, mir auf diesem Wege zu folgen. Du bist mir getreu hier auf Erden gefolgt. Was nicht für Gott getan wurde und nicht in der Liebe steht, verliert seinen Wert ...

Darf ich dir, meinem geliebten Sohn, innig für deine Treue danken? Gott wird dir alles lohnen, jede behutsame Handreichung deines demütigen Dienstes bei einem armen Krüppel. Sofern es mir vergönnt ist, werde ich dein Fürbitter sein bei Gott.

Verzeihe mir, daß ich es dir nicht selten schwergemacht habe durch meine Launen und meine sonstigen Mängel.

Verzeihe mir, daß ich dir Anstoß gab, wenn ich lässig war in der

Beobachtung der Regula. Richte dich nicht nach meinem schlechten Beispiel.«
»Vater, so dürft Ihr nicht reden!« begehrt der junge Mönch mit Tränen in den Augen auf. »Ihr waret für mich das Vorbild eines Mönchs.«
»Nun denn, mein Freund in Christo, schenken wir dem Herrn, was wir einander zu danken und zu verzeihen haben . . .«
Jähe Blässe legt sich über sein Antlitz.
»Rufe mir den Vater Abt«, flüstert er drängend.
Berthold kommt mit der Kunde zurück, daß der Abt für einige Stunden nach Hegne gefahren ist.
»Über den Gnadensee«, raunt Hermann und lächelt.
»Darf ich Euch den Herrn bringen, Vater?« fragt Berthold.
»Ja«, haucht Hermann mühsam, »alles . . . du . . .«
Und der junge Priestermönch spendet seinem sterbenden Lehrer, der ihn einst auf das Priestertum vorbereitet hat, den Trost der Mutter Kirche.
Doch dann wächst die Leibesnot des Siechen von Stunde zu Stunde. Als der Abt am Abend zu ihm eilt, kann Hermann nicht mehr die gewünschte Abbitte leisten und nicht mehr danken.
Herr Udualrich ist zartfühlend genug, um diesen Wunsch zu erraten und aufzugreifen. Er beugt sich zu ihm nieder und sagt herzlich: »Mein lieber Sohn, ich weiß um all das, was Ihr mir gerne sagen möchtet. Ihr brauchet es nicht mehr zu tun. Ließ hie und da menschliche Gebrechlichkeit Euch fehlen, so habt Ihr längst gesühnt.
Hermann, ich danke Euch für alles, was Ihr der Augia an Gutem erwiesen habet durch Euer heroisches Leben für unseren Herrn Jesus Christus.
Und ich danke Euch auch für alles, was Ihr mir erwiesen habet. Möge es Euch ein Trost sein, daß Euer Leben an mir nicht spurlos vorübergegangen ist.
Durch Euch habe ich erfahren, welche Macht ein demütiges Herz besitzt. Ihr seid das Herz der Abtei Maria von der Au. Vergeßt uns hier im Elende nicht, wenn Ihr bei jener seid, die Euch den Sohn zeigen wird.«

Der Abt beugt sich noch tiefer und flüstert, als habe er eine innere Schau: »Ite missa est.«
Kaum hörbar hauchen die Lippen des Sterbenden: »Deo gratias!«
Und Abt Udualrich spendet ihm langsam und feierlich seinen Segen.

Die Glocke ruft zur Komplet. Einige Brüder bleiben in der Zelle. Dem Gelähmten fällt das Atmen immer schwerer. Keuchend hebt und senkt sich die arme Brust. Berthold nimmt ihn in seine Arme und bettet das schweißnasse Haupt an seine Schulter. Das Atmen des Sterbenden wird noch mühsamer. Welchen Berg der Pein muß er übersteigen? Sein Gefährte netzt ihm mit einem feuchten Tüchlein die spröden Lippen. Da vernimmt er zwischen den pfeifenden und röchelnden Atemzügen ein vertrautes Wort, gehaucht nur, aber deutlich vernehmbar: »Christophorus!«
Die blauen Augen sehen ihn mit einem klaren Blick an, in dem keine Not mehr zu lesen ist, sondern nur Güte, nur Dank.
»Vater, bleibe! Gehe nicht fort!« möchte der Mönch schreien, aber er schweigt und betet.
Einer der Brüder öffnet die Türe, damit frische Luft in die Zelle ströme und dem Sterbenden das Atmen erleichtere.

Südwind weht, und so tönet vom Münster her der Gesang des Mönchschores bis in die Eckzelle.
»Te lucis ante terminum ...«
Hermann wird still und lauscht. Offensichtlich verfolgt er den Verlauf der Komplet. Sein Blick ist in das grüne Halbdunkel des Binnenhofes gerichtet.
»In manus tuas, Domine, commendo spiritum meum ...«
In Deine Hände, Herr, befehle ich meinen Geist. Er nickt zustimmend.
Und weiter heißt es in der Komplet: »Nunc dimittis servum tuum Dominum secundum Verbum tuum ...«
Nun entlässest Du Deinen Knecht, Herr, nach Deinem Wort ...
Als Abt Udualrich in der Münsterkirche die Brüder segnet, zeichnet die zitternde Rechte des Hermann von Altshausen ein Kreuz in die Luft. Wem gilt es? Ihm selbst? Berthold? Der Abtei?

Sein Atem geht jetzt ruhig und leicht. In seinem Antlitz ist kein Zeichen von Furcht zu finden. Ein Kind geht nach Hause. Endlich wird ihm, der als Knabe von Altshausen auszog, um den Himmel zu suchen, das Glück zuteil, daß der Vorhang sich hebt, der Himmel und Erde voneinander trennt.

Berthold will ihn niederlegen. Er befürchtet, die sitzende Stellung könne das Ende beschleunigen. Da beginnen die Mönche das Salve Regina. Sie singen es allabendlich nach der Komplet.

»Salve Regina . . . Mater Misericordiae . . .«

Lautlos bewegen sich die Lippen des Gelähmten. Seine Augen leuchten auf. Singt er im Geiste, im Herzen das Lied zu Ehren seiner geliebten himmlischen Mutter mit? Bald wird er sie schauen, und sie wird ihm ihren Sohn zeigen.

»Et Jesum benedictum fructum ventris tui nobis post hoc exsilium ostende . . .«, klingt der Chor im Münster aus.

Mit einem Male hat Berthold das Empfinden, als werde der Sterbende ihm aus den Händen genommen. Das Haupt hebt sich von der stützenden Schulter; der gekrümmte Oberkörper richtet sich auf; die zitternden Hände strecken sich aus wie eine Schale, weit offen und verlangend.

»Vater?« stammelt Berthold bestürzt und kniet nieder, ohne zu wissen, was er tut.

Der Sterbende verharrt in der gleichen Stellung. Er lächelt. Ein strahlendes Leuchten verklärt sein Antlitz. Seine Augen spiegeln eine unfaßbare Seligkeit wider.

Und die Mönche in der Eckzelle hören deutlich zwei Worte, die aus seinem Munde hervorbrechen, sieghaft und jubelnd: »Licht! Licht!«

Und nach einer kurzen Pause sagt Hermann von Altshausen staunend: »Herr?«

Ein zitternder Atemzug wie ein Schluchzen der Freude, und der Leib sinkt auf das Lager zurück.

Sanft legt sich die Hand des Freundes über die Lider des Toten und schließt sie. Haben seine Augen den Herrn gesehen?

Wieder klagt die Totenglocke ihr einsames Lied durch die sternklare Septembernacht. Mit schleppendem Schritt geht Berthold über den Binnenhof.
Er hebt den Blick zum Münsterturm, zum Turme des Herrn Berno. Da sieht er den Himmel, die vielen, vielen Sterne, die Hermann geliebt als Künder der Größe und Herrlichkeit Gottes. Eben stieben drei, vier Sternschnuppen in goldener Bahn hernieder, wie oft in den Septembernächten, wenn der Sieche wachend am Fenster gesessen hat.
Langsam geht Berthold weiter, überwältigt von Müdigkeit und Trauer. Niemals wird sich der Platz in seinem Leben wieder ausfüllen lassen, den der Tod des Vaters leer werden ließ.
Eine solche Freundschaft im Herrn ist ein ganz seltenes und einmaliges Geschenk. »Wie gut, daß ich damals den Mechanismus der Wasseruhr nicht verstanden habe«, denkt er und muß ein ganz klein wenig lächeln. Woran Gott doch oft seine Gaben anknüpfen kann ...
Neben der Trauer lebt auch Freude in seinem Herzen. Nun gibt es für den Vater nicht mehr die ständigen Qualen seines Siechtums. Endlich darf er leben, ganz leben in Jesus Christus.
Den jungen Mönch graut vor einem langen Alleinsein, vor der inneren Einsamkeit und dem schwierigen Weg ohne den geistlichen Führer. Er war ihm Brücke zu Gott. Wird er es ihm auch weiterhin sein?
»Vater, Ihr müßt mir helfen! Ihr kennt mich ja in all meinem törichten Ungestüm ...«
Noch einmal bleibt Berthold stehen. Ein Bündel engbeschriebener Blätter raschelt in seiner Hand. Er wird tun, was ihm der Abt soeben gestattet hat, ohne einen Einwand zu machen. Herr Udualrich trauert ehrlich und tief um den Vater und mit ihm trauert die ganze Gemeinde der Augia. »Sie haben ihn geliebt, wenn sie ihn auch nicht immer verstanden. Habe ich ihn denn immer verstanden? Wie oft mußte er geduldig warten, bis ich ihn begriff. Aber er siegte immer durch seine selbstlose Liebe. Er hat uns geliebt, und darum blieb er Sieger ... Vater, vergesset die Augia nicht!«

Wieder erinnert sich Berthold seines Vorsatzes. Der Papst, der ihm den Auftrag gegeben hat, das Leben des Hermann von Altshausen niederzuschreiben, lebt nicht mehr. Soll er den Blick in das Leben des Vaters jedem Neugierigen gewähren, der es ehrfurchtslos zerpflücken und gar belächeln kann?
»Das Wichtigste über den Vater schreibe ich nieder. Ich zeichne ein Bild seines Wesens. Wer ihn mehr und innerlich kennen lernen will, wer ihn gleichsam erleben und erfahren will, der soll es auf seinem Wege tun. Er muß den Weg gehen, den der Vater ging. Er kann ihn in Jesus Christus finden, wenn er liebt und leidet und dient. Ja, dann begegnet er ihm im Herrn, lernt ihn verstehen und lieben. Der Vater wird jenen nahekommen, die sich selbst zu vergessen suchen, und deren Leben mehr und mehr wie das seine wird, ein Leben, das einen anderen Namen trägt ... Christus – vita mea.«

Entschlossen betritt Berthold die Küche. Erstaunt blicken die Brüder auf den schweigenden Mönch. Er schreitet durch den großen, rußigen Raum. Das offene Herdfeuer zeichnet wilde Flammengebilde an die niedrige Decke. Einen Augenblick verharrt er und starrt in das züngelnde Feuer. Dann macht er ein Kreuzzeichen und wirft die Blätter mit einem raschen Schwung in die Flammen. Das Feuer duckt sich, als wolle es verlöschen. Es wird fast dunkel im Raum.
Aber die rotgelben Flammen greifen leuchtenden Armen gleich nach den Pergamenten, und dann ist alles Flamme, eine helle, hohe und reine Flamme ... und Berthold steht mitten im Licht.

LITERATURVERZEICHNIS

Benutzte Literatur:

1. Die großen Ordensregeln
Herausgegeben von Hans Urs von Balthasar
Benziger Verlag – Einsiedeln – 1961

2. Geschichte des Bodenseeraumes
Anfänge und frühe Größe
von Otto Feger
Jan Thorbecke Verlag – Lindau, Konstanz 1956

3. Kunstgeschichte des Bodenseeraumes
von der Karolingerzeit bis zur Mitte des 14. Jahrhunderts
Jan Thorbecke Verlag – Lindau, Konstanz 1961

4. Die Kultur der Abtei Reichenau Band 1 und 2
Erinnerungsschrift zur zwölfhundertsten Wiederkehr des
Gründungsjahres des Inselklosters 724–1924
Herausgegeben von Professor Dr. Konrad Beyerle, München
Verlag der Münchener Drucke, München 1925

5. Die Reichenau
Urkunden und Bilder aus Kunst und Leben
Eingeleitet und bearbeitet von Ursmar Engelmann OSB
Karl Zink Verlag – München 1955

6. Hermann Contractus
von Pater Dr. Gebhard Spahr, Weingarten
Sonderdruck der Benediktinischen Monatsschrift zur Pflege
des religiösen und geistigen Lebens
Herausgegeben von der Erzabtei Beuron
Jahrgang 30, Heft 11/12, 1954

7. Die Grafen von Altshausen–Veringen
Die Ausbildung der Familie zum Adelsgeschlecht
und der Aufbau ihrer Herrschaft im 11. und 12. Jahrhundert
Dissertation von Joseph Kerkhoff an der philosophischen
Fakultät der Albert-Ludwig-Universität Freiburg 1962
Veröffentlicht: Gammertingen 1964

8. Berno und Hermann von Reichenau als Musiktheoretiker
von Hans Oesch
Publikation der Schweizerischen Musikforschenden
Gesellschaft, Serie II, Vol. 9
Verlag Paul Haupt, Bern 1961

9. Hermann Contractus, der Mönch der Reichenau
Ein Lebensbild in vier dramatischen Aufzügen
von Dr. K. Flesch – 1924

10. Die Kirchen der Stadt Isny im Allgäu
Verlag Georg Burmann, Isny 1949

11. Die sechs Münster der Abtei Reichenau
von der Gründung bis zum Ausgang des 12. Jahrhunderts
von Hans Christ
Verlag Th. Keller, Reichenau/Bodensee – 1956

12. Stadt Veringen
von Dr. Erwin Zillenbiller
Verlag Buchdruckerei S. Acker, Gammertingen – 1963

13. Reichenau
von Theo Keller / Ingeborg Schroth
Jan Thorbecke Verlag, Konstanz – 1963

14. Die ottonischen Wandbilder der St. Georgskirche,
Reichenau – Oberzell
von Kurt Martin
Jan Thorbecke Verlag, Konstanz – 1961

15. Führer durch die Insel Reichenau
von G. Gagg
Verlag Wilhelm Moriell (J. Huggle), Radolfzell

16. Lexikon für Theologie und Kirche
4. Band – Hermann Contractus OSB
Verlag Herder, Freiburg 1932

17. Handbuch der Weltgeschichte II. Band
Herausgegeben von Alexander Randa
Otto Walter, Olten 1954

18. Deutsche Heilige
Eine Geschichte des Reiches im Leben deutscher Heiliger
von Johannes Walterscheid
Verlag Kösel/Pustet, München 1934

19. Handbuch der deutschen Heiligen
von A. Schütte
Verlag Bachem, Köln 1941

20. Ein Jahrtausend lateinischer Hymnendichtung
von Drewes-Blume
Leipzig 1909

21. Illustrierte Weltgeschichte III. Band
Geschichte des Mittelalters
von W. Felten
Allgemeine Gesellschaft, München

22. Handbuch der Kirchengeschichte Band III, 1
Die mittelalterliche Kirche, 1. Halbband
Vom kirchlichen Frühmittelalter bis zur gregorianischen Reform
Verlag Herder, Freiburg 1966

23. Deutsche Klöster
mit besonderer Berücksichtigung des Benediktiner- und Zisterzienserordens
von Johannes Schumacher
Buchgemeinde Bonn – 1928

24. Wanderungen in Deutschland
von Paul Ferdinand Schmidt
Europäischer Buchklub, Stuttgart 1953

Durchgearbeitet wurde ferner das Buch des Schriftstellers Hannsjakob über Hermann den Lahmen (1875)

Bekannt sind ferner die Bücher

›Insel im Morgenlicht‹ von J. Marquart, Verlag A. Leufke, Neu-Ulm;

›Hermann der Lahme‹ von Agnes Herkommer, Hess Verlag, Ulm 1953

und die Broschüre

›Gottes lahmer Freund‹ von Imagina Stolberg, Morus Verlag, Berlin 1951.
Ihre Angaben wurden aber in keiner Weise verwandt.

INHALTSVERZEICHNIS

Vorwort 5

Nehmt mich auf

Die Flamme 9
Stille 16
Oblatio 25

Nach drüben

Rote Dornen 41
Das Vöglein möchte fliegen 50

Umweg

Öl im Kruge 61
Ich bin auf Gott hin 82
Lumen Christi 96

Das Lied

Heimkehr 107
Christophorus 120
Puer natus est 134

Begegnung

Die Pilgerfahrt 143
Frau Hiltrud 153

Der Gnadensee

Damit auch ihr tut 171
Salve Regina 188

Alma Redemptoris Mater

Die weiße Taube 211
Das Miraculum 227

Die ewige Stadt

Die Harfe schweigt 243
Wo sind wir denn zu Hause? 256

Vom anderen Ufer

Winter 279
Kreuzsequenz 289
Flucht 304

Licht

Bis dahin – Hermann 313
Christus – vita mea 322

Literaturverzeichnis 333